Der Journalismus ist Chronist des Tagesgeschehens und Seismograf der Gesellschaft. Er fokussiert die Aufmerksamkeit und moderiert den öffentlichen Diskurs. Lange Zeit hatte der Journalismus eine unangefochtene Position. Dies hat sich in den letzten Jahren geändert: Digitale Medien, der Wandel der Publikumsbedürfnisse und ein wachsender ökonomischer Druck haben zu einem Umbruch geführt. Gleichzeitig nimmt die Bedeutung der Medien für die Gesellschaft zu. Der Journalismus ist treibende Kraft dieser Medialisierung.

In der Reihe AKTUELL erscheinen Arbeiten, in denen die Neuorientierung des Journalismus wissenschaftlich begleitet wird. Die Reihe ist ein Forum der akademischen Debatte. Sie versammelt Untersuchungen, in denen der Journalismus in all seinen Facetten theoretisch und empirisch analysiert wird. Die Studien liefern außerdem der Praxis Denkanstöße und tragen zur öffentlichen Debatte über seine Rolle in der Mediengesellschaft bei.

Schriftenreihe „Aktuell. Studien zum Journalismus"

herausgegeben von

Prof. Dr. Andrea Czepek
Prof. Dr. Ralf Hohlfeld
Prof. Dr. Frank Lobigs
PD Dr. Wiebke Loosen
Prof. Dr. Klaus Meier
Prof. Dr. Christoph Neuberger

Band 8

Cornelia Wolf

Mobiler Journalismus

Angebote, Produktionsroutinen und redaktionelle Strategien deutscher Print- und Rundfunkredaktionen

Nomos

Veröffentlichung mit finanzieller Unterstützung der Universität Passau.

Die Deutsche Nationalbibliothek verzeichnet diese Publikation in der Deutschen Nationalbibliografie; detaillierte bibliografische Daten sind im Internet über http://dnb.d-nb.de abrufbar.

Zugl.: Passau, Univ., Diss., 2014

u.d.T.: „Die Institutionalisierung von Mobilem Journalismus. Theoretische und empirische Exploration der Etablierung redaktioneller Ordnungs- und Darstellungsprogramme"

ISBN 978-3-8487-1414-8 (Print)

ISBN 978-3-8452-5465-4 (ePDF)

1. Auflage 2014

Vorwort

Das vorliegende Buch ist die leicht überarbeite und aktualisierte Version meiner Doktorarbeit, die im August 2013 an der Universität Passau angenommen worden ist. Mein Dank gilt meinem Doktorvater Prof. Dr. Ralf Hohlfeld. In meinem bisherigen akademischen Werdegang hat er mich von Anfang an unterstützt und herausgefordert. Seine konstruktive Kritik hat mir die Möglichkeit gegeben, mich weiterzuentwickeln. Als Betreuer der Dissertation brachte er mir das Vertrauen entgegen, meine Forschungsidee für dieses Projekt eigenverantwortlich zu realisieren.

Darüber hinaus danke ich Prof. Dr. Thomas Knieper, der sich freundlicherweise dazu bereit erklärt hat, das Zweitgutachten zu übernehmen. Das positive Arbeitsumfeld an seinem Lehrstuhl hat in entscheidendem Maß zum Gelingen dieses Projekts beigetragen. Seiner Unterstützung und seines fachlichen Rats konnte ich mir jederzeit gewiss sein.

Selina Lubitzki und Susanne Wax haben mich bei der Kontaktierung der umfangreichen Grundgesamtheit der Redaktionsbefragung unterstützt, auch ihnen gilt mein Dank. Meine Freundin und Kollegin Franziska Zacher hat nicht nur diese Arbeit Korrektur gelesen, sie hatte auch immer Zeit für ein motivierendes Gespräch. Es war gut, dass sie mich hin und wieder daran erinnert hat, dass eine Dissertation nicht alles ist.

Sehr geholfen hat mir die Gewissheit, dass mich Alexander Godulla auf meinem Weg in allen Höhen und Tiefen begleitet. Es gibt unendlich viele Gründe, ihm dankbar zu sein. Für die kritischen Anmerkungen und fruchtbaren fachlichen Diskussionen, für sein aufmerksames Gegenlesen der Texte und die hilfreichen Tipps zum Layout. Vor allem aber bin ich froh darüber, dass er an mich geglaubt hat, wenn ich gezweifelt habe.

Schließlich gebührt großer Dank auch meiner Familie. Ich widme diese Arbeit meinen Eltern Inge und Manfred Wolf und meiner Großmutter Traute Meier. Sie haben mich zu dem Menschen gemacht, der ich bin.

Cornelia Wolf — Passau, August 2014

Inhaltsverzeichnis

Der Anhang ist online verfügbar unter: http://www.nomos-shop.de/22719

Abbildungsverzeichnis

Tabellenverzeichnis

1. Einleitung

[M]obile is as different from the internet,
as TV is different from radio.
Ahonen 2008, S. 157

„Each new technology creates new media formats that both add to and modify what went before." (Parry 2011, S. 23) Journalismus ist zur Verbreitung seiner Inhalte auf technische Medien angewiesen, die seit jeher Wandlungsprozessen durch technischen Fortschritt unterliegen. Dies verändert ihre Potenziale und wirkt im Zuge der sozialen Aneignung durch Rezipienten und Produzenten schließlich auf den Journalismus zurück. Zeitversetzt ist daher nach der Etablierung neuer Medien die Entstehung eines neuen journalistischen Subsystems zu beobachten: So haben sich nach Zeitungs- und Zeitschriftenjournalismus jeweils im Abstand mehrerer Jahrzehnte Radio- und Fernsehjournalismus sowie Anfang des neuen Jahrtausends Onlinejournalismus entwickelt. Bis heute sind Journalismus und Journalismusforschung mit den Folgen des fundamentalen Wandels Öffentlicher Kommunikation durch das stationäre Internet befasst. Neuberger (2001a) hat bereits in einer frühen Phase das technische Potenzial des stationären Internets für den Journalismus systematisiert und den Institutionalisierungsprozess begleitet (vgl. u.a. Neuberger et al. 2009b).

Die Innovationszyklen werden allerdings kürzer: Durch die Diffusion von Apps ist etwas mehr als ein Jahrzehnt später ein weiteres technisches Medium mit spezifischem Potenzial entstanden. Eine umfassende wissenschaftliche Auseinandersetzung mit der Institutionalisierung als journalistisches Medium hat bislang in der Kommunikationswissenschaft nicht stattgefunden. Die vorliegende Arbeit schließt diese Forschungslücke.

Erste redaktionelle mobile Dienste (etwa SMS oder MMS) gibt es bereits seit den 1990er Jahren (vgl. Bodin 2002, S. 50). Erst die Etablierung der App im Zuge der Einführung des iPhone 2007 hat Mobilem Journalismus jedoch einen Entwicklungsschub verliehen. Es entstanden Anwendungen, die sich für alle klassischen Massenmedien (Zeitung, Zeitschrift, Radio und Fernsehen) eignen. Durch die Unabhängigkeit von zeitlichen Strukturen sowie Nutzungsorten und -situationen verändern mobile Endgeräte auch die Rezeption journalistischer Information und Unterhaltung. Alan Rusbridger, Chefredakteur von The Guardian, mahnte daher bereits

2010: „There is an urgent message there, that we ought to be developing journalistic ideas that fit to mobile.“ (The Hindu 2010)

Hunderte Apps produziert unter der Dachmarke klassischer Massenmedien sind inzwischen in den App Stores für Smartphones und Tablet-PCs vorhanden. Diese bieten eine zentrale digitale Distributionsplattform, die eine große Zahl an Rezipienten erreicht und einfache Bezahlmodelle offeriert. Damit ist Mobile Publishing ein Hoffnungsträger für die digitale Zukunft und neue Erlösmodelle im Journalismus. Denn die Etablierung des neuen Mediums trifft auf eine Phase großer Verunsicherung: Rezipienten- und Werbemarkt haben sich durch den Medienwandel stark verändert. In Anlehnung an Rusbridger stellt sich daher die Frage: Welche journalistischen Ideen haben deutsche Medienhäuser für den mobilen Kanal entwickelt und passen diese Produkte zu den Möglichkeiten des Mediums?

1.1 Theoretische Bezüge der Arbeit und Forschungsziele

Je nachdem, welcher Medienbegriff zu Grunde gelegt wird, kann Mobiler Journalismus entweder als konsequente Weiterentwicklung eines institutionalisierten Mediums verstanden werden oder als neue technische Plattform, die andere potenziell ersetzen kann. Damit erscheint er gleichsam als Chance für die digitale Zukunft und Bedrohung für bestehende Produkte (vgl. Nel und Westlund 2012, S. 745). Angesicht der aktuellen Diskussion um die Verdrängung von Offline-Medien durch neue Online-Medien ist eine Beschäftigung mit Apps lohnenswert. Sie werden in dieser Arbeit aufgrund ihres von anderen bereits etablierten Medien (z. B. Tageszeitung, stationäre Webseite) unterscheidbaren Profils als neues technisches Medium angesehen, aus dem auch ein institutionalisiertes Medium und letztlich aus systemtheoretischer Perspektive ein neues journalistisches Subsystems mit eigenständigen strukturellen Ordnungs- und Darstellungsprogrammen entstehen kann.

Für die Produzenten der Medieninhalte sind die technischen Spezifika in Bezug auf den Handlungsspielraum limitierend. Ziel der Arbeit ist es daher zunächst, das spezifische technische Potenzial eines Mobilen Journalismus zu definieren. Das zeigt, inwiefern dieser sich mit anderen Plattformen überschneidet, er diese ergänzt oder verbessert. Im Zuge der Betrachtung des Mobilen Journalismus wird hier ausdrücklich keine technikdeterministische Perspektive vertreten: Es wird vielmehr argumentiert, dass das technische Potenzial eines Mediums nicht seinen sozialen Gebrauch bestimmt, sondern der soziale Gebrauch bestimmt die Akzeptanz.

Journalistische Anbieter selektieren aus den vorhandenen Möglichkeiten (vgl. Vesper 1998, S. 20). Dabei neigen sie in der frühen Phase eines Mediums dazu, vertraute Schemata alter Medien zu imitieren (vgl. Neuberger 2001b, S. 240). Dieses Phänomen lässt sich als Trägheitsprinzip des Journalismus bezeichnen, das für die Einführung neuer Medien historisch mehrfach eine Orientierung an existierenden Medienschemata belegt: Über das Telefon wurden im 20. Jahrhundert Zeitungsnachrichten publiziert und das Fernsehen verwendete in den 1950er Jahren Material des Mediums Kino (vgl. Bucher und Barth 1998, S. 522; Rammert 1993).

Prognosen einer revolutionären Veränderung des Journalismus durch das technische Potenzial des Internets sind in der Pionierphase des Onlinejournalismus enttäuscht worden. Zunächst wurden Offlineprodukte eins zu eins übertagen. Schnell ist daher angezweifelt worden, ob es sich überhaupt um einen eigenständigen Journalismus handelt, wie er etwa als Printjournalismus im Unterschied zum Radiojournalismus existiert (vgl. Meier 1998, S. 17). Doch inzwischen haben sich im Internet neue Darstellungsformen und Erzählkonzepte etabliert. Es sind eigenständige Medienschemata entstanden, die an die Möglichkeiten des Mediums besser angepasst sind (vgl. Meier 2002a, S. 21; Neuberger 2005, S. 76). Durch die Bezugnahme auf die Schmatheorie und die Relevanz von Medienschemata im Prozess der sozialen Aneignung neuer Medien wird davon ausgegangen, dass im Journalismus spezifische Makrostrukturen bestehen, die einerseits die Produktion leiten und andererseits eine subjektunabhängige Interpretation von Medienangeboten ermöglichen (vgl. Schmidt 1987; Schmidt und Weischenberg 1994; Schmidt und Zurstiege 2007, S. 77).

Ein neues Medium verlangt nicht, Journalismus von Grund auf neu zu erfinden (vgl. Jakubetz et al. 2011, S. 9). Dennoch birgt es basierend auf seinen technischen Eigenschaften ein spezifisches Leistungsprofil. Apps, die als Anwendung des Ubiquitous Computing sowohl das mobile Internet nutzen als auch Hardwarekomponenten mobiler Endgeräte, erweitern Journalismus in seiner Raum-, Zeit- und Zeichendimension. Das Medium vereint technische Eigenschaften des Internets mit denen mobiler Endgeräte (vgl. u.a. Aguado und Martinez 2008; Ahonen 2008; Ahonen und O'Reilly 2007; Döring 2008). Damit bringt Mobiler Journalismus neue Anforderungen an die inhaltliche und formale Gestaltung von Medienprodukten mit sich (vgl. Lehr und Brammer 2012, S. 2), die sich letztlich in neuen Medienschemata manifestieren werden. Denn die statische eins-zueins-Kopie der Tageszeitung als PDF ist auf Smartphones nur mit Mühe lesbar, ein Radio- oder Fernseh-Livestream bietet keine flexible Nutzung je nach Situation und Ort und auch die technisch optimierte Darstellung der Webseite ist nicht für die intuitive Bedienung der Endgeräte ausgelegt.

Mobiler Journalismus befindet sich derzeit in der Phase der Institutionalisierung, in der formale und inhaltliche Regeln des Mediums ausgebildet werden (vgl. Kubicek et al. 1997, S. 22f.). Daher wird diese Arbeit auch die Frage beantworten, wie sich Journalismus die neuen technischen Optionen von Apps aneignet. Es ist zu untersuchen, wie diese beschaffen sind und wie sich die Angebote der einzelnen Muttermedien unterscheiden. Gibt es bereits konvergente mobile Medienschemata, wie sie im stationären Internet für Nachrichtenseiten zu finden sind?

Der Prozess der sozialen Aneignung wird maßgeblich von den aktuellen ökonomischen und technischen Rahmenbedingungen auf Produzentenseite bestimmt, aber auch vom Verhalten der Rezipienten, das die Erwartungs-Erwartungen steuert. Um ein umfassendes Bild von Mobilem Journalismus in Deutschland zu zeichnen, ist daher die Einbindung der Angebote in crossmediale Produktionsabläufe der Massenmedien relevant. Die Mobilspezifika erfordern höheres technisches Know-how, die permanente Aktualisierbarkeit die Umstellung von Arbeitsroutinen (vgl. Fürsich 2010, S. 57). Daher stehen auch strukturelle Ordnungsprogramme im Fokus: Wie wird die Produktion mobiler Angebote organisatorisch und technisch in bestehende Redaktionsabläufe der klassischen Massenmedien eingebunden? Und wie wird die inhaltliche Produktion personell betreut und redaktionell gestaltet? In Bezug auf redaktionelle Abläufe gewinnen Newsdesk-Modelle seit einigen Jahren zunehmend an Bedeutung (vgl. Hohlfeld und Wolf 2008, S. 211). An dieser Stelle schließt die Arbeit an eine frühere Untersuchung aus dem Jahr 2007 an (vgl. Wolf 2008). Dort konnte gezeigt werden, dass Mobiler Journalismus große Ähnlichkeit mit der Phase der Institutionalisierung des Onlinejournalismus offenbart. Die redaktionelle Produktion war vorwiegend an das Muttermedium oder die Onlineredaktion angegliedert, mobilspezifische Inhalte wurden kaum produziert. In Analogie zur Entstehung des Onlinejournalismus vor nunmehr fast zwei Jahrzehnten, wird die Frage gestellt, ob es bereits einen eigenständigen Mobilen Journalismus gibt.

Gegenstand dieser Arbeit ist damit Mobiler Journalismus als ein potenziell neues Subsystem des institutionalisierten Journalismus, der auf mobilen Endgeräten wie Smartphones oder Tablet-PCs als Trägermedium genutzt werden kann. Der Fokus liegt auf Apps, die zu einem integralen Bestandteil des Ubiquitous Computing geworden sind. Sie vereinen Spezifika des mobilen Internets und greifen gleichzeitig auf Hardwarekomponenten der mobilen Endgeräte zu (Kamera, GPS, etc.). Die Konzentration auf

Angebote für Apple-Produkte resultiert aus der frühen Vormachtstellung der Trägermedien iPhone und iPad für den Smartphone- und Tablet-PC-Markt, dadurch ist hier die größte Bandbreite an journalistischen Apps zu finden. Das Erkenntnisinteresse bezieht sich auf Entwicklungen innerhalb des deutschen Medienmarkts, daher sind nur deutschsprachige journalistische Apps Gegenstand der empirischen Untersuchung. Diese Einschränkung hat forschungsinhaltliche wie -ökonomische Gründe. Um den aktuellen Stand des Mobilen Journalismus in Deutschland besser einschätzen zu können, wird der internationale Forschungsstand berücksichtigt.

1.2 Forschungsstand

Die Entwicklung und Produktion mobiler Angebote erhält weit weniger Beachtung in der deutschen und internationalen Kommunikationswissenschaft als dies für die Institutionalisierung des stationären Internets der Fall war (und ist). Während die Rezeptionsforschung langsam Interesse an mobiler Informations- und Nachrichtennutzung im Medienrepertoire entwickelt, scheint die Kommunikator- und Journalismusforschung noch immer von den fundamentalen Veränderungen durch das stationäre Internet absorbiert zu sein. Aufgrund der frühen Phase der Produktion journalistischer Apps, nimmt die Systematisierung der Forschungserkenntnisse daher eine zentrale Stellung ein. Die Beschäftigung mit mobiler Kommunikation erfolgt interdisziplinär und derzeit zerstreut. Jüngst findet auch hier eine Institutionalisierung statt. Dies zeigt etwa die Gründung des von Jones, Karnowski, Ling und von Pape herausgegebenen Journals „Mobile Media & Communication", dessen erste Ausgabe 2013 erschienen ist.

Die Zusammenstellung der Forschungsergebnisse dient zur klaren Definition der Forschungslücke, in die diese Arbeit vorstößt und damit als Ausgangspunkt. Zudem stellt die Systematisierung der Erkenntnisse zu den Rahmenbedingungen eines Mobilen Journalismus ein Teilergebnis der Arbeit dar. Im Zentrum stehen die folgenden Bereiche:

1) Kommunikator- und Redaktionsforschung, die ihren Fokus auf den Medienwandel legt. Im Mittelpunkt stehen die Digitalisierung der Produktion, neue Formen des Content-Managements und der Redaktionsorganisation sowie unterschiedliche crossmediale Strategien:

> „To meet the demands of an audience migrating from old to new media and cope with declining revenue, news organizations have implemented newsroom convergence models with different business strategies, newsroom structures, production

> processes and cross-media delivery. Their twin aims are to explore new revenue streams and reach the widest audience possible." (Zhang 2012, S. 776)

In Bezug auf neue Formen der Redaktionsorganisation sind für den deutschsprachigen Raum insbesondere die Arbeiten von Meier (vgl. u.a. Meier 2007a, 2006) relevant, die auch Vergleiche auf europäischer Ebene ziehen (vgl. u.a. Avilés et al. 2009; Meier 2008, 2007b). Darüber hinaus liegen Erkenntnisse zu Entwicklungen in einzelnen Ländern sowie Vergleiche vor (vgl. u.a. Brüggemann 2002 für die USA und Deutschland; Zhang 2012 für China). Unterschiedliche crossmediale Strategien stehen bei Kinnebrock und Kretzschmar (2012) sowie Brüggemann, Esser und Humprecht (2012) im Zentrum. Insgesamt liegt der Fokus der Redaktionsforschung noch auf dem stationären Internet, darüber hinaus existiert häufig eine Beschränkung des Untersuchungsgegenstandes auf Printmedien. Einige wenige Studien beschäftigen sich mit der Rolle mobiler Endgeräte als neuer Ausspielkanal im Kontext crossmedialer Strategien (vgl. Feldmann 2005; Wolf und Hohlfeld 2010; Wolf 2008).

2) Medieninhalteforschung, die sich mit der inhaltlichen wie formalen Gestaltung mobiler journalistischer Angebote auseinandersetzt.

> „Es ist davon auszugehen, dass auch in der Mobilkommunikation Angebote, bei deren Zusammenstellung und Gestaltung Rücksicht auf die Spezifika der Nutzungssituation genommen wird, größere Erfolgsaussichten besitzen." (Wolf und Hohlfeld 2010, S. 201)

Die Beschäftigung mit journalistischen Angeboten für mobile Endgeräte ist derzeit in Deutschland gering ausgeprägt, zudem fokussieren Untersuchungen auf mobile Ableger einzelner Medien, etwa mobile Fernsehnachrichten (vgl. Kretzschmar 2008; Wolf und Hohlfeld 2012) oder mobile Websites von Tageszeitungen (vgl. Wolf 2010). Eine empirische Auseinandersetzung mit journalistischen Apps aller klassischen Medienanbieter existiert derzeit nicht. Erste Einordnungen in Bezug auf Navigation und Gestaltung von Apps liefert die Usability-Forschung. Hier ist unter anderem die Untersuchung von Heijnk (2011) zu nennen, die jedoch auf mobile Angebote von Printmedien beschränkt ist.

3) Medienaneignungs- und Rezeptionsforschung, die sich mit der Akzeptanz und Nutzung mobiler Endgeräte und des mobilen Internets, seiner Integration in das Medienrepertoire sowie der Relevanz von Mobilspezifika für den Rezipienten beschäftigt.

> „These mobile devices allow people to exploit gaps in their daily routines when/where other more traditional channels of communication are unavailable,

inappropriate or inconvenient in order to garner news and information." (Dimmick et al. 2011, S. 24)

Eine wichtige theoretische Basis haben Wirth, von Pape und Karnowski (2008) mit dem Modell zur Aneignung mobiler Kommunikation geschaffen. Dieses ließe sich auch auf den Bereich mobiler journalistischer Inhalte übertragen. In Bezug auf die Integration mobiler Informationsangebote in das Medienrepertoire liefern unter anderem Dimmick, Feaster und Hoplamazian (2011) für Nordamerika, Yuan für China (2011) sowie Schnauber und Wolf (2014) für Deutschland erste Einsichten. Neben Funktionen mobiler Nachrichten und Nutzungssituationen ist auch die Zahlungsbereitschaft von Interesse (vgl. Westlund 2010).

1.3 Methodisches Vorgehen und Aufbau der Arbeit

Aufgrund der Relevanz technischer Rahmenbedingungen für Mobilen Journalismus sowie der bisher fehlenden Systematisierung in der deutschsprachigen Kommunikationswissenschaft wird in Kapitel 2 die Geschichte der Mobiltelefonie dargestellt. Dabei wird insbesondere Bezug auf journalistische Produkte für mobile Endgeräte genommen. Darauf aufbauend werden die zentralen Begriffe Ubiquitous Computing, mobile Endgeräte, mobiles Internet und Apps definiert. Für aktuelle Entwicklungen existiert derzeit kaum kommunikationswissenschaftliche Literatur, daher wurden als Quellen Onlineportale und einschlägige Blogs einbezogen.

Im nächsten Schritt erfolgt in Kapitel 3 die kommunikationswissenschaftliche Einordnung von Mobilem Journalismus. Dazu wird das in dieser Arbeit zu Grunde gelegte Verständnis von institutionalisiertem Journalismus als organisiertes soziales System beschrieben sowie ein technischer und institutioneller Medienbegriff zueinander in Beziehung gesetzt. In Anlehnung an die Schematheorie wird davon ausgegangen, dass die im Journalismus vorherrschenden Darstellungsprogramme an Medienschemata orientiert sind. Sie helfen Rezipienten wie Produzenten, Medienangebote richtig einzuordnen und zu interpretieren. Um den Möglichkeitsrahmen journalistischer Apps aufzuzeigen, schließt das Kapitel mit einer technischen Potenzialanalyse, die als Grundlage für die Beurteilung sozialer Aneignungsprozesse und die Beschreibung innovativer Medienschemata notwendig ist. Bislang existiert innerhalb des Fachs keine vollständige Beschreibung aller Potenziale für den Journalismus.

In Kapitel 4 erfolgt die bislang ebenfalls fehlende Systematisierung des Forschungsstands, die aktuelle technische, ökonomische und publizistische Rahmenbedingungen des Mobilen Journalismus klärt. Aus den vorhandenen Lücken im Forschungsstand ergeben sich zentrale Fragestellungen der Arbeit, die in Kapitel 5 durch zwei qualitative Vorstudien weiter geschlossen werden. Über eine qualitative Inhaltsanalyse von n = 900 Nutzerkommentaren zu reichweitenstarken journalistischen Apps werden die Erwartungen der Rezipienten in die technischen Potenzialdimensionen integriert. Darüber hinaus werden sie über die qualitative Analyse von elf international „ausgezeichneten" Best Practice-Apps um weitere Aspekte innovativer Darstellungs- und Bedienschemata ergänzt.

Auf dieser Basis erfolgt in Kapitel 6 die Hypothesenbildung. Um die Annahmen zu prüfen, wurde ein Mehrmethodendesign gewählt. Die Kombination von quantitativer Redaktionsbefragung und quantitativer Inhaltsanalyse gibt Aufschluss über Wandel und Etablierung von Ordnungs- und Darstellungsprogrammen. Die quantitative Befragung (n = 115) ist als zweite Erhebungswelle der Redaktionsbefragung aus dem Jahr 2007 angelegt. Sie wurde aufgrund der starken Veränderungen am mobilen Markt inhaltlich angepasst. Zudem wurde der Untersuchungsgegenstand von Tageszeitungen, Radio- und Fernsehsendern sowie Nachrichtenagenturen auch auf Zeitschriften erweitert. Im Rahmen der quantitativen Inhaltsanalyse wurden in einer Vollerhebung (N = 517) alle deutschsprachigen journalistischen Apps für iPhone und iPad nach formalen und inhaltlichen Merkmalen untersucht. Die Ergebnisse werden nach Forschungskomplexen getrennt vorgestellt (vgl. Kap. 7, 8). Die Arbeit schließt mit einem zusammenfassenden Fazit und fünf Thesen zum Ist-Zustand und zur Zukunft von Mobilem Journalismus in Kapitel 9.

Die qualitativen Auswertungen der Vorstudien und die Erhebungsinstrumente der quantitativen Untersuchungen sind online unter http://www.nomos-shop.de/22719 verfügbar. An entsprechender Stelle wird in der Arbeit auf den jeweiligen Online-Anhang (I-V) verwiesen.

1.4 Mobiler Journalismus vs. Mobile Journalisten

Aufgrund der Multioptionalität erlauben mobile Endgeräte unterschiedlichste Anwendungen. Sie sind nicht nur Trägermedium journalistischer Inhalte, sondern können durch Foto-, Audio- und Videofunktionen auch zur multimedialen Produktion als mobiles Werkzeug journalistischer Berichterstattung eingesetzt werden. „Mobile devices have enhanced the possibilities for journalists to work and report from the field." (Westlund

2010, S. 16) Dafür wird häufig ebenfalls der Begriff Mobiler Journalismus verwendet, der aber auf die Mobilität der Kommunikatoren selbst zielt.

In Deutschland ist die Entwicklung primär an einzelne Innovatoren gebunden (vgl. Bösch 2012, 2011a), allerdings hat auch die ARD bereits Journalisten mit sogenannten Mobile Reporting-Kits ausgestattet. Im anglo-amerikanischen Raum sind Mobile Journalisten (Mojos) in einigen großen Medienhäusern bereits institutionalisiert. So hatte die BBC 2012 eine eigene iPhone-App für Mitarbeiter zur Berichterstattung entwickelt (vgl. Bösch 2013), auch erfolgt die Ausstattung von Journalisten mit Mojo-Toolkits im Rahmen temporärer Projekte, etwa Kooperationen zwischen Nokia und Reuters (vgl. Westlund 2013, S. 16). Weiter ist auch die Etablierung in Afrika (vgl. Mabweazara 2011), Asien und Australien (vgl. Quinn 2012) zu beobachten. Eine Vielzahl Mobiler Journalisten arbeitet derzeit jedoch ohne Autorisierung der Redaktion und nutzt mobile Endgeräte informell zur Berichterstattung.

Auch hierzu entsteht ein Forschungsfeld, das großen Bedarf an empirischen Erkenntnissen zum Einsatz im und Auswirkungen auf den Journalismus hat. Diese Form der Berichterstattung ist jedoch nicht Gegenstand der Arbeit. Zur weiteren Beschäftigung mit Mobilen Journalisten eignet sich die praxisnah angelegte Veröffentlichung von Bösch (2012). Eine Zusammenfassung über internationale Forschung bieten Cameron (2008) sowie Westlund (2013).

2. Vom Knochen zum Smartphone – Die Evolution des Ubiquitous Computing

We see convergence of media, web and communications (…).
But where will it all lead?!
Ahonen und O'Reilly 2007, S. 3

Die Mobilfunkbranche ist ein stetes „Treibhaus für Innovation" (Accenture 2009, S. 3). Netze, Endgeräte und Dienste entwickeln sich in rasanter Geschwindigkeit. Kein Medium zuvor erlebte einen vergleichbar schnellen Diffusionsprozess (vgl. Ford und Wiedemann 2011, S. 12). Die weltweit 6,6 Milliarden Mobilfunkanschlüsse übertreffen die der Festnetztelefone um mehr als das Fünffache (1,2 Mrd.). Mit 1,9 Milliarden mobilen Internetanschlüssen erfolgt der Onlinezugang mehr als doppelt so häufig über portable Endgeräte wie über das stationäre Internet (0,7 Mrd.; vgl. International Telecommunication Union 2013).

> „Insgesamt stellt die Mobiltelefonie einerseits das jüngste und innovativste Medium unter den Verbreitungskanälen für massenmediale Information dar, ist aber andererseits in seinen Ursprüngen das älteste Medium zur Übertragung elektronischer Signale." (Krone 2010, S. 34)

Das Überwinden räumlicher und zeitlicher Grenzen von Kommunikation ist nicht erst in jüngster Zeit ein menschliches Anliegen. Davon zeugt das Aufkommen der Telegrafie, die evolutionär aus den altertümlichen Frühformen von Fernkommunikation hervorgegangen ist, zunächst über akustische und später über optische Signale. Weiterentwickelt wurde der Transport von Bedeutungsinhalten durch die Nutzung elektrischer Impulse in Form der Telefonie, die zwar eine zeitlich unmittelbare, interaktive Kommunikation ermöglichte, jedoch weiterhin ortsgebunden war (vgl. Krone 2010, S. 28f.; Mercer 2006). Erste Ideen einer ubiquitären computervermittelten Telekommunikation in Verbindung mit einer Nutzung portabler Endgeräte für die Rezeption massenmedialer Inhalte stammen bereits aus dem frühen 20. Jahrhundert. Der amerikanische Physiker Robert Stoss sprach in seinem 1910 erstmals veröffentlichen Aufsatz „Das drahtlose Jahrhundert" bereits vom „Telephon in der Westentasche": Dieses befähigt die Bürger der drahtlosen Zeit dazu, „überall mit ihrem ‚Empfänger' herum[zu]gehen, der irgendwo, im Hut oder anderswo angebracht und auf eine der Myriaden von Vibration eingestellt wird, mit der er gerade eine Verbindung sucht." (Stoss 2010, S. 34f.) Stoss dachte dabei insbesondere an Massenkommunikation:

> „Auf seinem Wege (...) ins Geschäft wird er seine Augen nicht mehr durch Zeitungslesen anzustrengen brauchen, denn er wird sich in der Untergrundbahn (...) oder wo er grad' fährt, und wenn er geht, (...) nur mit der ‚gesprochenen Zeitung' in Verbindung zu setzen brauchen, und er wird alle Tagesneuigkeiten (...) erfahren, nach denen er verlangt." (Stoss 2010, S. 38)

Diese visionär anmutenden Ideen nehmen Bezug auf eine reale Entwicklung zu Beginn des 20. Jahrhunderts: Die Nutzung des Telefons als Mittel Öffentlicher Kommunikation. Stoss selbst verweist in seinen Ausführungen auf das in Budapest existierende Telefon Hírmondó. Bereits 20 Jahre zuvor hatte der Ungar Tividar Puskas einen Nachrichtendienst via Telefon eingeführt (vgl. dazu Kap. 3.2.3). Auch innerhalb der amerikanischen Telefongesellschaft AT&T entsteht Ende der 1920er Jahre die Vorstellung einer ortsungebundenen Nutzung des Telefons, die der damalige Präsident des Unternehmens „between land and aeroplanes, moving trains, ships at sea or between two moving objects" (Rogers 1990, S. 26) sieht.

Aktuell schreitet die Entwicklung mobiler Endgeräte weiter fort von der ursprünglichen Funktion des mobilen Telefonierens hin zu einem portablen Gerät, das in Folge technischer wie inhaltlicher Konvergenz viele Bereiche computervermittelter Kommunikation abdeckt (vgl. Carey 2006, S. 115; Westlund 2010, S. 92). Innerhalb weniger Jahre haben sich mobile Endgeräte dadurch nach ihrer Etablierung als Medium interpersonaler Kommunikation (vgl. dazu u.a. Katz und Aakhus 2006) zu einer multifunktionalen Plattform gewandelt (vgl. dazu u.a. Fallend et al. 2010; Horst 2013). Diese wird nun in vielen Ländern auch zur Rezeption und Produktion öffentlicher Kommunikation genutzt (vgl. Wei 2013; Westlund 2008).

In Anbetracht der Relevanz von mobilen Endgeräten, mobilem Internet und Apps für die digitale Zukunft des Journalismus, beschäftigt sich dieses Kapitel mit den Grundlagen mobiler Kommunikation (vgl. Kap. 2.1). Die Evolution der Telegrafie über die Mobiltelefonie hin zur Ära des multioptionalen Ubiquitous Computing (vgl. Kap. 2.2) ist in der deutschsprachigen Kommunikationswissenschaft bislang nicht als zusammenhängende Entwicklung dokumentiert. Ebenfalls fehlt eine Systematisierung journalistischer Aktivitäten. Parallel zum technologischen Fortschritt der Mobilfunknetze als Infrastruktur der Telefonie ist eine Funktionsausweitung des klassischen „Mobiltelefons" zu beobachten. Eine hohe Differenzierung im Bereich der Hard- und Software zeichnet auch den deutschen Markt aus. Sie reicht vom Handy mit Dominanz der Telefonfunktion über

Smartphones als Hybride zwischen Computer und Mobiltelefon bis zu Smartlets, Mini-Tablets und Tablet-PCs als „Mobile Internet Devices". Die Grenzen zwischen mobilen Endgeräten sind fließend und verschieben sich immer wieder. So kamen im Jahr 2011 die Begriffe „Smartlets" bzw. „phablets" auf (vgl. Westlund 2013, S. 7). Sie beschreiben Endgeräte, die einen größeren Bildschirm aufweisen als Smartphones, jedoch deutlich kleiner sind als Tablet-PCs und meist weiter über die Telefonfunktion verfügen. Es ist daher notwendig, den im Rahmen dieser Forschungsarbeit angewendeten Begriff mobiler Endgeräte zu definieren (vgl. Kap. 2.2.1).

Mobiler Journalismus profitiert aktuell von der Konvergenz zweier voneinander unabhängig diffundierter revolutionärer Innovationen der letzten beiden Jahrzehnte: Die Verbindung von Internet und Mobilfunk lässt im mobilen Internet neue Kommunikations- und Rezeptionsszenarien entstehen (Kap. 2.2.2). Motor dieser Entwicklung sind Apps (vgl. Accenture 2012, S. 13). Die (Neu-)Erfindung der downloadbaren Anwendungsprogramme hat Mobile Publishing in den Fokus der Medienbranche gerückt. Die spezifische Form dieser mobilen Anwendungen, die der zentrale Untersuchungsgegenstand der Arbeit sind, wird daher abschließend abgegrenzt und definiert (vgl. Kap. 2.2.3).

2.1 Die Geschichte mobiler Kommunikation

Was zunächst als Anwendung für Militär und Schifffahrt konzipiert wurde, hat sich rasant auf dem zivilen Massenmarkt etabliert. Die Entwicklung des Mobilfunks reicht in einem halben Jahrhundert von rein analogen bis hin zu leitungs- und paketvermittelten digitalen Funknetzen – und von einem auf geschlossene Benutzergruppen fokussierten Spezialdienst hin zu einem „alternativen Kanal (...) für massenmediale Informationsverbreitung" (Krone 2010, S. 30). Die Digitalisierung ermöglichte den entscheidenden Schritt von fest installierten Autotelefonen zu portablen Handys, der Strukturwandel der Telekommunikationsbranche den Markteintritt privater Anbieter und damit sinkende Preise (vgl. Mercer 2006, S. 95ff.).

Im Gegensatz zu den Anfängen der kabelgebundenen Telefonie hat es zu Beginn der Mobiltelefonie keine Standards gegeben, die Verbindungen über Landesgrenzen erlaubten (vgl. Alby 2008, S. 1). Aus diesem Grund haben sich bestimmte landesspezifische Strukturen etabliert, die heute noch Einfluss auf die Gestalt mobiler Kommunikation ausüben. Frühe internationale Entwicklungen im Bereich des Mobilfunks reichen bereits bis in das 19. Jahrhundert zurück (vgl. Kap. 2.1.1). Da im Zuge der Evolution des

Mobilfunks im 20. Jahrhundert unterschiedliche technische Stadien durchlaufen wurden, ist man dazu übergegangen von Generationen (1G bis 4G) zu sprechen. Während die erste Generation analoger Netze durch die Ausrichtung an der Übertragung von Sprache gekennzeichnet ist (vgl. Kap. 2.1.2), zeichnen sich die Netze der zweiten Generation bereits durch die Orientierung an der Datenübertragung aus, wodurch die Grundlagen für Mobilen Journalismus gelegt worden sind (vgl. Kap. 2.1.3). 3G schließlich steht für „den Übergang von der schmalbandigen zur breitbandigen Übertagung in mobilen Netzen" (Geer und Gross 2001, S. 18) und wird nun bereits abgelöst von der vierten Generation (vgl. Kapitel 2.1.4).

2.1.1 Internationale Frühphase des Mobilfunks

Mobilkommunikation findet ihre Vorläufer technisch in der Telegrafie und der kabelgebundenen Telefonie. Telegrafen haben es erstmals ermöglicht, „Daten" schnell über große Distanzen zu kommunizieren. Als Pioniere der optischen Telegrafie können die französischen Gebrüder Chappe angesehen werden. Mithilfe von zwei Uhren und einer Bratpfanne kreierten sie 1791 ein System, das Botschaften über einige hundert Meter Entfernung versendet. Neben der hohen Lärmbelastung erwies sich auch die geringe Reichweite als problematisch, so dass die Pfannen schließlich durch fünf Meter hohe Holztafeln ersetzt wurden, die eine schwarze und eine weiße Seite aufwiesen (vgl. Mercer 2006, S. 2ff.; Museum für Kommunikation 2002, S. 5). Die verbesserte Technik ermöglichte unter Verwendung eines Teleskops bereits Reichweiten von 15 Kilometern.

> „People had signaled each other with sun-reflecting mirrors for centuries, but it was the breaking of the message into a code, based in semaphore, that was the heart of Chappe's idea." (Parry 2011, S. 194)

Ein weiterer Meilenstein ist um 1840 zu finden: Samuel Morse ließ sich auf der Grundlage des „Morse-Alphabets" ein elektrisches Telegrafensystem für die USA patentieren (vgl. Mercer 2006, S. xvi). Philipp Reis stellte schließlich in Frankfurt 1861 einen ersten funktionierenden Vorläufer des Telefons vor. Vor den Mitgliedern des Physikalischen Vereins Frankfurt demonstrierte Reis die Übertragung von Sprache und Musik aus dem Frankfurter Senckenbergmuseum in den Sitzungssaal des Vereins, der rund 90 Meter entfernt war (vgl. Gunkel 2011). Reis selbst dachte nicht an eine kommerzielle Nutzung (vgl. Mache 1989, S. 45; Stöber 2003, S. 170), auch fehlte seinen „Zeitgenossen (…) die Phantasie – sie wussten nicht, was sie mit der neuen Technik anfangen sollten" (Gunkel 2011).

Als Erfinder des Telefons hätte neben Reis auch Elisha Gray der Telegrafengesellschaft Western Electric in die Geschichtsbücher eingehen müssen: 1875 bereits war es ihm gelungen, Töne elektrisch zu übertragen. Das erste rechtsgültige Patent für das Telefon wurde in den USA jedoch Alexander Graham Bell zugesprochen, der dieses im Jahr 1876 zwei Stunden vor Gray auf das gleiche Gerät eingereicht hatte (vgl. Gunkel 2011; Mercer 2006, S. 28ff.). Bell gelang damit der „eigentliche technische wie kommerzielle Durchbruch" (Stöber 2003, S. 170) – obwohl sein erster Entwurf zahlreiche Fehler aufwies und im Vergleich zu Grays Gerät weit weniger entwickelt war. Diese Unzulänglichkeiten führten 1876 innerhalb der Western Union zu folgender Fehleinschätzung im Rahmen einer internen Notiz: „The telephone has too many shortcomings to be considered as a means of communication." (Parry 2011, S. 1)

Der Unternehmer Werner Siemens bewies zu dieser Zeit bereits mehr Weitsicht. Er hielt in einem Brief an seinem Bruder 1877 seine Enttäuschung bezüglich des verpassten Patents fest („Wir Esel") und beklagte, die Deutschen hätten das Potenzial der Erfindung nicht erkannt. Der Rechtsstreit zahlreicher Unternehmen gegen Bells Patent blieb jedoch erfolglos – er wehrte rund 600 Klagen ab (vgl. Gunkel 2011).

Die Entwicklung des Mobilfunks profitierte einige Jahre später von vier Personen, die gleichsam als Erfinder der drahtlosen Telegrafie betrachtet werden können, jedoch zu unterschiedlichem Ruhm gelangten. Bereits im Jahr 1895 präsentierte der deutsche Ingenieur Ferdinand Schneider (1866-1955) die Möglichkeiten der drahtlosen Telegrafie und der russische Physiker Alexander Stepanowitsch Popow (1859-1905) veröffentlichte 1896 eine detaillierte Beschreibung des weltweit ersten Radioempfängers (vgl. Werner 2009, S. 252). Der italienische Forscher Guglielmo Marconi (1874-1937) jedoch gilt gemeinhin als Erfinder der drahtlosen Telegrafie, da er 1896 ein Patent für drahtlose Kommunikation erhielt (vgl. Vonderheid 2005; Belrose 1995) und 1909 zusammen mit dem deutschen Physiker Ferdinand Braun (1850-1918) mit dem Nobelpreis für Physik ausgezeichnet wurde. Beide teilen sich den Nobelpreis für ihren Beitrag zur Entwicklung der drahtlosen Telegrafie (vgl. Nobelprize.org 2013). Sein Gerät machte es möglich, elektrische Schwingungen aufzuspüren und diese zu registrieren. Es basierte allerdings auf den veröffentlichten Überlegungen Popows, der in zahlreichen Publikationen Stellungnahmen abgab, in denen er sein Prioritätsrecht verteidigte (vgl. Vonderheid 2005). Die Nutzung der Erfindung erfolgte zunächst nicht privat-kommerziell, sondern durch das Militär: Marconi verkaufte die Technologie an die britische Royal Navy. Diese konnte nun auf See mittels Morse-Codes auch bei Nebel kommunizieren (vgl. Mercer 2006, S. 107). Große Schiffe waren darüber hinaus zu diesem Zeitpunkt die idealen Anwendungsgebiete für die frühe Mobilfunktechnologie: Sie konnten die ausladenden Batterien zur Stromversorgung transportieren. 1918 startete die Deutsche Reichsbahn mit einem Testbetrieb, der 1926 ein mobiles Telefonat aus einem fahrenden Zug heraus auf der Strecke zwischen Berlin und Hamburg ermöglichte (vgl. Burkart 2007, S. 25).

Der erste zivile und kommerzielle Mobiltelefonieservice ist erst 50 Jahre nach Marconis Erfindung 1946 von AT&T und Southwest Bell in den USA eingeführt worden: Auf der Basis der Arbeiten von Alton Dickieson und D. Mitchell, die in den Bell Laboratories angestellt waren, wurde der erste mobile Telefonanruf getätigt. Bis 1948 verbreitete sich der „highway service" auf etwa 100 Städte und Fernrouten (vgl. Mercer 2006, S. 107). Für New York waren zunächst nur 730 Teilnehmer zugelassen, „die sich um zwölf Kanäle streiten mussten; es war fast schon normal, in das Gespräch eines anderen Teilnehmers zu geraten" (Alby 2008, S. 3). Dennoch war die Warteliste lang: 2000 weitere potenzielle Kunden wollten den Service nutzen. 1947 wurde schließlich das Konzept des zellularen Telefons erfunden, weshalb das Telefon in Amerika auch „Cell Phone" genannt wird. Douglas H. Ring entwickelte in den Bell Laboratories ein Modell, in dem ein Gebiet nach Zellen unterteilt wird. Damit konnten die Betreiber besser haushalten. Statt der festen Zuordnung einer Frequenz zu einem Gerät, haben die Zellen unterschiedliche Frequenzbereiche, so dass sie sich nicht gegenseitig stören. Innerhalb einer Zelle erhält ein Endgerät eine Frequenz, verlässt es diese und betritt eine weitere, wird ihm eine neue Frequenz zugeordnet (vgl. Alby 2008, S. 4).

Die ersten Autotelefone wurden in Deutschland 1958 in Betrieb genommen. Diese mehrere Kilo schweren Apparate waren keinesfalls massenkompatibel: Aufgrund der für die Funktechnik verwendeten Vakuumröhren waren die Exemplare so ausladend, dass sie in den Kofferraum der Autos eingebaut werden mussten (vgl. ausführlich Wolf 2008, S. 22). Neben dem Aufwand für den Einbau war auch der Preis abschreckend: Sie kosteten etwa 50 Prozent eines Autos. Dennoch standen zum ersten Mal mobile Endgeräte zur individuellen Nutzung zur Verfügung. Als einer der ersten hatte sich Konrad Adenauer ein Telefon in seinen Dienstwagen einbauen lassen (vgl. ZDFheute 2009).

Der europäische Mobilfunkmarkt entwickelte sich in der Folge heterogen: Während in Schweden bereits 1955 das erste kommerzielle Netz eröffnet worden ist, erlaubte das British Post Office nur dem Duke of Edinburgh eine Verbindung in das mobile Netz – obwohl bereits mehrere private Mobilfunksysteme existierten. Das System 1 war noch 1965 Diplomaten vorbehalten, „zu groß war die Angst, das Mobiltelefon könnte die Integrität des Festnetzes gefährden" (Alby 2008, S. 3). Aufgrund der Größe des Landes, konnte in den Vereinigten Staaten kein Anbieter eine flächendeckende Infrastruktur zur Verfügung stellen, lediglich AT&T hatte hierfür Ressourcen. Nachdem die Federal Communications Commission (FCC) zunächst einige Lizenzen vergeben hatte, die größere Gebiete umfassten, wurde der Rest verlost. Es kam zu einer Anbieterfragmentierung, die viele lokale Unternehmen hervorgebracht hat (vgl. Mercer 2006, S. 111). Dies erschwerte Roaming oder machte es unmöglich. Wer von Stadt zu Stadt fuhr, hatte von einem Mobiltelefon keinen Nutzen. Erst durch eine Jahre dauernde Konsolidierung konnte diese Entwicklung wieder umgekehrt werden. Auch bezüglich des Preismodells ging Nordamerika einen anderen Weg als der Rest der Welt. Nicht nur der Anrufer musste Gebühren für ein Gespräch bezahlen, auch der Angerufene. Deshalb konzentrierten sich viele auf Pager-Systeme, die mehr Zuverlässigkeit zu einem geringeren Preis boten (vgl. Alby 2008, S. 6f.).

In Europa war der erste zellenbasierte Service in Skandinavien 1981 eingeführt worden. Das Nordisk MobilTelefoni (NMT) wurde später in zahlreiche Länder exportiert, darunter Spanien, die Niederlande, Österreich und Belgien. Ähnlich wie in den Vereinigten Staaten kam es insgesamt aber auch in Europa zunächst zu einer Fragmentierung (vgl. Mercer 2006, S. 113f.). Großbritannien verwendete TACS (Total Access Communication System), Frankreich Radiocom 2000 und Italien RTMI (Radio Telefono Mobile Integrato). Zwar waren alle Netze zelluläre Systeme, die darüber hinaus fehlende Kompatibilität jedoch führte dazu, dass die Mobilität mit der Landesgrenze endete (vgl. Alby 2008, S. 6).

In den 1980er Jahren entstand der Wunsch nach einem einheitlichen europäischen Mobilfunknetz, so dass auf dem Treffen der Conférence Européenne des Administrations des Postes et des Télécommunications 1982 die Groupe Spécial Mobile (GSM) gegründet wurde. 13 Teilnehmer aus zwölf Staaten unterzeichneten 1987 das Memorandum of Understanding (MoU), das sie verpflichtete, ein digitales Mobilfunksystem auf Basis des Mobilfunkstandards GSM aufzubauen (vgl. Roth 2005a, S. 44).

> „Das zelluläre System war in Amerika erfunden worden, ebenso das Handy, aber Europa konnte die USA aufgrund der genannten Probleme technisch überholen: Die Antwort war GSM." (Alby 2008, S. 7)

1991 schließlich konnten erste Geräte vorgeführt werden und das erste GSM-Mobilfunknetz, wurde in Finnland eingeführt. Das Akronym GSM wurde fortan in Global System for Mobile Communications umbenannt.

Die Ausbreitung auch außerhalb Europas erfolgte rasch: Bis 1997 wuchs die Zahl der GSM-Netze auf 200 in 109 Staaten an. Heute basieren etwa 82 Prozent der Mobiltelefone auf dem GSM-Standard. Mit einem Dualband-Handy, das die Standards GSM 900 und DCS 1800 unterstützt, können Nutzer in den meisten Ländern der Welt mobil kommunizieren – mit Ausnahme der USA und Japan. International wurden parallel zu GSM weitere Mobilfunksysteme in unterschiedlichen Frequenzen entwickelt. Für eine flächendeckende Nutzung des mobilen Endgeräts in Europa und den USA ist ein Triband-Gerät notwendig, das auf den Frequenzen 900 MHz, 1800 MHz und 1900 MHz arbeiten kann (vgl. Roth 2005a, S. 43f.). Mit dem neuen Standard betrat Mobilfunk die zweite Generation (2G). Signale lagen nun digital vor und Datendienste wurden möglich (vgl. Alby 2008, S. 8). Detaillierter werden die Prozesse im Folgenden beschrieben, wenn es um die Geschichte des Mobilfunks in Deutschland geht.

2.1.2 Phase I: Mobilfunk der ersten Generation

Bereits vor der Etablierung eines bundesweiten Mobilfunknetzes war in Deutschland mobile Telefonie möglich. Der „öffentlich bewegte Landfunkdienst" der Bundespost war in verschiedenen Städten eingeführt worden, damit war auch Hafenfunk und Fahrzeugfunk möglich. Nur sehr wenige hatten Zugang zu diesen Diensten, die vorwiegend nicht-öffentlich angelegt waren (vgl. Krone 2010, S. 30). Mobilfunknetze der ersten Generation (1G) basierten auf analoger Technik, die zur Übertragung von Daten kaum geeignet ist. 1958 fasste die Post den Beschluss, die bestehenden lokalen Netze zusammenzuführen, wodurch das A-Netz das bis dato weltweit größte öffentliche Mobilfunknetz wurde. Allerdings erfolgte die Gesprächszustellung handvermittelt und ein Telefonat war nur möglich, wenn der Aufenthaltsort des Angerufenen bekannt war. Darüber hinaus konnte ein Telefonat bei Verlassen einer Landfunkzelle nicht aufrechterhalten werden, es wurde bei Übertritt neu aufgebaut. Mobilität war damit nur bedingt gegeben (vgl. Wolf 2008, S. 23).

Mit einer Zahl von 11.000 Teilnehmern war die Kapazität erschöpft und das Netz wurde 1972 durch das B-Netz ersetzt. Ein Fortschritt bestand in der automatisierten Gesprächsvermittlung. Da eine geografisch verortete Vorwahl gewählt werden musste, war es weiterhin notwendig zu wissen, wo sich der Gesprächspartner aufhält. Insgesamt waren portable Geräte noch die Ausnahme, meist wurden die Telefone in Autos eingebaut (vgl. Schiller 2003, S. 27). Geräte waren Anfang der 1970er Jahre teuer: Sie kosteten umgerechnet etwa 6100 Euro, das durchschnittliche Jahreseinkommen lag bei rund 8600 Euro (vgl. Alby 2008, S. 9).

Es dauerte noch bis in die 1970er Jahre, bis Prototypen entwickelt wurden, die tatsächlich „handlich" waren. Motorola rühmt sich, das erste „Cell Phone" entwickelt zu haben. Martin Cooper von Motorola konnte 1973 das erste Gespräch mit einem Handapparat auf der Straße durchführen. Kurz davor jedoch hatte Bell Labs schon das Patent für ein zelluläres System beansprucht (vgl. Alby 2008, S. 5). Bis das erste kommerzielle Mobiltelefon, das Motorola DynaTAC 8000X, zugelassen wurde, dauerte es noch weitere zehn Jahre. Der „Urvater" mobiler Endgeräte hatte ein Gewicht von 800 Gramm, war 33 Zentimeter lang und kostete umgerechnet rund 3000 Euro. Bereits nach einer Stunde Gesprächszeit war der Akku leer (vgl. Burkart 2007, S. 25; Scharmer 2003).

Das erste portable Telefon stellte Nokia 1982 vor, aufgrund des Gewichts von rund zehn Kilogramm und einer Akkulaufzeit von wenigen Stunden war es jedoch nur bedingt mobil (vgl. Wissen.de 2011). Erst als es gelang, alle Komponenten zu verkleinern, wurde das mobile Telefon populär. Lange war die Darstellung auf den Displays schlecht und ausschließlich schwarz-weiß. Doch die Zahl der Interessenten wuchs: „1984 hatten sich bereits rund 300.000 Menschen weltweit dem Gedanken an die zeit- und ortsunabhängige Erreichbarkeit verschrieben." (Scharmer 2003)

Das 1985 eingeführte C-Netz, war daher schon für einen Massenmarkt ausgelegt (vgl. Roth 2005a, S. 42). Das B-Netz lief jedoch noch bis 1994 parallel. Neuerungen im C-Netz bestanden in der automatischen Lokalisierung der Teilnehmer, sowie der Möglichkeit, Gespräche zwischen den Funkzellen weiterzuleiten (Handover; vgl. Wolf 2008, S. 23). Dadurch entfiel die Vorwahl eines Regionen-Codes und alle Teilnehmer waren unter der Vorwahl 0161 erreichbar. Mit der Weiterentwicklung der Netze wurde eine geringere Sendeleistung erforderlich, die eine Lösung vom Automobil möglich machte. Mitte der 1980er Jahre erschienen auf dem Markt erstmals portable Endgeräte, zunächst in Form eines Kastens mit Griff. Die Preise waren gesunken: Ein Gerät kostete Mitte der 1980er Jahre umgerechnet noch rund 4000 Euro, während das durchschnittliche Einkommen bereits auf 21.600 Euro angestiegen war (vgl. Alby 2008, S. 9).

Die tragbaren Geräte waren weltweit noch bis in die 1990er Jahre hinein wenig handlich und schlicht zu teuer für den Massenmarkt. Gleichwohl der Trend heute nach der Phase der Miniaturisierung wieder zu größeren portablen Endgeräten geht, sind diese um ein vielfaches handlicher als in der Anfangszeit der mobilen Ära (vgl. Wolf 2008, S. 21). Rückblickend betrachtet verwundert es kaum, dass in den 1980er Jahren das Mobilfunknetz als Randbereich des Telekommunikationsnetzes eingestuft wurde. Eine im Jahr 1994 publizierte Studie sprach dem Bildtelefon eine gewisse Chance auf dem Markt zu, „sich als Ergänzung zum Haustelefon durchzusetzen, nicht aber dem Mobiltelefon“ (Burkart 2007, S. 24). Mit rund 850.000 Teilnehmern stieß das C-Netz 1993 an seine Auslastung, Ende 2000 ist es abgeschaltet worden (vgl. Scharmer 2003). Es gilt als eines der besten analogen Systeme weltweit. Heute erlebt es ein Comeback, da die Frequenzen mit der Flash-OFDM-Technologie in Kombination mit UMTS von der Deutschen Bahn genutzt werden, um Reisende im Zug mit dem Internetzugang Railnet zu versorgen (vgl. Alby 2008, S. 10).

2.1.3 Phase II: Mobilfunk der zweiten Generation

Der wesentliche Impuls zur massenhaften Verbreitung des Mobiltelefons erfolgte im ausgehenden 20. Jahrhundert, als durch die Infrastruktur digitaler GSM-Netze (2G) ein internationaler Standard geschaffen worden ist. Damit konnten Endgeräte für einen größeren Markt produziert werden und Kunden profitierten von länderübergreifenden Abkommen, die grenzüberschreitende Telefonate ermöglichten. Der Mobilfunkboom wurde darüber hinaus durch die Privatisierung des Marktes, durch die Digitalisierung und die Miniaturisierung der Endgeräte begünstigt. Nicht zuletzt trug der Preisverfall der Mobiletelefone zu ihrer Akzeptanz bei (vgl. Roth 2005a, S. 41). Während 1993 erst ein Prozent der Einwohner Deutschlands ein GSM-fähiges Telefon besaß (das meist noch in einem Auto eingebaut war), war die Abdeckung, gemessen an aktiven Simkarten, bis zum Jahr 2000 schon auf 59 Prozent gestiegen (vgl. Weber 2008, S. 226). Anfang der 1990er Jahre vollzog sich zudem ein fundamentaler Strukturwandel auf dem Mobilfunkmarkt, der die Entwicklung nachhaltig beeinflusste: Das D1-Netz bekam 1992 Konkurrenz durch einen privaten Anbieter. Mannesmann Mobilfunk (heute Vodafone) besetze das D2-Netz, 1994 folgte E-Plus (GSM 1800 Netz, E1) und 1998 schließlich der letzte Netzbetreiber VIAG Interkom (heute O2, E2-Netz; vgl. Werner 2009, S. 254).

Ab 1991 waren im D1-Netz zusätzlich zur Sprachübertragung zum ersten Mal auch Datendienste möglich – allerdings waren die ersten Geräte nicht dafür ausgelegt. Erst das Motorola International 3200 kann als erstes Handy für digitale Netze bezeichnet werden. Optisch unterschied es sich von seinem Vorgänger Dyna TAC 8000x kaum, jedoch wog es nur noch rund ein halbes Kilo. 1992 kam es nach Europa und ging unter dem Namen „Knochen“ in die Geschichte ein. Der Preis lag umgerechnet bei etwa

1500 Euro (vgl. Chip Online 2006; Focus Online 2006). Die Endgeräte wurden schnell handlicher und leichter: 1995 wogen sie unter 200 Gramm (vgl. Focus Online 2006). Sie kosteten inklusive Vertrag jedoch umgerechnet noch immer durchschnittlich 1000 Euro. Jahrelang wurden GSM-Handys daher auch als „Yuppie-Lutscher" betitelt (vgl. Wissen.de 2011).

GSM ist vorrangig auf Sprachtelefonie ausgerichtet, erlaubt jedoch Dienste wie Fax, E-Mail und SMS (Short Message Service; vgl. Schreiber 2000, S. 31). Die erste SMS wurde am 3. Dezember 1992 im britischen Netz von Neil Papworth, Ingenieur bei Vodafone, von einem PC an das Handy seines Kollegen Richard Jarvis mit den Worten „Merry Christmas" versendet. Der Erfolg ab 1995 kam überraschend – anfangs hatten die Mobilfunkbetreiber den Dienst kostenlos angeboten (vgl. Völker 2010, S. 282f.). Das Siemens S3 com konnte als erstes Gerät SMS senden und empfangen (vgl. Limbrock 2011; Lischka 2009; Focus Online 2006).

Der SMS wurde Ende der 1990er Jahre auch zur Massenkommunikation genutzt: Erster Anbieter textbasierter Nachrichten war das Dortmunder Software-Unternehmen Materna (vgl. Bodin 2002, S. 50). SMS-Dienste wurden schließlich auch von journalistischen Anbietern in Form von Informationsdiensten, Votings und Gewinnspielen adaptiert oder von Nachrichtenagenturen angeboten (vgl. dpa infocom o.J.a).

Mit dem Wireless Application Protocol (WAP) war es ab 1999 möglich, Informationsseiten – ähnlich den Seiten des World Wide Web – abzurufen und auf Mobiltelefonen darzustellen. Lange blieb die Entwicklung deutlich hinter den Erwartungen und Prognosen zurück. Ende der 1990er Jahre waren sowohl die Displays zu klein als auch die Datenraten zu gering, um das „richtige" Internet auf den Endgeräten darzustellen. Daher ist eine spezifische Lösung entwickelt worden: 1998 wurde mit WAP (Wireless Application Protocol) in der Spezifikation 1.0 der erste Versuch unternommen, das Internet für Mobiltelefone zugänglich zu machen. Die „abgespeckte" Internetversion verwendete die Beschreibungssprache WML (Wireless Markup Language), die speziell auf mobile Endgeräte zugeschnitten ist (vgl. Geer und Gross 2001, S. 32). Grafisch hatte die Darstellung wenig mit dem World Wide Web gemein, sie erfolgte anfangs schwarz-weiß und hatte die visuelle Anmutung einer SMS. Surfen war ausschließlich über Portale der Mobilfunkanbieter möglich, sie wurden lediglich durch eigene Links ergänzt. Die geringe Geschwindigkeit enttäuschte Nutzer, obwohl im Bereich des stationären Internets noch Modem-Verbindungen die Regel waren. Als Synonym fand schließlich „Wait and Pay" Eingang in den Sprachgebrauch (vgl. Alby 2008, S. 21).

Im Jahr 1999 wurde der WAP 1.1-Standard veröffentlicht, der sich weitgehend auf den Endgeräten durchsetzen konnte, da die meisten Mobiltelefone mit einem entsprechenden Browser ausgestattet waren. Die Weiterentwicklung WAP 2.0, basiert auf XML (Extensible Markup Language) und offeriert mehr Möglichkeiten zur Gestaltung (vgl. Geer und Gross 2001, S. 33). Die Entwicklung und Nutzung externer WAP-Seiten wurde durch die Mobilfunkanbieter nur gering gefördert, da bei Tarifen oft nur der Aufruf des eigenen Portals und angeschlossener Partnerseiten ohne Mehrkosten möglich war (vgl. Kornfeld 2006, S. 11). Insgesamt führte WAP jedoch nicht zu einer massenhaften Nutzung des mobilen Internets. Auch der zweite Standard i-mode (1999 eingeführt), führte mobiles Internet in Deutschland nicht in den Massenmarkt. Aufgrund des geringen inhaltlichen Angebots sowie mangelnder Verfügbarkeit kompatibler Endgeräte wurde er 2008 in Deutschland eingestellt (vgl. Turowski und Pousttchi 2004, S. 65). Weltweit war i-mode jedoch mit rund 30 Millionen Nutzern Ende 2001 der mit Abstand erfolgreichste mobile Internetservice (vgl. Sadeh 2002, S. 169). In Deutschland waren Handys 2010 noch zu 29 Prozent mit einem WAP-Browser ausgestattet, im Vergleich zu 2009 ist die Anzahl um fünf Prozentpunkte zurückgegangen. Ab 2011 wird der Wert in der Untersuchung nicht mehr ausgewiesen (vgl. Accenture 2011, 2012). Die Nutzung des Internets über WAP hatte ebenfalls abgenommen, auf 16 Prozent im Jahr 2010 (vgl. Accenture 2010, S. 10ff.).

2.1.4 Phase III: Mobilfunk der dritten Generation

Vor Einführung der dritten Mobilfunkgeneration wurden zunächst einige Verfahren implementiert, die in den bestehenden GSM-Netzen Daten mit höheren Übertragungsraten als 9600 Bits/s versenden (2,5G): HSCSD, GPRS und EDGE. Kaum Veränderungen an der Infrastruktur erfordert HSCSD (High Speed Circuit Switched Data), das seit 1999 von E-Plus und seit Ende 2000 von Vodafone angeboten wird. Die Datenraten eignen sich durch bessere Kodierungsverfahren bereits für das Surfen. Um die Kanäle breitbandig zu nutzen, bündelt HSCSD diese und erreicht somit im Fall von acht gebündelten Kanälen theoretische Datenraten von 115,2 kBit/s. Dies war jedoch nicht durchführbar: Erstens wäre es für Nutzer zu teuer gewesen, da die Abrechnung erfolgt, als ob mehrere Telefonate gleichzeitig stattfinden. Zweitens haben Netzbetreiber dies nur selten zugelassen, um das Netz bei hoher Nutzungsfrequenz nicht zu beschränken (vgl. Geer und Gross 2001, S. 23; Roth 2005a, S. 63). Eine maximale

Bündelung von bis zu vier Kanälen ist die Regel und damit eine Datenrate von 57,6 kBit/s (vgl. Schreiber 2000, S. 38; Sinn 2002, S. 117). Da HSCSD noch zu den leitungsvermittelten Verfahren zählt, muss ein Nutzer für eine Verbindung auch bezahlen, wenn keine Daten übertragen werden. Zudem erfordert das Verfahren neue Endgeräte (vgl. Geer und Gross 2001, S. 23). HSCSD ist dadurch für den Zugriff auf das World Wide Web oder E-Mails zu kostspielig und verbraucht zu viele Ressourcen innerhalb des Netzes (vgl. Roth 2005a, S. 64). Die leitungsvermittelte Übertragung von Daten wird im Mobilfunk daher kaum noch genutzt.

Bei den Endgeräten zeichnet sich zur Jahrtausendwende erstmals der Trend zur Multifunktionalität ab: Integrierte MP3-Player, Radioempfang und ergänzende Softwareanwendungen wie etwa der Kalorienzähler und Gewichtsrechner des Samsung SGH-A 400 verändern ab dem Jahr 2000 den Gebrauch, 2002 kommt auch die Digitalkamera hinzu (vgl. Focus Online 2006). In einem weiteren Entwicklungsschritt in der letzten Gerätegeneration der 2G und 2,5G-Geräte sind nun auch Java-Anwendungen möglich. Sie erlauben es, komplexe Anwendungen auf das Gerät zu laden. So zum Beispiel Spiele, die aus dem Internet herunter geladen werden können, aber auch die Nutzung jeder Art von Web-Services (vgl. dazu ausführlicher Turowski und Pousttchi 2004, S. 61ff.).

> „Mit dieser Standardisierung auf Basis der führenden Programmiersprache für Web-Anwendungen ist eine Grundvoraussetzung für wirtschaftliche Entwicklung und weite Verbreitung auch von Anwendungen für Mobiltelefone geschaffen." (Turowski und Pousttchi 2004, S. 64)

GPRS

Erfolgreicher war GPRS (General Packet Radio Service). Die Technik wurde 1998 von Ericsson vorgestellt und 2001 auf dem deutschen Markt eingeführt. Es handelt sich um eine Erweiterung des bestehenden GSM-Netzes, auch für GPRS werden neue Endgeräte benötigt. Im Gegensatz zu HSCSD sind die Änderungen am bestehenden GSM-Netz erheblich: Daten werden nun in kleine Pakete zerlegt und erst beim Empfänger wieder zusammengebaut (vgl. Colman et al. 2006, S. 14). Ein Vorteil für den Nutzer ist das always-on-Prinzip: Einmal eingebucht, wird das Endgerät permanent über neue Inhalte benachrichtigt – die Infrastruktur aber nur beansprucht, wenn Datenpakete ausgetauscht werden (vgl. Roth 2005a, S. 64). Dies vermeidet eine Blockierung von Sprachkanälen und sichert die effizientere Nutzung des Netzes. So war eine Abrechnung anhand der Datenmenge anstelle der teureren Abrechnung nach Zeit möglich (vgl. Schreiber 2000, S. 39). Durch eine Bündelung der acht GSM-Kanäle wäre theoretisch eine Übertragungsgeschwindigkeit von 171,2 kbit/s realisierbar. Diese ist durch Netzbetreiber und Geräte eingeschränkt und liegt etwa bei 115 kbit/s. Dennoch übertrifft GPRS die Übertragungsrate stationärer ISDN (Integrated Services Digital Network)-Internetverbindungen beinahe um das Doppelte (vgl. Colman et al. 2006, S. 14f.).

> „Neben WAP bot sich damit eine Alternative für die Nutzung des Internets mit mobilen Geräten an, ohne die Einschränkungen von WAP in Kauf nehmen zu müssen." (Alby 2008, S. 22)

Seit 2001 ist GPRS bundesweit flächendeckend verfügbar, alle vier Netzbetreiber unterstützten den Dienst. GPRS wird hauptsächlich für MMS genutzt. Für das Streamen von Videos ist es vor allem durch schwankende Datenraten nicht geeignet. Diese variieren je nach Entfernung zur Basisstation und Nutzerzahl in derselben Funkzelle (vgl. Colman et al. 2006, S. 15; Roth 2005a, S. 64f.). 2003 sind Mobiltelefone bereits standardmäßig mit Farbdisplays ausgestattet – sie erreichen die von Computer-Flachbildschirmen bekannte TFT (Thin-film transistor)-Technologie mit 65.000 Farben. Kameras sind ebenfalls Standard geworden, immer mehr Funktionen wie etwa die Videoaufzeichnung kommen hinzu. Mit dem P900 von Sony Ericsson, das Foto, Video, MP3, Bluetooth, E-Mail und Java vereint, vollzieht sich auf dem Markt der Wandel vom Handy zum Smartphone (vgl. Focus Online 2006).

EDGE

EDGE (Enhanced Data Rates for GSM Evolution) ist der letzte Standard im Übergang zu dritten Generation und kann mit HSCSD und GPRS kombiniert werden. Diese werden zu E-GPRS (Enhanced GPRS) und ECSD erweitert. Die Technik bringt GSM/GPRS-Netze durch ein Modulationsverfahren bereits auf den Stand der dritten Mobilfunkgeneration und ist deshalb vor allem in Gebieten ohne UMTS (Universal Mobile Telecommunication System)-Abdeckung als Alternative interessant. Das Verfahren bietet darüber hinaus eine Chance für Mobilfunkunternehmen, die keine UMTS-Lizenzen besitzen. Die Übertragungsgeschwindigkeit liegt theoretisch bei 473,6 kBit/s, tatsächlich bei maximal 170-200 kbit/s. Dies entspricht fast UMTS-Geschwindigkeit und ermöglicht die Übertragung von Bewegtbild (vgl. Geer und Gross 2001, S. 25; Roth 2005a, S. 66; Sinn 2002, S. 18f.). Hohe Datenraten steigern jedoch die Fehleranfälligkeit, daher passt sich EDGE an die vorgefundene Übertragungsqualität an. Deutsche Netzbetreiber schenkten EDGE angesichts der hohen Investitionen in UMTS-Lizenzen lange wenig Aufmerksamkeit.

Dennoch hat T-Mobile EDGE 2006 eingeführt, Vodafone folgte 2007 in Gebieten, in denen keine UMTS-Versorgung möglich ist (vgl. Alby 2008, S. 22f.). Seit Frühjahr 2008 ist die Technik flächendeckend im GSM-Netz von T-Mobile verfügbar (vgl. Golem.de 2008) und EDGE wird auch in mit UMTS versorgten Gebieten eingesetzt. Im gleichen Jahr begann auch O2 mit der Aufrüstung seines Netzes. E-Plus kam bis Ende 2009 auf eine Abdeckung von 90 Prozent und setzt voll auf diesen Standard (vgl. PCWelt 2009). Für Endkunden erschien EDGE nicht besonders fortschrittlich, da DSL-Anschlüsse zu dieser Zeit mit wesentlich höheren Geschwindigkeiten versehen waren. Wer demnach zu den Early Adopters mobiler Dienste gehörte, wurde in der Regel enttäuscht.

> „Offensichtlich ist, dass die Beschleuniger erst sehr spät zur Verfügung standen und damit die frühe Nutzung des Mobile Webs eher verhindert wurde, ganz abgesehen von der zum Teil abschreckenden Preisgestaltung für diese Dienste.“ (Alby 2008, S. 24)

UMTS

Die Etablierung von UMTS markiert endgültig den Eintritt in die dritte Mobilfunkgeneration. Dieser Standard sollte nun explizit nicht mehr nur zur Sprachübertragung verwendet werden, sondern mit Übertragungsraten von bis zu zwei Mbit/s auch mobilen Diensten und Internetanwendungen zum Durchbruch verhelfen (vgl. Roth 2005a, S. 68). Zudem sollte UMTS mehr Sicherheit ermöglichen und einen weltweit einheitlichen Mobilfunkstandard etablieren. Bereits 1992 wurde dazu von der ITU (International Telecommunications Union) der IMT-2000 (International Mobile Telecommunications at 2000MHz) Standard gegründet.

Um allen Nationen wirtschaftlich entgegenzukommen, gliederte man in IMT-2000 mehrere Einzelstandards ein. Dies ermöglichte Netzbetreibern bereits bestehende Netzstrukturen aus der zweiten Mobilfunkgeneration in die 3G-Netze zu implementieren. Ein weltweit einheitlicher Standard konnte aus kommerziellen Gründen nicht realisiert werden (vgl. Schiller 2001, S. 63f.). Dennoch ist UMTS kein schneller Erfolg auf dem deutschen Markt zu Teil geworden. Die ersten Lizenzen im Jahr 2000 wurden völlig überteuert von den Mobilfunkunternehmen ersteigert. Sie haben Kosten in Höhe von 50 Milliarden Euro verursacht. Lizenznehmer waren zunächst sechs Mobilfunkunternehmen: T-Mobile Deutschland GmbH, Vodafone D2 GmbH, E-Plus 3G Luxemburg S.à.r.l., O2 (Germany) GmbH & Co OHG sowie MobilCom Multimedia GmbH. Letztere hat ihre Lizenz 2003 an die Bundesnetzagentur zurückgegeben. Der Quam GmbH (ein Konsortium aus der finnischen Sonera und der spanischen Telefonica), ist die Lizenz entzogen worden, da sie der Auflage des Netzausbaus nicht nachgekommen ist. Alle Lizenzen sind bis zum 31. Dezember 2020 befristet (vgl. Callmagazin 2007; Heise.de 2000). Zusätzlich zu Lizenzgebühren mussten etwa zehn Milliarden Euro in den Netzausbau investiert werden. Erste UMTS-Dienste waren bereits für das Jahr 2002 erwartet worden, „stattdessen surfte das mobile Deutschland mit GPRS und später EDGE durchs Netz.“ (Alby 2008, S. 25). Die Inbetriebnahme verzögerte sich aufgrund technischer Probleme, so dass UMTS offiziell erst im Jahr 2004 an den Start gehen konnte (vgl. Frühbrodt und Feles 2006).

UMTS bedeutet einen Entwicklungssprung in der mobilen Datenkommunikation, da zum ersten Mal die Grundlage für die Übertragung großer Datenmengen existiert. Damit schafft es Voraussetzungen für den Zugriff auf das Internet und multimediale Inhalte (vgl. Alby 2008, S. 24). Erste Videotelefonie-fähige Endgeräte kamen 2004 auf dem Markt und WLAN wurde erstmals in ein Smartphone integriert (vgl. Focus Online 2006). Das gesamte Versorgungsgebiet wurde in unterschiedlich große Zellen aufgeteilt[1], die variierende Datenraten zur Verfügung stellen und kontextbezogene Dienste über die Lokalisierung in der Mobilfunkzelle ermöglichen (vgl. Roth 2005a, S. 70). 2007 wurde zum ersten Mal ein Handy mit integriertem GPS-Modul vorgestellt, das nun auch kontextbezogene Informationen wie die Navigation ermöglichte (vgl. Focus Online 2006).

---

1 Diese gliedern sich in Piktozellen mit einer Größe bis zu 50 Metern, die vor allem in Gebäuden liegen (Hot Spot); die maximale Datenrate liegt bei einer Geschwindigkeit des Teilnehmers von weniger als 10 km/h bis zu 2 Mbit/s. Die zweite Größenordnung sind Mikrozellen, mit einer Ausdehnung von bis zu einigen Kilometern. Sie liegen in Vorstädten und einigen Bereichen von Städten. Liegt die maximale Geschwindigkeit des Nutzers bei 120 km/h, so sind Datenraten bis 384 kBit/s möglich. Schließlich existieren noch Makrozellen im Bereich ländlicher Gebiete, die eine Ausdehnung von einigen zehn Kilometern aufweisen. Hier ist bei Geschwindigkeiten von bis zu 500 km/h eine Datenrate bis 144 kBit/s möglich. Die größte Ausdehnung weisen Satellitenzellen auf, die bei maximal 1000 km/h Geschwindigkeit Datenraten von 144 bis 384 kBit/s möglich machen (vgl. Roth 2005a, S. 70).

Seit 2005 sind schließlich erste Versuche zu beobachten, Handys als neue Ausspielkanäle für journalistische Medienprodukte zu nutzen. Im Printsektor versuchte dpa-infocom, Tageszeitungen zunächst mit einer speziellen Software für Handys als „m-paper“ zu vertreiben. Erste Anbieter waren Hannoversche Allgemeine Zeitung, Neue Presse, Westdeutsche Allgemeine Zeitung und Die Glocke (vgl. dpa infocom o. J.b). Zudem konnten regionale Tageszeitung die Plattform MINDS nutzen, um SMS und MMS für Leseraktionen einzusetzen (vgl. dpa infocom o.J.a). Ab 2007 wurde MINDs erweitert und das m-paper durch mobile Portale ersetzt (vgl. dpa infocom o.J.a sowie ausführlich Wolf 2008, S. 46ff.).

Mehr noch als mobile Zeitungen wurde die Übertragung von Fernsehinhalten auf mobile Endgeräte als neue Killerapplikation der UMTS-Ära angepriesen. Die Nutzungsraten zu sogenannten Schlüsselereignissen wie Sportgroßveranstaltungen blieben jedoch deutlich hinter den Erwartungen zurück (vgl. Breunig 2008, S. 598). Dies lag vor allem an konkurrierenden Rundfunk- und Mobilfunkstandards, die jeweils spezifische Nachteile aufweisen. Eine Übertragung von Videoinhalten via UMTS ist immer dann problematisch, wenn viele Nutzer innerhalb einer Zelle gleichzeitig auf Inhalte zugreifen, da sich dadurch die Datenraten verlangsamen. Broadcastingtechniken wie DMB (Digital Multimedia Broadcasting) und DVB-H (Digital Video Broadcasting Terrestrial) sind in Deutschland mangels verfügbarer Endgeräte (so war DMB nur auf Endgeräten der Hersteller Samsung und LG verfügbar), geringer Nachfrage und fehlendem Engagement auf Anbieterseite gescheitert. Zunächst hatte das Unternehmen MFD (Mobiles Fernsehen Deutschland GmbH) von 2005 bis 2008 das Angebot „watcha“ via DMB vertrieben, das die Sender ARD, ZDF, N24, MTV Music und den spezifisch mobilen Kanal ProSiebenSat.1 Mobile umfasste. 2007 nutzten lediglich 5000 Kunden das Angebot.

Anschließend erfolgte eine Fokussierung auf DVB-H. An der Ersteigerung der Lizenzen hatten sich in Form des Konsortiums Mobile 3.0 unter anderem die Verlagsgruppen Burda und von Holtzbrink beteiligt (vgl. Inside-Handy.de 2007; W&V.de 2010; Heise.de 2008 sowie ausführlich Wolf 2008, S. 43ff.). Unabhängig von der Übertragung vollständiger Fernsehsender sind ab 2007 Nachrichten-Formate für mobile Endgeräte entwickelt worden (z.B. „Tagesschau in 100 Sekunden“, ARD), die sich insbesondere durch stark gekürzte Beiträge auszeichnen (vgl. ARD.de 2007; Wolf und Hohlfeld 2012). Im Unterhaltungsbereich wurde an ersten Serienformaten gearbeitet („Mobisodes“). Das erste Format wurde in Deutschland von 2006 bis 2007 unter dem Titel „Ninas Welt“ in Episoden von drei Minuten Länge drei Mal wöchentlich ausgestrahlt (vgl. Mandler

2006). Auch Radioanbieter unternahmen Versuche, das Medium an mobile Endgeräte anzupassen. „Visual Radio“ wurde von Nokia und Hewlett-Packard entwickelt und ab 2004 via Hit Radio FFH in einem Testbetrieb gefahren. Die Audioinhalte wurden dabei entweder über GPRS/UMTS oder über DMB übertragen und mit zusätzlichen textuellen und visuellen Informationen angereichert (vgl. Inside-Handy.de 2007; Wolf 2008, S. 48f.). Da zu diesem Zeitpunkt Daten-Flatrates noch nicht verbreitet waren, scheiterte die Nutzung bereits an den hohen Kosten.

HSPA

Die Technologieerweiterung HSDPA (High Speed Downlink Packet-Access) ermöglicht, bestehende UMTS-Zellen aufzurüsten. Daher wird der Standard als 3,5G bezeichnet. Theoretisch erlaubt HSDPA im Downlink bis zu 3,6 Mbit/s, tatsächlich liegen die Datenraten darunter, da diese analog zu UMTS von der Anzahl der Nutzer innerhalb einer Zelle abhängig ist (vgl. Colman et al. 2006, S. 18; Geßner und Waldenmaier 2004). Dennoch kann UMTS damit bereits mit Festnetz-Zugängen über DSL konkurrieren. Mittels HSUPA (High Speed Uplink Packet Access) wird auch das Senden von Daten beschleunigt. Zusammenfassend werden die beiden Erweiterungen als HSPA bezeichnet (vgl. Opitz 2009). Die schnelleren Übertragungsraten ändern nichts daran, dass HSDPA genau wie UMTS nur punktuell zur Verfügung steht. Damit ist zum Beispiel eine Nutzung während schneller Zugfahrten nicht unterbrechungsfrei möglich, da sich das Gerät ständig zwischen UMTS/HSDPA und GPRS hin- und herbucht. Dies steht Internetanwendungen bei hohen Geschwindigkeiten entgegen. Ab 2008 kamen immer mehr UMTS-fähige Geräte auf den Markt. Durch die Beschleunigung für die Empfangseinrichtung HSDPA in Zusammenwirken mit günstigen Tarifen (Daten-Flatrates) und Endgeräten mit Surf-tauglichen Displays sind mobile Datendienste heute ein Erfolg – bereits seit 2007 tragen sie die Mehrheit an der Auslastung der weltweiten Netze und haben damit Sprachdienste überholt (vgl. Opitz 2009).

Die Markteinführung von Smartphones hat die mobile Kommunikation fundamental verändert, „weil die Handynutzer nun leistungsfähige Computer in die Hand bekamen“ (Ford und Wiedemann 2011, S. 14). Zwei Endgeräte trugen 2007 entscheidend zum Smartphone-Boom der folgenden Jahre bei: Das N95 etablierte ortsbezogene Dienste und das iPhone verhalf dem mobilen Internet und Apps zum Durchbruch (vgl. Focus Online 2006). Bereits jeder dritte Deutsche war zu diesem Zeitpunkt daran interessiert, mobil im Internet zu surfen. Der Verkauf von Endgeräten erbrachte 4,2 Milliarden Euro (vgl. Bitkom 2007). Der Wegbereiter einer neuen Gattung von Smartphones (diese Endgeräte verfügen über einen Bildschirm mit Multitouch-Funktion, so dass die Bedienung mit mehreren Fingern gleichzeitig möglich ist) ist das iPhone von Apple, das im Jahr 2007 eingeführt und vom US-Magazin Time zur „Erfindung des Jahres" gekürt wurde (vgl. Grossmann 2007). Dass Smartphones einen derartigen Boom erleben, liegt auch an der Preisentwicklung der Folgejahre, durchschnittlich kosten sie 2010 nur noch rund 226 Euro (vgl. Bitkom 2010). Bereits 2009 zeigte sich der Wandel hin zu multifunktionaler Nutzung auf dem Mobilfunkmarkt: Von Januar bis September sind im Einzelhandel 1,7 Millionen Smartphones umgesetzt worden – ein Plus von 150 Prozent zum Vorjahr (vgl. Bitkom 2009). Der Sprung weg von der Telefonie hin zur multimedialen Datenkommunikation war für Netzbetreiber und Discountanbieter dringend notwendig, da Sprachdienste und klassische Messagingdienste wie SMS schon seit einigen Jahren keine großen Gewinnspannen mehr ermöglicht hatten (vgl. Aguado und Martinez 2008, S. 73).

2.1.5 Phase IV: Mobilfunk der vierten Generation

Unter dem Namen NGMN (Next Generation Mobile Networks) arbeiten Mobilfunkunternehmen und -ausrüster an der vierten Mobilfunkgeneration (4G), die in Deutschland häufig synonym auch als LTE (Long Term Evolution) bezeichnet wird. Jedoch zählen zu den Mobilfunkstandards der vierten Generation auch mobile WiMax (Worldwide Interoperability for Microwave Access) und HSPA+, eine Erweiterung des bereits weiter oben beschriebenen HSPA. Bezüglich der Übertragungsgeschwindigkeit bieten alle noch einmal eine Steigerung der Datenraten (vgl. Tarife.de 2011). HSPA+ macht zwar nur geringe Investitionen der Netzbetreiber notwendig und vergrößert die Übertragungsrate von UMTS-Netzen auf bis zu 14,4 MBit/s, jedoch ist die Erweiterung nur in wenigen Gebieten verfügbar. Mobile WiMax ist eine bereits ausgereifte Technologie, die zunächst für den stationären Einsatz entwickelt worden war. Der erste kommerzielle Dienst wurde bereits 2006 in Südkorea angeboten, durch die Kooperation von Chiphersteller Intel und Korea Telecom erlangte die WiMax-Abdeckung (dort als Wibro bezeichnet) 2010 einen Wert von 85 Prozent (vgl. Breitbandkompass.de 2010). 2008 begann der amerikanische Mobilfunkanbieter Sprint Nextel ebenfalls mit dem Ausbau und trat damit gegen die konkurrierenden Unternehmen AT&T und Verizon an, die auf LTE setzen (vgl. Reed 2009).

Dass LTE als Technologie der Zukunft angesehen wird zeigt auch, dass im Jahr 2010 sowohl der Netzwerkausrüster Cisco als auch der Telekommunikationsausrüster Alcatel Lucent angaben, kein Equipment mehr für WiMax herzustellen (vgl. Golem.de 2010). Im Jahr 2012 sind immer mehr Smartphones auf den Markt gekommen, die LTE unterstützen (vgl. n-tv.de 2012). LTE setzt nicht auf vorherigen Standards auf, so dass erst ein neues Netz aufgebaut werden muss (vgl. Riemer 2009). Bereits 2006 wurden von der Bundesnetzagentur Lizenzen für Deutschland versteigert, als Bieter traten ausschließlich Unternehmen auf, die zuvor weder im Festnetz noch im Mobilfunkbereich als Betreiber tätig waren[2] (vgl. Handelsblatt.com 2006). Unter anderem hatte die Deutsche Breitband GmbH Lizenzen erworben. Aufgrund fehlender Nachfrage weist das Netz große Lücken auf. Die Datenrate in Mobilfunksystemen wird mit circa 128 Mbit/s Downlink und 56 Mbit/s Uplink angegeben, auch hier müssen sich die Nutzer diese innerhalb der Zelle teilen. In der Praxis liegt der Wert für Endkunden häufig lediglich bei zwei Mbit/s (vgl. Tarife.de 2011).

Deutsche Telekommunikationsanbieter, die bereits auf eine Teilnahme an der Auktion zur Frequenzvergabe verzichtet haben, positionieren sich inzwischen klar für LTE als künftigen Standard für mobile Datenübertragung (vgl. Riemer 2009). In einer zweiten Versteigerung im Jahr 2010 gaben die Deutsche Telekom, Vodafone und O2 weitere 4,4 Milliarden Euro für die Wellen der digitalen Dividende und damit für den Start der vierten Mobilfunkgeneration (4G) aus. Hierbei handelt es sich um Frequenzen, die vor allem durch die Umstellung auf digitales Fernsehen frei geworden sind. Die Bereiche um 800 Megahertz eignen sich am besten für die breitflächige Versorgung mit schnellem Internet. Lediglich E-Plus ging in diesem Bereich leer aus. Insgesamt lagen die Gebote der Netzbetreiber unter den Erwartungen von sechs bis acht Millionen Euro. Lizenznehmer muss-

2 Die Lizenzen für WiMAX-Netze sind durch die Bundesnetzagentur im Dezember 2006 für etwa 56 Millionen Euro an fünf Unternehmen verteilt worden. Bundesweite Lizenzen wurden an Clearwire Europe S.á.r.l., die Deutsche Breitbanddienste GmbH und die Inquam Broadband GmbH vergeben. Für die Region Ostbayern erhielten die italienische MGM Productions Group S.R.L. sowie für Niederbayern und die Oberpfalz die Televersa Online GmbH eine Lizenz, letztere gab die Lizenz Ende 2008 zurück (vgl. Lehmann 2011; Heise Online 2006).

ten sich verpflichten, zunächst ländliche Gebiete zu versorgen, die noch keinen Zugang zu schnellem Internet hatten (vgl. Spiegel Online 2010).

Am 30. August 2010 hat die Deutsche Telekom den ersten LTE-Sendemast in Kyritz (Landkreis Ostprignitz-Ruppin) in Betrieb genommen. Vodafone bietet seit dem 1. Dezember 2010 als erster deutscher Mobilfunk-Netzbetreiber LTE für Endkunden in Kombination mit einem LTE-Surfstick bundesweit an, im Jahr 2011 wurde das Netz nach und nach in den deutschen Stadtstaaten Berlin, Hamburg und Bremen gestartet (vgl. Meyer 2011). Dennoch führte die Technologie zunächst nur ein Nischendasein, vor allem als Alternative für Gebiete ohne DSL-Abdeckung. Kommerzielle Netze waren zunächst nur in einigen Städten verfügbar, vor allem im Osten Deutschlands (vgl. Tarife.de 2011). In sieben Bundesländern war die Schließung der digitalen Kluft Anfang 2012 bereits realisiert.[3] Der Netzausbau stützt sich auf bisher für GSM- und UMTS-Übertragung genutzten Sendeanlagen (vgl. Stadik 2010, S. 9). Nach den ländlichen Gebieten wird der LTE-Ausbau in Städten vorangetrieben, keine Mobilfunktechnik wurde bislang so schnell aufgebaut.

Eine Aufrüstung der Datennetze ist dringend notwendig: 2011 wurden in deutschen Mobilfunknetzen 108 Millionen Gigabyte Daten übertragen, ein Anstieg von 65 Prozent zum Vorjahr. Die Umsätze mit Sprachdiensten dagegen sinken beständig (vgl. Bitkom 2012c). Der Trend in der Mobilfunknutzung geht in Deutschland zum Zweitgerät, Ende 2011 waren 98 Millionen Endgeräte in Gebrauch, auf jeden Bundesbürger entfallen damit 1,3 Exemplare (vgl. Bitkom 2011). Die Verbreitung internetfähiger Smartphones steigt auch durch die kurzen Zyklen der Nutzung. Zwei Drittel der Geräte auf dem Markt sind jünger als zwei Jahre, 30 Prozent sogar jünger als ein Jahr (vgl. Accenture 2011, S. 15). 2012 überstieg der Verkauf von Smartphones erstmals den Absatz herkömmlicher Handys. Zusätzlich haben sich Tablet-PCs etabliert. Dies führt zu einem Anstieg der mobilen Internetnutzung und der übertragenen Datenmenge in UMTS und LTE-Netzen auf etwa 170 Millionen Gigabyte (vgl. Bitkom 2012c). Daher wird bereits an der weiteren Aufrüstung in Form von LTE-Advanced gearbeitet, sowie an der 5. Mobilfunkgeneration (vgl. Weiss 2013).

3 Baden-Württemberg, Bayern, Hessen, Nordrhein-Westfalen, Rheinland-Pfalz, Saarland, Schleswig-Holstein. Für die Stadtstaaten Berlin, Hamburg und Bremen gibt es von der Bundesnetzagentur keine Auflagen (vgl. Bitkom 2012c).

2.2 Die Ära des Ubiquitous Computing

Die rasante Evolution der Branche und die Konvergenz von Mobiltelefonie und Internet werden im Wesentlichen durch drei Bereiche bestimmt: Infrastruktur (in Form moderner Netze), Hardware (Entwicklung von Endgeräten) und Anwendungen (mobile Dienste, derzeit insbesondere Apps). Nach den Phasen der Mobiltelefonie und Mobilkommunikation befinden wir uns nun am Beginn der Ära des Ubiquitous Computing (vgl. Tab. 1). Heute bieten mobile Endgeräte ortsungebundene computerbasierte Dienste, die von der Mobiltelefonie und -kommunikation (mit Fokus auf interpersonaler Kommunikation) zu ubiquitärer Konnektivität führen, die neben interpersonalen Diensten vielfältige (Online-)Anwendungen ermöglicht (vgl. Roth 2005a, S. 6).

Tab. 1: Von der Mobiltelefonie zum Ubiquitous Computing

	Mobiltelefonie	**Mobil-kommunikation**	**Ubiquitous Computing**
Zeitraum	1958-1990	1991-2006	seit 2007
Technische Infrastruktur	1G	2G-3G	ab 3G
Primäre Anwendungen	Telefonie	SMS, Telefonie	Internet, Apps, Telefonie, SMS
Primäre Hardware	Autotelefon, Mobiltelefon (Handy)	Mobiltelefon, PDA	Smartphones, Smartlets, Tablet PCs

Quelle: eigene Darstellung

Dies zeigt sich auch in der Diversifizierung der Endgeräte. Tablet-PCs markieren einen weiteren Schritt weg von der Telefonie. Sie basieren zwar auf Mobilfunktechnologie, weisen aber die Option der Sprachtelefonie häufig gar nicht mehr auf. Der Fokus liegt auf Datendiensten. Vorreiter ist das im Jahr 2010 von Apple eingeführte iPad. 2011 wurden weltweit 172 Millionen Stück verkauft, 2013 überstieg der Absatz erstmals die Zahl der verkauften Notebooks (vgl. Stevens 2012; GfK 2013). Der Unterschied zu früheren mobilen Endgeräten liegt neben der Bedienung über einen kapazitiven Bildschirm auch an der Ausstattung mit einem vollständigen Browser und Softwareprogrammen.

Möglich wurde Ubiquitous Computing, da zeitgleich zur Entwicklung des Mobilfunks eine weitere Technologie das menschliche Kommunikations- und Informationsverhalten revolutioniert hat: Das Internet ist von einer Plattform für Wissenschaft und Militär zu einem globalen Netzwerk geworden. Dabei hat es Mediennutzung und -produktion fundamental verändert: E-Mail-Verkehr hat sich rasant verbreitet und ist heute aus privaten wie geschäftlichen Kontakten nicht mehr wegzudenken, Nachrichtenangebote können in Echtzeit online rezipiert werden, Inhalte werden multimedial aufbereitet und die Nutzer selbst werden zu Prosumenten, die in sozialen Netzwerken und über Open-Source-Plattformen am Prozess öffentlicher Kommunikation teilnehmen. Unternehmen wie Apple, Amazon oder Google gehören heute zu den weltweit 500 größten Konzernen (vgl. CNNMoney 2012). Die nächste Phase beschränkt nun diese Anwendungsszenarien nicht mehr auf stationäre Internetverbindungen, die Ortsungebundenheit ist entscheidend: „Mobile Computing has enabled users to remain connected on the move.“ (Romando 2007)

In der wissenschaftlichen Literatur finden sich zahlreiche synonym zu Ubiquitous Computing verwendete Begriffe, etwa Mobile Computing, Pervasive Computing, Wearable Computing, Wireless Communications, Mobile Communications, Nomadic Computing oder Personal Computing (vgl. Fuchß 2009, S. 13; Roth 2005a, S. 13). Diese entsprechen unterschiedlichen Konzepten. Sie sind technik- oder anwendungszentriert und damit je auf einen Teilaspekt fokussiert. Mobile und Pervasive Computing oder Wireless Communication nehmen auf alles durchdringende, vernetzte Systeme vor allem technikzentriert Bezug. Konzepte beschäftigen sich etwa mit Bluetooth oder WLAN-Standards. Wearable Computing umfasst alle Aspekte tragbarer Computer, die Menschen bei verschiedensten Tätigkeiten unterstützen (vgl. dazu ausführlicher Fuchß 2009, S. 14ff.). Mobile und Nomadic Computing dagegen legen den Fokus auf die Mobilität der Nutzungssituation. Mobile Communications zielt alleine auf die Kommunikation und Personal Computing auf die persönlichere Beziehung zu mobilen Endgeräten im Vergleich zu stationären PCs (vgl. Roth 2005a, S. 3ff.). All diese Begriffe und Konzepte lassen sich daher unter dem Überbegriff Ubiquitous Computing subsumieren, der die Technik sowie ihre Nutzung gleichermaßen erfasst.

Der amerikanische Informatiker Mark Weiser (1952-1999) hat mit diesem Begriff bereits 1988 ein Szenario skizziert, das über mobile Dienste im heutigen Sinne hinausgeht. Nach seiner Auffassung kommt es nach der Phase der Großrechner (ein Computer für viele Nutzer) und der Phase der Personal Computer (ein Computer für einen Nutzer) im Zuge der Miniaturisierung zu global vernetzten Systemen (viele Computer für einen Nutzer): „A less-traveled path I call the 'invisible'; its highest ideal is to make a computer so imbedded, so fitting, so natural, that we use it without even thinking about it.“ (Weiser 1996) Die Vernetzung von Computern in nahezu allen Alltagsgegenständen ermöglicht schließlich einen unbemerkten Datenaustausch. Weiser stellte sich Hunderte Computer in jedem Raum vor, die unterschiedlichste Aufgaben übernehmen, nicht personenbezogen genutzt werden und zu einer „embodied virtuality" (Weiser 1991) führen. „Vielleicht ist der aktuelle Boom der Consumer Electronics das sichtbare Zeichen dieser Entwicklung." (Fuchß 2009, S. 14)

Der Begriff des Ubiquitous Computing soll ausdrücklich nicht technikzentriert verstanden werden. Die Ubiquität umfasst neben der technischen Verfügbarkeit von digitalen Systemen und Diensten auch die soziale Aneignung durch den Nutzer und die Veränderung von Kommunikation: Das Internet ist nicht einfach nur „mobil" verfügbar, es wird von den Menschen in vielfältigen Situationen für unterschiedlichste Anwendungen genutzt und damit allumfassend in den Alltag integriert. „[Who] cares where you are? Mobile? (…) You're just conntected. In your car, in your office, in your bedroom, on the street. You're conntected." (Jarvis 2010)

Mobiler Journalismus fasst begrifflich daher eine Form des Journalismus, die noch stark an das Trägermedium der mobilen Endgeräte und die neue Qualität der Nutzung von digitalen Mediengeboten unterwegs geknüpft ist. Durch die künftigen Veränderungen der Endgeräte, wird er sich weiter zu einem *Ubiquitären* Journalismus entwickeln. Aktuelle Formen von Ubiquität digitaler Kommunikation deuten mit Innovationen im Bereich der Endgeräte in Form von Folien, Datenbrillen oder Kontaktlinsen bereits die nächste Stufe an: „[T]he reach of the internet to mobile environments" (Sawhney 2009, S. 105) Schon für das Jahr 2019 hat das Unternehmen Microsoft diese digitale Erweiterung aller Lebensbereiche vorausgesagt (vgl. Godulla 2011, S. 60).

Das Zusammenspiel von mobilem Internet, Geodaten, Kamera und Display ermöglicht bereits heute ein Verwischen der Grenzen zwischen Realität und Virtualität. Anwendungen für mobile Endgeräte sind nicht mehr nur datenbasierte digitale Dienste, sondern „context adapted data-plus-software based content" (Waele 2006). Dies geschieht vor allem durch standortbezogene Dienste (Location Based Services), Anwendungen unter Verwendung von Near-Field-Communication sowie QR-Codes. Location Based Services sind auf den Aufenthaltsort des Nutzers zugeschnittene, personalisierte Dienste (vgl. Hubschneider 2001, S. 48). Dazu zählen Navigationsdienste, Routenplaner, Umgebungsdienste und ortsbasierte Informationen. „These technologies are all driving new channels of interaction between business and costumers in real-time, context-sensitive environments." (Chan 2011) Location-Based-Services können sowohl in Apps oder mobile Webseiten integriert werden und Nutzern dadurch ermöglichen, ihren Aufenthaltsort mit anderen zu teilen (vgl. Chan 2011). Ubiquitous Computing wird daher wie folgt verstanden:

Definition: **Ubiquitous Computing** ist eine spezielle Form der Mensch-Maschine-Interaktion, die zu einer umfassenden Nutzung digitaler Anwendungen im Alltag führt. Diese ist durch die Disponibilität des Endgeräts während des Gebrauchs bei gleichzeitiger ubiquitärer drahtloser Konnektivität zu Datennetzen und den Zugriff auf kontextsensitive Dienste charakterisiert.

Der Begriff inkludiert auch die aktuelle Form der computervermittelten Massenkommunikation via mobilem Internet oder Apps, Mobilen Journalismus. Im Folgenden werden zunächst mobile Endgeräte für die Forschungsarbeit eingegrenzt und definiert (Kap. 2.2.1), im Anschluss daran stehen mobiles Internet (Kap. 2.2.2) und Apps (Kap. 2.2.3) als aktuell zentrale Ausprägungen des Ubiquitous Computing im Fokus, die gleichsam für die Entstehung eines Mobilen Journalismus immanent sind.

2.2.1 Mobile Endgeräte

In Bezug auf die Ausdifferenzierung der Endgeräte zeigte Weiser Anfang der 1990er Jahre ebenfalls Weitsicht:

> „Ubiquitous computers will also come in different sizes, each suited to a particular task. My colleagues and I have built what we call tabs, pads and boards: inch-scale machines that approximate active Post-It notes, foot-scale ones that behave something like a sheet of paper (or a book or a magazine), and yard-scale displays that are the equivalent of a blackboard or bulletin board." (Weiser 1991)

Nach der Miniaturisierung der Endgeräte in der Phase der Datenkommunikation, ist in der Phase des Ubiquitous Computing tatsächlich der von Weiser (1991) skizzierte Trend einer Vielfalt zu beobachten: Display- und Gerätegrößen sowie Funktionsumfang variieren je nach Anwendungsoption. Der Begriff des „mobilen Endgeräts" wird zum einen weder einheitlich definiert noch werden Unterkategorien wie Mobiltelefon, PDA, Handheld und Notebook eindeutig verwendet (vgl. u.a. Roth 2005a, S. 389; Döring 2008, S. 220; Nösekabel und Lehner 2002, S. 130). Zum anderen erschweren die rasante technische Evolution und die fortschreitende Konvergenz eine eindeutige Kategorienbildung. Insbesondere eine Abgrenzung durch die Funktionalität und das Leistungsspektrum ist nicht zielführend (vgl. Roth 2005a, S. 387).

Wird einem mobilen Endgerät lediglich das Kriterium der Portabilität zu Grunde gelegt, werden zahlreiche Formen eingeschlossen. Darunter fallen Mobiltelefone in Form von (aussterbenden) Handys sowie die durch Computerfunktionalität erweiterten Smartphones, aber auch spezifische Ausgabegeräte für elektronische Medien wie PDAs, MP3-Player, mobile Spielekonsolen oder E-Reader. Darüber hinaus Notebooks mit den Unterkategorien Tablet-Computer, Netbook und Laptop. Eine neue Erscheinung sind Tablet-PCs. Sie sind von den älteren Tablet-Computern abzugrenzen. Der Begriff wurde 1991 von Microsoft eingeführt, erste Geräte gab es bereits in den 1960er und 70er Jahren. Ursprünglich besaßen diese Tablet-Computer denselben Funktionsumfang wie Notebooks – mit dem Unterschied, dass sie über Stift und Berührung des Displays bedient wurden (vgl. Lehr und Brammer 2012, S. 2). Was Apples CEO Tim Cook bei der Präsentation des iPad3 am 7. März 2012 als „Post-PC Revolution" (Stevens 2012) bezeichnete, zeigt einmal mehr die Hybridisierung: Während die Form der Geräte zunächst älteren Tablet-Computern entspricht, basieren sie auf der Technologie von Smartphones (proprietäre Hardwarearchitektur und eingebettetes Betriebssystem). Der Funktionsumfang entspricht weniger einem Notebook als einem Smartphone, da sie vorwiegend dem „Standard aus Multitouch und App-Store folgen, den Apple erst mit dem iPhone und nun mit dem iPad gesetzt hat" (Heuer 2010).

Definition: **Tablet-PCs** basieren auf der Technologie von Smartphones und zeigen ein ähnliches Bedienkonzept. Sie unterscheiden sich damit von Tablet-Computern, die Notebook basiert sind und nicht auf Mobilfunktechnologie aufbauen.

Für die Nutzer von Smartphones und Tablet-PCs ist die Wahl des Systems nicht nur in Bezug auf die zur Verfügung stehende Hardware von Relevanz, die Systeme bedingen auch, welche Anwendungen zur Verfügung stehen. Einige Systeme werden Hersteller übergreifend vertrieben, andere sind ausschließlich an eine Marke gebunden (vgl. Teltarif.de 2011).

Ein zweites Merkmal, das zur Unterscheidung ebenfalls nicht mehr herangezogen werden kann, ist die Konnektivität des Endgeräts. Drei Netzwerke sind grundsätzlich zu unterscheiden: Globale Netzwerke (W-WANS: Wireless Wide Area Networks) sind kostenpflichtig und basieren auf zellularen Mobilfunknetzen (z.B. UMTS-Standard). Sie ermöglichen eine weltweite Kommunikation der Teilnehmer. Lokale Netzwerke (W-LANs: Wireless Local Area Networks) werden für den kabellosen Internetzugang in umschriebenen Arealen, etwa Gebäuden, eingesetzt. Persönliche Netzwerke (P-PANs: Wireless Personal Area Networks) ermöglichen die Datenübertragung zwischen Geräten und basieren auf Bluetooth- oder Infrarot-Schnittstellen (vgl. Döring 2008, S. 221). Net- und Notebooks werden für den mobilen Einsatz mit eingebautem UMTS-Modul angeboten oder können durch externe UMTS- sowie LTE-Surfsticks auf Mobilfunknetze zugreifen. Smartphones, Smartlets und Tablet-PCs wiederum bieten standardmäßig auch WLAN-Nutzung an.

Gleichwohl das Spektrum mobiler Endgeräte groß ist, sind für diese Arbeit insbesondere Smartphones und Tablet-PCs von Relevanz. Beide Gerätetypen beruhen wie weiter oben beschrieben auf der Smartphone-Technologie. Sie werden überwiegend über kapazitive Displays und Gestensteuerung bedient, nutzen drahtlose Netzwerke zur Datenübertragung und Satellitenübertragung zur Positionsbestimmung. Wenn im weiteren Verlauf von mobilen Endgeräten die Rede ist, so bezieht sich der Begriff auf die nachfolgende Definition:

Definition: **Mobile Endgeräte** sind multioptional, disponibel und durch drahtlose Konnektivität ubiquitär zu standortbezogener Datenkommunikation fähig. Sie erlauben Ubiquitous Computing-Anwendungen, die mit integrierten Hardwarekomponenten kommunizieren.

Mobile Endgeräte können demnach nicht nur das mobile Internet nutzen (vgl. Kap. 2.2.2), vielmehr gibt es „andere Applikationen [Apps], welche die Fähigkeiten eines Mobiltelefons ausnutzen, die einem Desktop-Computer gar nicht zur Verfügung stehen“ (Alby 2008 S. 31; vgl. Kap. 2.2.3). Zunächst wird der Begriff des mobilen Internets eingegrenzt, der ähnlich diffus verwendet wird wie mobile Endgeräte.

2.2.2 Mobiles Internet

Das World Wide Web Consortium (W3C) versteht unter mobilem Internet ganz allgemein den Webzugang mit einem mobilen Endgerät, da es für dieses auch nur ein Web gibt (vgl. Alby 2008, S. 31). Die in Abschnitt 2.2.1 definierten mobilen Endgeräte unterstützen heute in der Regel über einen eigenen oder alternativen Browser sowohl die spezifischen Standards WAP 1.x und WAP 2.0 als auch die Nutzung des Internets über UMTS oder LTE inklusive der Darstellung des World Wide Web über einen HTML-Browser. Der Zugang erfolgt darüber hinaus auch per WLAN immer häufiger über (kostenlose) Hotspots. „Das Internet Protocol IP löst sich langsam, aber sicher vom Strom- und Datenkabel.“ (Stadik 2010, S.

6) Durch die Kombination aus WLAN-Zugang und optimierten Mobilfunknetzen wird „always-on“ zur Normalität und die Devise „[s]chlicht, klein und vor allem ohne große Bilder“ (Alby 2008, S. 33) für die Gestaltung mobiler Webinhalte obsolet. Die spezifischen Funktionen und Anwendungsszenarien sowie die kleineren Darstellungsflächen mobiler Endgeräte erfordern allerdings eine neue Aufbereitung der Inhalte des stationären Internets (vgl. Ford und Wiedemann 2011, S. 14). „Die Hürden, vor denen das Mobile Web steht, ähneln sehr stark denen, die die Anbieter und Benutzer des frühen Web meistern mussten.“ (Alby 2008, S. xiv) Onlinespezifische Inhalte waren im stationären Internet anfangs rar, vielfach wurden Tageszeitungen oder Kataloge eins zu eins ins Netz geladen. Auch die Multimedialität konnte nicht genutzt werden, da die User durch Wählverbindungen nur mit einer maximalen Verbindungsrate von 56 KB/s online waren. Zudem waren Verbindungen aufgrund der zeitabhängigen Berechnung teuer oder basierten auf hochpreisigen Flatrates. Erst ab 2003 wandelte sich das stationäre Internet schließlich zu dem, was heute nach Tim O‘Reilly als Web 2.0 bezeichnet wird (vgl. Alby 2008, S. 16).

Die technische Anpassung der Darstellung von mobilen Webseiten an die Bildschirmgröße der portablen Endgeräte ist eine Mindestanforderung. Nutzer sahen lange keinen Mehrwert in mobilen Diensten, da die mobilen Internetinhalte die Kontextbezogenheit der Nutzungssituation ignorierten. Das mobile Internet ist jedoch nicht mehr nur auf Webseiten beschränkt. Es existieren zahlreiche Anwendungen, wie zum Beispiel YouTube, die auf einem Smartphone ohne Browser-Einsatz funktionieren. Daher ist erstens unter Bezug auf Alby (2008, S. 32) festzuhalten: Das mobile Internet beinhaltet neben Webseiten auch alle Anwendungen, die das Internet als Plattform nutzen. Apps sind „die optimalen ‚Webseiten‘ für Smartphones, weil sie an deren Leistungsfähigkeit angepasst sind und die speziellen Features dieser Geräte nutzen können“ (Schwenk 2010). Diese Hardware-Elemente (etwa Gyroskop, Accelerometer, GPS, Kamera, Kompass, Thermo- und Barometer, etc.) ermöglichen auch für den Journalismus inhaltlich neue Produkte, die im stationären Internet nicht möglich sind.

Dies geschieht vor allem durch standortbezogene Dienste (Location Based Services, LBS), die auf den Aufenthaltsort des Nutzers zugeschnitten und teils personalisiert sind (vgl. Hubschneider 2001, S. 48). „Location based services (…), ubiquitous accessibility to social networks and user-situated behavior are to play the basis of the conception of the medium.“ (Aguado und Martinez 2008, S. 81)

LBS können dabei sowohl in Apps, mobile Webseiten oder direkt auf dem Endgerät integriert werden. Sie ermöglichen den Nutzern dadurch, ihren Aufenthaltsort mit anderen zu teilen (vgl. Chan 2011). Die Position des Endgeräts lässt sich durch Daten der Mobilfunkzelle, GPS (Global Positioning System) oder auch aus verfügbaren Wlan-Informationen ermitteln. Wird der Aufenthaltsort via Mobilfunkzelle ermittelt, so ist dies eine netzbasierte Lokalisierungsmethode. Dabei erfolgt eine Identifikation über die Funkzelle, in der ein Endgerät angemeldet ist. Hierbei kann eine Ortung teils nur bis auf wenige Kilometer, teils auch bis auf 100 Meter genau erfolgen. Die Genauigkeit unterscheidet sich dabei zwischen dichtbesiedelten Gebieten mit vielen Funkzellen und ländlichen Gebieten, in denen weniger Funkzellen zu Verfügung stehen (vgl. Hubschneider 2001, S. 55). Wesentlich exakter ist die Lokalisierung via GPS. Hier werden Zeit- und Positionsinformationen von Satellitensignalen empfangen und ausgewertet. Per Satellitenortung (GPS) wird die Position des Handys bestimmt und mit Informationen zur lokalen Umgebung abgeglichen.

Bereits heute sind Anwendungen für mobile Endgeräte nicht mehr nur datenbasierte digitale Dienste, sondern „context adapted data-plus-software based content“ (Waele 2006). Dadurch erhalten Medieninhalte neue Möglichkeiten der Aufbereitung. So kann eine Suchanfrage im mobilen Internet unter Verwendung von Kontextdaten wie Ort und Zeit verfeinert werden (vgl. dazu Jaokar und Fish 2006). Darüber hinaus können die Ergebnisse einer ortsbezogenen Suche mit Angaben zur Entfernung vom derzeitigen Standpunkt versehen werden oder sind als Stecknadeln auf einer Landkarte verortbar. Eine Weiterentwicklung könnte in „Motion Based Services“ liegen. Diese beziehen zusätzlich zur aktuellen Position des Nutzers eine bereits zurückgelegte Route, die Richtung der Bewegung sowie die Geschwindigkeit ein. Somit werden weitere Nutzungssituationen identifizierbar, die noch spezifischere Informationen und Dienste zulassen (vgl. Rio Mobile 2010, S. 15). „Die Dienste werden beispielsweise erkennen, ob der User gerade in der S-Bahn sitzt, zu Fuß durch die Innenstadt flaniert oder im Auto nach Hause fährt.“ (Rio Mobile 2010, S. 15)

Bezogen auf journalistische Inhalte ermöglicht dies potenziell, jeden Nutzer individuell mit Informationen zu versorgen, zugeschnitten auf Ort, Zeit und Nutzungssituation. Was noch vor wenigen Jahren nur in Science Fiction Filmen wie „Minority Report“ stattfand, ist heute bereits nah an der Umsetzung. Das Zusammenspiel aus Geoinformationen, Nahfeldkommunikation, Internet und Kamera hat erste Augmented Reality-Anwendungen hervorgebracht, mit denen bereits im Journalismus experimentiert wird (vgl. Pavlik und Bridges 2013). Indem die Realität mit virtuellen Daten angereichert wird, könnten Rezipienten in Echtzeit Informationen zu ihrer Umgebung oder Situation erhalten. Bislang wurde Augmented Reality jedoch eher spielerisch und experimentell in Medienprodukte eingebunden. So veröffentliche die Süddeutsche Zeitung 2010 eine Augmented Reality-Ausgabe des SZ Magazins (Heft 33). Gedruckte Bilder konnten bei Betrachtung über die Kamera des Smartphones zum Leben erweckt (vgl. Süddeutsche Zeitung Magazin 2010; weitere Beispiele geben Bunz 2010 sowie Muthukumaraswamy 2012).

Personalisierte Angebote sind vor allem im Bereich der Werbeindustrie bereits im Einsatz. Werden die IP-basierten Informationen zusätzlich mit Geoinformationen verbunden, spricht nichts dagegen, Rezipienten unterwegs auf Angebote und Informationen in ihrer unmittelbaren Nähe aufmerksam zu machen. Auch für Anzeigen in Medienprodukten ergibt sich neues Potenzial: So kann die Werbung kontextsensitiv auf die nächste Filiale oder Sonderangebote hinweisen, wenn ein Rezipient die journalistische App in der Umgebung rezipiert. Das Wissen um Standortdaten und persönliche Interessen ermöglicht zudem individualisierte und kontextsensitive Inhalte für journalistische Produkte. Wenn sich ein Nutzer mit einem portablen Gerät bewegt, so ist in vielen Fällen vorrangig, dass die Informationen im Kontext zu seinem aktuellen Standort oder der Aktivität stehen. In Abgrenzung zum stationären Internet wird das mobile Internet als Anwendung des Ubiquitous Computing verstanden:

Definition: Das **mobile Internet** umfasst das gesamte Internet inklusive des Teilbereichs „World Wide Web", wobei die Darstellung der Daten an die Ausgabegeräte angepasst ist. Als Anwendungsform des Ubiquitous Computing erfolgt der Onlinezugang als mobiler Breitbandzugang via Browser oder Anwendung (App) über drahtlose Netzwerke und zeichnet sich durch ständige Konnektivität, Ubiquität und Kontextsensitivität aus.

Der mobile Webzugang wird bald schon nicht mehr die Ausnahme, sondern die Regel sein: Das globale Wachstum des mobilen Internets verläuft im Vergleich zum stationären Web ungleich schneller, insbesondere in Regionen die bislang noch keine Infrastruktur aufweisen, wird der Aufbau von Anfang an über Mobilfunknetze gestaltet (vgl. International Corporate Media Award 2011). Und auch in Europa wächst der Markt. Während anfangs nur die Digital Natives und Early Adopter mit der mobilen Webvariante sympathisierten, liegt die Nutzungsrate nun schon bei 45 Prozent (Basis: Onlinenutzer, vgl. van Eimeren 2013).

Nach der Lösung vom Datenkabel wird sich das mobile Internet in Zukunft auch von der Bindung an mobile Endgeräte nach heutiger Definition lösen. Datenbrillen oder Kontaktlinsen werden Realität und virtuelle Welt weiter verbinden, auch werden Alltagsgegenstände oder Kleidungsstücke mit dem Netz verbunden sein und sich damit Weisers (1991) weiter oben skizziertem Szenario der „embodied virtuality" annähern.

> „Das mobile Web wird nicht durch einen bestimmten Typ von Gerät charakterisiert sein, sondern durch Omnipräsenz. Wir werden ‚always on' sein und dabei diverse Geräte nutzen, je nach Situation, Stimmung oder Zweck." (Schwenk 2010)

2.2.3 Apps

Der Status quo mobiler Webnutzung wird von Apps bestimmt (vgl. Accenture 2012, S. 12). Durch die breite Etablierung entwickelt sich ein alternativer Zugang zu Inhalten im Netz. „Statt mit Hilfe einer Suchmaschine nach passenden Webseiten zu recherchieren suchen User vermehrt nach einer passenden App." (Rio Mobile 2010, S. 9) Apps verwandeln die Endgeräte in Plattformen, die individuell bestückt und genutzt werden können. Hinter einer App können sich eine ganze Reihe mobilspezifischer Technologien verstecken, die im Hintergrund arbeiten und für den Nutzer nicht zwangsläufig sichtbar werden. So greifen Apps zum einen auf das Internet zu, um aktualisierte Informationen zur Verfügung zu stellen. Zum anderen nutzen Sie den Aufenthaltsort, um Angebote nicht nur aktuell, sondern standortbezogen aufzubereiten.

Der Begriff „App" steht technisch für Anwendungsprogramme (engl. Applications), und bezeichnet Computerprogramme, wie sie seit Jahrzehnten auch auf stationären PCs installiert werden oder in den 1990er Jahren auf PDAs (Personal Digital Assistant) eingesetzt worden sind. Die Anwendungen des Betriebssystems Palm OS können als Vorläufer der heutigen Smartphone-Systeme angesehen werden, da diese meist ebenfalls nur aus einer Datei bestanden und direkt nach dem Download verfügbar waren. Auch die ersten Mobiltelefone enthielten einfache Apps in Form von Kalendern, Taschenrechnern oder Spielen. Diese waren vom Gerätehersteller für das eigene Betriebssystem konzipiert, meist vorab installiert und nicht löschbar (vgl. Oberhauser 2011). Mit dem Erscheinen von Java ME (Micro Edition) auf Mobiltelefonen Mitte 2002 bekamen die Nutzer die Möglichkeit, einfache Anwendungen und Spiele von ihrem Mobilfunkbetreiber oder aus dem Internet über WAP herunterzuladen, die häufig schon plattformunabhängig waren (vgl. Turowski und Pousttchi 2004, S. 61ff.).

Der Begriff „App" steht heute als Synonym für Programme auf mobilen Endgeräten. Der erste zentrale virtuelle Marktplatz für Apps wurde am 11. Juli 2008 in Form des App Stores von Apple eröffnet – und hielt damals

500 Anwendungen bereit. Inzwischen existieren für Apple-Endgeräte mehr als 850.000 unterschiedliche Apps (vgl. Apple 2013). Nur wenige Monate danach schuf Google mit dem Android Play Store ein Konkurrenzangebot, erst zwei Jahre später folgte Windows mit dem Windows Phone 7 Marketplace, der ein deutlich eingeschränkteres Spektrum an Anwendungen bietet. Seit 2011 wird das Angebot von Apple auch auf das iPad erweitert, am 4. März 2011 wurde der App Store für den Tablet-PC eingerichtet (vgl. Kamal 2012; Kammler 2011).

Apple hat damit mobile Endgeräte zu individuell erweiterbaren Multifunktionsgeräten gemacht. Die schnelle Etablierung liegt vor allem an der einfachen Handhabung. Die Programme sind benutzerfreundlich aufbereitet und können einfach installiert werden. Dies geschieht über einen Onlinestore, der in das Betriebssystem integriert ist oder über das mobile Internet genutzt wird (vgl. Oberhauser 2011). Ökonomisch gesehen sind Apps der jüngste Milliardenmarkt weltweit (vgl. Stölzel et al. 2011).

Von den nativen Apps, die durch Download aus einem Store direkt auf dem Endgerät installiert werden, sind Web Apps zu unterscheiden. Der Zugriff auf diese erfolgt über das Internet mit einem Browser. Im Unterschied zu einer einfachen Webseite weist die Web App eine Benutzeroberfläche auf, die an das mobile Endgerät angepasst ist und zugleich auf Funktionen des Endgeräts zugreifen kann. Mit der Einführung und Verbreitung des neuen Webstandards HTML5 entsteht nun eine Alterative zu nativen Apps. Der Standard ermöglicht es, eine Webseite so zu programmieren, dass sie plattformübergreifend genutzt werden kann. Zudem weisen diese relevante Eigenschaften auf, die auch bei einer nativen App vorzufinden sind (vgl. W&V 2011, S. 13). Für den Nutzer unterscheiden sich diese damit kaum. Beide Formen können als Icon auf den Homescreen hinzugefügt werden, ob sich schließlich der Browser oder ein Programm öffnet, merkt der Nutzer im Zweifel nicht. Für Produzenten haben webbasierte Apps den Vorteil, dass diese nur einmal für unterschiedliche Endgeräte programmiert werden müssen. Allerdings können sie schlechter auf Hardwarefunktionen der Endgeräte zugreifen (vgl. Bremmer 2011).

Neben nativen und webbasierten Apps ist der Begriff „Single App“ im Gegensatz zur „Kiosk-App“ von Relevanz. Während erstere nach einmaligem Download betriebsfertig verfügbar sind, erhält der Rezipient bei Erwerb einer Kiosk-App lediglich das Gerüst, „innerhalb der App, des Kiosks, können dann weitere Inhalte käuflich oder gratis erworben werden“ (Lehr und Brammer 2012, S. 6). Diese In-App-Käufe werden für regelmäßige Publikationen als Einzelkauf oder Abonnement angeboten.

Derzeit überwiegen native Apps insbesondere durch die Anbindung an einen erfolgreichen App Store. Wurde im Jahr 2010 noch gefeiert, dass weltweit bereits über drei Milliarden Apps heruntergeladen worden sind (vgl. Apple 2010), so stieg die Zahl im Jahr 2013 bereits um mehr als das fünfzehnfache auf 50 Milliarden an (vgl. Apple 2013). Vor allem die Hersteller profitieren von diesem System, „denn sie verdienen plötzlich nicht mehr nur an der Bereitstellung einer Plattform, an Hardware und Betriebssystem, sondern auch an jeder verkauften Anwendung – einfach deshalb, weil sie auf ihrer Plattform läuft" (Stöcker 2010). Softwareentwickler dagegen müssen native Anwendungen für jeden Hersteller neu programmieren, da die Endgeräte auf unterschiedlichen Betriebssystemen beruhen. Zudem unterscheiden sich die Anbieter darin, wie restriktiv sie die Programme von Drittanbietern kontrollieren, Apple folgt hier einem Walled Garden System, während der Konkurrent Google mit Android eine Open Source-Anwendung bereitstellt (vgl. Oberhauser 2011).

Die App ermöglicht eine Nutzung der Spezifika sowie eine Individualisierung mobiler Endgeräte, da diese nach eigenen Bedürfnissen selektiv zusammengestellt werden können. Sie ist die lang ersehnte Post-SMS-Killerapplikation für die 3. Mobilfunkgeneration und hat journalistische Inhalte in das mobile Zeitalter überführt. Aufbauend auf den Definitionen von Ubiquitous Computing, mobilen Endgeräten und mobilem Internet ergibt sich folgende Definition:

Definition: **Apps** sind eine Anwendungsform des Ubiquitous Computing. Die Programme greifen auf Hardwarekomponenten mobiler Endgeräte und das mobile Internet zu. Die neuen technischen Medien zeichnen sich durch ständige Konnektivität, Ubiquität und Kontextsensitivität aus, wobei die Darstellung an das Ausgabegerät angepasst ist. Sie stehen einer Nutzung zur Öffentlichen Kommunikation offen.

2.3 Zwischenfazit: Zentrale theoretische Befunde I

Die Ausführungen haben verdeutlicht: Die Mobilfunkbranche hat sich innerhalb von nur wenigen Jahrzehnten zu einer zentralen Zukunftstechnologie für den Bereich der Öffentlichen Kommunikation entwickelt. Nachdem anfangs die Übertragung von Sprache und damit interpersonale Kommunikation im Zentrum stand, erweiterte sich der Fokus mit der zweiten Generation in den 1990er Jahren zunächst zu interpersonaler Kommunikation, in Form von einfacheren Datendiensten wie SMS sowie zusätzlichen Anwendungen in Form von Kalendern. Obwohl das mobile

Internet bereits Ende der 1990er Jahre technisch zugänglich und komplexere Datendienste sowie Multimediaanwendungen bereits seit 2000 möglich waren, hat erst mit dem Markteintritt von Apples iPhone3 im Januar 2007 eine neue Ära des Ubiquitous Computing begonnen: Die Kombination aus funktionaler Software und attraktiven Datenflaterates führte zur Nutzung der bereits existierenden Infrastruktur der 3G-Netze.

Heute ist Ubiquitous Computing mit den Anwendungsformen mobiles Internet und App bereits auf dem Weg zum Massenmarkt. Derzeit sind die Anwendungen noch stark an das jeweilige Endgerät gebunden. Die Zukunft jedoch wird die ubiquitäre computervermittelte Kommunikation immer besser in die reale Welt integrieren – durch veränderte Geräte, verbesserte Verbindungen und Anwendungen. Die aktuell verfügbaren mobilen Endgeräte und die damit verbundenen Anwendungen sind für den Journalismus von großer Relevanz, um durch erfolgreichen Mobilen Journalismus den Übergang zu einem Ubiquitären Journalismus der Zukunft vorzubereiten. Im Folgenden wird dieser Prozess der Institutionalisierung neuer technischer Medien im Journalismus beschrieben.

3. Institutionalisierter Journalismus – Prozesse der Etablierung neuer Medien

Technology only proposes,
while society disposes.
McQuail 1999, S. 24

Die Frage nach der Institutionalisierung eines Mobilen Journalismus führt zwangsläufig zu einer Beschäftigung mit den dafür zentralen Begriffen „Medium" und „Journalismus". Diese werden daher am Anfang der Kapitel jeweils eingegrenzt, ihre Beziehung zueinander festgelegt und damit eine definitorische Grundlage für die spätere empirische Untersuchung des Mobilen Journalismus mittels Apps geschaffen.

Obwohl zentral für die Kommunikationswissenschaft und insbesondere die Teildisziplin der Journalismusforschung, sind beide Begriffe weder einheitlich definiert noch gebraucht – ein Problem, das vielfach innerhalb des Fachs diskutiert worden ist, ohne zu einer einheitlichen Lösung zu gelangen. Dies liegt auch daran, dass die begriffliche Ausrichtung aufgrund unterschiedlicher Theorieparadigmen variiert (vgl. Kap. 3.1.1). Darüber hinaus ist angesichts der Frage nach der Institutionalisierung von Mobilem Journalismus und Apps zu klären, inwiefern diese als Medien anzusehen sind, das heißt, auch der hier verwendete Medienbegriff wird dargelegt. Dabei wird davon ausgegangen, dass Medien als institutionalisierte Mittel zur Lösung von Kommunikationsproblemen von einem technischen Medienbegriff abzugrenzen sind (vgl. Kap 3.1.2). Die vorliegende Arbeit erhebt nicht den Anspruch, eine eigenständige Journalismustheorie zu entwickeln. Sie ist vielmehr bestrebt, aus den vorhandenen theoretischen Konstrukten eine Definition von Journalismus und institutionalisierten Medien herauszuarbeiten, die den Untersuchungsgegenstand der Arbeit fassbar und damit für eine empirische Erhebung auch operationalisierbar macht.

Hierfür nimmt die Arbeit insgesamt eine konstruktivistisch-systemtheoretische Perspektive ein. Das Fundament der Überlegungen zur Institutionalisierung neuer Medien, mit eigenständigen Ordnungs- und Darstellungsprogrammen für das neue journalistische Subsystem, bildet die Schematheorie (vgl. Kap. 3.2.1). Es ist davon auszugehen, dass Schemata auch die Medienproduktion (und Rezeption) steuern. Diese Medien schemata dienen in Bezug auf Gestaltung und Darstellung einerseits als Handlungsanweisungen für die Organisationen (und darin tätige Akteure), sie manifestieren sich andererseits auch in den Medienprodukten selbst. Im Zuge der (Erwartungs-)Erwartung bieten Medienschemata Sicherheit, sind jedoch durch Anpassungsprozesse gekennzeichnet, da die wechselseitigen Erwartungen stetigem Wandel unterliegen (vgl. Kap. 3.2.2). Dabei ist in der Frühphase eines Mediums eine Art Trägheitsprinzip im Journalismus festzustellen, das die Evolutionsgeschichte technischer Medien und ihre Institutionalisierung begleitet. Da Journalismus dazu neigt, zunächst bewährte Medienschemata auf das neue technische Medium zu übertragen, bilden sich eigenständige Schemata erst nach und nach (vgl. Kap. 3.2.3). Die Notwendigkeit zur Entwicklung mobilspezifischer Schemata liegt in der Beschaffenheit von Apps und mobilen Endgeräten, die sich sowohl in der Darstellung und Bedienung (u.a. Displaygröße, Gestensteuerung) von anderen Medien unterscheiden. Darüber hinaus bringen sie neue Nutzungssituationen und -kontexte mit sich, die andere Erwartungen an die Produkte generieren (vgl. Krieg 2012, S. 165).

Das Kapitel schließt daher mit der Betrachtung des neuen technischen Mediums App, indem das Potenzial für Mobilen Journalismus systematisiert wird. Dadurch wird deutlich, in welchem Möglichkeitsrahmen sich journalistische Apps zur Vermittlung von Inhalten bewegen (vgl. Kap. 3.3). Zehn zentrale technische Potenzial-Dimensionen lassen sich aus wissenschaftlicher wie medienpraktischer Literatur ableiten, um die Spezifika zu fassen. Sie ergeben sich aus den Eigenschaften von Apps als Anwendung des Ubiquitous Computing und lassen sich angelehnt an die in Kapitel 2 vorgestellten Definitionen in drei Bereiche teilen: Dies sind erstens Onlinespezifika, die in ähnlicher Form bereits für das stationäre Internet gelten: Multimedialität (Kap. 3.3.1), Aktualität (Kap. 3.3.2), Additivität (Kap. 3.3.3), Interaktivität (Kap. 3.3.4) und Selektivität (Kap. 3.3.5). Darüber hinaus zweitens Mobilspezifika, die durch die Anbindung an das mobile Internet entstehen: ständige Konnektivität (Kap. 3.3.6), Kontextsensitivität (Kap. 3.3.7) und Ubiquität (Kap. 3.3.8). Drittens werden Apps durch Gerätespezifika der mobilen Endgeräte charakterisiert, die sich in den Dimensionen intuitive Bedienbarkeit (Kap. 3.3.9) und Playfulness (Kap. 3.3.10) teilen lassen.

3.1 Journalismus und Medium – Klärung zentraler Begriffe

Obwohl die Begriffe Journalismus und Medium zentral für die Kommunikationswissenschaft sind, herrscht über ihre Bedeutung keine Einigkeit. Stete Veränderungen durch technische und ökonomische Entwicklungen erschweren die Eingrenzung, unter anderem das durch die Digitalisierung bedingte Entstehen neuer Anbieter, Angebote und Geschäftsmodelle (vgl. Scholl und Weischenberg 1998, S. 16). Gemeinhin wird konstatiert, dass Journalismus seit dem 19. Jahrhundert weniger auf Einzelpersonen fokussiert ist, sondern als redaktioneller Prozess zu verstehen ist: „Der Journalist wurde zum Angestellten des Verlegers, der aufgrund eines Dienstvertrags und für ein festes Gehalt dessen Publikation redigiert und darin seinen Hauptberuf findet." (Wilke 2009, S. 521) Jedoch führt ein erhöhter Kostendruck schon seit Jahren zu einer steigenden Zahl freier Journalisten, die nicht mehr nur ausschließlich journalistisch tätig ist.

Darüber hinaus stellt auch die Konvergenz von Medienplattformen, Angebotstypen und Genres Herausforderungen an die Begriffsdefinition. Schlagworte wie Bürgerjournalismus oder Laienjournalismus verdeutlichen einen Versuch der Abgrenzung von nutzergenerierten Angeboten anhand des Grads der Professionalisierung.

Die Persönlichkeit des einzelnen Journalisten war durch die „systemtheoretische Wende" vor allem seit den 1990er Jahren eher in den Hintergrund getreten. Auch hier erschweren neue individuellere und persönlichere Formate wie etwa Blogs eine Grenzziehung. Sie werden zwar auch von professionellen Journalisten betrieben, jedoch vielfach außerhalb von redaktionellen Organisationen. Erforderlich ist zwar keine erneute Re-Ontologisierung, eine vollkommene Abkehr von Akteuren im Sinne der Systemtheorie nach Luhmann kann jedoch nicht sinnvoll sein. Hintergrund der Argumentation in dieser Arbeit ist daher eine konstruktivistische Systemtheorie. Nach dieser ist Journalismus „als Handlungszusammenhang zu begreifen, der in soziale Prozesse eingebunden ist" (Scholl und Weischenberg 1998, S. 16).

Ähnlich schwierig verhält es sich mit dem Medienbegriff, der vieldeutig verwendet wird (vgl. Neuberger 1996, S. 18). Mal werden Technik und Medium gleichgesetzt (vgl. McLuhan 2010, S. 7), mal werden zahlreiche unterschiedliche Medienbegriffe voneinander abgegrenzt (vgl. Posner 1985, S. 258) oder aber im Rahmen der Techniksoziologie kulturelle Ideen als determinierend für den Gebrauch einer technischen Innovation gesehen (vgl. Rammert 1993). Apps als neues Medium können aus zwei unterschiedlichen Perspektiven betrachtet werden, einer technischen und einer institutionellen Sichtweise. Diese beiden Positionen werden hier nicht als diametral, sondern vielmehr als zwei unterschiedliche Stadien eines Mediums gesehen. Erst durch die Nutzung eines technischen Mediums durch den Journalismus und der damit einhergehenden Ausprägung von Organisationen und Routinen entsteht ein institutionalisiertes Medium. Insbesondere dann, wenn ein neues technisches Medium auf den Markt kommt, neigen euphorische Befürworter zu einem Technikdeterminismus, sie schreiben dem neuen Medium revolutionäres Potenzial zu. Diese Hoffnung wird häufig sowohl angesichts der fehlenden neuen Gestalt der Angebote als auch der ausbleibenden Nutzung des Mediums durch den Rezipienten enttäuscht (vgl. Kubicek et al. 1997, S. 220; Quandt 2000, S. 487).

Die folgenden Ausführungen haben nicht das Ziel, die Debatte um Journalismustheorien sowie begriffliche Eingrenzungen von Journalismus und Medium vollständig wiederzugeben. An entsprechender Stelle wird daher auf andere Autoren verwiesen, die unterschiedliche Positionen und Perspektiven bereits hinreichend zusammengefasst haben. Neue Medien werden vorwiegend von bereits etablierten Medienunternehmen besetzt (vgl. Neuberger 2001a, S. 64). Der Fokus im Hinblick auf die Institutionalisierung eines Mobilen Journalismus liegt demnach auf einem bestimmten Kernbereich des institutionalisierten Journalismus, dessen Organisationen nun über crossmediale Strategien auch neue Medien mit Inhalten befüllen. Es ist daher das Anliegen, die für das Erkenntnisinteresse dieser Arbeit relevanten theoretischen Konstrukte für eine empirische Untersuchung handhabbar zu machen.

3.1.1 Journalismusbegriff

Mobiler Journalismus wird in dieser Arbeit ausschließlich als Journalismus *für* mobile Endgeräte verstanden (vgl. Kap. 1.4), die Produktion mit mobilen Endgeräten kann zwar Teil der technischen Herstellung der Medienprodukte sein, liegt aber nicht im Erkenntnisinteresse der Untersuchung. Dennoch steht die Eingrenzung des Mobilen Journalismus vor Schwierigkeiten, die auch schon für den Onlinejournalismus im stationären Internet aufgetreten sind. Neben reinen Onlineanbietern, die wie zum Beispiel Yahoo oder GMX Nachrichteninhalte anbieten, sind darüber hinaus nutzergenerierte Angebote (Blogs, Social News Aggregatoren, etc.) zu beobachten, die ebenfalls Inhalte mit Aktualitätsbezug aufweisen (vgl. Lowrey 2011, S. 64). Zudem treten mobilspezifische Anbieter auf, die ebenfalls Themen für die Öffentlichkeit aufbereiten (vgl. Porter 2012). Diese Entgrenzung erfordert eine genaue Definition des hier vertretenen Journalismusbegriffs. Bevor festgestellt werden kann, was Mobiler Journalismus ist, muss daher das Verständnis von Journalismus erläutert und definiert werden.

Der Journalismusbegriff ist in der Kommunikationswissenschaft nicht einheitlich verstanden (vgl. dazu u.a. Altmeppen und Quandt 2002; Quandt 2005, S. 23f.). Als Minimalkonsens stellt Journalismus eine Form öffentlicher Kommunikation dar (vgl. Quandt 2000, S. 484). Ob jedoch nur klassischer Informationsjournalismus oder auch Unterhaltung unter das Begriffsverständnis fallen, hängt nicht nur stark von der jeweiligen Sozialisation des Wissenschaftlers ab, sondern auch von dem zu Grunde gelegten Materialobjekt (vgl. dazu ausführlich Hohlfeld 2003, S. 91). In Bezug etwa auf Löffelholz‘ Zusammenstellung der „Theorien des Journalismus“ (2000) lassen sich innerhalb der deutschsprachigen Journalismusforschung zwei (gegensätzliche) Blickrichtungen auf den Journalismus identifizieren, die entweder die einzelnen Akteure in das Zentrum der Betrachtungen stellen oder Journalismus als Teilsystem der Gesellschaft sehen. Für die letztgenannte Sichtweise ist die Systemtheorie nach Luhmann dominierend (vgl. Luhmann 2012). Dies hat zur Konsequenz, dass Kommunikation und nicht journalistisches Handeln oder Personen das zentrale Element darstellen: „Deshalb richtet sich alle Anstrengung auf die Identifizierung exklusiver journalistischer Kommunikation.“ (Hohlfeld 2003, S. 92) Bislang herrscht jedoch über den zentralen binären Code wenig Einigkeit (vgl. Hohlfeld 2003, S. 96ff.; Scholl und Weischenberg 1998). Die Problematik des Ausschlusses der Akteure in der Systemtheorie ist hinlänglich diskutiert (vgl. zu Vermittlungsversuchen u.a. Neuberger 1996). In Analogie zu anderen Vertretern des Fachs wird auch hier nicht auf den Akteur als Teil des Journalismus verzichtet (vgl. u.a. Hohlfeld 2003; Neuberger 2000, 1996; Scholl und Weischenberg 1998; Quandt 2000).

Zentrale Bezugseinheit sind dennoch Medienorganisationen als Institutionen, die spezifische Funktionen für die Gesellschaft erbringen (vgl. Weischenberg et al. 2006, S. 347). Die Bezeichnung als Institution wird dabei als „theoretische Entscheidung“ (Donges 2006, S. 564) verstanden. Im Zuge einer Institutionalisierung bilden sich „dauerhafte Regelsysteme aus, die soziales Handels sowohl beschränken als auch ermöglichen“ (Donges 2006, S. 565).

Die empirische Untersuchung von Produktionsprozessen im Journalismus bezieht sich letztlich immer auf handelnde Personen und damit Menschen als „natürliche Entitäten“ (Hohlfeld 2003, S. 120). Diese werden jedoch nicht als Individuen, sondern handlungstheoretisch als Mitglieder der Organisation und damit als Rollenträger untersucht (vgl. Rühl 1969, S. 165ff.), die nach bestimmten Entscheidungsprogrammen handeln. Dieses Handeln wird strukturell in Medieninstitutionen durch die Umwelt, das heißt von unterschiedlichen Rahmenbedingungen entscheidend beeinflusst (vgl. Scholl und Weischenberg 1998, S. 15, 21f.).

> „Die funktional-strukturelle Systemtheorie (...) versteht das Handlungssystem stets in Konfrontation zu seiner Umwelt, und zwar einer hochkomplexen, rasch veränderlichen Umwelt, die einer Kontrolle durch das System selbst entzogen bleibt.“ (Rühl 1969, S. 35)

Um Veränderungen des Journalismus zu verstehen, wird daher in Kapitel 4 auf technische, organisatorische und ökonomische Umweltentwicklungen ausführlich eingegangen. Systemintern haben die Ziele der Organisationen, im Sinne journalistischer Strategien sowie die Bereitstellung von Ressourcen einen Einfluss (vgl. Neuberger 2001a, S. 64f.). In Bezug auf die fünf Typen von Entscheidungsprogrammen nach Blöbaum (2000) sind für die hier vorliegende Untersuchung des Mobilen Journalismus vor allem Veränderungen der strukturellen Ordnungs- und Darstellungsprogramme von Interesse. Erstere beziehen sich auf die Organisation der Redaktion und redaktionelle Strategien und letztere auf bestimmte Präsentationsformen journalistischer Inhalte (vgl. Blöbaum 2000, S. 177f.; Scholl und Weischenberg 1998, S. 82). Organisatorische Veränderungen aufgrund eines Wandels der Rahmenbedingungen werden ausführlich in Kapitel 4.1 beschrieben. Die Darstellungsprogrammen zu Grunde liegenden Medienschemata werden in Kapitel 3.2.2 erläutert. Die Arbeit konzentriert sich für das Verständnis von Journalismus damit auf den Meso- und Mikrobereich, und nimmt die strukturellen (Umwelt-)Bedingungen, die formale Organisation der Redaktion, relevante Handlungen der Rollenträger sowie die Merkmale der Medienprodukte in den Blick.

Journalismus bietet „institutionalisierte Lösungen von Problemen der Kommunikation“ (Neuberger 1996, S. 12). Die Art und Weise wie dies abläuft hat sich dabei für institutionalisierte Medien so weit stabilisiert, dass Produzenten wie Rezipienten genau wissen, was sie erwarten können. Demnach sind Institutionen in einer Gesellschaft entlastend, da sie dauerhaft angelegt sind und erlauben es, Routinen auszubilden (vgl. Neuberger 1999, S. 18). Wandeln sich jedoch die Umweltbedingungen oder tritt ein neues technisches Medium hinzu, können sich Erwartungen verändern und damit auch die Entscheidungsprogramme des Journalismus (vgl. Neuberger 1996, S. 13 sowie Kap. 3.2).

Für die Befragung von Journalisten ist daraus nach Hohlfeld abzuleiten, „neben individuellen Sicht- und Handlungsweisen kontrastierend organisatorische sprich redaktionelle Verfahrensweise[n] zu erfragen" (Hohlfeld 2003, S. 130).

In Anlehnung an Weischenberg, Malik und Scholl (2006) wird angenommen, dass Journalismus durch drei Ebenen konstituiert wird: die gesellschaftliche, die organisatorische und die professionelle. Journalismus erfüllt auf gesellschaftlicher Ebene als soziales System spezifische Funktionen, indem er die Teilbereiche der Gesellschaft beobachtet (vgl. Weischenberg et al. 2006, S. 346). Zudem stellt Journalismus der Öffentlichkeit gesellschaftliche relevante, non-fiktionale Themen und Aussagen zur Verfügung. Es fallen also nur solche Medienprodukte unter den Begriff, die eine bestimmte Relevanz (in Form von Auflage/Reichweite) auf dem Rezipientenmarkt aufweisen und (auch) faktizierbare Themen beinhalten (vgl. Weischenberg et al. 2006, S. 346). Auf Basis der gesellschaftlichen Thematisierungsfunktion (vgl. Rühl 1980, S. 380) wird Journalismus in seiner kompletten thematischen Breite einbezogen:

> „Aktuelle Medienkommunikation bedeutet dabei ein zunehmend breiter werdendes Themenspektrum unterschiedlichster Informationswerte und Relevanzen, für welche der Journalismus funktional zuständig ist oder sich zuständig fühlt." (Scholl und Weischenberg 1998, S. 17)

Dies schließt neben den am Postulat der Universalität orientierten Medien auch Special-Interest-Produkte ein. Darüber hinaus wird dem Umstand Rechnung getragen, dass institutionalisierter Journalismus auch hybride Mischformen aus „Aktualität und Faktizität mit den Formen der Inszenierung und Fiktionalisierung" (Hohlfeld 2003, S. 127) aufweist.

Die definitorische Eingrenzung von Journalismus umfasst auch die Herstellung dieser Aussagen, das heißt die organisatorische Ebene. Die Aussagen werden in Redaktionen produziert, die Teil einer professionalisierten Medienorganisation sind und damit als Institutionen (vgl. Kap. 3.1.2) anzusehen sind (vgl. Hohlfeld 2003, S. 127; Quandt 2000, S. 484). Medienangebote werden in diesen Organisationen nach „spezifischen Regeln und Routinen kontinuierlich produziert und damit die journalistische Funktion operativ umgesetzt" (Weischenberg et al. 2006, S. 346). Demnach fallen Medienprodukte, die einmalig oder selten erscheinen, nicht unter die Definition von Journalismus. Die Merkmale Periodizität und Publizität dienen „als prozedurale Regeln, die sozial (unbeschränkter Adressatenkreis) und zeitlich (periodische Wiederholung) den Kontakt zwischen Anbietern und Nutzern erwartbar machen" (Neuberger 2001a, S. 20).

Die dritte Ebene des Journalismus stellen die professionellen Akteure dar, die über journalistische Arbeitsrollen an der Produktion der Medienprodukte teilhaben (vgl. Weischenberg et al. 2006, S. 347). Die vorgestellten Kriterien des Journalismus umfassen auch die von Groth (1960) für die Zeitung entwickelten „Wesensmerkmale“ der Aktualität, Universalität, Periodizität und Publizität, die jedoch auch bei ihm schon nicht an ein bestimmtes technisches Medium geknüpft sind (vgl. Groth 1960, S. 360).

Im Zuge der Etablierung neuer technischer Medien entwickeln institutionalisierte Medien (vgl. zur Unterscheidung Kap. 3.1.2) crossmediale Strategien. Sie schaffen Ableger ihres institutionalisierten Journalismus, die für ihre Umwelt weiterhin der etablierten Medienmarke zuzuordnen sind. Darunter fallen Medien in Form von Webseiten im stationären Internet und nun auch Apps (und mobile Webseiten). Sofern diese ebenfalls redaktionell hergestellt werden, darüber hinaus periodisch non-fiktionale Inhalte publizieren, sind die Ableger als Subsystem Mobiler Journalismus dem Journalismus zuzurechnen. Als eigenes Subsystem muss dieser veränderte Strukturen (mit angepassten Routinen, Redaktionsmodellen, Strategien und Medienschemata) ausbilden (vgl. Kap. 4.1).

Institutionalisierter Journalismus ist technisch an „die Verbreitungs- und Vermittlungsstrukturen der Massenmedien“ (Hohlfeld 2003, S. 128) gebunden, die in der Regel die klassischen Einzelmedien Zeitung, Zeitschrift, Radio und Fernsehen sowie das stationäre Internet umfassen. Journalismus ist damit auf Medien bzw. Technik angewiesen, um als institutionalisiertes System nach strukturellen Ordnungsprogrammen Publizität herzustellen. Er kann jedoch auf einen Wandel der Umweltbedingungen reagieren, zum Beispiel durch das Auftreten einer neuen Technik (vgl. Neuberger 2001a, S. 20). Apps wie sie in Kap. 2 definiert worden sind, werden deshalb als neues technisches Medium genutzt.

3.1.2 Medienbegriff

Journalismus und Medien sind also nicht gleichzusetzen (vgl. Hohlfeld 2003). Journalismus benötigt Medien als Vermittlungsinstanzen, um seine institutionalisierten Angebote zu verbreiten.

> „Medien, andererseits, sind nicht auf journalistische Inhalte beschränkt, ja selbst journalistische Medien wie Presse und Rundfunk kombinieren variabel journalistische und nichtjournalistische Inhalte in ihrem Paketangebot.“ (Kiefer 2010, S. 58)

Neben Journalismus nutzen auch andere Systeme, etwa Unterhaltung, Werbung und Public Relations, unterschiedliche Medien um ihre Botschaften zu verbreiten. Dennoch wird der Medienbegriff nicht nur in unterschiedlichen wissenschaftlichen Disziplinen (vgl. dazu Mock 2006, S. 186), sondern auch innerhalb der Kommunikationswissenschaft ungenau gebraucht. Er orientiert sich sowohl an bedeutungstragenden Gegenständen (Buch), Technologien (Telefon, Computer) und Institutionen (Theater, Fernsehen; vgl. Faulstich 2004, S. 13f.; Kubicek et al. 1997, S. 35).

Zudem zwingt das Auftreten neuer Medien immer wieder dazu, die vorherrschenden Begriffe zu überdenken und neu zu definieren (vgl. Morris und Organ 1996, S. 41). Neben der Definition des Journalismusbegriffs ist es daher notwendig, auch den dieser Arbeit zu Grunde liegenden Medienbegriff zu klären. Damit wird verständlich, wie journalistische Apps hier eingeordnet werden.

Technischer Medienbegriff

Ein Medium ist zunächst einmal ein Mittel, durch das Kommunikation stattfinden kann (vgl. Mock 2006, S. 183), ein technischer Verbreitungskanal, der spezifische Eigenschaften mit sich bringt. Damit können Medien als „Techniken zur Lösung der Kommunikationsprobleme“ (Schulz 1974, S. 153) angesehen werden. Pross (1972) nahm eine Unterscheidung in primäre, sekundäre und tertiäre Medien vor. Während erstere die menschlichen Ausdrucksmöglichkeiten durch Sprache, Gestik oder Mimik beschreiben, ermöglichen sekundäre und tertiäre Medien das, was wir heute mehrheitlich unter klassischen Massenmedien (Zeitung, Zeitschrift, Radio, Fernsehen) verstehen. Sekundäre Medien setzen nur auf Seiten des Produzenten ein Gerät voraus, dies ist etwa bei allen Printmedien der Fall. Zur Nutzung tertiärer Medien ist auf Produzenten- wie Rezipientenseite gleichermaßen ein technisches Gerät notwendig. Darunter fallen die elektronischen Massenmedien Fernsehen und Radio, aber auch Film, Telefon oder Tonträger (vgl. ausführlich Pross 1972, S. 127ff.). Für den Journalismus lösen sekundäre wie tertiäre Medien das Problem der Übertragung ihrer Botschaften an eine Vielzahl von Rezipienten. Sie stellen für den Journalismus also die notwendige Aktualität und Publizität her.

Die Kommunikationswissenschaft nimmt in der aktuellen Literatur häufig eine Unterteilung in alte bzw. klassische Massenmedien und neue Medien vor (vgl. u.a. Arnold und Neuberger 2005; Beck 2003). Institutionalisierter Journalismus umfasste demnach vor der Etablierung des stationären Internets die Verbreitung von Inhalten in den als „klassisch“ bezeichneten Massenmedien, die sich in Printmedien (Zeitung, Zeitschrift) sowie Rundfunk, das heißt audiovisuelle Medien (Radio, Fernsehen) gliedern lassen. Um der Entwicklung durch die Digitalisierung Rechnung zu tragen, wurde Pross' Einteilung daher von Faßler (1997) durch eine vierte Stufe der quartären Medien erweitert: Sie setzen auf Produktions- wie Rezeptionsseite Computer voraus. Der von Faßler verwendete Begriff der „Fernanwesenheit" (Faßler 1997, S. 117) fasst bereits das Phänomen der räumlich und zeitlich unabhängigen Nutzung dieser Medien über die Anbindung an das Internet. Unter quartäre Medien fallen damit technisch sowohl (journalistische) Onlineseiten im stationären Internet als auch Apps (oder mobile Webseiten) für mobile Endgeräte. Darüber hinaus schreibt Neuberger dem stationären Internet erweiterte Optionen in Raum und Zeit zu:

> „Das Internet verbindet die Stärken eines Online-Mediums (permanente und rasche Verbreitung) mit jenen eines Offline-Mediums (Speicherfähigkeit): Ältere Beiträge bleiben im Internet verfügbar; Altes kann mit Neuem verknüpft werden (Additivität)." (Neuberger 2009, S. 24)

Die Digitalisierung ermöglicht darüber hinaus eine Erweiterung der Medien in der Zeichendimension: Multimediale Medienprodukte werden möglich. Technisch gesehen ermöglichen Webseiten und Apps nun eine konvergente Verwendung von statischen und dynamischen Medieninhalten. Kanalbedingte Einschränkungen lösen sich auf, quartäre Medien offerieren allen Organisationen die gleichzeitige Nutzung des Zeichenrepertoires der klassischen Einzelmedien bestehend aus Text, Foto und Grafik sowie Audio, Video und Animationen (vgl. Neuberger 2009, S. 23).

Grundsätzlich greift es zu kurz, „allein die Technizität des Mediums bereits als ausreichendes Definiens für das Definiendum ‚Massenmedium'" (Burkart 2002, S. 172) heranzuziehen. In digitalen Netzen ist eine Mischung der ersten drei Medienstufen zu beobachten, da quartäre Medien unterschiedliche Kommunikationsmodi erlauben. Sowohl Massen-, Individual- und Gruppenkommunikation sind möglich (vgl. Morris und Organ 1996, S. 41). Das stationäre Internet ist zum Beispiel einerseits ein Verbreitungs- und Speichermedium, andererseits aber auch ein „Netz aus Computern, das die Mensch-zu-Mensch-Kommunikation durch Mensch-zu-Maschine-Interaktion unterstützt und in Teilen zu ersetzen vermag" (Neuberger 2009, S. 21). Ein technisches Medium wird also nicht ausschließlich im Sinne eines Massenmediums verwendet. Insbesondere durch die Konvergenz werden Medien heute immer weniger durch die Eigenschaften des Geräts definiert, als vielmehr durch die Anwendungen und Dienste, für die sie genutzt werden (vgl. Neverla 2001, S. 33f.). Dies zeigen Apps sehr deutlich: Nicht nur der institutionalisierte Journalismus nutzt sie als Massenmedium, vielmehr sind zahlreiche andere Dienste verfügbar, wie Spiele, Corporate Publishing Produkte, Werbung, Navigationsdienste, Chat- und Mail-Dienste, etc.

Die Ausführungen haben gezeigt: Das technische Medium ist einerseits ein Verbreitungsmittel, das die öffentliche Zugänglichkeit der im Rahmen des institutionalisierten Journalismus hergestellten Medienangebote gewährleistet. Andererseits bestimmt das technische Medium durch seine Eigenschaften, wie Medienangebote des Journalismus in der Zeichendimension gestaltbar und in der Raum- und Zeitdimension produzierbar und rezipierbar sind. „Man kann also auch sagen, dass die jeweiligen Medien immer einen bestimmten Rahmen bereitstellen, innerhalb dessen dann jeweils ganz bestimmte Ausdrucksformen als Zeichen fungieren können." (Burkart 2002, S. 38)

Damit sind technische Medien mehr als ein Verbreitungskanal, sie wirken durch ihr technisches Potenzial gleichsam auf die Medienprodukte zurück: Eine gedruckte Tageszeitung ist durch ihre technischen Eigenschaften ein anderes Medium als eine Webseite im stationären Internet oder eine App auf einem mobilen Endgerät. Dies hat jeweils auch Auswirkungen auf die Institutionalisierung des medienspezifischen Journalismus in der Produktion und seine inhaltlichen Ausgestaltung: Für Print-, Online- oder Mobilen Journalismus etablieren sich im Zuge der Institutionalisierung bestimmte Ordnungs- und Darstellungsprogramme, die zu einem Teil durch das technische Medium bestimmt werden. Dies darf jedoch nicht in eine ausschließlich technikdeterministische Sichtweise münden.

> „Es ist allerdings ein geradezu naiver Irrtum zu meinen, dass das technische Potential in der sozialen Realität ohne weiteres voll ausgeschöpft wird (…). Nicht die Technik an sich, sondern die soziale Praxis und das Machtgefüge einer Gesellschaft entscheiden über die Art und Weise der Nutzung." (Neverla 2001, S. 32)

Was Neverla für die kommunikationswissenschaftliche Auseinandersetzung mit dem Internet anmahnt, gilt auch für die Beschäftigung mit Mobilem Journalismus: Die Analyse des technischen Potenzials von Apps für einen Mobilen Journalismus ist als erster Schritt zwar unerlässlich, um den Möglichkeitsrahmen, das heißt die „Nutzungsoptionen" (Vesper 1998, S. 20) zu erkennen (vgl. Kap. 3.4). „Anbieter selektieren Optionen des Mediums, wenn sie Elemente zu einem Medienprodukt konfigurieren, ebenso selektieren Nutzer unter jenen Optionen, die der Anbieter ihm [sic!] zur Verfügung stellt (…)." (Neuberger 2001a, S. 92) Der tatsächliche Gebrauch dieses neuen technischen Mediums zeigt sich erst im Prozess der Institutionalisierung. Die Erwartungen von Medienunternehmen und Publikum können zum einen von seinem Potenzial abweichen und müssen zum anderen nicht kongruent sein.

Institutioneller Medienbegriff

In der Frühphase eines Mediums können durch euphorische Erwartungen an die neue Technologie technische Aspekte im Vordergrund stehen, so „daß das Mißverständnis entstehen kann, das technische Medium selbst sei der Zweck. (…) Massenmedien können jedoch nur entstehen, wenn sich über diese technischen Regelsysteme hinaus auch sozial und kulturell konsentierte Nutzungs-‚programme' entwickeln" (Kubicek et al. 1997, S. 32). Vom technischen Medienbegriff ist daher ein institutioneller zu unterscheiden. Dieser ist dann zu verwenden, wenn sich eine neue Technik zu einem sozialen Medium entwickelt. Dies erfordert „den Aufbau sozialer Regelsysteme und Instanzen, durch die die Verwendungsweisen eines technischen Artefakts in einem bestimmten kommunikativen Kontext definiert werden" (Kubicek et al. 1997, S. 26).

Erst durch die Gestaltung des Mediums durch eine Institution, durch organisierte Handlungen, die nach professionalisierten Regeln (im Sinne der Entscheidungsprogramme) erfolgen, entsteht „ein Medium im publizistischen Sinn" (Neverla 2001, S. 33). Die Durchsetzung eines sozialen (Informations-)Mediums setzt gemeinsame Programme im Sinne von Codes und Nutzungsregeln bei Produzenten wie Rezipienten voraus, wodurch die zeitlich (und dadurch auch räumlich) entkoppelte Kommunikationssituation in der Weise verkoppelbar wird, dass komplementäre und intersubjektiv wiederholbare Wahrnehmungs- und Informationsprozesse stattfinden können (vgl. Kubicek et al. 1997, S. 28). Dies ist dann der Fall, wenn Journalismus das neue Medium App im Rahmen eines Mobilen Journalismus mit eigenen Entscheidungsprogrammen institutionalisiert.

In diesem Prozess spielt auch der Rezipient eine Rolle, dessen Erwartungen die Produktion ebenfalls steuern (vgl. Kap. 3.2.2). „Die Erfahrung zeigt, dass die Technik zwar den Konsumenten beeinflusst, aber die Technik muss letztlich liefern, was der Verbraucher will." (Stipp 2001, S. 371) Dies greift die Techniksoziologie in der Abkehr vom Technikdeterminismus zu einer kulturtheoretischen Perspektive auf: Im Zentrum steht der gesellschaftliche Umgang mit der Technik (vgl. Rammert 1993). Damit beschäftigen sich auch im anglo-amerikanischen Raum vorherrschende Ansätze des „Social Shapings" neuer Technologien (vgl. u.a. Lievrouw 2002) oder des „Mutual Shapings", das heißt der gegenseitigen Interdependenz von Technik und Gesellschaft im Prozess der Aneignung (vgl. u.a. Boczkowski 2004). Daher fasst Boczkowski die Etablierung neuer Medien unter dem Begriff „Emerging Media": „It ist that new media emerge by merging existing social and material infrastructures with novel technical capabilities (…).“ (Boczkowski 2005, S. 4).

Die Zweiteilung des Medienbegriffs wird von Saxer als „Doppelnatur der Medien“ beschrieben. Er versteht Medien als „komplexe institutionalisierte Systeme um organisierte Kommunikationskanäle von spezifischem Leistungsvermögen“ (Saxer 1998, S. 54). Jedes Medium verfügt über ein bestimmtes technisches Potential als Kommunikationskanal, zudem ist es durch Handlungen im Rahmen institutionalisierter Sozialsysteme charakterisiert (vgl. Saxer 1975, S. 209). Kubicek et al. (1997) unterscheiden im Einklang dazu Medien erster und zweiter Ordnung. Erstere dienen der Etablierung „technisch vermittelter Interaktionssysteme“ (Kubicek et al. 1997, S. 34f.). Sie bieten immer nur Möglichkeiten für die Entwicklung von Medien zweiter Ordnung im Sinne sozialer Institutionen. Dies bedeutet als Ausgangsthese für die vorliegende Arbeit:

Ausgangsthese: Das **neue Medium App**, das ein spezifisches technisches Potenzial offeriert, wird erst dann ein journalistisches (oder publizistisches) Medium, wenn im Zuge seiner Institutionalisierung ein Mobiler Journalismus mit eigenen Entscheidungsprogrammen für Produktion und Darstellung entsteht.

In Anlehnung an Schmidt (1994) sind folgende Dimensionen für die Institutionalisierung eines Mobilen Journalismus relevant: Die verwendeten Techniken zur Erstellung von Medienangeboten über Apps, die redaktionellen Organisationen, die diese nach bestimmten Handlungsprogrammen erstellen und die Medienangebote selbst, das heißt die journalistischen Apps, als Resultate der Verwendung (und Selektion) von Kommunikationsmitteln bzw. des technischen Potenzials. Abschließend ergibt sich daher folgende Definition:

Definition: Der **institutionalisierte Journalismus** stellt der Öffentlichkeit über technische Medien mit spezifischem Potenzial periodisch aktuelle, relevante und primär non-fiktionale Inhalte zur Verfügung. Diese werden in institutionalisierten Medienorganisationen von (meist) hauptberuflichen, fest angestellten oder frei tätigen Akteuren nach spezifischen Entscheidungsprogrammen produziert.

Mobiler Journalismus stellt der Öffentlichkeit über quartäre Medien in Form von Apps, die das spezifische Potenzial des Ubiquitous Computing offerieren, periodisch aktuelle, relevante und primär non-fiktionale Inhalte zur Verfügung. Diese werden in institutionalisierten Medienorganisationen von (meist) hauptberuflichen, fest angestellten oder frei tätigen Akteuren nach spezifischen Entscheidungsprogrammen produziert.

3.2 Medienschemata im Journalismus

Aus den Ausführungen wurde bereits deutlich, dass sich Journalismus im Zuge seiner Institutionalisierung bestimmter Programme bedient, die ihn davon entlasten, Entscheidungen immer wieder erneut zu treffen. Damit werden routinierte Handlungen in Redaktionen möglich, die einerseits die Arbeit der Organisation erleichtern und andererseits für die Rezipienten erwartbar machen, was sie sich unter journalistischen Medien vorstellen können. „Gemeint sind also Muster, nach denen Akteure sich ihre ‚Wirklichkeit‘ konstruieren und sinnhaft erschließen.“ (Donges 2006, S. 566)

Hier knüpft die Arbeit an schematheoretische Überlegungen an, die in der Kommunikationswissenschaft bereits seit Mitte der 1980er Jahre in unterschiedlichen Feldern vertreten sind, meist jedoch in der Medienwirkungsforschung vorzufinden sind (vgl. für eine Bestandsaufnahme u.a. Matthes 2004). Die Schematheorie liefert ursprünglich einen Ansatz, um die Verarbeitung von Informationen für Individuen zu erklären. Sie geht dabei davon aus, dass generische Wissensstrukturen ausgebildet werden, die jeweils kein originäres Abbild der Realität liefern, sondern subjektiv konstruiert sind. Basierend auf bereits gesammelten Eindrücken und Erfahrungen aus der Vergangenheit werden Kategorien entwickelt, die dabei helfen, neue Informationen zu verarbeiten und zu speichern (vgl. Brosius 1991, S. 285). Die Schemata können zudem an veränderte Bedingungen angepasst werden (vgl. Schenk 2007, S. 278ff.). Damit bilden sie „die Basis für Problemlösungen und Handlungen“ (vgl. Matthes 2004, S. 547).

Aufbauend auf der Schematheorie (vgl. Kap. 3.2.1) werden die Überlegungen anschließend auf die Handlungen zur Erstellung von Medienprodukten im institutionalisierten Journalismus angewendet. Analog zu den individuellen Prozessen der Informationsverarbeitung entstehen auch in der Ausbildung der Entscheidungsprogramme in den Redaktionen bestimmte Schemata, die für ein institutionalisiertes Medium jeweils prägend sind. Medienschemata dienen damit im Zuge der Institutionalisierung eines Mobilen Journalismus über journalistische Apps „Anbietern und Nutzern dazu, die Unsicherheit im Umgang mit dem neuen Medium zu reduzieren“ (Neuberger 2005, S. 73). Dabei geht der hier verwendete Begriff der Medienschemata über eine Anwendung auf bestimmte Gattungs- oder Genrebezeichnungen hinaus. Er wird auf die Medienprodukte als Zusammenspiel von Form und Inhalt bezogen, die für unterschiedliche institutionalisierte Medien jeweils unterscheidbar sind. Medienschemata sind demnach auch handlungsleitend für die formale und inhaltliche Gestaltung von journalistischen Apps.

Dabei hat sich gezeigt, dass anfangs häufig bereits existierende Medienschemata auf ein neues Medium übertragen werden. Über ihre Ähnlichkeit bzw. Eigenständigkeit im Vergleich zu etablierten Medienschemata anderer institutionalisierter Medien (etwa Nachrichtenseiten oder Tageszeitungen) lassen sich daher Aussagen über den Institutionalisierungsprozess von Mobilem Journalismus treffen (vgl. Kap. 3.2.2). In welcher Form die neuen Medienschemata ausgebildet werden, wird dabei neben dem technischen Potenzial eines Mediums (vgl. Kap. 3.3) auch durch die Erwartungs-Erwartung gesteuert.

3.2.1 Die Schematheorie

Um die Rolle von Medienschemata für die Produktion journalistischer Medien zu verstehen, ist es notwendig, den kognitionstheoretischen Ansatz der Schematheorie in seinen Grundzügen darzustellen. Die grundlegende Arbeit zur Schematheorie geht auf Bartlett (vgl. 1932) zurück, der in einem Experiment Probanden eine Volkssage wiedergeben ließ, um ihre Erinnerungsleistung zu testen. Dabei fand er heraus, dass diese Details der Geschichte veränderten, die sie aufgrund der kulturellen Unterschiede nicht verstehen konnten. Er schloss daraus, dass es bestimmte Schemata, das heißt Wissensstrukturen gibt, die zu diesen Abweichungen führen. Erst in den 1970er Jahren wurde die Idee wieder aufgegriffen (vgl. Markus 1977) und auf breiterer Basis in der Psychologie adaptiert. Ab Mitte der 1980er Jahre fand die Schematheorie auch vermehrt Eingang in die Kommunikationswissenschaft (vgl. dazu Matthes 2004).

Im Kern besagt die Schematheorie, dass die Informationsaufnahme und anschließende Verarbeitung von kognitiven Wissensstrukturen abhängt. Diese sind aus Erfahrungen erlernt und relativ konstant. Damit erfüllen sie zwei zentrale Funktionen: Sie entlasten das Individuum, da es eine Information aus der Umwelt nicht jedes Mal wieder von neuem verarbeiten muss. Es kann dazu in der Regel auf ein bereits existierendes Schema zurückgreifen. Darüber hinaus strukturieren Schemata Erfahrungen: Informationen, die für ein Schema relevant sind, werden besser und schneller erinnert. Schemata existieren für unterschiedlichste Situationen und Objekte, neue eintreffende Informationen werden mit vorhanden Strukturen abgeglichen (vgl. Matthes 2004, S. 545ff.; Schenk 2007, S. 279). Kurzum: „Schemata verringern also Komplexität.“ (Schmidt und Weischenberg 1994, S. 213)

Wie Piaget bereits 1978 darstellte, konstruieren Individuen ihre Welt auf der Basis dieser Schemata und passen je nach Bedarf entweder diese Konstruktion an die vorhandenen Schemata an (Assimilation), oder korrigieren sie in Reaktion auf veränderte Umweltbedingungen (Akkomodation; vgl. Piaget 2010). Diese Ergänzungsfunktion ermöglicht einerseits, neue Fakten zu bestehenden Schemata hinzuzufügen, andererseits aber auch eine Modifikation bestehender Schemata oder letztlich die Revision bzw. Neubildung (vgl. Matthes 2004, S. 547f.; Schenk 2007, S. 282). Schemata beziehen sich also nicht auf eine objektiv erfahrbare Realität, sondern sind durch die Aktivierung kognitiver Systeme subjektabhängig. Da sie durch Interaktion entstehen und ihnen Namen zugeordnet werden, können sie als „überindividuelle, intersubjektiv wirksame Ordnungsmuster oder Programme" (Schmidt und Weischenberg 1994, S. 214) dennoch als Grundlage für erfolgreiche Kommunikation dienen, da davon auszugehen ist, dass andere Individuen ähnliche Schema-Bezeichnungen verwenden (vgl. Schmidt und Weischenberg 1994, S. 213f).

Mit den Ausführungen zur Schematheorie geht schließlich die erkenntnistheoretische Einsicht einher, dass auch Medienprodukten Eigenschaften oder Bedeutungen erst von den handelnden Akteuren in sozialen Kontexten zugeschrieben werden (vgl. Schmidt und Weischenberg 1994, S. 212). Schemata bilden damit die Basis für den Umgang mit Medien(-angeboten) und stellen gleichzeitig Regeln für deren Produktion (vgl. Schmidt und Zurstiege 2007, S. 77). Institutionalisierte Medien erlauben ferner ebenfalls gemeinsames Handeln, indem sie durch die Anwendung von (Medien-)Schemata dauerhaft Entscheidungsprogramme und Erwartungen organisieren (vgl. Kubicek et al. 1997, S. 40f.).

3.2.2 Medienschemata

Der Begriff der Medienschemata wird auf unterschiedlichen Ebenen angewendet, etwa auf den Journalismus als Makroform, auf Berichterstattungsmuster, Marken, Sparten, Gattungen, Genres oder Darstellungsformen (vgl. dazu im Überblick Neuberger 2005, S. 74f.). In Bezug auf den systemtheoretischen Begriff der Entscheidungsprogramme (vgl. z.B. Blöbaum 2000; Hohlfeld 2003, S. 100ff.) wird hier das Medienschema als Entlastung der Journalisten im Rahmen der Darstellungsprogramme verstanden: Medienschemata helfen dabei, journalistische Medien sowohl untereinander unterscheidbar zu machen als auch von anderen Angebotsformen abzugrenzen, indem sie jeweils eigene Merkmale für Form und Inhalt aufweisen. Damit geben sie Orientierung, das Medienangebot richtig zu bedienen und zu interpretieren (vgl. Neuberger 2005, S. 74).

> „Dabei leiten Schemata gleichermaßen die Produktionsweisen in den Medieninstitutionen, also die Handlungen der Journalistinnen und Journalisten, wie die Rezeption des Publikums. Dies gilt sowohl für die Gesamtstrategien des Wirklichkeitsbezugs und der Thematisierung im Journalismus als auch für die unterschiedlichen Möglichkeiten der Gestaltung sowie der Darbietung von einzelnen Medienangeboten.“ (Schmidt und Weischenberg 1994, S. 224)

In Kapitel 3.1.2 wurde beschrieben, dass sich ein technisches Medium im Zuge der sozialen Aneignung durch Produzenten wie Rezipienten in ein institutionalisiertes Medium wandelt. Neben Ordnungsprogrammen in Form redaktioneller Routinen (vgl. Kap. 4.1) und journalistischer Strategien entstehen regelmäßig angewendete, weitgehend identische Muster der Darstellung in Form der Medienschemata. Diese reduzieren „Unsicherheit im Umgang mit Medienangeboten“ (Neuberger 2005, S. 74).

So werden die journalistischen Medien einerseits im Hinblick auf Gestaltung und Darbietung, andererseits in Bezug auf Funktionen und Gratifikationen kontinuierlich und intersubjektiv nachvollziehbar. Es werden einheitliche Schemabezeichnungen für bestimmte Merkmale der Gestaltung verwendet, die Rezipienten durch bereits erfolgte mediale Erfahrung dabei helfen, das richtige Wissen zu aktivieren (vgl. Neuberger 2005, S. 74; Schmidt und Weischenberg 1994, S. 214ff.). Zeitungen unterscheiden sich zum Beispiel von Zeitschriften sowohl in der Gestaltung, das heißt in Bezug auf das Layout und die Darbietung, also die Aufbereitung der textbasierten und visuellen Inhalte, aber auch in Bezug auf die behandelten Themen. Dadurch ist darüber hinaus für den Rezipienten erwartbar, welche Funktionen und (kognitiven) Gratifikationen das jeweilige journalistische Medium erfüllt (vgl. Schmidt und Weischenberg 1994, S. 219).

> „Medienschemata orientieren Mediennutzer also vorab, im Vollzug der Mediennutzung sowie bei Anschlußhandlungen und -kommunikationen darüber, welche allgemeinen Kommunikationsabsichten ein bestimmtes Schema ermöglicht, welche Themen im Rahmen dieses Schemas behandelt werden können und wie dies technisch und stilistisch inszeniert werden kann, d.h. welche Merkmale solchen Schemata zugeordnet werden können.“ (Schmidt und Weischenberg 1994, S. 219)

Vor allem in der frühen Phase eines neuen Mediums zeigt sich, dass die soziale Verwendung noch nicht entschieden ist, „da mit der noch ungeregelten Technik experimentiert wird“ (Neuberger 2005, S. 75). Je stärker sich jedoch das technische Potenzial des Mediums von bereits vorhandenen unterscheidet, desto größer ist auch die Notwendigkeit zur Entwicklung eigenständiger Medienschemata. Apps weisen hier durch die Beschaffenheit der mobilen Endgeräte sowie der potenziell neuen Nutzungssituation deutliche Unterschiede auf (vgl. Krieg 2012, S. 165). Die technische Potenzialanalyse in Kap. 3.4 gibt dazu detailliert Aufschluss.

Von den technischen Spezifika abgesehen, ist relevant, dass bereits institutionalisierte Medien „starken Einfluss auf das Verständnis von den Einsatzmöglichkeiten der neuen Technologie haben. Dies zeigt sich auf der Ebene der individuellen Aneignung und ‚Veralltäglichung' genauso wie auf der Ebene der gesellschaftlichen Institutionalisierung" (Münch und Schmidt 2005, S. 204). Vertraut sind Rezipienten insbesondere mit solchen Medienschemata, die sie aus dem täglichen Gebrauch von gedruckten Zeitungen und Zeitschriften, Rundfunkmedien sowie journalistischen Webseiten im stationären Internet kennen. Der Rezipient weiß dadurch, auf welche Merkmale er sich konzentrieren muss. Dadurch „leiten [sie] sein Verständnis" (Schmidt und Weischenberg 1994, S. 219).

> „Dabei werden zunächst vor allem vertraute Schemata aus alten Medien übertragen. Diese Imitation erleichtert Anbietern und Nutzern die Orientierung in der neuen Umgebung. Nach und nach entstehen eigenständige Schemata, die dem technischen Potenzial des Mediums eher gerecht werden." (Neuberger 2005, S. 76)

Produzenten benötigen also die Referenz der alten Medienschemata, „um bewußt davon abzuweichen, bzw. um etwas Innovatives erstellen zu können" (Schmidt und Weischenberg 1994, S. 220). Dabei wird hier allerdings davon ausgegangen, dass auch in der frühen Phase eines neuen Mediums bereits gewisse Erwartungen der Nutzer bestehen, die mehr als nur die Übertragung alter Medienschemata beinhalten. Dies wird an der (meist noch diffusen) Frage nach dem „Mehrwert" eines neuen Mediums ersichtlich. Aufgrund der Multioptionalität von Apps, die nicht nur als journalistische Medien genutzt werden, haben Rezipienten durch andere mobile Angebote zudem bereits mentale Modelle aufgebaut, was sie von Apps als Anwendungen auf mobilen Endgeräten erwarten können, zum Beispiel hinsichtlich der Usability (Bedienung und Navigation). Aufgrund der starken Verbreitung von Apple-Endgeräten können sich speziell durch die in iTunes angebotenen Apps neue Gestaltungselemente, Bedienkonzepte und Darstellungsformen entwickeln und schließlich etablieren.

Medienorganisationen, die journalistische Produkte auf mobilen Endgeräten anbieten, müssen daher in der Lage sein, die bereits im Aufbau befindlichen Schemata der Nutzer zu identifizieren. Daher ist es notwendig, die Erwartungen der Rezipienten zu kennen, das heißt also Erwartungen über die Umwelt auszubilden:

> „Ein soziales System wäre aufgrund der Komplexität der Gesellschaft und des daraus resultierenden Kontingenzdrucks in großer Bedrängnis, würde es die Optionen der Umwelt nicht mittels Erwartungen vorstrukturieren." (Hohlfeld 2003, S. 94)

Indem Journalismus Erwartungen über die Erwartungen des Publikums ausbildet, produziert er vergleichbare Angebote. Dies wiederum führt dazu, dass Rezipienten ihrerseits die Erwartungen erfüllt finden. Damit „bestätigen sich die Erwartungen auf beiden Seiten und verfestigen sich zu Selbstverständlichkeiten, die das Handeln orientierend erleichtern und erfolgreich werden lassen" (Schmidt und Zurstiege 2007, S. 44).

Darüber hinaus können sich Schemata durch Trends schnell verändern. Auf Produzenten-Seite treiben in dieser Zeit einzelne Innovatoren den Prozess voran: Sind erste innovative Angebote erfolgreich, werden diese von anderen journalistischen Organisationen imitiert (vgl. Lowrey 2011, S. 72). Diese Veränderung trifft gleichzeitig auch auf den Rezipienten zu: Medienerwartungen wandeln sich im Prozess der sozialen Aneignung und ihre Verwendung wird im Verlauf des Diffusions- und Adoptionsprozesses angepasst (vgl. Münch und Schmidt 2005, S. 204 sowie Kap. 4.3.2). Dies birgt die Chance, dass sich innovative Nutzungsformen schnell durchsetzen können. Es liegt also ein gegenseitiger Einfluss von Strukturen und handelnden Organisationen vor (vgl. Neuberger 2005, S. 78).

> „Damit verbunden ist die Frage, wie der mit dem Einsatz neuer Kommunikationstechnologien verbundene Regelungsbedarf erfüllt wird und wie Regeln der Mediennutzung zu einem festen Bestandteil der kommunikativen Praxis einer Gesellschaft oder gesellschaftlicher Subgruppen gemacht werden, die dabei kontextspezifisch Transformationen und Prägungen erfahren, wodurch sie in einem rekursiven Sinne wiederum die Praxis verändern." (Höflich 1997, S. 205)

Die öffentlich einsehbaren Nutzerkommentare in den App Stores bieten eine Möglichkeit für den institutionalisierten Journalismus, die (Erwartungs-)Erwartung immer wieder anzugleichen. Es ist also davon auszugehen, dass journalistische Apps sich an Erwartungen der Nutzer orientieren, gleichzeitig aber auch innovative Elemente auf dem Markt etablieren und mit diesen experimentieren. Ziel sollte also die optimale Kombination von Erwartungskonformität und Innovation sein.

Jenseits der grundsätzlichen Offenheit für die Einbindung von Erwartungen der Rezipienten sowie Ideen einzelner innovativer Organisationen, erfordert die Entwicklung neuer, innovativer Medienschemata im Journalismus Ressourcen in den Redaktionen. Diese sind einerseits von den technischen und ökonomischen Rahmenbedingungen abhängig (vgl. Lowrey 2011, S. 71ff.), werden von diesen aber auch vorangetrieben (vgl. Schmidt 1994, S. 183f.). Darüber hinaus werden sie von den in journalistischen Organisationen vorherrschenden Ordnungsprogrammen beeinflusst, die ebenfalls Anteil daran haben, in welchem Maße die Medienprodukte eigenständige Medienschemata entwickeln. Alte Medienschemata werden vor allem durch Strategien der Mehrfachverwertung von Inhalten auf neue Medien übertragen, wie sie in der Geschichte der Medien häufig zu beobachten waren (vgl. Kap. 4). Wird jedoch im Rahmen crossmedialer Strategien die Entwicklung komplementärer Angebote angestrebt, die sich deutlich von dem bereits institutionalisierten Medium unterscheiden, kommt ein Schematransfer nicht in Frage. Hier wird das Augenmerk stärker auf das technische Potenzial des neuen Mediums ausgerichtet (vgl. Neuberger 2005, S. 78 sowie Kap. 3.3.2). Medienschemata werden abschließend wie folgt definiert:

Definition: **Medienschemata** sind im institutionalisierten Journalismus als Makrostrukturen für die Gestaltung von Form und Inhalt journalistischer Medien verantwortlich. Sie dienen der Etablierung kontinuierlicher Darstellungsprogramme, die einerseits die redaktionelle Produktion bestimmen und geben andererseits Orientierung zur subjektunabhängigen Bedienung und Interpretation der Medienangebote durch den Rezipienten.

3.2.3 Das Trägheitsprinzip des Journalismus

Da institutionalisierter Journalismus, wie in Kap. 3.1.1 beschrieben, als komplexes soziales System organisiert ist, steht er zwar in Abhängigkeit von ökonomischen oder politischen Umweltbedingungen, gleichzeitig ist er durch die auf Dauer angelegten Regelsysteme und Routinen „relativ träge“ (Schmidt und Weischenberg 1994, S. 235). Dies hat sich in der Geschichte immer wieder in der Folge des Aufkommens neuer technischer Medien und ihrer Institutionalisierung gezeigt. Nicht zuletzt zeugen davon die vielfältigen Probleme der klassischen Medien, angemessen auf den Strukturwandel in der Medienbranche zu reagieren (vgl. Kap. 4).

> „The [media] industry has clung to institutionalized routines that traditionally have served news professionals, their organizations, and other community institutions that depend on news organizations (...), but which now may be undermining effectiveness in an era of flat, multi-node connectivity that bypasses traditional institutions – news organizations among them (...).“ (Lowrey 2011, S. 65)

Im stationären Internet haben sich Webseiten inzwischen als institutionalisierte Medien etabliert. In der Frühphase des Onlinejournalismus wurde aufgrund des technischen Potenzials (unter anderem der Multimedialität und Hypertextualität) ein grundlegend neuer Journalismus erwartet. Da anfangs hauptsächlich Medienprodukte der klassischen Massenmedien identisch mehrfach verwertet worden sind, wurde jedoch lange Zeit diskutiert, ob es sich dabei auch um eine neue Form des Journalismus (und im oben beschriebenen Sinne ein institutionalisiertes Subsystem) handelt oder ob Onlineseiten nur ein neuer Verbreitungsweg für die Angebote des bereits etablierten Journalismus sind (vgl. Meier 1998, S. 17). Erst nach und nach hat sich ein institutionalisierter Onlinejournalismus mit Webseiten als institutionellen Medien mit eigenständigen Entscheidungsprogrammen (in Bezug auf Organisations- und Darstellungsprogramme) etabliert. Dies zeigt sich in neuen redaktionellen Einheiten mit eigenen Abläufen und Berufsbezeichnungen und spezifischen Medienschemata für journalistische Onlineseiten (vgl. Meier 2002a, S. 21; Neuberger 2005, S. 76).

Journalismus hat sich in seiner Geschichte stets neuer Technologien zur Verbreitung seiner Inhalte bedient und dadurch diversifiziert und gewandelt. Die Meilensteine der Massenkommunikation reichen zurück bis ins Mittelalter: Die Erfindung des Buchdrucks mit beweglichen Lettern durch Johannes Gutenberg (1445) war die Grundlage für die massenhafte Herstellung und Verbreitung von Presseerzeugnissen. Die Etablierung drahtloser Informationsübertragung in Form von Telegrafie und Telefonie im 19. Jahrhundert beschleunigte den Nachrichtenverkehr und bereitete den Weg zur Etablierung des elektronischen Massenmediums Radio und schließlich auch des Fernsehens im 20. Jahrhundert (vgl. ausführlich Wilke 2008). Die Digitalisierung veränderte Journalismus erneut. Anfang der 1990er Jahre ermöglichte die Erfindung des Internets die neue Etappe des Onlinejournalismus. Letztlich erleben wir parallel dazu die Etablierung des Mobilfunks und eine Weiterentwicklung zum Mobilen Journalismus.

Zwar wurden all diese technischen Medien jeweils schnell als journalistische Ausspielkanäle besetzt, ihre Institutionalisierung als neue Medien mit eigenständigen Medienschemata erfolgte immer erst nach einigem Zögern und entspricht damit einem „Trägheitsprinzip“ (Bucher und Barth 1998, S. 522). Einerseits wurden über neue Technologien häufig bereits etablierte Medienschemata in Bezug auf Inhalt und Form kopiert. Gleichzeitig wurden aber auch Arbeitsrollen und Redaktionsorganisation erst nach und nach an die differenzierteren Aufgaben angepasst.

Mit Johannes Gutenbergs Erfindung veränderte sich das Medienangebot im 15. Jahrhundert nicht schlagartig. Obwohl die Technik nun vorhanden war, war die Nachfrage nach gedruckten Erzeugnissen zunächst gering. Einige versuchten sich daran, Einzelblattdrucke und Augenzeugenberichte zu veröffentlichen. Hierbei wurde ein Schema aus der Zeit der mündlichen

Medien übertragen: Sie wurden laut öffentlich vorgelesen (vgl. Parry 2011, S. 139). Gedruckte Zeitungen waren im 17. Jahrhundert zunächst weiterhin im Stil der handschriftlich verfassten Zeitungen erstellt (vgl. Bucher und Barth 1998, S. 522). „These early publications were simply collections of individual reports, with no attempt at creating a logical editorial style or approach." (Parry 2011, S. 141) In Zusammenhang mit der Entwicklung des Mobiltelefons zum Medium öffentlicher Kommunikation ist ein Blick auf das Ende des 19. Jahrhunderts lohnenswert.

> „Making and receiving phone calls was intended as a person-to-person communication. Nevertheless, with many people able to access the network ways were found to turn the telephone into a mass medium by offering a shared experience." (Parry 2011, S. 216)

Alexander Graham Bell wollte bewusst bekannte Medienschemata nutzen, damit die Hörer die schlechte Qualität des Signals durch „powers of anticipation of the familiar" (Mercer 2006, S. 42) kompensieren. So bezahlten 1892 rund 60.000 Menschen in England, um im Crystal Palace zehn Minuten lang einem Stück aus dem Lyric Theatre im Londoner West End zuzuhören – übertragen über die Telefonleitung (vgl. Parry 2011, S. 216).

Tividar Puskás (1844-1893) fand durch die Übertragung bereits etablierter Medienschemata eine neue Einnahmequelle für sein Fernsprechunternehmen: Er erhielt ein Patent für die erste „Telefonzeitung", das in 18 Ländern zum Einsatz kam. 1893 nutzten fast 5000 Abonnenten sein Telefon Hírmondó, das Börsen-, Hof-, Parlaments-, Militär- und Auslandsnachrichten sowie Kinderprogramme und Opernübertragungen nach einem festgelegten Programm zu bestimmten Tageszeiten verbreitet hat. Die Zahl der Nutzer stieg bis ins Jahr 1901 auf 6200 an (vgl. Denison 1901, S. 641). Mit dem Aufkommen des Rundfunks im zweiten Jahrzehnt des 20. Jahrhunderts geriet das Telefon als Massenmedium in Vergessenheit. Einige Schemata blieben via Telefon aber noch erhalten: Zeitansagen, automatisierte Wetteransagen, Reisehinweise oder sogar Sportinformationen (vgl. Parry 2011, S. 216f.).

Als erstes elektronisches Massenmedium war auch das Radio „zunächst ein ungeformtes Medium, dessen Gebrauchsoptionen noch unerschlossen waren" (Neuberger 2009, S. 27). Im Jahr 1920 wurde in zahlreichen Versuchen Musik von Schallplatten übertragen, es wurden Zeitungstexte verlesen und Live-Konzerte arrangiert (vgl. Stuiber 1998, S. 50).

Auch hier erfolgte damit eine Übernahme bestehender Medienschemata, bevor sich eigenständige Formate entwickelt haben. Diese Imitation prangert schon Bertholt Brechts Radiotheorie an, in der er in Bezug auf das junge Medium Hörfunk feststellte: „Man hatte plötzlich die Möglichkeit, allen alles zu sagen, aber man hatte, wenn man es sich überlegte, nichts zu sagen.“ (Brecht 1967, S. 128) Dies führte er darauf zurück, dass das technische Medium nicht „bestellt“ worden sei: „Nicht die Öffentlichkeit hatte auf den Rundfunk gewartet, sondern der Rundfunk wartete auf die Öffentlichkeit.“ (Brecht 1967, S. 127) Nach Brecht war Rundfunk damit zunächst ohne eigene Funktion und nur als Stellvertreter anzusehen, der alle bestehenden Medienangebote „die irgendetwas mit der Verbreitung von Sprech- oder Singbarem zu tun hatten“ (Brecht 1967, S. 128), einfach eins zu eins übernommen hat. Zudem war Hörfunk zunächst als Saalfunk konzipiert, „da die Darbietungen – ähnlich wie beim Film – dem Publikum über große Lautsprecher in Kinos, Theatern etc. vorgeführt werden sollten“ (Stuiber 1998, S. 142). Erst nach einem Jahrzehnt sieht Lenk (1997, S. 253) die experimentelle Phase des Radios hinsichtlich der Endgeräte, der Programminhalte und der Nutzung als abgeschlossen an.

Auch das Fernsehen der 1950er Jahre verbreitete zunächst Inhalte des institutionalisierten Mediums Kino: Wochenschauen und Spielfilme. Für erste Sportübertragungen stellt Bausinger (1976) ein „stilistisches Trägheitsgesetz“ der Produzenten fest. Journalisten hatten in der Regel als Radioreporter Erfahrung gesammelt und „gaben zunächst ziemlich wortreich Schilderungen der Vorgänge, die von den Zuschauern doch ohnehin am Bild verfolgt werden konnten – dann erst setzt sich der mediengerechte Stil sparsamen Kommentierens durch“ (Bausinger 1976, S. 81).

Das Trägheitsprinzip lässt sich deutlich auch Anfang der 1990er Jahre an der Zweitverwertung von Zeitungsartikeln auf Webseiten oder der Übertragung der linearen Rundfunkprogramme ohne zusätzliche Inhalte erkennen. So wurde das neue technische Potenzial der hohen Aktualisierbarkeit auch von Innovatoren im Onlinejournalismus wie Spiegel Online nicht genutzt. „SPIEGEL ONLINE 1994 und SPIEGEL ONLINE 2004, das ist wie Brief versus Buch, wie Flugblatt gegen Magazin, wie Steinzeit gegen Jetztzeit.“ (Patalong 2004)

Zunächst wurden die Produktionsroutinen des Offlinemediums übertragen. 1996 hielt der damalige Spiegel Online-Redakteur Ulrich Foerster in einer vielfach zitierten Notiz fest: „Es muss immer aktuell sein. Ich bestehe auf wöchentliche Updates. Mindestens!“ (Patalong 2004) Die Redaktionsorganisation war zunächst bei vielen Medien weiterhin auf das Muttermedium ausgerichtet, so dass Onlineangebote von einzelnen Innovatoren nebenbei produziert wurden (vgl. Range et al. 2007, S. 32). Mit der Entwicklung eigenständiger Onlineangebote ist jedoch auch eine fortschreitende redaktionelle Autonomie der Onlineredaktionen zu erkennen sowie insgesamt eine Veränderung der Redaktionsorganisation in Medienunternehmen durch crossmediale Publikationsstrategien (vgl. Kap. 4.3).

In Bezug auf Apps zeigt sich abermals die Zweitverwertung von Zeitungs- und Zeitschriftenausgaben als E-Paper in Form statischer PDFs, die zwar oft früher als die gedruckte Ausgabe verfügbar sind, jedoch einmal publiziert nicht mehr verändert werden und in der Form nicht an das neue Medium angepasst sind. Darüber hinaus ist eine rein technische Anpassung von Webseiten des stationären Internets zu beobachten. Sie stehen Apps durch die Überschneidung technischer Spezifika näher, sind jedoch in der Usability auf die (neu erlernte) indirekte Navigation ausgelegt, in der Eingabegerät (Maus) und Ausgabegerät (Bildschirm) räumlich getrennt sind (vgl. Gaub 2010 sowie ausführlich Kap. 3.4). Für Apps ist weiter zu beobachten, dass „die wahren Innovationtreiber“ nicht in etablierten Verlagen anzutreffen sind (vgl. Siegert 2012, S. 13). Sie sind im Corporate Publishing, aber auch bei neuen Anbietern zu finden. Die schnellere Entwicklung neuer Medienschemata erfolgt nicht zuletzt auf der Basis größerer finanzieller Investitionen sowie neuen, erstmals für Apps entwickelten Angeboten (vgl. Edvardsen 2011; Siegert 2012, S. 13 sowie Kap. 3.4).

Bucher und Barth haben 1998 in ihrer Rezeptionsstudie herausgefunden, dass auch auf Seiten der Nutzer ein Trägheitsprinzip aktiv ist. „Die Rezeptionskompetenz hinkt der Gestaltungskompetenz hinterher.“ (Bucher und Barth 1998, S. 522) Wie in Kapitel 3.2.1 beschrieben, haben Rezipienten in Bezug auf institutionalisierte Medienangebote generische Wissensstrukturen in Form von Medienschemata ausgebildet. Diese ziehen sie zunächst auch für die Rezeption neuer Medien heran. Folglich mussten neue Formen der Navigation und Gestaltung erst erlernt werden. Innovative Medienschemata bedürfen daher einer Erklärung, um Nutzer nicht zu überfordern. „Insofern ist es für ein nutzerfreundliches Angebot ratsam, die Ausbildung einer Nutzungskompetenz durch explizite Hilfs- und Lernangebote zu unterstützen (…).“ (Bucher und Barth 1998, S. 522)

Das Trägheitsprinzip lässt sich abschließend wie folgt zusammenfassen:

Definition: Im Zuge der Institutionalisierung eines neuen journalistischen Subsystems zeigt sich ein **Trägheitsprinzip des Journalismus** in der Anpassung struktureller Entscheidungsprogramme. Sowohl in der Organisation des sozialen Systems (Redaktionsmodelle, Arbeitsrollen, Strategien) als auch in der Etablierung von Medienschemata für die formale und inhaltliche Gestaltung werden zunächst bestehende Programme übernommen, bevor sich neue, dem technischen Medium und seiner Rezeption angepasste Handlungsprogramme etablieren. Die Anpassungsprozesse werden dabei von den Umweltbedingungen sowie der Aneignung durch den Rezipienten vorangetrieben und beeinflusst.

3.3 Technische Potenzialanalyse des Mobilen Journalismus

Obwohl aus den vorangegangenen Ausführungen deutlich geworden ist, dass die Eigenschaften eines technischen Mediums immer nur einen Möglichkeitsrahmen darstellen, aus dem im Prozess der sozialen Aneignung ein institutionalisiertes Medium entsteht, ist es wichtig, die technischen Optionen des Mediums vollständig zu kennen. In der frühen Phase eines Mediums haben sich Potenzialanalysen als geeignetes Mittel wissenschaftlicher Auseinandersetzungen mit dem Gegenstand erwiesen. Mehr als ein Jahrzehnt nach der Potenzialanalyse des Onlinejournalismus von Neuberger (2001a) ist es nun erneut möglich, die technischen Vorteile, Chancen und Grenzen eines neues Mediums für den Journalismus zu beschreiben.

Die auf diese Weise definierten Eigenschaften lassen in der sozialen Aneignung Spielraum für Selektion, sie offerieren lediglich unterschiedliche „Nutzungsoptionen“ (Vesper 1998, S. 20). Welche Leistung von Anbieterseite erbracht wird und welche Gratifikationen sich Rezipienten erhoffen, kann damit noch nicht geklärt werden, dies „ist nicht zuletzt eine Frage der Phantasie, des kreativen Umgangs mit einem neuen, noch ungeformten Medium“ (Neuberger 2001a, S. 94). Es geht daher im Rahmen der Potenzialanalyse auch „nicht um Prognosen oder Imperative, sondern um vielfältige Optionen, die verhindert oder ausgewählt und institutionalisiert werden können“ (Neuberger 2001a, S. 92). Dadurch wird deutlich, worin sich Apps von bereits existierenden Massenmedien unterscheiden. Die Potenzialanalyse ermöglicht für die empirische Untersuchung des Ist-Zustandes eines Mobilen Journalismus, die Befunde besser einzuordnen.

In Bezug auf die unterschiedlichen Dimensionen des technischen Potenzials muss beachtet werden, dass diese sich zum Teil gegenseitig bedingen oder verstärken können, andererseits ist auch eine abschwächende Wirkung möglich. So macht das Potenzial der Multimedialität eine Anreicherung der Anwendung mit unterschiedlichen Videodateien und Animationen möglich. Wird dadurch die zu übertragende Datenmenge sehr groß, ist die Ubiquität aufgrund teils eingeschränkter Netzverbindungen nicht durchgehend gewährleistet.

Die Potenzialanalyse erfolgt aufgrund des Erkenntnisinteresses der Arbeit ausschließlich mit Blick auf eine Anwendung von Apps im Journalismus. Zur Herausarbeitung der Potenziale wurden neben den wenigen existierenden wissenschaftlichen Untersuchungen journalistischer Apps und mobiler Webseiten (vgl. u.a. Wolf und Hohlfeld 2012; Wolf 2010) insbesondere Aussagen von Praxisvertretern hinzugezogen. In der wissenschaftlichen Literatur ist eine Auseinandersetzung mit den Spezifika mobiler Kommunikation primär deskriptiv erfolgt (vgl. Aguado und Martinez 2008; Ahonen 2008; Ahonen und O'Reilly 2007; Döring 2008). Darüber hinaus existieren qualitative Untersuchungen im Bereich „Mobile Usability" (vgl. Budiu und Nielsen 2011; Heijnk 2011; Krieg 2012). Der konkrete Einsatz von Apps im Journalismus und eine Beschäftigung mit innovativen Medienschemata geschieht vor allem in Fachzeitschriften (vgl. Oyen 2010a, 2010b; Siegert 2012), Blogs (vgl. u.a. Jakubetz 2011b, 2011c, 2011d; Lehr 2011a) sowie Marktforschungsunternehmen (vgl. Bulletproof Media 2011; Schwab 2010) und Praxisratgebern (vgl. Güll und Lennartz 2012; Lehr und Brammer 2012). An einigen Stellen liefern die recherchierten Quellen Aussagen zu konkreten Anwendungsmöglichkeiten der Potenziale – diese sind jedoch weder vollständig noch ist ersichtlich, ob sich diese derzeit tatsächlich in den Angeboten wiederfinden.

Apps bieten aufgrund ihrer Nähe zum stationären Internet einige Eigenschaften, die schon für Webseiten etabliert sind, die jedoch durch die Beschaffenheit der mobilen Endgeräte sowie des mobilen Internets neue Optionen für Navigation, Layout und Darstellungsformen beinhalten. Zu etablierten Onlinespezifika wie Multimedialität, Additivität, Aktualität, Selektivität und Interaktivität kommen damit die Mobilspezifika der ständigen Konnektivität, Kontextsensitivität und Ubiquität. Darüber hinaus entstehen auch die Potenziale der intuitiven Bedienbarkeit und Playfulness bedingt durch die Usability und User Experience mobiler Endgeräte.

3.3.1 Multimedialität

Seit Aufkommen der Digitalisierung ist der Begriff der „Multimedialität" prägend für „die öffentliche Debatte über computervermittelte Kommunikation" (Beck 2006, S. 32). Schließlich ist erst dadurch eine kombinierte Verwendung unterschiedlicher Zeichensysteme „monotechnisch-integrativ" (Vesper 1998, S. 28) in einem Medium möglich. Apps ermöglichen im Unterschied zu Print- und Rundfunkmedien sowohl die alleinstehende als auch additive Anwendung von Formaten wie Text, Foto, Fotoslide und Grafik, die jeweils auch animiert sein können (vgl. Lehr 2011a). Darüber hinaus sind auditive Elemente (Sprache, Geräusch, Musik) sowie audiovisuelle Formen (Videos) möglich (vgl. Edvardsen 2011). Um von Multimedialität als etwas qualitativ Neuem sprechen zu können (vgl. Vesper 1998, S. 34), ist die Kombination dieser Einzelelemente zu einem thematisch zusammenhängenden Beitrag von Interesse. Hier können unterschiedliche Formen differenziert werden: Beruht die inhaltliche

Umsetzung auf einer eins-zu-eins-Übertragung des klassischen Muttermediums, so ist die Multimedialität stark eingeschränkt. Konventionell wäre dies für Printangebote eine Fokussierung auf Text und Bild, für Rundfunksender auf audiovisuelle Inhalte – etwa Live-TV oder Live-Radio sowie bereits im stationären Internet On-Demand in Form von Mediatheken, die bereits produzierte und gesendete Beiträge enthalten. In diesem Fall werden Apps jedoch nicht als neues journalistisches Medium, sondern lediglich als weiterer Kanal nutzbar gemacht und stellen kein vollwertiges journalistisches Multimediaprodukt dar (vgl. Jakubetz 2011b).

Eine Nutzung des Potenzials erfolgt im Fall von Printmedien am einfachsten durch die Anreicherung mit multimedialen Elementen. Für Rundfunk-Apps kommen u.a. Textelemente in Frage. Insbesondere durch die Onlineableger haben sich auch Printredaktionen bereits mit audiovisuellen Inhalten auseinander gesetzt. Werden die Angebote basierend auf bereits existierenden Onlineablegern erstellt, ist grundsätzlich eine höhere Multimedialität zu erwarten. Hier sind Apps und stationäre Internetangebote im Potenzial ähnlich. Allerdings hat sich auf Webseiten bereits ein Schema für Medienangebote herausgebildet: Diese sind primär textbasiert und werden mit Foto bzw. Fotoslides angereichert (vgl. Quandt 2008, S. 140).

Um das Potenzial der Multimedialität journalistischer Apps vollständig zu nutzen, ist eine multimediale Aufbereitung des Beitrags von Anfang an notwendig, so dass für den Rezipienten eine selektive, ergänzende und aufeinander aufbauende Nutzung von Text-, Audio- oder Videobausteine möglich wird. Der Vorteil liegt daher weniger in der Neuheit des Potenzials als vielmehr in der Offenheit des Mediums, für das sich neue Schemata entwickeln können. Dies erfordert in der Produktion ein Loslösen von medienspezifischen Denkweisen und damit von Formaten wie Radio- oder Fernsehbeiträgen, Zeitungsberichten oder Magazinbeiträgen. Multimedia-Storytelling erfordert in einem ersten Schritt die Idee einer Geschichte und erst im zweiten Schritt die Auswahl geeigneter Formate zur Umsetzung. Eine neue multimediale Darstellungsform ist etwa die Audioslideshow (vgl. Kremer und Röhling 2011; Leidel 2011).

Darüber hinaus sind mobilspezifische Darstellungsformen möglich, die auf die Bedienung durch Fingergesten Rücksicht nehmen, zum Beispiel durch die Integration von Bildsequenzen, 360°-Panoramafotos oder zoom- und schwenkbaren Fotos (vgl. Lehr und Brammer 2012, S. 137ff.). In der nach dem Potenzial idealen Form, werden diese multimedialen Inhalte exklusiv für die App erstellt oder zumindest neu komponiert und ergänzt. Diese Multimediastories sind eigenständige Angebote, die das technische

Potenzial der Multimedialität für das Storytelling nutzen und mit weiteren Potenzialen kombinieren können (z.B. der Selektivität, vgl. Kap. 3.3.5).

Schon Printmedien sind selektiv, da der Rezipient selbst entscheiden kann, wo er zu lesen beginnt. Innerhalb eines Fließtextes jedoch ist die Rezeption nicht auf Non-Linearität angelegt. In der Zusammenstellung der Inhalte in Form multimedialer Bausteine, die in sich abgeschlossene Einheiten bilden und im Zuge der Additivität (vgl. Kap. 3.3.3) zudem intern wie extern durch Verweise verknüpfbar und erweiterbar sind, liegt der Unterschied zu alten Darstellungsformen. So kann der Nutzer nicht nur die Rezeptionsrichtung, sondern auch die -tiefe wählen. Dieses Potenzial ist theoretisch schon auf Webseiten vorhanden. Neue Darstellungskonzepte haben sich mit Ausnahme der Audioslideshow oder des Scrollytellings kaum entwickelt und sind nicht flächendeckend verbreitet.

Journalistische Apps bieten hier Potenzial. Einerseits begünstigt der äußere Zwang durch kleine Darstellungsflächen eine größere Zerlegung der Inhalte, andererseits unterstützt die Bedienung durch Fingergesten eine stärkere Interaktion des Nutzers mit der Bedienoberfläche, die zur selektiven und non-linearen Rezeption von Themen anregt. Empirische Erkenntnisse zu innovativen Formen selektiver multimedialer Darstellungsformen im Mobilen Journalismus liegen derzeit nicht vor.

Definition: **Multimedialität** beschreibt den Einsatz unterschiedlicher Medienformate innerhalb eines Beitrags, das heißt die Kombination von Text, Foto, Grafik/Zeichnung, Audio und Video. Multimediastories integrieren in einen Beitrag unterschiedliche Medienformate und neue Darstellungsformen. Selektive Darstellungsformen nutzen die Non-Linearität der Apps, indem die Inhalte in kleinere selektive Einheiten zerlegt werden, die der Nutzer in beliebiger Reihenfolge rezipieren kann, auch wenn eine bestimmte Nutzungsreihenfolge intendiert werden kann. Die Bedienung dieser Darstellungsformen bezieht die Gestensteuerung ein.

Der Nutzung dieses Potenzials steht der Publikationszyklus der Angebote entgegen: Permanente Aktualisierbarkeit durch Konnektivität verkürzt die Produktionszeit für Beiträge. Multimediastories jedoch erfordern größeren zeitlichen Aufwand in Planung und Umsetzung sowie die Qualifikation des Personals.

3.3.2 Aktualität

Journalismus besitzt seit jeher einen „eindeutigen Zeitbezug" (Kretzschmar 2009, S. 338). Wie im stationären Internet können journalistische

Inhalte mobil permanent aktualisiert werden und sind nicht an Sende- oder Druckzeiten gebunden (vgl. Bucher und Barth 1998, S. 517). Gleichwohl dieses Potenzial nun allen klassischen Massenmedien offensteht, hat schon das stationäre Internet gezeigt, dass der Publikationszyklus zwar auch für Ableger von Zeitschriften erhöht ist. Am stärksten manifestiert sich der Aktualitätsdruck jedoch weiterhin im Bereich der zuvor schon aktuell berichtenden Titel, etwa Tageszeitungen und Rundfunkanbieter. Ihr Aktualisierungsrhythmus steht zudem in neuer Konkurrenz zu Angeboten von Nachrichtenagenturen. Die hohe Verbreitung von Nachrichtentickern oder das Bereitstellen von RSS-Feeds verdeutlichen dies (vgl. Neuberger 2001a, S. 241). Allerdings umfasst der Begriff der Aktualität „nicht nur die Temporalstrukturen des Journalismus, sondern auch die Relevanz des kommunizierten Themas (vgl. Meier 2003, S. 253). Insbesondere im Special-Interest-Bereich wird daher auch online ein geringerer Maßstab an die Aktualisierungsfrequenz gestellt.

Wie das Potenzial der Aktualität im Mobilen Journalismus genutzt wird, ist derzeit wenig empirisch untersucht. Für mobile Fernsehangebote hat sich anhand mehrerer Messpunkte pro Tag gezeigt, dass Themen im Zeitverlauf rotiert oder ausgetauscht werden (vgl. Wolf und Hohlfeld 2012, S. 94f.). Die ständige Konnektivität (vgl. 3.3.6) der Endgeräte birgt grundsätzlich noch einmal eine Verstärkung der Aktualität: Sie sind zu jederzeit greifbar und aktiv, durch Push-Dienste besteht die Möglichkeit, Rezipienten nahezu ohne Zeitverlust auf neue Ereignisse hinzuweisen. Inwieweit ihrerseits auch eine Erwartungshaltung besteht, ist zu klären.

> Definition: Die **Aktualität** von Apps ermöglicht einen erhöhten Erscheinungsrhythmus, neue Inhalte können in Echtzeit publiziert werden.

3.3.3 Additivität

Wie für Webseiten, so besteht auch für Apps grundsätzlich das Potenzial, Inhalte additiv zu verknüpfen. Dies bezieht sich einerseits auf die Gestaltung des Angebots insgesamt: Im Gegensatz zu gedruckten Publikationen ist es nicht mehr zwingend, abgeschlossene Einzelausgaben zu erstellen. Auch wird das Programm nicht nur einmalig „versendet“. Neue Inhalte können in das bestehende Angebot integriert werden oder ältere über Archive weiter zugänglich bleiben (vgl. Neuberger 2001a, S. 96f.). Andererseits es möglich, Inhalte mit Zusatzinformationen intern wie extern zu vernetzen. Im Rahmen crossmedialer Strategien ist auch ein Verweis auf andere Medienangebote der Marke möglich (vgl. Neuberger 2001a, S. 70). Das Potenzial der Vernetzung durch interne und externe Hyperlinks ist auch für Apps einsetzbar (vgl. Bulletproof Media 2011, S. 38). Insbesondere im Rahmen der hoch getakteten tagesaktuellen Berichterstattung können im Zeitverlauf multimediale Dossiers entstehen, die den Nachteil schneller oberflächlicher Berichterstattung durch die hohe Aktualität (etwa bei Nachrichtentickern) ausgleichen. Rezipienten können durch das vernetzte, modulare Angebot selbst entscheiden, in welcher Richtung und Tiefe sie das Angebot verfolgen (vgl. 3.3.5).

Definition: Das Potenzial der **Additivität** ermöglicht es, Inhalte nicht jedes Mal von neuem erstellen zu müssen, sondern alte Beiträge mit neuen zu verknüpfen, Inhalte zu ergänzen und diese zu archivieren.

Allerdings bergen additive Apps auch einen Nachteil: Inhalte, die häufig aktualisiert werden sowie über Hyperlinks verbunden sind, werden oft nur referenziert angeboten. Daher ist eine Onlineverbindung notwendig. Schwankt diese oder hat der Rezipient keine Verbindung, ist die Ubiquität (vgl. Kap. 3.3.7) eingeschränkt.

3.3.4 Interaktivität

Interaktivität ist seit der Etablierung des stationären Internets ein weit verbreitetes Schlagwort, das in der Kommunikationswissenschaft insbesondere im Zusammenhang mit dem Verlust des Monopols journalistischer Organisationen in der Herstellung von Öffentlichkeit vielfach diskutiert wird (vgl. u.a. Neuberger et al. 2009c, 2007). Die Vision war seit Brechts Radiotheorie vorhanden und fand im Internet ihren vorläufigen Höhepunkt: Statt eines dispersen Publikums der Massenmedien herrscht nun das Paradigma eines aktiven Prosumenten (vgl. Burkart und Hömberg 2004, S. 261; Knieper et al. 2011), der „ohne Medienbruch und Zeitverzug direkt auf Kommunikatoren und Kommunikate [...] Einfluss nehmen oder selbst zum Kommunikator werden könne“ (Beck 2006, S. 39). Aufgrund der vielfältigen Auslegung und Anwendung des Begriffs herrscht ein breites

Spektrum an Definitionen vor.[4] Interaktivität rekurriert begrifflich zunächst auf den Prozess der „Interaktion" (vgl. Blumer 1986).

Wechselseitige, interaktive Kommunikation war dabei zunächst vor allem ein Merkmal der Individualkommunikation, etwa Face-to-Face, per Brief oder Telefon (vgl. Neuberger 2007, S. 35). Im Rahmen computervermittelter Kommunikation haben sich neue Interaktionsmöglichkeiten herausgebildet (vgl. Quiring und Schweiger 2006, S. 6). Diese können synchron wie asychron und in unterschiedlichen Modi (one-to-one, one-to-many, many-to-many) verlaufen (vgl. Beck 2006, S. 21ff.; Döring 2008, S. 22f.). Im wechselseitigen Austausch von Signalen ist jedoch noch immer der Kern des Begriffs zu sehen (vgl. Neuberger 2007, S. 34).

Interaktivität ist allerdings nicht mit Interaktion gleichzusetzen (vgl. Quiring und Schweiger 2006, S. 8f.), sie ist lediglich das technische Potenzial, Interaktion zu ermöglichen (vgl. Neuberger 2007, S. 43f.). Ein Angebot ist dann interaktiv, wenn es einen Austausch von Mitteilungen zwischen Rezipient und Produzent oder zwischen Rezipienten ermöglicht (vgl. Vesper 1998, S. 22). Im Rahmen des Mobilen Journalismus sind unterschiedliche Formen der Interaktivität vorstellbar, die von Feedback- und Weiterleitungsfunktionen bis zur Einbindung der Rezipienten als Produzenten reichen. Möglich sind auch für Apps E-Mails an die Redaktion sowie Chatmöglichkeiten mit Journalisten. Darüber hinaus erfolgt die Integration in das redaktionelle Angebot durch Kommentare. Abstimmungen oder Bewertungen binden die Nutzer in das Angebot ein (vgl. Meier 2003, S. 256). Weiterleitungsfunktionen via E-Mail oder sozialem Netzwerk ermöglichen die Verbreitung an andere (potenzielle) Rezipienten. Der Rezipient kann nun durch die umfangreiche Hardware-Ausstattung zum Produzenten werden, ohne das Gerät zu wechseln. Video- und Fotoaufnahmen können produziert und publiziert werden. In dieser Arbeit wird daher folgende Definition von Interaktivität zu Grunde gelegt:

> Definition: Das Potenzial der **Interaktivität** einer App liegt in der Option, einen Rückkanal anzubieten, der Nutzern ermöglicht, auf die Medieninhalte zu reagieren, die Inhalte weiter zu verbreiten oder selbst Inhalte ohne Medienbruch zu erstellen.

---

4 Ausführlich haben sich in Deutschland Neuberger (2007) sowie Quiring und Schweiger (2006) mit dem Begriff beschäftigt, international u.a. Mahmoud und Auter (2009).

Ob dieses Potenzial von Produzenten und Rezipienten genutzt wird und tatsächlich Interaktion entsteht, ist damit nicht festgelegt. Schon im stationären Internet zeigen Webseiten: Das interaktive Potenzial wird von Ablegern klassischer Massenmedien keinesfalls umfassend ausgeschöpft (vgl. Larsson 2012; Niedermeier 2008, S. 57).

3.3.5 Selektivität

Der gerade definierte Begriff der Interaktivität findet nicht nur in der Kommunikationswissenschaft, sondern auch in vielen anderen Disziplinen Anwendung. Daher existiert eine Vielzahl impliziter und expliziter Definitionen (vgl. dazu auch Mahmoud und Auter 2009), die sich teils überschneiden oder widersprechen. In der Informatik, insbesondere im Feld der Mensch-Maschine-Interaktion bzw. Human-Computer-Interaktion (HCI) ist es gebräuchlich, für das Interaktionsdesign von einer Interaktion des Nutzers mit der Anwendung oder dem Eingabegerät (z.B. Touchscreen) zu sprechen. Damit wird ein Dialog zwischen Mensch und Maschine hervorgehoben. Aus soziologischer Perspektive jedoch, ist dies keine Interaktion (vgl. Quiring und Schweiger 2006, S. 7).

Dieses Potenzial wird unter dem Begriff der Selektivität gefasst. Es eröffnet potenziell die Möglichkeit zum Prozess der Selektion (vgl. Neuberger 2007, S. 44). Die Modifikation eines Angebots entsteht im Rahmen der HCI auf der Basis eines *vorab* festgelegten Spektrums an Möglichkeiten (vgl. Neuberger 2001a, S. 99). Es entsteht nur eine Pseudo-Interaktion, da keine „individuelle, zeitlich nachfolgende Reaktion auf eine vorhergehende Mitteilung eines Nutzers“ (Neuberger 2007, S. 45) stattfindet.

Die Selektivität im Mobilen Journalismus wird als Auswahl von Funktionen und Themen sowie Layoutvarianten verstanden. Wie in Kapitel 3.3.1 beschrieben, sind auch selektive multimediale Darstellungsformen möglich. Nutzern können auf formaler Ebene Auswahloptionen offeriert werden – etwa durch das Einstellen von Schriftgröße und Hintergrundfarbe (vgl. Jakubetz 2011c). Darüber hinaus sind wie auf stationären Webseiten das Markieren und Kopieren von Textpassagen denkbar oder Bookmarkfunktionen, die dem Nutzer eine Auswahl bestimmter Inhalte ermöglichen (vgl. Apps & Co o. J.). Eine Personalisierung der Anordnung von Startseite oder Menü nach Interessen, ist ebenfalls durch Selektion nach Themen möglich (vgl. Biel 2012).

Definition: Die **Selektivität** einer App umfasst das Potenzial für Rezipienten aus vorab festgelegten, standardisierten Handlungsoptionen zu wählen. Diese können sich auf einzelne Funktionen, Layoutaspekte sowie Themen beziehen.

3.3.6 Ständige Konnektivität

„Today we are witnessing the growth of mobile networks that extend the reach of the Internet to mobile environments." (Sawhney 2009, S. 105) Die ständige Präsenz des Internets über Wifi oder Mobilfunknetze erhöht die Erwartungen der Rezipienten an die Konnektivität (vgl. Knight und Weedon 2012, S. 357). Das technische Potenzial der ständigen Internetverbindung wird durch die Portabilität mobiler Endgeräte verstärkt, so dass sie in nahezu allen Situationen und an allen Orten greifbar sind (vgl. Ahonen 2008, S. 61f.; Dimmick et al. 2011). Inhalte sind sofort verfügbar, da im Vergleich zum stationären Internet das Booten entfällt, zudem werden die Endgeräte selten ausgeschaltet und sind weniger an „spezifische Nutzungszeiten" (vgl. Döring 2008, S. 225) gebunden.

Daher sind sie in zweifacher Hinsicht „always-on" (vgl. Ahonen 2008, S. 62; Meckel 2006) und bieten das Potenzial, Journalismus in Echtzeit – wie er bereits für das stationäre Internet proklamiert worden ist – noch einmal weiterzuentwickeln. Mobiler Journalismus mit Apps ist zudem nicht auf einen aktiven Besuch der Rezipienten angewiesen. Push-Meldungen, die automatisiert angezeigt werden, informieren Rezipienten über neue Inhalte der App. Eine Personalisierung nach Themenpräferenzen ist möglich (vgl. Güll und Lennartz 2012, S. 10).

Definition: Die **ständige Konnektivität** einer App ermöglicht durch die ständige Verbindung zum mobilen Internet, Inhalte in Echtzeit permanent zu übermitteln.

3.3.7 Ubiquität

Zeitungen und Zeitschriften waren als Medium schon immer portabel, in vielen Fällen wird auch das Radio unterwegs genutzt. Diese Massenmedien sind jedoch an einen inhaltlichen Berichterstattungsraum gebunden und in ihrer globalen Verfügbarkeit eingeschränkt. Lineare Programmmedien wie das Free-TV-Fernsehen sind auch heute weitgehend stationär genutzt und zeitlich nicht flexibel rezipierbar (vgl. u.a. Kretzschmar 2009).

Typisch für Mobilkommunikation ist nun „die Kopplung von Nutzer- und Gerätemobilität“ (Döring 2008, S. 225). Das neue Potenzial liegt durch die Portabilität der Endgeräte und die Unabhängigkeit von geografischen wie sozialen Einschränkungen in vielfältigen neuen Nutzungsszenarien. Angebote werden on demand bereitgestellt, sind zu jeder Zeit und an jedem Ort verfügbar. Die Ortsunabhängigkeit der Rezeption und Medien führt nun jedoch gerade nicht dazu, dass Kontextbezüge irrelevant werden (vgl. Döring 2008, S. 225). Vielmehr entsteht erst durch die technischen Spezifika des Ubiquitous Computing (ständige Konnektivität und Kontextsensitivität) die Möglichkeit zur Kombination der räumlich flexiblen Rezeptionssituation mit journalistischen Inhalten, die darauf Bezug nehmen (vgl. Gazzard 2011, sowie Kap. 3.3.8).

Definition: Das Potenzial der **Ubiquität** ermöglicht die Orts- und Zeitunabhängigkeit der Nutzung journalistischer Apps in neuen Kontexten.

Die Ubiquität der Anwendung ist auch von der zu übertragenden Datenmenge und der Notwendigkeit zu regelmäßigen Netzverbindungen abhängig. Sowohl in Bezug auf den Download der App als auch auf die Aktualisierung einer Ausgabe muss daher das Datenvolumen berücksichtigt werden. Dies gilt sowohl für Apps, die abgeschlossene Einzelausgaben anbieten, als auch für additiv angelegte Publikationen. Insbesondere dann, wenn die App nicht auf hohe Multimedialität setzt, wird ein zu großes Datenvolumen negativ ausgelegt (vgl. Jakubetz 2011c).

3.3.8 Kontextsensitivität

Durch die Portabilität der Endgeräte entstehen für journalistische Apps viele unterschiedliche Nutzungssituationen und -orte. Damit gewinnt der situative Kontext der Nutzung an Bedeutung bzw. werden kontextbezogene Informationen für Rezipienten relevant. Durch die Kontextsensitivität von Apps ist es möglich, dass Anwendungen „einige Faktoren ihrer Umgebung erkennen und darauf reagieren“ (Mauder 2006).

Die Lokalisierung des Rezipienten erfolgt über GPS oder die Mobilfunkzelle, so dass potenziell ortsbezogene Dienste für den Nutzer angeboten werden können. Darüber hinaus ermöglicht auch die Abfrage persönlicher Daten wie Region, Alter oder Interessen individuelle Informationen. Insbesondere Serviceinformationen wie Wetter, Verkehr oder Points of Interest sind hierfür geeignet (vgl. Döring 2008, S. 225; Souza e Silva 2013,

S. 117). Einige Radiostationen bieten zum Beispiel aktuelle Verkehrsmeldungen basierend auf dem Aufenthaltsort der mobilen Endgeräte an (vgl. Muthukumaraswamy 2012). Kontextinformationen nehmen zudem Bezug auf die Tageszeit, die Aktivität (z.B. in Bewegung) oder sie berücksichtigen über den Lagensensor die Haltung des Endgeräts (vgl. Mauder 2006).

Augmented Reality-Anwendungen können potenziell auch im Mobilen Journalismus Anwendung finden. Über eine „Viewer-App" erhalten Rezipienten zusätzliche Inhalte oder 3D-Visualisierungen, wenn sie die Kamera des Endgeräts über einen QR-Code in der Printversion halten (vgl. Kap. 2). Diese Apps fallen jedoch nicht unter eigenständige redaktionell gestaltete Produkte im Sinne des hier definierten Journalismusbegriffs. Im Rahmen eigenständiger Apps ist der Einsatz von Info-Layern möglich, etwa für Informationen zu Sehenswürdigkeiten, Veranstaltungen oder Restaurants, aber auch ein „locative journalism", der sich an räumlicher Nähe statt zeitlicher Aktualität als Kriterium für die Berichterstattung orientiert (vgl. Nyre et al. 2012; Pavlik und Bridges 2013).

Definition: Durch die **Kontextsensitivität** einer App können Rezipienten die richtige Information zur richtigen Zeit am richtigen Ort erhalten. Die Inhalte nehmen Bezug auf den lokalen, zeitlichen, aktions- bzw. intentionsbezogenen und interessenspezifischen Kontext des Nutzers.

3.3.9 Intuitive Bedienbarkeit

Apps sind Anwendungen des Ubiquitous Computing, die auf unterschiedlichen mobilen Endgeräten genutzt werden können. Für eine optimale Nutzererfahrung ist neben den Inhalten auch die Bedienung entscheidend (vgl. Tonndorf 2010, S. 1). Mobiler Journalismus unterliegt im Rahmen der Mensch-Maschine-Interaktion spezifischen Anforderungen an die Usability für Struktur- und Gestaltungsprinzipen: „Unabhängig von der konkreten Aufgabenstellung müssen bei der Entwicklung multimedialer Benutzerschnittstellen Aspekte der menschlichen Wahrnehmung, Kognition und Motivation berücksichtigt werden." (Tonndorf 2010, S. 2)

Der Begriff der Usability ist über die ISO-Norm 9241-11 definiert. Sie beschreibt, inwiefern Nutzer ein Produkt oder eine Anwendung in einem spezifischen Nutzungskontext einsetzen können, „um bestimmte Ziele effektiv, effizient und zufriedenstellend zu erreichen" (Deutsches Institut für Normung e.V. 1998, S. 4). Dies bezieht sich einerseits darauf, ob das Ziel vollständig und wie intendiert erreicht wird, zum anderen spielt eine Rolle, welcher Aufwand nutzerseitig dazu investiert werden muss. Um auch wenig technikaffinen Nutzern die Anwendung zu gestatten, ist die Entwicklung möglichst intuitiv bedienbarer Mensch-Maschine-Schnittstellen ausschlaggebend. Nach dem Arbeitskreis IUUI – Intuitive Use of User Interfaces trifft dies zu, wenn ein Benutzer mit dem technischen System „durch unbewusste Anwendung von Vorwissen effektiv interagieren kann“ (Mohs 2006, S. 80). Es wird also durch die in Kapitel 3.2.1 beschriebene Assimilation existierender Schemata ermöglicht.

Die Entwicklung kognitiver Wissensstrukturen spiegelt sich auch in den zentralen Usability-Faktoren nach Nielsen (1993, S. 26ff.): Demnach spielen Learnability (Leichtigkeit, die Bedienung zu erlernen), Efficieny of Use (erfahrenen Nutzern ist eine effiziente Bedienung möglich) und Memorability (nach einer längeren Pause soll die Bedienung problemlos möglich sein) eine Rolle. Hinzu kommen die Faktoren Errors (insgesamt geringe Fehlerquote, Vermeiden schwerwiegender Fehler) und Subjective Satisfaction (persönlich erlebte Zufriedenheit des Nutzers im Zuge der Bedienung). Daneben haben sich für das stationäre Internet die acht goldenen Regeln des Interface Designs von Shneiderman etabliert, die sich mit der Dialoggestaltung beschäftigen (vgl. Shneiderman 2010, S. 74f.).

Die Bedienung über Touchscreens ist wesentlich intuitiver als die bisherige Steuerung von Computern: Die vom Ausgabemedium Bildschirm räumlich getrennte Bedienung über eine Maus mussten Rezipienten erst erlernen. Die direkte Bedienung über Fingergesten hebt diese Trennung auf und der Nutzer kann unmittelbar durch die Objekte navigieren (vgl. Gaub 2010). Die Gestensteuerung bietet das Potenzial durchdachter Navigations- und Storytellingkonzepte sowohl durch die ganze Ausgabe als auch innerhalb einzelner Beiträge (vgl. Lehr und Brammer 2012, S. 70f.). Allerdings „kann (…) nicht von einem absoluten, aus der realen Welt abgeleiteten Mapping zwischen Geste und Tätigkeiten ausgegangen werden“ (Tonndorf 2010, S. 28). Eine Mehrdeutigkeit von Gesten ist zu vermeiden und die Zuordnung einzelner Fingergesten zu bestimmten Funktionen (etwa das Spreizen der Finger zum Vergrößern von Inhalten) muss daher definiert und vom Nutzer erlernt werden. Auch deshalb, weil sie das Ausführen von Funktion erlaubt, ohne auf visuell verankerte grafische Elemente auf dem Display angewiesen zu sein – ein Button wie im stationären Internet ist nicht mehr in jedem Fall notwendig.

Ein weiteres Merkmal, das zur intuitiven Bedienbarkeit beiträgt, ist der Beschleunigungssensor mobiler Endgeräte, der die Lage in Beziehung zum Erdmittelpunkt erfasst und die Richtung einer Beschleunigung registriert. Ursprünglich in der Fotografie genutzt, um digitale Bilder je nach

Aufnahmesituation auf dem Monitor im Hoch- oder Querformat anzuzeigen, dient der Sensor in mobilen Endgeräten dazu, die Ausrichtung des Displays und Kipp- oder Schüttelbewegungen zu erfassen (vgl. Ritz o. J.). Unter Bezug auf Usability-Studien wird eine Zweiteilung der Ansicht in Multimedia- und Lesemodus vorgeschlagen. Videos und Fotostrecken werden im Querformat angezeigt, im Hochformat erscheint der Text des Beitrags (vgl. Oyen 2010b, S. 26f.). Andererseits ist die bevorzugte Haltung des Endgeräts auch vom Kontext der Nutzungssituation abhängig. Je nachdem, ob Inhalte im Stehen, Sitzen oder Liegen rezipiert werden, wird das Gerät eher im Hoch- oder Querformat gehalten – teilweise erfolgt ein Wechsel der Ausrichtung während der Rezeption eines Beitrags. Hier ist es von Vorteil, wenn beide Ansichten identische Inhalte offerieren, das Layout passt sich dabei dem Format an. Damit Inhalte im Hoch- und Querformat zur Verfügung stehen, muss dies in der Produktion berücksichtigt werden (vgl. Lehr und Brammer 2012, S. 75ff.).

Definition: Das Potenzial der **intuitiven Bedienbarkeit** durch Touchscreens und Gestensteuerung ermöglicht bei mobilgerechtem Screen- und Interaktionsdesign für Struktur- und Gestaltungsprinzipien eine Bedienung durch unbewusste Aktivierung oder leicht durchführbare Assimilation kognitiver Schemata.

Für stationäre Webseiten hat sich in den Handlungsprogrammen der Medienorganisationen eine klare Zweiteilung herausgebildet: Journalisten produzieren den Content, Usability fällt in den Bereich der Designer (vgl. Meier 2003, S. 259). Mehr noch als im stationären Internet stehen beide Seiten im Mobilen Journalismus vor dem Problem: Hypermedien sind in erster Linie Selektionsmedien, keine Lesemedien (vgl. dazu Schweiger 2001). Eine strikte Trennung von Contentproduktion und Interfacedesign kann für die Nutzung des Potenzials der intuitiven Bedienbarkeit von Apps daher nicht aufrechterhalten werden. Im Idealfall erläutert ein gemeinsames Gestaltungsraster „wie bei einem Film-Storyboard, die Möglichkeiten der Formatadaption der Artikel-Elemente und unterstützt den Layouter beim Anreichern von Interaktionen“ (Oyen 2010b, S. 27). Budiu und Nielsen (2011) haben inzwischen Usability-Guidelines für mobile Endgeräte entwickelt, deren Inhalt in der zweiten Ausgabe bereits auf über 200 Ratschläge angestiegen ist.

3.3.10 Playfulness

In Anlehnung an die in der Definition von Usability erwähnten Begriffe Effizienz und Effektivität lag der primäre Fokus in der HCI-Forschung nach allgemeinem Verständnis lange auf dem Prozess (vgl. dazu Nielsen und Pernice 2010). „The task became the pivotal point of user-centered analysis and evaluation techniques (e.g. usability testing)." (Hassenzahl und Tractinsky 2006, S. 92) Usability-Tests wurden daraufhin optimiert, Probanden unter Beobachtung spezifische Aufgaben lösen zu lassen (vgl. u.a. Budiu und Nielsen 2011). Effizienz wird durch Kategorien wie „completion time, time until event, deviation from optimal path, and use frequency“ (MacDorman et al. 2011, S. 280) operationalisiert, Effektivität anhand von Indikatoren wie „error rate, binary task completion, spatial accuracy, outcome quality, completeness, and recall“ (MacDorman et al. 2011, S. 281) gemessen. Neben der Methode des lauten Denkens kommen zur Optimierung der Interfacegestaltung auch Eyetracking-Verfahren zum Einsatz, die Auskunft über Blickbewegungen der Rezipienten geben (vgl. u.a. Kaikkonen 2005; Manhartsberger und Zellhofer 2005). In Verbindung mit mobilen Endgeräten werden nun zunehmend auch Faktoren evaluiert, die auf den Aspekt der Zufriedenheit eingehen.

Um Ziele „zufriedenstellend“ zu erreichen, reicht Funktionalität alleine nicht aus (vgl. Coursaris et al. 2010). Insbesondere für die Nutzung von Erfahrungsgütern wie sie Medienprodukte darstellen, ist eine „hedonistische, dem Lustprinzip folgende Bewertung“ (Tonndorf 2010, S. 5) zu beachten, um eine positive Einstellung und dauerhafte Rezeption zu erreichen: „As an information appliance and multimedia device, mobile phones have increasing features that need to be explained from the ‘pleasure’ point of view." (Ham et al. 2006, S. 266)

Der Aspekt der positiven Nutzererfahrung wird im Konzept der User Experience berücksichtigt. Hassenzahl definiert diese als „momentary, primarily evaluative feeling (good-bad) while interacting with a product or service“ (Hassenzahl 2008, S. 12). Ein Produkt soll demnach nicht nur problemlos funktionieren, sondern menschliche Bedürfnisse befriedigen und zum Wohlbefinden des Nutzers beitragen (vgl. Hassenzahl 2011). Dies schließt an sozialpsychologische Modelle an, etwa ästhetische Bedürfnisse nach Maslows Bedürfnishierarchie (vgl. Maslow und Frager 2003) oder die in der Kommunikationswissenschaft verwendeten Indikatoren für affektive Motive der Mediennutzung im Rahmen des Uses-and-Gratifications-Ansatzes (vgl. u.a. Katz et al. 1973).

Die Funktionalität im Sinne der Usability ist demnach eine notwendige, aber keine hinreichende Voraussetzung für eine positive User Experience.

> „Wenn in der Mobilkommunikation ein Dienst geboten wird, den die User nützlich finden (Utility) und den sie problemlos handhaben können (Usability), dann ist für seinen Erfolg schließlich als dritter Faktor meist noch der Fun-Faktor (Enjoyment) von Bedeutung. Damit ist der Gebrauchsspaß gemeint, der durch besondere ästhetische, überraschende oder spielerische Elemente bei der Gestaltung der Mensch-System-Schnittstelle provoziert wird." (Döring 2008, S. 224)

In eine ähnliche Richtung weisen unter anderem Tan und Chou (2008), die Playfulness als wichtigen Qualitätsfaktor bei der Nutzung mobiler Dienste ausmachen. Diese ist von drei zentralen Faktoren abhängig: Dem erhaltenen Nutzen, der Einfachheit der Bedienung sowie der Personalisierung der Angebote. Demnach ist es Rezipienten wichtig, Informationen oder Service-Angebote zu erhalten, die für ihre individuellen Bedürfnisse im aktuellen Kontext von Relevanz sind. „A standard offering would not come close to the levels of personalization users seek." (Tan und Chou 2008, S. 663) In Bezug auf mobile Anwendungen ist auch der von Hatscher bereits 2001 verwendete Begriff des „Joy of Use" treffend:

> „Joy of Use (…) ist das freudvoll-genussreiche Erleben der Qualität der Interaktion und der Möglichkeiten, die sich für einen bestimmten Nutzer in einem bestimmten Kontext als Folge des überwiegend unauffälligen, hervorragenden Funktionierens und aufgrund der den Nutzer ästhetisch ansprechenden Gestaltung durch motivierten und den Zielen und Interessen des Nutzers entsprechenden Gebrauch der Software manifestiert." (Hatscher 2001, S. 446)

Das Potenzial zur Playfulness ergibt sich durch die Integration von Hardwareelementen wie dem Lagesensor, der eingebauten Kamera oder dem Einsatz von Fingergesten für die Vermittlung von Inhalten (vgl. Bulletproof Media 2011, S. 40). Durch die Verbindung von Formatwechsel und Storytelling, wird der Lagesensors auch narrativ eingesetzt, (vgl. Lehr und Brammer 2012, S. 75ff.). Die Aktivierung der Kamera ermöglicht darüber hinaus das Einbinden von Augmented Reality in journalistische Beiträge, die gleichzeitig den Kontextbezug erhöhen können. Playfulness kann den Rezipienten in einem primär geschichtenorientierten Journalismus durch das aktive Erschließen der Inhalte besser involvieren und betont den unterhaltenden Aspekt in der Vermittlung von Informationen.

Definition: Das Potenzial der **Playfulness** entsteht durch die Verbindung von Hardwareelementen mobiler Endgeräte und den bereitgestellten Inhalten zu Mobile Storytelling. Es ergänzt die Usability durch das spielerische Erleben der Rezeption und befriedigt hedonistische bzw. ästhetische und affektive Bedürfnisse.

Es ist davon auszugehen, dass je nach Nutzungssituation entweder Playfulness oder klassische Usability-Aspekte für die positive User Experience überwiegen. Dabei geht eine höhere Playfulness häufig mit weniger Intuitivität in der Bedienung einher bzw. erfordert nutzerseitig erhöhten Aufwand, diese zu erlernen. Im Mobilen Journalismus muss daher antizipiert werden, wann der Nutzer bereit ist, diesen Mehraufwand einzugehen (vgl. Beecher 2009). Es ist davon auszugehen, dass an die Rezeption aktueller Informationen andere Anforderungen gestellt werden, als an Hintergrund- oder Special-Interest-Berichterstattung. Für nachrichtenorientierten Journalismus nimmt der unterhaltende Aspekt in der Vermittlung der Inhalte einen geringeren Stellenwert ein.

3.4 Zwischenfazit: Zentrale theoretische Befunde II

In Kapitel 3 wurde die Institutionalisierung neuer Medien im Journalismus beschrieben. Entsteht ein technisches Medium, das Journalismus als Trägermedium nutzen kann, stellt dessen technisches Potenzial einen Möglichkeitsrahmen für die Ausgestaltung des neuen Subsystems dar. Um Mobilen Journalismus analysieren zu können, ist es notwendig diesen zu kennen. Abb. 1 zeigt die zehn Potenzialdimensionen sowie ihre Beziehungen untereinander. In der linken Spalte sind die fünf Dimensionen der Onlinespezifika zu sehen, in der rechten Spalte sind die drei Mobilspezifika-Dimensionen aufgelistet sowie die zwei Dimensionen, die als Endgerätespezifika bezeichnet werden. Es wurde bereits darauf hingewiesen, dass diese nicht unabhängig voneinander betrachtet werden können. Einige Spezifika schränken sich (derzeit noch) gegenseitig ein (schwarze Pfeile), andere können durch den kombinierten Einsatz einen gesteigerten Mehrwert für Mobilen Journalismus bieten (gepunktete Pfeile).

Onlinespezifika bieten die Möglichkeit, aktuelle und additive Inhalte zu veröffentlichen. Darüber hinaus entsteht die Chance, neue multimediale und selektive Darstellungsformen im Journalismus zu entwickeln, die Rezipienten ohne die Notwendigkeit eines Medienwechsels interaktiv einbinden. Die Nutzung dieser Potenziale schränkt (derzeit) die Ubiquität von Mobilem Journalismus ein: Je aktueller, additiver und interaktiver eine App ist, desto stärker ist sie auf die ständige Konnektivität angewiesen. Datenintesive Formate erhöhen die Ladezeit der App enorm. Das Potenzial der Selektivität gewinnt durch die Verbindung mit den Onlinespezifika Multimedialität (zu neuen selektiven Darstellungsformen) und Additivität (zu weiterführenden Inhalten).

Abb. 1: Technische Potenzialdimensionen für Mobilen Journalismus

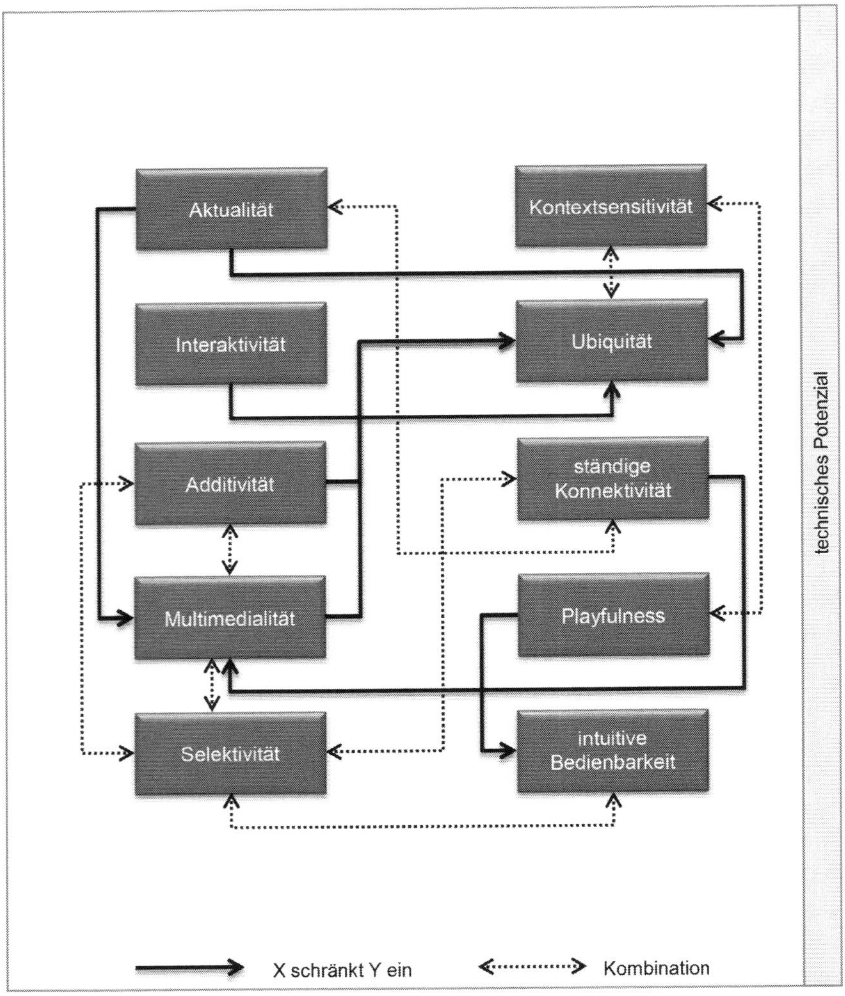

Quelle: eigene Darstellung

Darüber hinaus profitieren auch die Mobilspezifika: Intuitive Bedienbarkeit wird durch selektiv nutzbare und individuell einstellbare Layoutelemente erhöht. Ebenso kann die ständige Konnektivität durch selektive Themenauswahl – etwa für Push-Benachrichtigungen den individuellen Nutzen erhöhen. Die permanente Verfügbarkeit journalistischer Apps gewinnt zudem durch die Kombination mit dem Potenzial der Aktualität. Das Mobilspezifikum der Kontextsensitivität gewinnt erst durch den ubiquitären Einsatz der Apps an Bedeutung, ebenfalls kann die Playfulness der Anwendungen durch kontextsensitive Inhalte (z.B. durch den Einsatz von Kamera und GPS für Augmented Reality-Anwendungen) erhöht werden. Potenziell kann sich diese Anreicherung allerdings negativ auf die intuitive Bedienbarkeit der journalistischen Angebote auswirken.

Für die Entwicklung digitaler Medienprodukte benötigt Journalismus technisches Know-how, eine Zusammenarbeit von Designern und Redakteuren ist daher notwendig (vgl. Kap. 4.1.4). Im Prozess der sozialen Aneignung eines Mediums werden die technischen Spezifika in den Journalismus integriert und üben Einfluss auf die Produktion sowie die Gestaltung und Selektion von Themen aus. Dazu wählen Produzenten und Rezipienten jedoch nicht zwangsläufig alle Eigenschaften (und ihre sinnvollen Kombinationen) aus dem zur Verfügung stehenden Portfolio aus. Wenn institutionalisierte Organisationen beginnen, ein neues technisches Medium zu nutzen, treten innovative Medienschemata durch das Trägheitsprinzip des Journalismus erst mit Verzögerung auf. In der Frühphase werden häufig existierende Medienschemata kopiert. Diese Trägheit wird bedingt durch die Beschaffenheit von Journalismus als soziales System, in dem institutionalisierte Organisationen nach strukturellen Entscheidungsprogrammen handeln. Die bereits etablierten Ordnungs- und Darstellungsprogramme sind relativ konstant. Erst durch die Selektion spezifischer technischer Eigenschaften des neuen Mediums entwickeln sich eigenständige Programme. Diese beziehen sich einerseits auf Anpassungen der Redaktionsmodelle und redaktionellen Tätigkeiten der Akteure durch veränderte Produktionsrhythmen und technische Anforderungen. Sie beziehen sich aber auch auf Darstellungsprogramme, das heißt Medienschemata für Form und Inhalt. Erst mit der Eigenständigkeit der Entscheidungsprogramme entsteht auch ein institutionalisierter Mobiler Journalismus. Notwendig wird die Ausbildung des neuen Subsystems aktuell nicht nur durch veränderte technische Rahmenbedingungen, sondern auch durch den Wandel des publizistischen und ökonomischen Marktes. Die zentralen Entwicklungen in diesen drei Bereichen werden deshalb im folgenden Kapitel vorgestellt.

4. Rahmenbedingungen eines Mobilen Journalismus – Forschungsstand

In Time that digital journey we're on is changing
almost everything that we think about journalism.
Alan Rusbridger, The Guardian Online 2011

Die theoretische Beschäftigung mit der Institutionalisierung neuer Medien hat verdeutlicht, dass der Prozess der sozialen Aneignung immer auch von vorherrschenden Rahmenbedingungen abhängig ist. In diesem Kapitel werden daher relevante Voraussetzungen für Mobilen Journalismus systematisch aufgearbeitet. Die Ausführungen nehmen Bezug auf Entwicklungen und (konzeptionelle wie empirische) Erkenntnisse in unterschiedlichen Bereichen der Kommunikationswissenschaft. Dies sind Redaktions- bzw. Kommunikatorforschung, medienökonomische Betrachtungen sowie Rezeptions- bzw. Adoptionsforschung. Die Darstellung der Rahmenbedingungen dringt auch in Bereiche vor, die durch das Untersuchungsdesign dieser Arbeit nicht abgedeckt werden können, jedoch Anreiz für ein weiteres Forschungsprogramm zur Begleitung der Institutionalisierung von Mobilen Journalismus (auf Produktions- wie Rezeptionsseite) geben.

Wo immer es möglich ist, wird der (internationale) akademische Forschungsstand berücksichtigt. Da dieser zu Mobilem Journalismus noch gering ist, werden darüber hinaus Fallbeispiele und Einschätzungen aus der Medienpraxis sowie Ergebnisse der angewandten Medien- und Marktforschung eingebracht. Ein Trend, der sich bereits in der Auseinandersetzung mit den Auswirkungen des stationären Internets auf klassische Massenmedien gezeigt hat, setzt sich auch für Mobilen Journalismus fort: Studien sind meist auf ein Medium, in der Regel Tageszeitungen, fokussiert. Weder das methodische Vorgehen noch der Geltungsbereich der dargestellten Ergebnisse sind einheitlich. Die Reichweite der Erkenntnisse ist daher kenntlich gemacht, sofern diese bekannt ist. Die systematische Zusammenstellung von Einzelbeobachtungen aus unterschiedlichen Blickwinkeln hilft dabei, aktuelle und zukünftige Chancen des Mobilen Journalismus insgesamt besser einordnen und verstehen zu können.

Ausgangspunkt dieses Kapitels ist der Medienwandel. Die Vielfalt der aktuellen Probleme lässt sich auf einen zentralen Paradigmenwechsel zu rückführen: Professioneller Journalismus hat das Monopol zur Herstellung von Öffentlichkeit verloren (vgl. Knieper et al. 2011).

> „Medienprofis aus Journalismus und PR stehen versierten Laien gegenüber, die entweder selbst Medieninhalte produzieren, Medieninhalte viral verbreiten oder in partizipativer Absicht öffentliche bzw. Netzwerk-Anschlusskommunikation betreiben." (Hohlfeld und Strobel 2011, S. 16)

Gesellschaftliche Akteure sind dadurch nicht mehr primär auf klassische Massenmedien als Träger ihrer (Werbe-)Botschaften angewiesen (vgl. Lowrey 2011, S. 64). In der Folge investieren sie vermehrt in Online Public Relations und Corporate Publishing (vgl. Zerfaß et al. 2012, 2011). Mit eigenen digitalen Corporate Publishing-Magazinen, vermehrt in Form innovativer Apps, erreichen sie Rezipienten direkt (vgl. Siegert 2012).

Für redaktionellen Journalismus erwächst aus dem Medienwandel eine tiefgreifende Veränderung der Produktionsbedingungen (vgl. Kap. 4.1). Im Zentrum dieser Entwicklung steht die umfängliche Digitalisierung sämtlicher Medieninhalte, die nicht mehr an ein bestimmtes verkörpertes Medium gebunden sind (vgl. Kap. 4.1.1). Stattdessen existieren Inhalte nur noch als binärer Code, der mithilfe moderner Content Management Systeme (vgl. Kap. 4.1.2) produziert, verwaltet, transformiert und distribuiert wird. In Folge von Mehrkanalstrategien wurde in vielen Redaktionen mit der klassischen Redaktionsorganisation gebrochen, Newsroom- und Newsdesk-Modelle sollen crossmediales Publizieren vorantreiben (vgl. u.a. Meier 2007b). Konvergente Redaktionen könnten weiter an Boden gewinnen, um Synergien bei der produktiven Effizienz einerseits sowie der publizistischen Qualität andererseits zu generieren. Ein weiterer Wandel journalistischen Strategien ist daher zu prognostizieren. Mit Aufkommen des stationären Internets bewegten sich diese zunächst zwischen Konkurrenz, Komplementarität und Imitation (vgl. Neuberger 2001b). Die neuere Maxime „Online first" wird sich vor dem Hintergrund des Strukturwandels weiter verbreiten. Die Produktdifferenzierung, die vor allem auch den Markennamen als Qualitätsmerkmal nutzt, soll die Position des Medienunternehmens am Markt stärken, da die sich ergänzenden Potenziale unterschiedlicher Medien technisch, ökonomisch und publizistisch ausgenutzt werden (vgl. Vogelsberg 2006, S. 366; Kap. 4.1.3). „In this sense, electronic alternatives were seen as both a potential solution to the problems posed by a shifting environment and a development that could worsen the situation of print papers." (Boczkowski 2004, S. 259)

Den Rezipienten erreichen die digital entwickelten Medienprodukte erst beim Einsatz spezifischer Endgeräte. Daher muss ein zukunftsfähiger (Mobiler) Journalismus in der Produktion Optimierungen auf zwei Schlüsselfeldern erbringen: Einerseits ist die Entwicklung möglichst intuitiv bedienbarer Mensch-Maschine-Schnittstellen von Seite der Hardware-Entwicklung ausschlaggebend, um auch wenig technikaffinen Nutzern die Anwendung zu gestatten. Andererseits ist die Usability der Anwendungen in gleichem Maß relevant, da sie dem Rezipienten den Zugang zu den angebotenen Inhalten möglichst einfach machen soll. Die Produktion mobiler Anwendungen erfolgt zwangsläufig als fortzuschreibender Entwicklungsvorgang, dessen Parameter als Teil dieses Prozesses in weiten Teilen noch etabliert werden müssen. Strategien im Mobilen Journalismus sind derzeit heterogen und müssen sich professionalisieren (vgl. Kap. 4.1.4).

Dieser kosten- und personalintensive Prozess wird durch einen dramatischen Wandel der ökonomischen Rahmenbedingungen (professioneller) Öffentlicher Kommunikation erschwert. In Folge der Aufhebung limitierter medialer Verbreitungsmöglichkeiten (vgl. Oetting 2010) lässt sich mit dem Gut „Nachricht" allein heute kein Geld mehr verdienen. Die Zahlungsbereitschaft der Rezipienten für digitale journalistische Inhalte ist gering. Zudem ist auch ein Rückgang der zur Monetarisierung unerlässlichen Werbeeinnahmen zu verzeichnen (vgl. Kap. 4.2.1). Neue Erlösmodelle in der digitalen Welt werden bisher mit leidlichem Erfolg ausgelotet (vgl. Nel 2010; Kap. 4.2.2). Mobiler Journalismus muss sich daher auch an seinem ökonomischen Potenzial messen lassen (vgl. 4.2.3).

Neben dem Wandel der ökonomischen Rahmenbedingungen transformiert sich zeitgleich auch der publizistische Markt (vgl. Kap. 4.3). Das Internet hat das Medienrepertoire über nahezu alle Altersklassen hinweg verändert. Insbesondere im Bereich der Information existieren ähnliche Angebote und damit hohe Konkurrenz (vgl. Mende et al. 2012; Taneja et al. 2012). In der digitalisierten Öffentlichkeit ist daher ein scharfer Wettbewerb um das endliche Zeitbudget des Nutzers entbrannt.

Die Entwicklung der Auflagen und Reichweiten klassischer Medien ist ein Indikator für das veränderte Mediennutzungsverhalten (vgl. Kap. 4.3.1). In der aktuell jungen Altersgruppe der „Digital Natives" entwickelt sich ein Rezipient, der Medieninhalte ubiquitär, selektiv und plattformunabhängig nutzt und darüber hinaus auch selbst interaktiv je nach Gratifikationsbedürfnis in Teilöffentlichkeiten kommuniziert (vgl. Bolin und Westlund 2009). Die Diffusion von mobilem Internet und Apps ist nach anfänglicher Zurückhaltung auch in Deutschland über die Gruppe der Early Adopter hinaus gewachsen und die neuen Medien werden mehr und mehr in den Alltag integriert (vgl. Kap. 4.3.2). Damit einher geht auch die Etablierung eines spezifischen Gratifikationsprofils mobiler journalistischer Angebote. Mobile Endgeräte können damit als neue Plattform das Nutzungsverhalten journalistischer Inhalte und Nachrichten insgesamt verändern. Darüber hinaus ist die Nachfrage nach journalistischen Apps klassischer Medienanbieter ein Indikator für den Erfolg crossmedialer Strategien. Insgesamt könnte Mobiler Journalismus die bereits existierenden Wandlungsprozesse des Journalismus schneller vorantreiben und zugleich eine Chance für das Fortbestehen professionalisierter journalistischer Inhalte darstellen. Erste Erkenntnisse zum Medienrepertoire mobiler Internetnutzer liegen auf Plattform- wie Angebotsebene vor (vgl. Kap. 4.3.3).

4.1 Wandel der Produktionsbedingungen

Journalismus und dessen Produktionsbedingungen waren stets technischem Wandel ausgesetzt. Die Transformationsprozesse kosteten Arbeitsplätze, wie etwa die Umstellung von Blei- auf Fotosatz, veränderten die Verarbeitung der Informationen, zum Beispiel durch den Ersatz der Zeichnung durch die Fotografie oder der Schreibmaschine durch den Computer. Sie ließen auch die Aufgabendichte der Redakteure steigen, vom recherchierenden Autor hin zum Produzent, der seine Texte digital erfasst, layoutet und ganze Seiten zur Produktion freigibt (vgl. Fürsich 2010, S. 57; Kretzschmar 2010, S. 39). So revolutionär die technischen Innovationen auch waren, haben sie lange jedoch nicht die Fundamente der redaktionellen Arbeit angetastet: Das Sammeln, Aufbereiten und Veröffentlichen von Informationen für EIN Medium. Spezifische redaktionelle Strukturen und Hierarchien sowie journalistische Prozesse und Routinen haben sich für diesen linearen Produktionsprozess seit dem 19. Jahrhundert etabliert und bewährt (vgl. dazu ausführlich Meier, S. 117f.).

Die aktuellen Veränderungen der Produktionsbedingungen erfassen nun „vor allem Journalisten als die zentralen Produzenten von redaktionellen Inhalten" (Fürsich 2010, S. 57). Bereits seit der Jahrtausendwende arbeiten diese mehrheitlich bimedial. Nach der Extension des Muttermediums auf das Internet, expandiert es seit 2005 auch auf mobile Medien und erweitert die Produktion zur Trimedialität. Neben gestiegenem technischem Know-how erfordern die Multimedialität und permanente Aktualisierbarkeit der Onlinemedien vor allem eine Umstellung der Arbeitsroutinen (vgl. u.a. den Sammelband von Fengler und Kretzschmar 2009). Auf digitalen Plattformen verstärkt sich durch multimedialen Content aller Anbieter zudem die intermediäre Konkurrenz (vgl. Wolf 2010, S. 111).

Die beschriebene Extension der Verbreitungskanäle wird begleitet vom inflationären Gebrauch des Begriffs „Crossmedia" (vgl. dazu u.a. Jakubetz

2011a und Vogelsberg 2006). Für die redaktionelle Arbeit bedeutet dies Folgendes: An die Stelle der medienspezifischen Aufbereitung von Inhalten für einen Kanal, tritt ein crossmedialer Journalismus. Dieser zeichnet sich durch eine kombinierte Nutzung unterschiedlicher Medien für Publikationen derselben Redaktion (meist unter einer Dachmarke) aus, um die veränderten Bedürfnisse der Rezipienten zu befriedigen (vgl. Vogelsberg 2006, S. 359). Die veränderten Produktionsbedingungen im Zeitalter crossmedialer Medienmarken machen sich in neuen redaktionellen Strategien bemerkbar, die auf drei Ebenen zu strukturellen Veränderungen führen: Redaktionsorganisation, Redaktionsabläufe und Redaktionspersonal. Bereits 2007 hatte nahezu die Hälfte der deutschen Redaktionen intern Organisationseinheiten umgebildet. In Bezug auf redaktionelle Abläufe gewinnen das Newsdesk-Modell sowie der Einsatz von Content-Management-Systemen zunehmend an Bedeutung (vgl. Keese 2009; Pavlik 2009; Hohlfeld und Wolf 2008, S. 211).

Die technische Grundlage für die Etablierung von Mehrkanalstrategien im Journalismus stellt die Digitalisierung dar, die das Speichern, Weiterverarbeiten und Mehrfachverwerten von Inhalten ohne Qualitätsverlust ermöglicht (vgl. Meier 2010, S. 95f.). Erst dadurch wurde die Maxime „The Right Informationen, at the Right Time, in the Right Place" (Wolf und Hohlfeld 2012, S. 86) für crossmediales Publizieren möglich.

4.1.1 Ausgangspunkt Digitalisierung

Medienumbrüche wurden stets von utopischen Zukunftsszenarien begleitet, die von euphorisch bis endzeitlich reichen. Gemeinsam ist ihnen die Unsicherheit. Dies zeigt eine Einschätzung von Harry Pross aus den 1970er Jahren, die ebenso gut im Jahr 2014 entstanden sein könnte:

> „Die rapide Entwicklung der Kommunikationstechnik in den letzten beiden Jahrzehnten hat die Mittel des Transports von Information vervielfältigt und verfeinert; aber es ist nicht recht einzusehen, wohin dieser technische Aufwand führt und ob die ihm verbundenen optimistischen Voraussagen irgendeinen Halt in der Wirklichkeit haben." (Pross 1972, S. 12)

Mit der Digitalisierung wurde skeptischen Traditionalisten wie fortschrittsoptimistischen Innovatoren neuer Vorschub geleistet. Erstere halten noch immer am analogen Weltbild fest und glauben, leichte Anpassungsprozesse alter Produktionsroutinen, Handlungsstrategien und Geschäftsmodelle seien ausreichend, um die Medien(r)evolution zu überstehen. Letztere dagegen erkennen in extremer Ausprägung die digitale

Wende nicht nur als neues Zeitalter an, sie predigen den Untergang der alten Medienwelt. Dies spiegelt sich auch in der großen Zahl theoretischer Auseinandersetzungen sowie empirischer Untersuchungen wider, die sich in Anlehnung an unterschiedliche Konzepte (etwa das Riepl'sche Gesetz, die Nischentheorie, die Medienkonvergenz, etc.) mit der Frage nach Substitution oder Komplementarität durch die Digitalisierung auseinandersetzen – meist im Bereich der Rezeptionsforschung (vgl. u.a. Dutta-Bergman 2004; Nguyen und Western 2006; Westlund und Färdigh 2011).

Unumstritten sind die Veränderungen der redaktionellen Produktion durch die Digitalisierung vergleichbar mit den Auswirkungen der industriellen Revolution auf das Arbeitsleben. Gleichwohl es auch im Zeitalter der Maschinen noch Arbeiter gibt, hat sich nicht nur deren Anzahl reduziert, Funktionen und Leistungen haben sich aufgrund der veränderten Produktionsbedingungen grundlegend gewandelt. Digitale Medienprodukte bestehen heute aus binären Zahlencodes, Informationen werden durch computergesteuerte Rechenoperationen umgestaltet und Algorithmen bestimmen die Aufbereitung von vorliegendem Wissen. „Digital production and distribution are as profound an event for media as were the innovations of Gutenberg, Morse, and Marconi.“ (Parry 2011, S. 4f.)

Das Zeitalter des Ubiquitous Computing, in dem sich mobile Endgeräte als Manifestation der Konvergenz interpersonaler und öffentlicher Kommunikation etabliert haben und in dem Apps der ubiquitären, kontextsensitiven Mediennutzung Vorschub leisten, ist ein weiterer Evolutionsschritt digitaler Medien nach der Etablierung des Internets. Es wird nicht der letzte sein. Wie Erdal (2007, S. 52) und Meier (2010, S. 95) feststellen, hat die Digitalisierung die Bindung von Medieninhalten an ein bestimmtes Trägermedium aufgelöst. In Zukunft wird sich die Rezeption immer weiter von der Darstellung auf Display-Endgeräten lösen. Als „Augmented Reality“ verschmelzen digitale Medieninhalte als alles überlagernde Datenschicht mit der Realität. Das Outernet kann daher als nächste Stufe im Evolutionsprozess der Medien angesehen werden.

Die aktuellen Entwicklungen sind für klassische Medienhäuser deshalb besonders gravierend, da sie heute noch überwiegend zu den skeptischen Traditionalisten gehören (vgl. Kramp und Weichert 2012). Anpassungen an die Arbeitsweise der digitalen Welt erfolgen häufig unsystematisch und punktuell. Ob ein Medienunternehmen in Zukunft weiter bestehen kann, hängt entscheidend davon ab, ob der Ablauf der Produktion an den neuen Bedingungen ausgerichtet wird (vgl. Diering und Mayer 2012, S. 10). Technisch manifestiert sich diese Veränderung bereits flächendeckend durch den Einsatz teils mächtiger Programme in den Redaktionen: Content-Management-Systeme, die heute eine plattformneutrale Verwaltung von Inhalten ermöglichen, unterstützen gleichsam auch eine Systematisierung und Ausspielung auf unterschiedliche Kanäle. Text, Bild, Audio und Video werden nicht länger ausschließlich auf unterschiedlichen technischen Medien verbreitet, sondern unter Verwendung von Content Management Systemen plattformneutral erstellt, verwaltet und strukturiert.

4.1.2 Content Management Systeme

Das Beschaffen, Sammeln, Bearbeiten und Verbreiten von Information, aber auch die Archivierung und Wiederverwertung gehören schon immer zu den redaktionellen Kerntätigkeiten. Dieses „Content Management" war historisch zunächst in Folge der Absenz elektronischer Hilfsmittel durch Strukturierung und hohe Spezialisierung der Prozesse durch den Menschen gekennzeichnet (vgl. Rothfuss 2001, S. 199). Später erfolgte der Einsatz erster Text- und Redaktionssysteme im Bereich monomedialer Publikationen medienspezifisch (vgl. Hass 2006, S. 381). In beiden Phasen jedoch waren die Abläufe von Linearität geprägt. Mit der Digitalisierung lösten sich diese historisch gewachsenen Strukturen auf.

> „In der Kombination von digitaler, medien- oder distributionsunabhängigen Generierung, Formatierung und Speicherung sowie den Distributionsmöglichkeiten liegt der wesentliche Unterschied, der aus den Internettechnologien erwächst." (Altmeppen 2003, S. 223)

Inhalte können ohne Qualitätsverlust kopiert, beliebig verändert und ubiquitär wiederverwertet werden. In Konsequenz entwickelt sich eine Differenzierung der potentiellen Formate und Endgeräte, über die diese distribuiert werden können (vgl. Hass 2006, S. 377).

> „[D]as systematische Kreuzen von digital produzierten und distribuierten Medieninhalten, von Medienproduktionstechniken, nationalen und internationalen Medienmarken oder von publizistischen Ausspielkanälen auf einer integrierten mobilen, allgegenwärtigen Empfangsplattform, ist nun nicht länger ‚nur möglich'. Es ist vielmehr mit dem iPad und verwandten Endgeräten für eine vergleichsweise breite Nutzerschicht ebenso zwingend wie erschwinglich geworden." (Hohlfeld 2010b, S. 21)

Dies erfordert jedoch ein zentrales System, das Inhalte losgelöst von Struktur oder Layout medienneutral speichert und eine dezentrale, parallele Bearbeitung der Daten ermöglicht (vgl. Meier 2010, S. 95f.). In Bezug auf mobiles Publizieren ist dieser „Content first"-Ansatz (vgl. Oyen 2010a, S. 25) besonders wichtig, wenn das Produkt nicht nur eine eins-zu-eins-Verwertung darstellen soll. Content Management wird damit durch Internet und mobile Dienste zum Cross-Media-Management erweitert. Systematische empirische Untersuchungen zur Implementierung und Verwendung von Content Management Systemen aus wissenschaftlicher Perspektive liegen kaum vor, Erkenntnisse stammen meist aus theoretischen Überlegungen sowie Fallbeispielen und dienen als medienpraktische Anleitungen (vgl. Müller-Kalthoff 2002).

Content Management Systeme funktionieren nur, wenn Inhalte nicht einfach nur dort abgelegt werden, vielmehr müssen sie mit Metadaten versehen werden, die eine Einordnung erlauben. Die Suche nach relevanten Inhalten wird durch die semantische Aufbereitung des Materials in Datenbanken ermöglicht (vgl. Siemens 2001, S. 14). Damit wird die Mehrfachverwertung von Inhalten erleichtert, die ökonomisch aufgrund der hohen Fixkosten für die Produktion interessant ist (vgl. Altmeppen 2003, S. 224). Eine repräsentative Befragung von Zeitungs-, Fernseh- und Radioredaktionen hat bereits vor fünf Jahren gezeigt: Rund ein Drittel der Redaktionen hat im Zuge der Implementierung mobiler Dienste neue Redaktions- und Content Managementsysteme eingeführt (vgl. Wolf 2008, S. 105). Die Software kann jedoch nur zur Vereinfachung der Prozesse beitragen, für eine erfolgreiche Umsetzung crossmedialer Produktionen sind Umstrukturierungen der redaktionellen Arbeitsweisen und Strategien notwendig:

> „Die unerschöpflichen Möglichkeiten leistungsstarker Content-Management-Systeme werden oft nicht voll ausgeschöpft, weil die Arbeitsorganisation in den meisten deutschen Redaktionen hinterherhinkt.“ (Diering und Mayer 2012, S. 11)

Je schneller der Erscheinungsrhythmus und je höher die Ansprüche an ein mobilspezifisch aufbereitetes Produkt, desto wichtiger ist eine optimale Steuerung des Workflows. Die automatisierte Ausspielung von Inhalten für Internet und App ist zwar hinsichtlich der Personalressourcen effizient, der Mehrwert für Rezipienten jedoch resultiert vor allem aus der Ausnutzung der Spezifika des Mediums und der Berücksichtigung seiner Nutzungssituationen. Deshalb bedarf es einer neuen Aufbereitung oder gar einer neuen Medienmarke, so dass auch das Marken Management heute eine stärkere Rolle einnimmt und spezielle Mobile Publishing-Teams notwendig sind (vgl. Oyen 2010b, S. 26). Interessante Erkenntnisse im Hinblick auf die Entwicklung mobiler Anwendungen liefert eine qualitative Befragung in vier Nachrichtenredaktionen (NPR, The New York Times, The Guardian, USA Today) von Aitamurto und Lewis (2013). Diese fokussiert auf die Nutzung von offenen Programmierschnittstellen zur digitalen Contentproduktion, die immer häufiger zusammen mit CMS implementiert werden. Dies erlaubt eine bessere Fokussierung auf die User Experience und weniger auf technische Hintergründe. Zudem ist eine Kostenersparnis zu beobachten (vgl. Aitamurto und Lewis 2013, S. 322).

Alle Beteiligten müssen über einen vernetzten Workflow in den Publikationsprozess integriert sein, damit Inhalte in unterschiedliche Produkte transformiert werden können. Dieser Workflow kann durch Content Management Systeme geregelt und durch die Überwachung von Freigaben zwischen Bearbeitungsschritten kontrolliert werden. Die Planung und Steuerung von Prozessen wird durch die Kombination unterschiedlicher Medienroutinen und die Verwirklichung crossmedialer Storytelling-Konzepte immer wichtiger. Dies schlägt sich in vielen Redaktionen in einer veränderten Organisation nieder (vgl. Haasler 2002).

4.1.3 Crossmediale Redaktionsorganisation

Mit dem Wandel von monomedialen zu crossmedialen Angeboten müssen Journalisten mehrere Medien, deren Routinen und Spezifika kombinieren. Dies erfordert neben den beschriebenen zentralen Redaktionssystemen zur Verwaltung der Inhalte eine Anpassung der Arbeitsprozesse. Veränderungen der Redaktionsorganisation sind besser dokumentiert und empirisch untersucht als der Einsatz von CMS. Allerdings primär für die Einbindung der Produktion für das stationäre Internet und seltener im Hinblick auf mobile Dienste oder Apps. Insgesamt ist ein Fokus der akademischen Forschung auf Printmedien festzustellen, da hier die Auswirkungen des Medienwandels besonders hervortreten (vgl. dazu auch Kap. 4.2. und 4.3).

Die crossmediale Expansion deutscher Medienunternehmen ist bereits seit Mitte der 1980er Jahre zu beobachten. Im Zuge der Etablierung des privaten Rundfunks beteiligten sich zahlreiche Printverlage an Fernseh- und Radiosendern. Dies ging jedoch nicht mit einem Image- oder Markentransfer einher, da nicht unter einer Dachmarke publiziert worden ist. Das setzt schließlich in den 1990er Jahren mit ersten intermediären Line-Extensions von Printmarken ein: Mit Stern TV und Spiegel TV produzierten Zeitschriftenverlage nun crossmedial auch für Fernsehsender (vgl. Vogelsberg 2006, S. 361).

Erst im Zuge des Engagements im stationären Internet ist „Crossmedia“ nicht nur auf Unternehmensebene präsent. Die Integration von Webseiten verändert redaktionelle Strategien und macht sich organisatorisch und personell in der redaktionellen Produktion bemerkbar. Die klassischen Hauptressorts, die sich bereits in der ersten Hälfte des 20. Jahrhunderts etabliert hatten, wurden durch redaktionelle Differenzierung im Lauf der Zeit zwar erweitert, Zeitungsredaktionen gliederten sich jedoch bis vor zehn Jahren noch primär nach thematischen oder geographischen Kriterien. Zeitschriften sind ebenfalls in thematisch abgrenzbare Ressorts und Rundfunkmedien nach Programmbereichen oder Einzelsendungen untergliedert. In allen Fällen zeichneten sich die Bereiche durch ein hohes Maß an Autonomie in der Bearbeitung von Themen aus (vgl. zur historischen Entwicklung der Ressortautonomie Meier 2002b): „Jedes Ressort bearbeitete seine Seiten; jede Abteilung hatte seine Sendung(en); jedes Medium seine Redaktion.“ (Meier 2010, S. 100) Dabei waren einzelne Themen von der Recherche bis zur Veröffentlichung an meist spezialisierte Redakteure gebunden, Absprachen mit Kollegen aus anderen Bereichen erfolgten aufgrund der Ressortegoismen selten. Im Zuge crossmedialen Arbeitens werden diese starren Strukturen durch neue Redaktionsmodelle aufgebrochen, die eine flexiblere Planung und Bearbeitung von Themen ermöglichen (vgl. Meier 2010, S. 100).

Für Deutschland hat hierzu insbesondere Meier (2002b) einen umfassenden Überblick gegeben und sehr früh Veränderungen in Zeitungsredaktionen systematisiert.[5] Weitere Untersuchungen beziehen sich meist auf einzelne Innovatoren und liefern Ergebnisse zur Etablierung von Newsdesk- und Newsroom-Modellen in Form von Fallstudien (vgl. Schantin et al. 2007)[6]. Insbesondere muss es demnach Ziel eines innovativen Redaktionsmanagements sein, plattformübergreifendes Denken und Handeln zu fördern und die notwendigen Kommunikations- wie Arbeitsprozesse zu vereinfachen. Dadurch nimmt die Steuerungsarbeit im Zuge einer thematisch motivierten Zusammenarbeit über Ressort- und Mediengrenzen hinweg zu (vgl. Schantin et al. 2007, S. 5).

Ergebnisse zeigen zudem, dass sich in diesem Zusammenhang das aus dem anglo-amerikanischen Raum bekannte Newsdesk-Modell in den letzten zehn Jahren auch in deutschen Redaktionen etabliert. Dieses sieht eine Trennung in planende Editoren und produzierende Reporter vor (vgl. Wolf 2010, S. 111). Der Newsdesk bildet die Koordinations- und Produktions-

---

5 Die Erhebung basiert auf einer schriftlichen Befragung von 76 Chefredakteuren deutscher Tageszeitungen in Kombination mit 14 qualitativen Intensivinterviews und Fallstudien in Form von drei Redaktionsbeobachtungen (vgl. Meier 2002b, S. 63ff.).

6 Die Untersuchung basiert auf fünf Redaktionen (Welt-Gruppe, Handelsblatt, Hessische/Niedersächsische Allgemeine, Stadtanzeiger Köln sowie Südkurier).

zentrale. Einkommende Informationen und Themen werden hier für die crossmediale oder multimediale Aufbereitung weitergegeben. Architektonisch wird die Produktion häufig durch einen Newsroom unterstützt. Das offen gestaltete Großraumbüro soll ressort- und medienübergreifendem Planen und Arbeiten zum Durchbruch verhelfen, indem das redaktionelle Personal direkt miteinander kommunizieren kann (vgl. u.a. Keese 2009). Während Befürworter dadurch eine höhere Qualität erwarten, glauben Skeptiker eher an steigenden Arbeitsdruck (vgl. Schantin et al. 2007, S. 5).

Newsroom- und Newsdesk-Konzepte werden in der Praxis unterschiedlich ausgestaltet und angewandt. Wie stark sich die redaktionelle Arbeit tatsächlich verändert, ist letztlich von der Strategie abhängig, die hinter der crossmedialen Expansion steht. In Anlehnung an das „Five C"-Schema von Brüggemann et al. (2012) spielt dabei eine entscheidende Rolle, ob die interne Veränderung in den Redaktionen der Maxime „Cutting" (Reduzierung von Kosten durch Ressourceneinsparung bei Personal und Angeboten) oder „Creating" (Erweiterung und Modernisierung bestehender Angebote) folgt (vgl. Brüggemann et al. 2012, S. 743f.).

Im Hinblick auf crossmediale Onlinestrategien in Deutschland liegen Redaktionsbefragungen (Zeitung, Zeitschrift, Fernsehen, Radio, Onlineanbieter) von Neuberger (2001a) sowie Neuberger, Nuernbergk und Rischke (2009a) vor. Der mobile Ausspielkanal als weitere Plattform klassischer Medien (Zeitung, Fernsehen, Radio) wurde erstmals von Wolf (2008) untersucht. Zudem haben sich mit der Einbindung mobiler Angebote in Crossmedia-Strategien Feldmann (2005), Westlund (2011) sowie Nel und Westlund (2012) für Zeitungen in Schweden und Großbritannien auseinandergesetzt. Die Untersuchung von Kinnebrock und Kretzschmar (2012) fragt auch nach dem Stellenwert mobiler Medien in der crossmedialer Produktion, ist jedoch auf lokale Tageszeitungen beschränkt. Neben empirischen Untersuchungen existiert eine Vielzahl an Sammelwerken, die Fallbeispiele aus Sicht der Medienpraxis enthalten (vgl. u.a. Fengler und Kretzschmar 2009; Hohlfeld 2010a; Müller-Kalthoff 2002) sowie Auseinandersetzungen mit den Entwicklungen in Fachzeitschriften.

Umstrukturierungen erfolgten in Zeitungsredaktionen bereits Ende der 1990er Jahre. Eine der ersten Zeitungen, die ein Newsdesk-Konzept eingeführt hat, war 1998 die Freie Presse in Chemnitz (vgl. Lungmus 2007, S. 30). Eine zweite Welle wurde durch die Medienkrise Anfang des Jahrtausends ausgelöst. Hier hatten redaktionelle Umstrukturierungen vorrangig ökonomische Gründe, Zusammenlegungen von Redaktionen gingen stets mit dem Abbau von Personal einher, zum Beispiel bei der Münsterschen Zeitung oder der WAZ (vgl. Biermann 2007; Der Westen 2009). In der dritten Phase etablierten sich ab 2006 integrierte Newsrooms, um im Zuge der Mehrkanalstrategien tatsächlich die Produktion für mehrere Plattformen zu vereinen (vgl. Meier 2007a; Schantin et al. 2007; Wolf 2008).

Bereits 2007 hatte jede dritte Redaktion das Newsdesk-Modell eingeführt, bei frühen Anbietern mobiler Dienste waren es bereits 45 Prozent der Redaktionen (vgl. Wolf 2008, S. 107). Brüggemann hat aus sechs Fallstudien zur Vernetzung von Printmedien in den USA und Deutschland[7] drei Typen abgeleitet, die sich nach Mehrfachverwertung, Autonomie sowie Komplementarität der Angebote einteilen lassen (vgl. Brüggemann 2002). Zu einer ähnlichen Unterteilung kommt auch Neuberger (2001a, S. 199ff.). Während sich das Angebot im Sinne einer komplementären Strategie zwischen den einzelnen Plattform ergänzt (zum Beispiel bei der gescheiterten Financial Times Deutschland für Print und Online) und häufig auch aufeinander verweist, haben autonom agierende Redaktionen in der Regel primär den Markennamen gemeinsam, offerieren aber unterschiedliche Produkte (etwa Spiegel Online und Der Spiegel; vgl. Brüggemann 2002, S. 78ff.). In beiden Fällen entwickelt der Journalismus jedoch im Zuge der Institutionalisierung der Medien eigenständige Medienschemata, die eine „Abgrenzung des Leistungsprofils eines Mediums gegenüber einem anderen Medium“ (Neuberger 2001b, S. 240) erlauben.

Print- und Rundfunkanbieter verfolgten in der Anfangszeit des Internet vorrangig das Ziel, Doppelnutzer zu generieren, um ihr Muttermedium zu beschützen und dennoch Synergieeffekte im Verbund zu erzielen. Zeitschriften dagegen wollten über das stationäre Internet primär Leser für das gedruckte Magazin gewinnen (vgl. Neuberger 2001a, S. 202f.). Damit bringen die Strategien der Autonomie und Komplementarität zunächst wenig substituierendes Potenzial mit sich.

Das trifft für die Strategie der Mehrfachverwertung nicht zu. Sie ist daher nur sinnvoll, wenn zwischen Offline- und Onlinerezipienten keine großen Überschneidungen existieren. Dies ist etwa für The News York Times der Fall, die über das Webangebot hauptsächlich Nutzer außerhalb New Yorks und im Ausland erreicht und das Verbreitungsgebiet vergrößert (vgl. Brüggemann 2004, S. 224). Weist das neue Medium eine „Kopie

7 Untersucht wurden mittels Experteninterviews und Angebotsanalyse für den deutschen Markt Financial Times Deutschland, Süddeutsche Zeitung und Spiegel, für die USA: New York Times, Time Magazine und Wall Street Journal.

typischer formaler und inhaltlicher Elemente“ (Neuberger 2001b, S. 240) des bereits institutionalisierten Mediums auf, kann von einer Imitation gesprochen werden. Neben der größeren Reichweite kann das Werben um neue Zielgruppen im Vordergrund stehen. Hier dient das Onlineangebot dazu, junge Leser für das Muttermedium zu gewinnen. Es kann zudem als neues Werbeumfeld angesehen werden (vgl. Neuberger 2001a, S. 200).

Die Ausrichtung der drei Strategien steht in Einklang mit Avilés et al. (2009), die europaweit (basierend auf Fallstudien in Deutschland, Österreich und der Schweiz) ebenfalls drei unterschiedliche Modelle der redaktionellen Konvergenz identifizierten, die von der reinen Koordination getrennter Abteilungen (Co-ordination of isolated platforms) über die enge Zusammenarbeit von Abteilungen am Newsdesk und eine Mehrfachverwertung digitaler Inhalte (Cross-media) bis zur integrierten Redaktion reichen, in der Teams oder einzelne Journalisten mehrmedial und themenorientiert arbeiten (Full integration). Im Zuge unterschiedlich ausgestalteter Strukturen, divergieren auch die Produktionsanforderungen. Diese reichen von neuen Anforderungsprofilen an bereits bestehende Mitarbeiter, die nun multimedial produzieren müssen, können aber auch zur Integration neuer Berufsrollen führen. Insbesondere ist entscheidend, welche redaktionelle Strategie hinter dem (crossmedialen) Newsroom steht. Dies bestimmt, welche Plattform als prioritär angesehen wird (vgl. dazu Avilés et al. 2009). Zhang (2012) beobachtet für China in vier Nachrichtenorganisationen unterschiedlicher Reichweite heterogen ausgestaltete interne Trainingsprogramme, die Redakteure auf die veränderten Anforderungen der crossmedialen Arbeit vorbereiten (vgl. Zhang 2012, S. 785).

Inhaltsanalysen stationärer Nachrichtenseiten (teils auch im Vergleich zum Muttermedium) zeigen international auch heute eine eher geringe Nutzung des technischen Potenzials des stationären Internets. Inhalte werden vielfach noch immer zweitverwertet und entweder identisch oder mit leichten Veränderungen als „shovel ware“ aus dem Muttermedium übernommen. Multimediaformate spielen eine untergeordnete Rolle, crossmediales Storytelling über Kanäle hinweg findet kaum statt (vgl. dazu u.a. Barnhurst 2013 sowie Barnhurst 2012 für die USA, Himelboim und McCreery 2012 im internationalen Vergleich, Paulussen 2004 für Flandern, Stark und Kraus 2008 für Österreich, Quandt 2008 für Deutschland). Dadurch haftet Onlinejournalismus noch heute der Ruf an, wenig eigenständige Inhalte hervorzubringen (vgl. Bunz o. J.). Dies ist auch deshalb problematisch, da Medienanbieter ursprünglich über das Online-Engagement ein inhaltlich selbständiges oder zum Muttermedium ergänzendes Angebot bieten wollten, das neue Zielgruppen erschließt (vgl. Neuberger 2001a, S. 204).

Die Strategie der Mehrfachverwertung ist nicht nur in der frühen Phase des Onlinejournalismus zu finden (vgl. etwa Neuberger 2001a), auch 2007 gaben noch alle Redaktionen an, auf Inhalte des Muttermediums zurückzugreifen. In 44 Prozent der Fälle entstammen mehr als die Hälfte der Inhalte aus dem klassischen Medium (vgl. Neuberger et al. 2009a, S. 248). Quantitative Befragungen in Tageszeitungsredaktionen haben gezeigt, dass häufig nur vage ausgearbeitete Strategien vorliegen. Dies liegt auch an mangelndem Personal (vgl. Kinnebrock und Kretzschmar 2012; Neuberger 2001b). Kinnebrock und Kretzschmar (2012) kommen daher im Forschungsbericht Crossmedia zu folgendem Fazit:

> „Insgesamt werden die zeitungsinternen Crossmedia-Aktivitäten zwischen den Beteiligten wenig abgestimmt, es fehlt an Strategien und gezieltem Management (…). Auch mit neuen journalistischen Formen wird meist nur punktuell experimentiert, es gibt noch viel Potenzial für eine systematische Integration und permanente Evaluation neu zu entwickelnder Formen der öffentlichen Kommunikation." (Kinnebrock und Kretzschmar 2012, S. 21)

Neuberger, Nuernbergk und Rischke (2009a) fanden allerdings heraus, dass Tageszeitungen sich in der redaktionellen Anbindung der Onlineredaktion an das Muttermedium und den crossmedialen Strategien deutlich von den anderen klassischen Medien unterscheiden. Während für Zeitschriften und Rundfunkanbieter eine organisatorische Trennung vom klassischen Medium zu beobachten ist, ist die Produktion der Onlineinhalte in Tageszeitungen personell und organisatorisch an das Offlinemedium gebunden (vgl. Neuberger et al. 2009a, S. 245ff.). Je nach subjektiv eingeschätzten Risiken des Onlineangebots, das Muttermedium zu kannibalisieren, wird zudem unterschiedlich offensiv mit dem Potenzial umgegangen. Tageszeitungen fürchten negative Effekte auf Anzeigenkunden und Rezipienten sowie langfristig eine Verlagerung ihrer Produkte ins Internet. Rundfunk- und Zeitschriftenanbieter hingegen sehen das Internet häufiger als stimulierend an (vgl. Neuberger et al. 2009a, S. 263f.). Teilweise sind jedoch auch rechtliche Beschränkungen zu beachten, etwa im Bereich des öffentlich-rechtlichen Rundfunks (Dauer der Bereithaltung von Inhalten, Art der Inhalte) oder auch Lizenzregelungen für Material von Drittanbietern bei Fernsehsendern (vgl. Feldmann 2005, S. 124). Als Vorbild wird im stationären Internet mit deutlichem Abstand Spiegel Online angesehen (vgl. Neuberger et al. 2009a, S. 266).

Erschwert werden Innovationen im crossmedialen Publizieren nicht zuletzt deshalb, da parallel zur Ausweitung der Anforderungen und Aufgaben die Anzahl der Redakteure sinkt (vgl. McChesney 2012, S. 685f.). Eine vierte Phase der veränderten Redaktionsorganisation ist daher ab 2009 ebenfalls primär ökonomisch motiviert: Die horizontale Integration von Redaktionen. In diesem Fall werden unterschiedliche Titel eines Medienhauses von einer Zentralredaktion produziert (vgl. Meier 2010, S. 102f.). Soll die Einführung von Newsdesk-Modellen jedoch mehr als Kostenersparnis bewirken, ist neues journalistisches Know-how für das strategische Aufbereiten von Inhalten über mehrere Kanäle hinweg unerlässlich:

> „Damit gemeint ist keine Multiplattformstrategie, bei der man zu herkömmlichen Ausspielwegen nach Bedarf noch den ein oder anderen hinzufügt. (…). Gesucht wird: Ein ganzheitlicher prozessualer Ansatz. Ein Erlebnis mit multiplen Einstiegspunkten und minimalen Hürden, organisch, linear und nicht-linear, vorwärts, rückwärts und seitwärts, von oben und von unten. Das Versprechen des Hypertextes, weitergedacht und angepasst an das 21. Jahrhundert. Eine Herausforderung für Geschichtenerzähler und User Interface Designer. Eine Selbstverständlichkeit für jetzt aufwachsende Generationen." (Bösch 2011b)

Mobiler Journalismus fordert von Redakteuren zudem noch mehr: Die Berücksichtigung der Nutzungskanäle allein reicht nicht, vielmehr ist es notwendig, auch Nutzungssituationen in die Produktion und Aufbereitung der Inhalte einzubeziehen (vgl. Konjovic 2012, S. 16).

4.1.4 Entscheidungsprogramme im Mobilen Journalismus

Zur Entstehung von Ordnungs- und Darstellungsprogrammen im Mobilen Journalismus liegen keine umfassenden empirischen Erkenntnisse vor. Im Folgenden wird der Forschungsstand zur redaktionellen Einbindung und Gestaltung der Angebote sowie zur Produktion der Inhalte systematisiert.

Klassische Massenmedien publizieren seit Ende der 1990er Jahre mobil (vgl. für die internationale Entwicklung Westlund 2013 sowie für Deutschland Kap. 2). In der Redaktionsbefragung 2007 stellte sich der deutsche Markt wie folgt dar: 44 Prozent der Zeitungs- und Rundfunkredaktionen hatten mobile Diente erstellt, 39 Prozent planten den Markteintritt. Die Inhalte wurden mehrheitlich als SMS (52%) in Form von Push-Services oder als mobile Webseiten basierend auf WAP (48%) vertrieben. Während Zeitungen und Fernsehsender vor allem Nachrichten anboten und angaben, auch Inhalte (Informationen und Entertainmentangebote) speziell für mobile Endgeräte zu produzieren, übertrugen Radiosender am häufigsten ihr Programm eins zu eins oder einzelne Sendungen in Gesamtlänge. Insgesamt war der Anteil journalistischer Inhalte, die speziell produziert worden sind niedrig (22%), der Stellenwert der Recherche für mobile Inhalte (m = 3,2, Skala 1-6, 1 = sehr gering) sowie Bearbeitungen (m = 2,8) wurden als eher niedrig eingeschätzt. 86 Prozent erwarteten demnach auch keine Veränderung der Qualität der Berichterstattung durch mobile Dienste (vgl. Wolf 2008, S. 86ff.).

Zahlreiche Dienste und Services (m-paper, Visual Radio, MFD) führten lange nicht in den Massenmarkt. Erst die Etablierung von Apps verlieh der Produktion von mobilen journalistischen Produkten einen deutlichen Schub. Zunächst in Form mobiler Webseiten, ab 2009 verschob sich der Fokus zu nativen Apps (vgl. Nel und Westlund 2012, S. 748; Westlund 2013, S. 10f.; 2011). Eine aktuelle US-amerikanische Studie zeigt, dass 62 Prozent der Tageszeitungen mit einer Auflage über 25.000 Exemplaren Apps anbieten (vgl. Fidler 2012). 15 internationale Fallbeispiele, die für eine Studie der International Newsmedia Marketing Association untersucht worden sind, weisen darauf hin, dass Zeitungshäuser insbesondere die ubiquitäre Verfügbarkeit für ihr Angebot schätzen, einige gaben bereits an, eine „Mobile first"-Strategie zu praktizieren (vgl. Seale 2012).

In der Mobilstrategie von Fernsehunternehmen spielen Apps inzwischen ebenfalls eine Rolle (vgl. Hengl 2012, S. 7). RTL hat als erster Sender ab Juli 2010 sein Programm live als kostenpflichtige App angeboten und 1,5 Millionen Downloads erzielt (vgl. Eck 2010, S. 16). Liveprogramme und Mediatheken sind häufig unter den TV-Apps (vgl. Jakubetz 2011b). Ubiquität mobiler Inhalte können viele Sender allerdings nicht in vollem Umfang bieten: Die Rechte an vielen Bildern liegen bei den Studios, insbesondere für US-amerikanische Serien und Spielfilme. Daher dürfen einige Inhalte mobil entweder gar nicht ausgestrahlt werden oder nur in lizenzierten Ländern zugänglich gemacht werden. Für die Ausstrahlung der Fußball-Bundesliga hat zum Beispiel der Bezahlsender Sky die Rechte für das iPad erworben (vgl. Eck 2010, S. 16f.). Besonders kritisch wurden in der Medienbranche öffentlich-rechtliche Apps verfolgt. 2009 hatte die ARD die Tagesschau-App angekündigt. Dabei wird die Frage diskutiert, ob es sich um einen Verbreitungsweg handelt, der durch den Auftrag abgedeckt ist, oder ob Apps neue Angebote sind, die einen Drei-Stufen-Test durchlaufen müssen (vgl. Eck 2010, S. 17).

Radiosender setzen derzeit eher auf die Imitation ihrer Angebote und machen primär das lineare Radioprogramm mobil zugänglich (vgl. Jakubetz 2011b). Tageszeitungen und Zeitschriften investieren seit 2009 in Apps. Die Errichtung des Apple Zeitungskiosk 2011 hat eine Welle an Print-Apps für iPhone und iPad ausgelöst, die Anzahl steigt stetig. Der Bundesverband Deutscher Zeitungsverleger ermittelte von 2012 auf 2013 eine Verdopplung der Apps von Tageszeitungen für Smartphones und

Tablet-PCs unterschiedlicher Betriebssysteme auf rund 400 (vgl. BDZV 2013). Dabei bieten Medienhäuser häufig mehrere Apps mit unterschiedlichen Inhalten an, die von redaktionellen Produkten bis zu begleitenden oder eigenständigen Dienstleistungs- oder Spiele-Apps reichen (vgl. Pregel 2012). Eine Befragung von einem Dutzend Zeitschriftenredaktionen ergab, dass diese 2011 rund 160 Apps anboten (vgl. VDZ 2011a). Wie Medienhäuser die erstmalige Produktion von Apps organisatorisch und personell steuern, ist in Deutschland systematisch nicht untersucht. Es existieren lediglich Fallbeispiele in Form von Imagevideos zum Marktstart von Apps (vgl. Blinkenlichten 2011 für Die Zeit oder The Guardian Online 2011 für die iPad App von The Guardian) sowie die Berichterstattung in Branchenzeitschriften wie Journalist oder Tendenz (vgl. u.a. Eck 2010; Hengl 2012; Konjovic 2012; Siegert 2012; Ulbrich 2012).

Der technische, zeitliche und finanzielle Aufwand für Medienunternehmen, eine native journalistische App auf den Markt zu bringen, ist derzeit hoch. Dies wird dadurch verschärft, dass nach der anfangs eindeutigen Dominanz von Apple inzwischen unterschiedliche Plattformanbieter auf dem Markt konkurrieren und Angebote immer wieder neu angepasst werden müssen (vgl. Westlund 2013, S. 11). Die Konzeptions- und Designphase sind entscheidend, da zu diesem Zeitpunkt die Anwendungsziele und Möglichkeiten der App definiert werden. Eine Zusammenarbeit und Koordination von redaktionellem und technischem Personal ist daher in der Entwicklungsphase notwendig. Wenn das technische Know-how nicht im eigenen Haus vorhanden ist, werden Anwendungen teuer, da Konzeption, Interfacedesign und Programmierung in Agenturen ausgelagert werden (vgl. Gadau 2011; Siegert 2012, S. 14f.; Ulbrich 2012, S. 18ff.).

Ist die mobile Anwendung produziert, ist die Frage zu klären, wie sie periodisch mit Inhalten befüllt wird. Zwar kann Mobile Publishing in viele Content Management Systeme integriert werden, unterschiedliche Softwarelösungen für die redaktionelle Produktion digitaler Magazine sind bereits auf dem Markt. Zum Beispiel bieten Adobe mit der Digital Publishing Suite und Quark XPress mit dem App Studio Lösungen an. Weitere Programme, die innovative Publikationen ermöglichen sind u.a. Bonniers MAG+ oder die Open Source Anwendung Laker HTML5-Framework (vgl. Lehr und Brammer 2012, S. 165ff.). Einheitliche technische Lösungen haben sich in Redaktionen jedoch noch nicht flächendeckend etabliert. Für die redaktionelle Produktion von Apps fehlt derzeit noch das, „was die Blogsoftware fürs Internet war“ (Siegert 2012, S. 20). So ist für die mobile Publikation des Spiegels ein eigenes Redaktionssystem entwickelt worden, fünf Mitarbeiter waren an der Vorbereitung der Publikation beteiligt (vgl. Siegert 2012, S. 16). Solange die Verwendung paralleler, inkompatibler Systeme sowie Eigenlösungen die Regel ist, können sich effiziente Arbeitsprozesse nicht entwickeln. Darüber hinaus stört der experimentelle, stetig wechselnde Einsatz neuer Techniken die Etablierung von routinierten Produktionsabläufen, da inhaltliche Arbeit von technischen Fragestellungen überlagert wird (vgl. Jakubetz 2010, S. 234f.). Dies stellt Westlund (2013, S. 8) auch international für den Journalismus fest.

Die Verantwortung für die Herstellung und Betreuung der Angebote war 2007 entweder auf Redakteure der gesamten Redaktion (40%) verteilt oder auf Onlineredakteure (31%) beschränkt (vgl. Wolf 2008, S. 104ff.). Große Verlage und Medienhäuser legen die allgemeine Entwicklung von digitalen Produktstrategien zunehmend in die Hände zentraler Einheiten: Gruner und Jahr hat im Jahr 2011 das Digital Center geschaffen, um neue markenübergreifende Formate zu entwickeln (vgl. Hengl 2012, S. 7). Die Zuständigkeiten innerhalb der einzelnen Medien bzw. Redaktionen sind sehr unterschiedlich organisiert. In Skandinavien wurden 2008 bei großen Tageszeitungen Mobile Editors eingestellt, die allerdings vorwiegend symbolischen Charakter hatten, um die Relevanz von Mobile Publishing nach innen und außen zu zeigen. Mobile Nachrichten wurden weitgehend automatisiert ausgespielt und nur vereinzelt manuell bearbeitet. The Guardian dagegen stellte schon 2011 einen Mobile Editor ein, der explizit manuell mobile Nachrichten erstellen sollte (vgl. Westlund 2013, S. 15f.). Vereinzelt werden auch in Deutschland iPad-Redaktionen gegründet. Diese bestand zum Beispiel bei der Süddeutschen Zeitung zunächst aus zwei Textredakteuren und einem Bildredakteur (vgl. Hengl 2011).

Eine von 2008 bis 2011 regelmäßig durchgeführte Untersuchung mobiler Angebote von 66 Tageszeitungen in Großbritannien bestätigt für 2011 ebenfalls, dass wenig mobilspezifische und eigenständige Inhalte (über mobiler Webseiten wie Apps) angeboten werden. Mobile Angebote offerieren zudem wenig Interaktion mit Nutzern. Am ehesten noch findet die Aufforderung zu User Generated Content (15%) statt. Primär ist 2011 die Weiterleitung von Inhalten per E-Mail oder sozialen Netzwerken in 92 Prozent der Fälle verbreitet. Eine Personalisierung der Inhalte war bei fünf von 23 Seiten möglich, lediglich zwei Seiten boten Anpassung an den Aufenthaltsort an. Insgesamt stammten die Inhalte hauptsächlich von der stationären Internetseite (vgl. Nel und Westlund 2012, S. 748ff.). An eine Anbindung der Angebote an das Online- oder Muttermedium deuten auch die Ergebnisse für Lokalzeitungen von Kinnebrock und Kretzschmar hin. Sie zeigen, dass das zeitliche Budget für mobile Ausspielkanäle nur rund drei Prozent der Produktionszeit umfasst. Weiterhin ist eine deutliche Priorität der klassischen Kanäle festzustellen: 80 Prozent des Zeitbudgets entfallen auf das Printprodukt, weitere 15 Prozent auf die Webseite (vgl. Kinnebrock und Kretzschmar 2012, S. 16). Die Ergebnisse zeigen, dass derzeit nicht „kanaloptimiert produziert" (Kinnebrock und Kretzschmar 2012, S. 17) wird. Mobile Ausgaben werden vorwiegend als Nebenprodukt gesehen (vgl. Kinnebrock und Kretzschmar 2012, S. 15f.).

Dies steht im Gegensatz zur Relevanz, die Mobilem Journalismus beigemessen wird. Schon 2007 gaben 96 Prozent der Zeitungs- und Rundfunk-Redaktionen an, mobiles Publizieren werde künftig ein fester Bestandteil im Journalismus (vgl. Wolf 2008, S. 112). Auch international erachten Verantwortliche in Zeitungsredaktionen mobile Plattformen mehrheitlich (51%) als wichtig für die Zukunft (vgl. Stone et al. 2010). Gerade die Anpassung der Inhalte an die technischen Spezifika bzw. die von Rezipienten nachgefragten Gratifikationen (vgl. Kap. 4.3.3) ist von hoher Relevanz: „Great journalism is its own justification. But great journalism is not a substitute for great user experience design." (Vinh 2010)

Werden Multikanalstrategien verstärkt in die journalistische Produktion integriert, ist neben der veränderten Herangehensweise an die Aufbereitung von Themen je nach Kanal und Nutzungssituation zunehmend relevant, die technischen Voraussetzungen der genutzten Endgeräte zu antizipieren. Ein optimiertes Layout gehört hierzu genauso wie die intuitive Bedienung (vgl. Konjovic 2012, S. 17). Während Journalismus in klassischen Medien ein Zusammenspiel aus Inhalt, Präsentation (Layouten der Seiten oder Produzieren einer Sendung) und Distribution (Auslieferung der Zeitung oder Senden der Inhalte) ist, tritt für digitale Produkte zusätzlich das Interaktionsdesign als Faktor hinzu.

Repräsentative Studien, die sich mit inhaltlichen und formalen Darstellungsprogrammen mobiler Dienste auseinandersetzten, gibt es in Deutschland bislang kaum. Erste Erkenntnisse liefern vergleichende Inhaltsanalysen von Fernsehnachrichten und Mobile TV-Formaten (vgl. Kretzschmar 2008; Wolf und Hohlfeld 2012). In der Untersuchung von Wolf und Hohlfeld (2012) wurden Hauptnachrichtensendungen sowie mobile Formate der Sender ARD (Tagesschau und Tagesschau in 100 Sekunden), ZDF (heute und heute in 100 Sekunden), RTL (RTL aktuell und RTL kompakt), N24 (N24 Nachrichten und N24 kompakt) sowie BR (Rundschau und Rundschau news) auf Beitragsebene (n = 182) analysiert. Die mobilen Nachrichtenformate wurden zudem im Tagesverlauf an vier Messpunkten (10, 13, 16 und 19 bzw. 20 Uhr) untersucht. Kretzschmar (2008) führte eine ähnlich angelegte Untersuchung mit einem Messpunkt für Fernsehnachrichten und mobilen Sendungen von ARD, ZDF und RTL durch.

Mobile Formate sind deutlich kürzer als die TV-Nachrichtensenden, enthalten weniger Beiträge und Darstellungsformen (vgl. Kretzschmar 2008, S. 10ff.; Wolf und Hohlfeld 2012, S. 92ff.). Auch lassen sich bereits Anpassungen durch weniger Kamerabewegung und das Verwenden näherer Einstellungsgrößen erkennen. Allerdings war das Videomaterial in 46 Prozent der Fälle, für private Sender sogar in 90 Prozent mit der Abendsendung identisch. Im Tagesverlauf werden mobile Formate aktualisiert, Aufmacher des Morgens verlieren über den Tag hinweg ihre Position oder verschwinden ganz (vgl. Wolf und Hohlfeld 2012, S. 94ff.). Anpassung findet eher auf formaler als auf inhaltlicher Ebene statt.

Dafür spricht auch eine Vollerhebung von 41 mobilen Webseiten deutscher Tageszeitungen aus dem Jahr 2010. Diese wurden im Rahmen einer vergleichenden quantitativen Inhaltsanalyse bezüglich Optik, Aufbau und Zusatzinhalten mit klassischen Webseiten verglichen (vgl. Wolf und Hohlfeld 2010). Die Ergebnisse zeigen eine geringe inhaltliche Veränderung. 90 Prozent der Überschriften bleiben unverändert, in mehr als der Hälfte der untersuchten Fälle sind die Teaserbilder auf beiden Plattformen identisch. Lediglich auf die Teasertexte wird meist verzichtet. Ähnlich wie im stationären Internet bleibt auch mobil das multimediale Potenzial weitgehend ungenutzt. Anpassungen finden eher auf formaler Ebene statt. Mobile Webseiten werden in ihrer Struktur nicht ausreichend an die kleineren Displays mobiler Endgeräte angepasst: 57 Prozent sind in der Navigation identisch zur stationären Internetseite. Ressorts und Rubriken sind ebenfalls weitgehend gleich, in einem Drittel der Fälle werden auf der Startseite „News“ oder „Ticker“ präsentiert (vgl. Wolf 2010, S. 118ff.).

Usability-Untersuchungen typisieren Apps in Bezug auf Layout oder Navigationsarchitektur. Hauptziel des Layouts ist ein Editorial Design, das zu Wiedererkennung und Einzigartigkeit führt (vgl. Zappaterra 2008, S. 6). Sowohl Heijnk (2011)[8] als auch Studien aus dem Bereich der Marktforschung von Schwab (2010) und Bulletproof Media (2011) unterschei-

8 Heijnk hat 2011 in einer qualitativen Eyetracking-Studie mit anschließender Befragung ein Schema für die optimale App-Navigation abgeleitet. Die Untersuchung basiert auf videogestütztem Eyetracking mit 40 Personen im Alter von 19 bis 29 Jahren. In die Untersuchung wurden vier Apps (Frankfurter Rundschau, Hamburger Abendblatt, Hannoversche Allgemeine Zeitung sowie Tagesschau) einbezogen.

den „Basis-Usability-Konzepte“ (Bulletproof Media 2011, S. 37), die an bereits existierenden Print- und Onlinemedienschemata orientiert sind.

Die eins-zu-eins-Übertragung von Printlayouts (als PDF) kann als am wenigsten intuitive Form bezeichnet werden (vgl. Heijnk 2011; Jakubetz 2011b). Die Printmetapher in der Bedienung umfasst die Metapher des Blätterns von Seiten, das wie in E-Books auditiv auch durch ein Papier-Geräusch unterstützt werden kann. Damit ist die Navigationsrichtung ausschließlich horizontal (Heftnavigation) (vgl. Bulletproof Media 2011, S. 39). Darüber hinaus erinnern Elemente wie optisch eingeblendete Lesezeichen und eine fortlaufende Paginierung an gedruckte Publikationen (vgl. Schwab 2010, S. 16). Dazu zählt auch die Übernahme der Titelseite, die wichtigste Themen in Form eines Covers (Zeitschrift) oder in Form gelayouteter Beiträge (Zeitung) enthält. Darüber hinaus bietet ein Inhaltsverzeichnis Orientierung, das potenziell auf die Beiträge verlinken kann (vgl. Lehr 2011b). Bieten Rundfunkangebote nur einen Player, ist dies auf Stufe eines PDFs anzusiedeln. Untersuchungen dazu liegen nicht vor.

Aufgrund der Überschneidung in den Onlinespezifika sind Apps auf Basis der Onlinemedienschemata (hypothetisch) besser an das neue Medium angepasst. Der Aufbau des Layouts ist in der Regel für alle Beiträge derselbe, da die Vorlage lediglich mit aktuellen Texten, multimedialen Elementen und Verlinkungen gespeist wird (vgl. Lehr und Brammer 2012, S. 11). Der Einstieg in die Publikation erfolgt durch die Startseite (Hub), die über eine hierarchische Architektur auf Ressorts oder Rubriken verlinkt. Dadurch entfällt die lineare Rezeption, durch die Additivität gibt es „keinen wahrnehmbaren Anfang und kein Ende der Produktumsetzung“ (Bulletproof Media 2011, S. 38). Die Navigation wird – wie im stationären Internet – von vertikalem Scrollen geprägt. Zudem sind zentrale Funktionen in einer Navigationsleiste am oberen Bildrand sichtbar (vgl. Schwab 2010, S. 17). Die Usability-Studien geben erste Hinweise, dass das Trägheitsprinzip des Journalismus für die Gestaltung bereits durch innovative Ideen abgelöst wird, die als Hybride aus alten und neuen Schemata auftreten (vgl. Bulletproof Media 2011; Heijnk 2011; Schwab 2010).

Struktur und Orientierungspunkte gewinnen für Apps aufgrund der Selektivität stark an Bedeutung, um dem Nutzer zu verdeutlichen, wo er sich innerhalb der Anwendung befindet und wie er die weiteren Inhalte erschließen kann (vgl. Wolf 2010, S. 118). Die Steuerung stark zerlegter Inhalte durch Gesten erfordert eine deutliche Kennzeichnung. Reaktive Bereiche müssen groß genug sein, so dass versehentliches oder fehlerhaftes Berühren vermieden werden kann (vgl. Budiu und Nielsen 2011). Ein auditives oder visuelles Feedback, besser aber noch eine taktile Reaktion, auf die Nutzereingaben kann daher helfen, die Fehlerquote zu reduzieren (vgl. Hoggan et al. 2008; Koskinen et al. 2008; Saffer 2008).

Kategorien für eine optimale App nach Heijnk (2011) sind eine Titelseite mit direktem Zugriff auf wichtige Artikel sowie ein Inhaltsverzeichnis für alle Beiträge, (fixierte) Navigationsleisten am oberen Rand mit Schaltflächen für Inhaltsverzeichnis, Kioske und Hilfeseite sowie konsistent eingesetzte Pfeile (vgl. Heijnk 2011, S. 73). Darüber hinaus kann eine Anpassung an die mobilen Endgeräte durch die Navigation in Form des Wäscheleinenmodells erfolgen: Ein Beitrag wird vertikal untereinander angeordnet, der nächste daneben „aufgehängt" (vgl. Lehr 2011b). Weiter ist die Integration von bildlauffähigen Bereichen und Ebenen möglich (vgl. Lehr und Brammer 2012, S. 109ff, 142). Bildlauffähige Bereiche sind horizontal oder vertikal wischbar und ermöglichen längere Texte oder unterschiedliche multimediale Elemente in einem ansonsten statischen Layout. Innerhalb der Beiträge stehen Navigationselemente im Vordergrund, die das Potenzial der Selektivität unterstützen (vgl. Bulletproof Media 2011, S. 40). Insgesamt deuten die Ausführungen darauf hin, dass sich das mobile Layout durch größere Abwechslung in der Navigations- und Gestaltungsmöglichkeit auszeichnet. Im Zuge einer mobilgerechten Aufbereitung ist eine Loslösung von Spaltenlayouts zu beobachten: Einzelne Elemente können durch Hotspots angeordnet werden und sind durch einen Tab aufrufbar (vgl. Lehr und Brammer 2012, S. 100) oder sie sind als Flip-Cards präsentiert, die ähnlich einer Spielkarte auf zwei Seiten Inhalte aufweisen und sich durch einen Tab als 3D-Element drehen lassen (vgl. Laker 2012). Dies führt zum spielerischen Erschließen der Inhalte. Über die Nutzung des Potenzials der Playfulness ist systematisch wenig bekannt. Die App der Bildzeitung bietet zum Beispiel die Möglichkeit, das Bild-Girl durch Schütteln des Endgeräts (und damit die Aktivierung des Lagesensors) zu entkleiden (vgl. Bild.de 2012).

Insgesamt ist zu beobachten, dass innovative neue Formate häufig von Unternehmen entwickelt werden, „die sich dem Tablet unverkrampft nähern" (Siegert 2012, S. 15). So entstehen im Corporate Publishing-Bereich und nicht in den Verlagen neue App-Magazine, Agenturen und nicht Redaktionen entwickeln neue innovative Darstellungsformen. Dies zeigt auch eine Äußerung von Lukas Kircher, Geschäftsführer der Agentur KircherBurkhardt, im Medienmagazin Journalist: „Mich erschreckt ein wenig, dass wir solche Storytelling-Formate für Porsche entwickeln und nicht für die FAS." (Siegert 2012, S. 15).

4.2 Wandel der ökonomischen Randbedingungen

Neben der Beeinflussung der Produktion hat der technische Wandel auch die ökonomischen Bedingungen verändert: Die „digitale Revolution betrifft nicht nur Art und Präsentation der Inhalte. Die Geschäftsmodelle müssen angepasst oder neu erfunden werden.“ (Eberspächer 2002, S. 2) Das Geschäftsmodell von Massenmedien gliedert sich in drei Teile: Nutzungsversprechen, Wertschöpfungsarchitektur und Erlösmodell. Das zentrale Nutzungsversprechen liegt in der Erfüllung des Bedürfnisses nach Information und Unterhaltung (vgl. Wright 1960). Dies bleibt auch für digitale Medienangebote identisch, gleichwohl sich spezifische Gratifikationen (basierend auf dem technischen Potenzial) für journalistische Apps im Zuge der sozialen Aneignung erst ausbilden (vgl. Kap. 4.3). Je nachdem, wie groß der Mehrwert der Angebote ist, steigt oder sinkt die Zahlungsbereitschaft der Rezipienten. Die Wertschöpfungsarchitektur besteht in der effizienten Bereitstellung dieser Angebote, um das Nutzenversprechen zu erfüllen. Dabei ist relevant, welche Prozesse das Unternehmen selbst abdeckt und welche extern zugeliefert werden (vgl. Stähler 2002, S. 42ff.).

Im Zuge der problematischen Entwicklung traditioneller Medien werden (vor allem im Hinblick auf den Printmarkt) neue Organisationsformen diskutiert, etwa eines stiftungs-, verbands- oder spendenfinanzierten Journalismus (vgl. dazu u.a. Kramp und Weichert 2012; Weichert et al. 2009). Darüber hinaus ergeben sich Veränderungen der Geschäftsmodelle im Bereich der Architektur der Wertschöpfung. So streben Medienunternehmen aus ökonomischen Gründen die intramediäre vertikale Diversifikation in vor- und nachgelagerte Branchen an (vgl. u.a. Altmeppen 2003) sowie extramediär in medienfremde Wirtschaftsbereiche (vgl. Kramp und Weichert 2012, S. 12; Vogelsberg 2006, S. 360f.). Diese Entwicklungen sind zwar Teil der Rahmenbedingungen, stehen aber in dieser Arbeit nicht im Fokus, da sie sich in der Regel nicht unmittelbar auf das redaktionelle Personal auswirken. Mobiler Journalismus ist Teil der intermediären Diversifikationsstrategie (vgl. Vogelsberg 2006, S. 360f.) – mit allen Folgen der digitalen Produktion und Distribution im Wertschöpfungsprozess.

Im Folgenden steht der dritte Teil der Geschäftsmodelle, das Erlösmodell im Fokus. Eine Beschäftigung mit der Ökonomie der Medien geht immer mit dem Problem einher, dass diese sowohl publizistische als auch wirtschaftliche Güter sind. Die Ökonomisierung des Mediensystems, in deren Folge die Charakteristika des Systems Ökonomie zunehmend in unzulässiger Weise die der Publizistik überlagern, ist ein viel diskutiertes und dokumentiertes Thema innerhalb der Kommunikationswissenschaft (vgl. u.a. Altmeppen 2003; Kiefer 2005). Diese Bertachtungsweise der Medienökonomie steht hier nicht im Fokus. Grundsätzlich wird in dieser Arbeit der Standpunkt vertreten, dass Medienangebote als Kulturgüter ohne wirtschaftlichen Erfolg nicht existieren können (vgl. Altmeppen 2003, S. 216). „If making money was not always the sole concern of media owners, throughout the nineteenth century it has slowly become the main goal of the news industry." (Goyette-Côté et al. 2012, S. 754)

Im Zentrum der Ausführungen stehen die ökonomischen Folgen des Strukturwandels in der Medienbranche. Diese manifestieren sich in steigender Medienkonzentration. Im Zuge der Finanz- und Wirtschaftskrise kam es in den letzten Jahren zu weiteren Verschiebungen. Der Medienmarkt weist seit Jahren schon in vielen Bereichen eine hohe Konzentration auf, die Struktur der Medienmärkte hat sich dadurch stark verändert. Rund 60 Prozent aller Zeitungsexemplare gehörten 2012 den zehn führenden Verlagsgruppen, 44 Prozent entfallen auf die TOP-5. Insbesondere der Kauf auflagenstarker Zeitungen durch führende Zeitungskonzerne ist in den letzten Jahren zu beobachten (vgl. Röper 2012). Der Zeitschriftenmarkt verzeichnet zwar weiterhin ein Titelwachstum, jedoch erreichen nur noch neun Publikumszeitschriften eine Millionenauflage. Die Konzentration ist ebenfalls konstant hoch: Die fünf größten Konzerne hielten 2012 rund 64 Prozent der Marktanteile (vgl. Vogel 2012). Zudem nimmt auch die inhaltliche Vielfalt in Medienkonzernen ab, indem Redaktionen vormals unabhängiger Medienprodukte zusammengelegt werden und als Zentralredaktion mehrere Medienmarken beliefern. Ein Phänomen das insbesondere Tageszeitungen und Zeitschriften trifft. Crossmedialem Arbeiten kommt damit eine neue Bedeutung hinzu: „Es geht nicht mehr nur um die Produktion für Print und Online, sondern auch um die gemeinschaftliche Produktion für verschiedene Print-Plattformen." (Meier 2009)

Medienkonzentration ist im Fernsehbereich ebenfalls seit Jahren bekannt, der private Markt wird von einem Duopol beherrscht, bestehend aus ProSiebenSat.1 Media AG und RTL Group, die zusammen mit ihren Sendern Mitte 2014 rund 34 Prozent der Zuschaueranteile halten. Weitere 43 Prozent des Zuschauermarktes entfallen auf den öffentlich-rechtlichen Rundfunk (vgl. KEK Online 2014). Für die Stellung am umkämpften Werbemarkt ergibt sich durch die Konzentration ein Wettbewerbsvorteil:

> „Große Medienkonglomerate können zu den Gewinnern crossmedialer Strategien gezählt werden: Sie haben die Möglichkeit, konzerninternen Medien Werbezeiten zur Verfügung zu stellen (…). Zudem können diese Unternehmen ganzheitliche Werbekonzepte mit medienübergreifender Kundenansprache vertreiben (…). Darüber hinaus profitieren sie von möglichem Markentransfer, wechselseitiger

> Imageverbesserung und der Möglichkeit, Rezipienten zu erreichen, die auf dem originären Medienmarkt nicht erreichbar gewesen wären." (Zacher 2010, S. 213f.)

Im Zeitalter crossmedial agierender Konzerne ist medienökonomisch nicht mehr nur die intramediäre Konkurrenz von Relevanz. Der Konkurrenzdruck hat sich seit der Digitalisierung darüber hinaus auch intermediär erhöht, da online und nun mobil „die Ableger der verschiedenen traditionellen Massenmedien in einem gemeinsamen Markt aufeinander" (Neuberger 2001a, S. 123f.) treffen. Dies wiederum stellt Medienkonzentrationskontrolle und Medienregulierung vor Herausforderungen. Historisch getrennt regulierte und unterschiedliche finanzierte Mediensektoren treffen nun auf gemeinsamen Plattformen mit ihren Onlineablegern aufeinander (vgl. Knieper et al. 2011). Im Zuge der Erschließung neuer Plattformen treten dabei für Medienunternehmen immer wieder Unsicherheiten auf. Insbesondere die Gebührenfinanzierung der öffentlich-rechtlichen Rundfunkanstalten wird im Bereich der Apps von privat-kommerziell finanzierten Printanbietern als wettbewerbsverzerrend angeprangert, dies zeigt sich im Streit um ein Verbot der Tagesschau-App (vgl. VDZ 2012).

Schließlich ist aus medienökonomischer Perspektive durch den Strukturwandel ein weiteres Problem für klassische Medienunternehmen entstanden, das im Folgenden im Zentrum steht: Das etablierte Finanzierungsmodell, das eine Kombination aus Werbeerlösen und Vertrieb im Printbereich sowie eine vorwiegend indirekte Finanzierung über Werbung für den privat-kommerziellen Rundfunk vorsieht, funktioniert für digitale Produkte nicht mehr. Nachdem das Zeitungssterben lange nur für den amerikanischen Markt zu gelten schien, wurde im Dezember 2012 mit der Financial Times Deutschland auch hierzulande eine überregionale Tageszeitung eingestellt. Die Chefredakteure schrieben in ihrem Abschiedsbrief:

> „Es ist uns allerdings nicht gelungen, (…) ein Geschäftsmodell zu entwickeln, das unseren Anspruch an Journalismus zu finanzieren vermag. Vor diesem Problem stehen alle anderen deutschen Tageszeitungen genauso. Die FTD hat nur aufgrund ihrer späten Geburt und der vielen Krisen, die es seither gab (Dotcom-Blase, 9/11, Lehman-Pleite, Schuldenkrise), nicht genug Speck ansetzen können, um diese Transformationsphase durchzustehen." (Clausen et al. 2012)

Der rückläufige Werbemarkt für klassische Medien sorgt in Kombination mit geringen Erträgen der Onlineprodukte für Probleme. Zwar wird dies vor allem im Hinblick auf Zeitungen thematisiert, langfristig jedoch werden aufgrund der Kopplung von Rezipienten- und Werbemarkt auch die anderen klassischen Massenmedien in Schwierigkeiten geraten (4.2.1). Derzeit ist daher die Frage nach zukunftsfähigen digitalen Erlösmodellen zu klären (4.2.2). Die Kenntnis der wenig erfolgreichen Versuche im stationären Internet ist notwendig, um die ökonomischen Chancen von Mobilem Journalismus einordnen zu können (4.2.3).

4.2.1 Entwicklung der Werbeeinnahmen

> „Massenmedien sind (…) für die Warenzirkulation vieler anderer Branchen von kaum zu unterschätzender Bedeutung. Mit ihren Leistungen als Werbeträger beschleunigen sie den Absatz von Waren und Dienstleistungen und helfen so entscheidend mit, den Wirtschaftskreislauf in Gang zu halten." (Trappel 2008, S. 138)

Mit der Digitalisierung und dem Verlust des Monopols der Massenmedien zur Herstellung von Öffentlichkeit schwindet auch die Relevanz der klassischen Above-the-line-Werbeformen in den Werbeträgern Zeitung, Zeitschrift, Radio und TV. Den ersten großen Einbruch der Werbeerlöse erlebten Massenmedien Anfang des Jahrtausends.

Tageszeitungen waren noch Ende der 1990er Jahre der wichtigste Werbeträger in Deutschland. Lange galt als Faustregel für die Erlösstruktur: Zwei Drittel der Finanzierung stammen aus Werbung, ein Drittel aus Vertriebserlösen. Dies hat sich deutlich verändert, die Werte liegen heute etwa bei 60:40. Aufgrund der Wirtschaftskrise 2008 und 2009 waren erneut Verluste zu verzeichnen, so dass Anzeigenerlöse erstmals die Vertriebserlöse unterschritten (vgl. BDZV 2013a). Die Netto-Werbeeinnahmen gingen 2009 um rund zehn Prozent auf 18,4 Milliarden Euro zurück und haben die 19 Milliarden-Grenze seither nicht mehr überschritten. Am stärksten betroffen waren Tages- und Wochen-/Sonntagszeitungen (-15,5 bzw. 21,6%) sowie Publikumszeitschriften (-16,8%), gefolgt von Fernsehen (-9,8%) und Radio (+5,7%). Damit liegt der Wert deutlich unter den Einnahmen zur Jahrtausendwende (2000: 23,4 Mrd. Euro; vgl. ZAW 2012, S. 14ff.). Tageszeitungen erreichten 2011 mit 3,6 Milliarden Euro netto das Niveau des Jahres 1988 (vgl. Röper 2012, S. 269).

Das stationäre Internet durchschritt die Krisen mit stetigem Wachstum. Nach 2009 (+1,3%) ist der klassische Online-Werbemarkt (Banner, Bewegtbild, Sponsoring) im Jahr 2010 bereits wieder um rund 13 Prozent netto gewachsen. Allerdings klafft die Brutto-Netto-Schere auseinander: Während das Bruttowerbevolumen 2011 vom Online-Vermarkterkreis mit 3,3 Milliarden Euro ausgewiesen wird (vgl. BVDW e.V. 2013b, S. 6), betrugen die Netto-Werbeeinahmen 990 Millionen (vgl. ZAW 2012, S. 19). Im Internet ist zudem ein weiteres Problem entstanden, das Erlösmodelle privat-kommerziell finanzierter Medienangebote in Frage stellt: Der Trend geht weg von klassischen Werbeformen (2012: brutto 3,8 Mrd. Euro) zu personalisierten Formaten, die Zielgruppen ohne Streuverluste direkter und effizienter erreichen: Suchwortvermarktung (2,3 Mrd.) und Affiliate Netzwerke (411 Mio. Euro) liegen bei den Brutto-Werbeeinnahmen 2012 auf den Plätzen zwei und drei (vgl. BVDW e.V. 2013b, S. 6). Meier plädiert daher dafür, statt von einer Problematik der Kostenloskultur im Internet von der neuen Konkurrenzkultur zu sprechen: „Neue Werbeformen von Google und Facebook und das online sehr viel größere Repertoire drücken die Preise für viele Werbeformen nach unten." (Meier 2012) Dennoch: Insgesamt liegen die Online-Werbeumsätze auf niedrigerem Niveau als diejenigen klassischer Medien (mit Ausnahme des Radios), so dass Verluste auf den anderen Werbemärkten durch den Onlinesektor nicht vollständig ausgeglichen werden können (vgl. Meier 2009). Besonders betroffen ist der Zeitungsmarkt, für den das Scheitern tradierter Geschäftsmodelle international seit Jahren proklamiert wird (vgl. u.a. Meier 2009; Krumsvik 2012; Nel 2010).

> „Dies führt zu weiteren Veränderungen in der Medienbranche, die insbesondere unter Konzentrations- und Konvergenzaspekten von Bedeutung sind, da sie die intra- und interorganisationalen Organisationsformen tangieren." (Altmeppen 2003, S. 229)

4.2.2 Die Suche nach zukunftsfähigen Erlösmodellen

Problematisch für die Suche nach neuen Erlösmodellen im Bereich des stationären Internets ist, dass beide Säulen von Massenmedien – die mittelbare Finanzierung durch Werbung und die unmittelbare Finanzierung durch Vertrieb – nicht mehr wie bisher funktionieren. Am stärksten unter Druck ist die Tageszeitung (vgl. Brüggemann et al. 2012; Meier 2012), jedoch zeigen auch andere Medien Tendenzen, in den negativen Sog der Anzeigen-Auflagen/Reichweiten-Spirale zu geraten (vgl. dazu Kap. 4.3). Allen Veränderungen zum Trotz, setzen viele Medienanbieter zur Finanzierung ihrer stationären Internetangebote weiterhin primär auf klassische Formen der Onlinewerbung: Werbung und Sponsoring sind die wichtigsten Einnahmequellen (vgl. Neuberger et al. 2009a, S. 262). Der Vertrieb ihrer digitalen Medienprodukte im stationären Internet erfolgt weitgehend ohne Entgelt, kostenpflichtig sind meist nur E-Paper oder Archiv (vgl. Neuberger et al. 2009a, S. 262). Häufig wird daher konstatiert: Durch das stationäre Internet hat sich eine Kostenloskultur entwickelt, in der mit der

Bereitstellung redaktioneller Inhalte allein kein Geld mehr zu verdienen ist (vgl. Rademacher und Siegert 2007, S. 483).

> „Das Geschäftsmodell des privat-kommerziellen Journalismus, das im 19. Jahrhundert erfunden wurde, erweist sich als nicht mehr zukunftsfähig – zumindest nicht in der Breite des Massenmarkts, sondern allenfalls in einzelnen Nischen." (Meier 2009)

Dies liegt jedoch daran, dass auch in Bezug auf die Suche nach neuen Erlösmodellen ein Trägheitsprinzip der Medien zu identifizieren ist. Klassische Medienanbieter erweisen sich im Vergleich zu anderen Branchen als wenig innovativ und experimentierfreudig. Sie könnten von der Adoption bereits funktionsfähiger Modelle aus anderen Bereichen des Internets, etwa Online-Gaming, E-Commerce oder Suchmaschinenmarketing profitieren (vgl. Kramp und Weichert 2012, S. 9).

Erlösmodelle basieren auch digital auf einer Finanzierung durch unmittelbare und mittelbare Einnahmen. Diese stammen entweder unmittelbar von den Rezipienten oder mittelbar über Dritte bzw. aus Produkten und Dienstleistungen (vgl. Seidel und Schwertzel 2006, S. 862). Zerdick et al. (2001), die den Begriff der Internet-Ökonomie geprägt haben, identifizierten neben Werbung und Abonnementgebühren bereits Anfang des Jahrtausends drei innovative (mittelbare) Strategien, die als neue Erlösquellen für den Journalismus dienen können: Transaktion, Kommission und Datamining. Zahlreiche Autoren haben sich darauf basierend sowohl mit einzelnen als auch mehreren dieser Strategien vorwiegend theoretisch auseinandergesetzt (vgl. u.a. Dogruel und Katzenbach 2010, sowie den Sammelband von Friedrichsen und Brunner 2007). In der Medienpraxis werden diese Formen keinesfalls flächendeckend gewinnbringend eingesetzt:

> „Zwar werden auch bei Printerzeugnissen, Radio und Fernsehen teilweise alternative Marketing- und Erlöskonzepte sowie neue redaktionelle Managementansätze verfolgt, allerdings geschieht dies eher im Rahmen der klassischen werblichen und publizistischen Möglichkeiten." (Kramp und Weichert 2012, S. 9)

Auf Datamining, das die Aufbereitung und den Verkauf digital vorliegender Nutzerdaten beschreibt, wird hierr nicht näher eingegangen. Es ist insbesondere unter Gesichtspunkten des Datenschutzes umstritten, daher sind öffentlich zugängliche Daten rar und die Auskunftsbereitschaft zu Einsatz und Relevanz in Redaktionen ist gering.

Transaktion beschreibt die Möglichkeit, durch Diversifizierung der eigenen Produktpalette, journalistische Angebote zu subventionieren. Etwa durch den Verkauf und Handel mit realen oder virtuellen Gütern. Insbesondere größere Medienunternehmen versuchen durch Merchandising einerseits und den Verkauf von anderen Medienprodukten (etwa Bücher und

DVDs) bereits seit längerem, neue Umsatzquellen zu erschließen und gleichzeitig vom Image ihrer Marke zu profitieren (vgl. Dogruel und Katzenbach 2010, S. 119). Die Strategie der Kommission umfasst den Verweis auf andere E-Commerce-Plattformen. In redaktionellen Beiträgen erwähnte Dienstleistungen oder Produkte werden mit einem externen Link versehen, der den Kauf ermöglicht. Dies steht theoretisch sowohl Print- als auch Rundfunkanbietern offen, ist für den Journalismus jedoch nur für bestimmte Themen sinnvoll einsetzbar, insbesondere im Service- und Ratgeberjournalismus. Darüber hinaus erhöht die Verlinkung zu E-Commerce-Angeboten die Gefahr der unzulässigen Vermischung von Werbung und redaktionellem Inhalt (vgl. Trappel 2001, S. 234).

Ergänzend zu den Formen klassischer Onlinewerbung sind die alternative Finanzierungsmöglichkeit der Suchwortvermarktung und Affiliate-Netzwerke entstanden. Diese werden im Journalismus vereinzelt eingesetzt (vgl. Neuberger et al. 2009a, S. 262), jedoch ist ihr Einfluss auf die journalistische Qualität umstritten. Auf Basis einer Expertenbefragung von 1115 Befragten aus den Bereichen Journalismus, Wissenschaft/Ausbildung sowie Politik sowie zehn ergänzenden Intensivinterviews mit leitenden Redakteuren, kommen Kramp und Weichert (2012) im Innovationsreport Journalismus zu dem Ergebnis, dass insbesondere soziale Netzwerke sowie für Nischenpublikationen „Sonderwerbe- und Marketingformen an ausgesuchte Zielgruppen" (Kramp und Weichert 2012, S. 10) noch Potenzial aufweisen.

Auch der zweite, an klassischen Finanzierungsformen angelehnte Weg, der Verkauf der Produkte, ist eine immer wieder diskutierte Lösung. Das stationäre wie auch das mobile Internet eröffnen neue Formen der Distribution, die eine selektivere Nutzung von Medienprodukten ermöglichen, etwa nur einzelne Beiträge (on demand) zu rezipieren. Damit werden neue Bezahl- und Abrechnungsmodelle möglich, die Rezipienten erlauben, nur für die Inhalte eines Medienangebots zu bezahlen, die sie auch tatsächlich nutzen. Diese unmittelbare Finanzierung durch Rezipienten ist entweder abhängig von der Mediennutzung (z.B. Kauf von Einzelbeiträgen) oder unabhängig davon (z.B. Abonnementgebühren), sie kann einmalig oder periodisch erhoben werden (vgl. Seidel und Schwertzel 2006, S. 872).

Insgesamt wird der kostenpflichtige Vertrieb unter dem Begriff des „Paid-Content" gefasst. Die Pay-Wall kann entweder sofort greifen, zeitlich versetzt oder nur für Premium-Content gelten, so dass eine Basisversion kostenfrei nutzbar ist (vgl. Breunig 2005, S. 407). Für die direkte Finanzierung durch Rezipienten stehen vier zentrale Abrechnungsmodelle zu Verfügung. Einmal besteht die Möglichkeit zur einzelnen Abrechnung jedes genutzten Inhalts (Pay-per-Use, Micro-Payment). Weiter sind der Verkauf zeitlich eingeschränkter Nutzungsrechte (Pay-per-Time), unterschiedlich gestaffelter Abonnements für einen periodischen Bezug sowie viertens eine Abrechnung über Pakete möglich, die unterschiedliche Angebote zusammenfassen (vgl. Breunig 2005, S. 407; Rademacher und Siegert 2007, S. 486). Je vielfältiger und flexibler diese Zahlungsmodelle innerhalb eines Angebots kombinierbar sind, desto einfacher ist es, unterschiedliche Zielgruppen (z.B. Printabonnenten und Neukunden, sporadische und regelmäßige Nutzer) anzusprechen (vgl. Dogruel und Katzenbach 2010, S. 120). Während Anfang des Jahrtausends noch deutliche Steigerungsraten für Paid-Content im stationären Internet prognostiziert worden sind (vgl. dazu Breunig 2005), ist diese Erlösform derzeit im Onlinejournalismus aufgrund der vielen kostenlosen Alternativen wenig erfolgreich. Immer wieder versuchen einzelne Anbieter (meist im Printbereich) Inhalte ihrer Webseiten teilweise oder vollkommen kostenpflichtig zu machen. Anfang 2013 war im Lokaljournalismus eine erneute Welle der Installierung von Pay-Walls zu beobachten (vgl. Mrazek 2013).

Innovative Impulse gehen von einigen Projekten aus, die meist abseits großer Medienhäuser getestet werden. Das Internet lehrt allerdings schon länger, dass sich durch den Long Tail-Effekt auch Projekte abseits des Massenmarktes durch kleinere Einnahmen über lange Zeit bezahlt machen können (vgl. Anderson 2007). Größere Medienunternehmen suchen primär nach Erlösmodellen, die bisherige Einnahmequellen vollständig ersetzen können, dazu sind die experimentelleren Formen derzeit nicht in der Lage. Dies zeigt das Micropayment-Modell Flattr. Dieses Social-Payment-System stellt eine neue nutzungsabhängige Finanzierungsform dar. Der Nutzer erstellt ein eigenes Konto, das er monatlich mit einem bestimmten Guthaben füllt. Medienanbieter installieren auf ihrer Webseite einen Flattr-Button. Gefällt einem Rezipienten ein Beitrag, drückt der den Button. Am Ende des Monats wird sein Guthaben dann auf der Basis seiner Klicks auf die genutzten Medieninhalte verteilt. Nach der Einführung 2010 wurde der Dienst vor allem von Bloggern genutzt, aber mit der tageszeitung auch von einem klassischen Medienunternehmen in die Webseite eingebunden. Die Beträge, die durch Flattr erzielt werden, sind keinesfalls ausreichend, um den Internetauftritt zu finanzieren. Nach anfänglichen Erfolgen gingen die Beiträge 2012 stark zurück – 680 Euro nahm die tageszeitung damit ein. Die taz hat die Idee für sich weiterentwickelt und versucht nun, mit der Kampagne „taz zahl ich“ auf freiwillige Zahlungsbereitschaft ihrer Onlinenutzer zu setzen (vgl. Lüke 2012).

Ein weiterer Versuch ist, Rezipienten bereits an früherer Stelle in den Prozess der redaktionellen Produktion einzubinden. Über Crowdfunding-Plattformen wie Spot.us, Kickstarter.com oder Startnext.de können Recherchevorhaben und journalistische Projekte finanziert werden. Diese sind sich dort allerdings deutlich in Unterzahl.

> „Hierbei wird dem Nutzer ein immer größeres Gewicht zukommen, nicht erst bei der Bezahlung von journalistischen Produkten, sondern auch bei der direkten finanziellen Ermöglichung von Recherchevorhaben und bei der Unterstützung des journalistischen Arbeitsprozesses insgesamt. Dieses Engagement des souveränen Mediennutzers geht weit über die Rolle des reinen Konsumenten hinaus, der durch Paywalls, Abonnements und Micro-Payments Vertriebserlöse generiert; vielmehr entspricht es einem aktiven Eintreten für eine wertgeschätzte Leistung, die Journalisten in der modernen Informationsgesellschaft erbringen." (Kramp und Weichert 2012, S. 13)

Die vorgestellten Erlösmodelle des stationären Internets können auch auf mobilen Endgeräten Anwendung finden. Für Apps gelten einige Besonderheiten, auf die nachfolgend eingegangen wird. Dabei werden angelehnt an Rademacher und Siegert (2007, S. 488ff.) die Attribute systematisch angewendet, die Rezipienten in ihre Kosten-Nutzen-Analyse einbeziehen.

4.2.3 Mobiler Journalismus als ökonomische Chance

Mobile Endgeräte sind attraktive Werbeträger. Die Rezeption ist einerseits gut messbar, gleichzeitig setzen die Medieninhalte auf Emotionalität und erreichen eine hohe Rezipientenbindung (vgl. Siegert 2012, S. 18). Seit Dezember 2012 bietet die IVW an, Apps und mobile Webseiten zur Messung der Reichweite anzumelden, seit Juli 2013 werden Werte ausgewiesen (vgl. IVW 2012a). Dies zeigt die gestiegene ökonomische Relevanz der Angebote für den Journalismus (vgl. Eck 2010, S. 16).

Dennoch spielt der mobile Werbemarkt derzeit noch eine untergeordnete Rolle, insbesondere die präferierten klassischen Werbeformen (Anzeigen, Banner, etc.) waren aufgrund der kleinen Displays lange keine Option. Zudem haben Nutzerstudien früh gezeigt, dass Werbe-SMS, Banner und Einblendungen von der Mehrheit abgelehnt werden. Erst, wenn ein Mehrwert erkennbar ist, steigt die Akzeptanz: Zum Biespiel, wenn das technische Potenzial der Geräte genutzt wird und personalisierte sowie standortbezogene Werbung in die Angebote integriert wird. 44 Prozent der mobilen Internetnutzer in Deutschland finden standortbezogene Coupons informativ, weitere 21 Prozent unterhaltsam. Für Werbebanner trifft dies nur auf 17 bzw. 14 Prozent zu (vgl. Accenture 2012, S. 19). Die Wachstumsraten sind hoch, 2012 wurden von Unternehmen 62 Millionen Euro (brutto) in mobile Werbung investiert (vgl. BVDW e.V. 2013a).

Aktuell versuchen Medienunternehmen mobil durch eine Kombination direkter und indirekter Erlösmodelle Geld zu verdienen – dabei sind finanzierungsabhängige und -unabhängige Modelle vertreten. Am häufigsten liegt der Fokus auf Werbung in Kombination mit Verkaufs- sowie Abonnementgebühren. In Bezug auf die Etablierung von direkten Erlösformen für journalistische Apps sind Medienunternehmen nicht vollständig flexibel. Der Zugang zum Rezipientenmarkt wird mobil stärker als im Internet durch Einflüsse der Netz- und Plattformbetreiber sowie der Endgerätehersteller beeinflusst, da Distributionsbedingungen und Kompatibilität stark variieren. Im Ubiquitous Computing stellt Mobiler Journalismus zudem nur einen Teilbereich der möglichen Anwendungen dar, so dass Medienunternehmen nicht als gleichwertige Partner auftreten können. Durch die Abhängigkeit von Plattformanbietern wie Apple verlieren sie die Kontrolle über das Erlösmodell, da ein Zugang zum Rezipienten nur über vorgegebene Modelle des Anbieters möglich ist und Erlöse zu feststehenden Konditionen geteilt werden. Im Fall von Apple bedeutet dies eine Provision in Höhe von 30 Prozent der Einnahmen (vgl. Konjovic 2012, S. 17). Der Verband Deutscher Zeitschriftenverleger (VDZ) und der Bundesverband Deutscher Zeitungsverleger (BDZV) kritisierten insbesondere Apples Eingriff in die Gestaltung verlagsinterner Abo-Modelle, unter anderem die mangelnde Möglichkeit Vergünstigungen für Abonnenten anderer Verlagsprodukte zu gewähren (vgl. VDZ 2011b). Eine Verbesserung der Sichtbarkeit ihrer Angebote konnten Printableger 2011 durch die Etablierung des Zeitungskiosks erreichen, der ihre Angebote gebündelt verfügbar macht. Donata Hopfen, Geschäftsführerin Bild digital, steht mit ihrer Aussage stellvertretend für den Journalismus: „Wir hoffen darauf, dass sich Apps perspektivisch zu einem auch wirtschaftlich relevanten, zusätzlichen Vertriebskanal entwickeln." (Eck 2010, S. 17)

Umfassende Studien zum Einsatz direkter und indirekter Erlösmodelle für App-Ableger klassischer Massenmedien liegen nicht vor, insbesondere nicht zu TV- und Radioangeboten. Allerdings deutet vieles auf die Übertragung alter Erlösmodelle. Dies zeigt ein Ratschlag des Geschäftsführers Digitale Medien im VDZ, Alexander von Reibnitz aus dem Jahr 2010: „Die Printprodukte im digitalen Bereich als ‚bundle' zu verkaufen und nicht in einzelne Artikel aufzuspalten." (Eck 2010, S. 17)

Der Erfolg der Erlösmodelle für journalistische Apps wird davon abhängen, wie groß Rezipienten den Mehrwert der Produkte einschätzen. Eine Rolle spielen im Einzelnen: die Höhe des Kaufpreises, der Transaktionsaufwand und Fragen des Datenschutzes (vgl. Rademacher und Siegert 2007, S. 488ff.). Darüber hinaus wird die Zahlungsbereitschaft von der Relevanz der Inhalte, der erwarteten Qualität, der Evaluierbarkeit der Inhalte und Erfahrungen mit dem Angebot sowie dessen Substituierbarkeit bestimmt (vgl. Rademacher und Siegert 2007, S. 488ff.). Im Gegensatz zu Webseiten haben Apps einen Vorteil: Durch den Download der Anwendung auf das eigene Gerät und der häufig verfügbaren Möglichkeiten zur Archivierung von Content entsteht das Gefühl, das Produkt tatsächlich zu besitzen (vgl. Siegert 2012, S. 17). Erkenntnisse zu den Erwartungen der Rezipienten werden in Kap. 4.3 dargestellt.

In Bezug auf die Höhe des Kaufpreises sind journalistische Anbieter einerseits an das gestufte Preissystem von Apple gebunden (beginnend z.B. bei 0,89 Euro), haben jedoch die Möglichkeit, ihren Produkten beliebig hohe Preise zuzuweisen. Die meistverkaufte Magazin-App in Deutschland, Der Spiegel für das iPad, zeigt das aktuelle ökonomische Potenzial alter Erlösmodelle deutlich: Rund 28.000 Leser entrichten entweder 3,99 Euro als reine Mobile-Nutzer oder 0,50 Euro als Printabonnenten. Dies ergibt einen geschätzten Umsatz von 50.000 Euro über den digitalen Vertrieb. „Etwas weniger als der Verlag derzeit für eine ganzseitige gedruckte Anzeige haben will." (Siegert 2012, S. 16) Viele Apps kosten deutlich weniger. Dennoch vermeldete der Axel Springer-Konzern 2011 die „Premium-Initiative" von Bild und Die Welt als Erfolg. Nach eigenen Angaben wurden damals mehr als 100.000 Ausgaben der Bild und 17.000 Ausgabe der Welt verkauft (vgl. Axel Springer AG 2011). Ein Überblick über Downloadzahlen deutscher Medien-Apps ist schwierig, da Apple hierzu keine Zahlen veröffentlicht.

Ergebnisse einer Studie von BDZV und dpa-infocom, wonach fast die Hälfte der iPhone-Besitzer und über 80 Prozent der iPad-Besitzer bereit sind, Geld für journalistische Inhalte zu bezahlen (vgl. dpa 2011) stehen im Widerspruch zu anderen Forschungsergebnissen. Im Rahmen der Allensbacher Computer- und Technikanalyse (ACTA) 2012 gaben 58 Prozent der mobilen Internetnutzer, die Apps verwenden, an, nur kostenlose Anwendungen zu installieren. Allerdings zeigen die Daten auch, dass mobile Internetnutzer eine höhere Zahlungsbereitschaft für digitale Printprodukte aufweisen als Nutzer des stationären Internets; Tablet- und E-Reader-Nutzer liegen dabei vor Smartphone-Nutzern (vgl. Institut für Demoskopie Allensbach 2012a). In einer für mobile Internetnutzer repräsentativen Befragung, gaben 94 Prozent an, in den letzten zwei Wochen für mobile Informationen kein Geld bezahlt zu haben. Zudem wurde die „kostenlose Bereitstellung" mobile Informationsangebote als sehr wichtig erachtet (m = 4,4, sd = 1,0; vgl. Wolf und Schnauber 2013). Zumindest die technische Hürde, für digitale Inhalte zu bezahlen, ist durch App-Stores deutlich erleichtert. Ein zentrales Problem des stationären Internets ist noch immer der Mangel eines einheitlichen, benutzerfreundlichen Zahlungssystems (vgl. Rademacher und Siegert 2007, S. 483f.). Besonders Apple hat hier das Bezahlen im Rahmen des Walled Gardens für alle Inhalte, die über iTunes bezogen, deutlich vereinfacht. Damit sind die Voraussetzungen für Bezahlinhalte auf mobilen Endgeräten besser als im Internet. Klassische Medienanbieter profitieren davon, meint Alan Rusbridger: „Mobile is where most people think the revenues are much easier to get. (…) The mechanism to pay through mobiles is already there and people are already used to it.“ (The Hindu 2010). Darüber hinaus ist für das einzelne Angebot auch relevant, ob Nutzer weitere Daten preisgeben müssen und wofür diese im Einzelnen verwendet werden (vgl. Rademacher und Siegert 2007, S. 489).

Zudem sind Eigenschaften des Produktes und damit verbundene Gratifikationen wichtig. Da Mediengüter Erfahrungsgüter sind, ist die Qualität vor der Nutzung schlecht abzuschätzen. Apps werden als Ableger etablierter Marken publiziert, daher spielen bisherige Erfahrungen mit dem Angebot eine Rolle, das Image der Muttermarke und der Webangebote sind damit von Bedeutung (vgl. Breunig 2005, S. 408; Rademacher und Siegert 2007, S. 488f.). Aufgrund der in iTunes einsehbaren Bewertungen von Apps (Textkommentare und Sterne) ist darüber hinaus anzunehmen, dass auch diese im Vorfeld für eine Nutzungs- bzw. Kaufentscheidung herangezogen werden (vgl. Utz et al. 2012; Utz et al. 2009). Weiter fördert eine Exklusivität des angebotenen Produkts die Zahlungsbereitschaft. Hierbei ist entscheidend, ob journalistische Apps eigenständige Inhalte anbieten – und nicht nur ein weiterer Kanal zur Mehrfachverwertung identischer und damit aus Nutzersicht substituierbarer Inhalte sind (vgl. Breunig 2005, S. 408). Je klarer ein Mehrwert für den Nutzer erkenn- oder erwartbar ist, desto eher ist er bereit, für das digitale Produkt zu bezahlen.

Dabei spielt auch die soziale Aneignung auf Rezipientenseite eine Rolle, d.h. die Frage, inwiefern Apps in das Medienrepertoire eingebunden werden und ob mobilspezifische Eigenschaften hierbei eine zentrale Rolle spielen. Erste Erkenntnisse hierzu liegen bereits vor, diese werden im folgenden Kapitel vorgestellt. In der Befragung deutscher Redaktionen 2007 wurde außerdem deutlich, dass damals auf Anbieterseite vor allem ökonomische Gründe gegen einen Markteintritt gesprochen haben: fehlende Nachfrage (22%), Abwarten weiterer Entwicklungen am Markt (22%), hohe Kosten (18%) und das Fehlen einer klar definierten Zielgruppe

(16%) wurden am häufigsten genannt (vgl. Wolf und Hohlfeld 2010, S. 198f.). Dies hat sich in den letzten fünf Jahren verändert. Daher steht nachfolgend der Wandel der Medienrezeption als letzter Teilbereich der Rahmenbedingungen im Fokus.

4.3 Wandel der Medienrezeption

Wenn es um das Mediennutzungsverhalten der Zukunft geht, werden häufig Trendgruppen untersucht. Diese werden entweder im Zuge einer diffusionstheoretischen Perspektive durch die Early Adopter (vgl. Accenture 2011, S. 35) repräsentiert oder durch Lebensstilgruppen erfasst, wie sie mit den Sinus-Milieus (vgl. Sinus-Institut 2010) oder der MedienNutzertypologie (vgl. Oehmichen 2007) entwickelt worden sind. Vor allem Prognosen, die ausschließlich auf dem Verhalten der Innovatoren und Early Adopter basieren, sind vorsichtig zu interpretieren. Sie sind vom „Neuen überhaupt fasziniert und begeistern sich besonders für technische Neuerungen“ (Stipp 2001, S. 372). Oftmals sind daher die Kosten neuer Medientechniken für sie nicht relevant. Die Erfolgsvorhersagen lagen daher für die Diffusion des mobilen Internets lange weit über der tatsächlichen Entwicklung und mussten mehrfach nach unten korrigiert werden. Der Grund lag an der falschen Fokussierung: Das technologische Potenzial, die Infrastruktur, Strategien und Geschäftsmodelle allein waren die Basis. Die Bedürfnisse und Interessen des potenziellen Rezipienten hingegen wurden außer Acht gelassen (vgl. Stipp 2001, S. 371).

> „Solche der Diffusionsforschung entlehnte Instrumente neigen allerdings meist wegen der Überakzentuierung und Verabsolutierung technikaffiner und innovationsbegeisterter Gruppen zu einer Überschätzung künftiger Medienausstattung und Mediennutzung.“ (Hohlfeld 2005, S. 65)

Zudem basieren Untersuchungen oft auf Querschnittsdesigns, die für die Darstellung eines Prozesses wenig geeignet sind (vgl. Karnowski 2011, S. 49). Unbestritten ist jedoch: Die gestiegene Vielfalt an Medienplattformen und -angeboten führt durch das endliche Zeitbudget der Rezipienten zwangsläufig zu einer Selektion zwischen Medien und Anbietern. Inter- und intramediärer Wettbewerb zwischen Massenmedien wird seit jeher diskutiert und insbesondere mit Auftreten eines neuen technischen Mediums von Diskussionen um Substitution und Komplementarität begleitet (vgl. u.a. Mögerle 2009). Die Konkurrenz im Bereich der Informations- und Serviceangebote ist aufgrund ähnlicher Inhalte besonders groß (vgl. Hasebrink und Domeyer 2010; Mende et al. 2012; Taneja et al. 2012). Im letzten Jahrzehnt ist eine Beschäftigung mit den Auswirkungen des stationären Internets auf die Tageszeitung zu beobachten (vgl. u.a. Neuberger und Tonnemacher 2003; Roth 2005b; Weichert et al. 2009). Dies liegt daran, dass dieses Medium stark vom Rückgang der Auflagen betroffen ist und junge Zielgruppen verliert. Doch alle klassischen Massenmedien sind vom Wandel der Mediennutzung durch die Digitalisierung betroffen, auch Rundfunk und Zeitschriften tangiert die Vielfalt der Auswahlmöglichkeiten, die sich in einer Abkehr von linearen audiovisuellen Angeboten und einer Fragmentierung der Zeitschriftentitel äußert (vgl. Kap. 4.3.1). In diesem Zusammenhang sind die Diffusion und Adoption mobiler Endgeräte, des mobilen Internets und Apps relevant. Denn damit hat sich das Wettbewerbsfeld abermals um einen neuen Teilnehmer erweitert, der um die Aufmerksamkeit der Rezipienten kämpft. Die Nutzungszahlen in Deutschland stiegen in den letzten drei Jahren deutlich an (vgl. Kap. 4.3.2).

Aufgrund crossmedialer Strategien der Medienanbieter, können der Wandel der Medienrezeption sowie damit einhergehende substituierende oder komplementäre Entwicklungen am besten durch einen Ansatz erfasst werden, der das Nutzungsverhalten medienübergreifend betrachtet. Wird das gesamte Medienrepertoire einbezogen, also alle Medien, die ein Rezipient regelmäßig nutzt, ist es möglich, Veränderungen auf Plattformebene, aber auch auf der Ebene der Medienanbieter und ihrer crossmedial genutzten Marken zu verstehen (vgl. Hasebrink und Domeyer 2010, S. 50f.). Damit stellt sich die Frage, welche Optionen des technischen Potenzials besonders relevant sind. Dies ist im Hinblick auf die substituierende oder komplementäre Integration journalistischer Apps in das Medienrepertoire der Rezipienten interessant sowie darüber hinaus im Rahmen der weiter oben beschriebenen crossmedialen Strategien klassischer Medienunternehmen. Werden ihre Ableger auch mobil genutzt, spricht dies für den Erfolg des Markentransfers. Gleichzeitig jedoch ist eine Nutzung der Ableger klassischer Massenmedien auch demokratietheoretisch von Bedeutung. Das mobile Internet und Apps werden neben vielfältigen anderen Anwendungsmöglichkeiten auch zur Rezeption journalistischer Inhalte genutzt (vgl. Schnauber und Wolf 2014). Dort jedoch ist wie schon im stationären Internet eine noch größere Vielfalt an Angeboten zu finden, da neben klassischen Medienunternehmen auch neue Anbieter, etwa Yahoo oder Google, aber auch nutzergenerierte Blogs sowie neue mobilspezifische Anbieter journalistische Angebote bereithalten (vgl. Porter 2012; Yuan 2011, S. 1000). Einige Autoren fürchten dadurch auch eine Reduzierung der integrativen Funktion der Massenmedien: Indem Angebot und Nutzung zunehmend fragmentieren, zerfällt Öffentlichkeit in meist unabhängige Teilöffentlichkeiten, die in Größe und Reichweite stark variieren (vgl. u.a. Bächler und Bonfadelli 2012; Hohlfeld und Strobel 2011, S. 17; Tewksbury und Rittenberg 2012). Werden mobile Angebote klassischer Massenmedien weiterhin von einem Großteil der Nutzer rezipiert, ist von einem gemeinsamen Kern an Nachrichten auszugehen (vgl. Kap. 4.3.3).

4.3.1 Entwicklung der Auflagen/Reichweiten klassischer Medien

Obwohl Untersuchungen wie die ARD/ZDF-Studie Massenkommunikation lange suggerierten, das Medienzeitbudget der Rezipienten sei unbegrenzt erweiterbar, sprechen aktuelle Nutzungszahlen der Medienprodukte eine andere Sprache: Printmedien verlieren stetig Leser. Und obwohl die Nutzungsdauer der Rundfunkmedien immer noch hoch ist, verzeichnen einige Altersgruppen einen deutlichen Rückgang in Dauer und Tagesreichweite (vgl. Gattringer und Klingler 2012; Zubayr und Gerhard 2013). Das Mediennutzungsverhalten der „Digital Natives“, also derjenigen Personen, die in die digitale Medienwelt geboren worden sind (vgl. Busemann und Engel 2012, S. 136), zeigt deutliche Unterschiede zu früheren Generationen (vgl. Eimeren und Frees 2010). Junge Zielgruppen, haben sich in weiten Teilen vom linearen Programmfernsehen verabschiedet, verzichten auf ein Abonnement von Tages- und Wochenzeitungen und kehren selbst Zeitschriften in gedruckter Form den Rücken.

Der Markt der Publikumszeitschriften begegnet den Veränderungen durch zunehmende Fragmentierung: Über 2000 Zeitschriftentitel sind derzeit auf dem Markt, rund 500 mehr als vor 20 Jahren (vgl. Siegert 2012, S. 17). Die Auflage der Publikumszeitschriften ist allerdings in den letzten zehn Jahren um 18 Millionen von 126 Mio. (4. Quartal 2002) auf 108 Millionen (4. Quartal 2012) gesunken (vgl. IVW 2012c). Die Folge: Immer mehr Titel konkurrieren um immer weniger Rezipienten und Anzeigenkunden. Nur noch neun Titel erreichen eine Auflage über eine Million. Darüber hinaus steigen die Preise für den Leser. Jeder zweite Titel kostet über vier Euro (vgl. Vogel 2012, S. 317). Die tagesaktuelle Presse (inklusive der Sonntagsausgaben und aktuellen Sonntagszeitungen) befindet sich seit Jahren in einem stetigen Abwärtstrend. Lag die Anzahl täglich verkaufter Exemplare 2002 noch bei 27 Millionen (4. Quartal), betrug sie 2012 nur rund 21 Millionen (4. Quartal; vgl. IVW 2012c). Der Abwärtstrend verstärkt sich durch die Interdependenz von Auflage und Relevanz für Werbekunden immer mehr (vgl. Meier 2012).

> „Ab einem bestimmten Punkt schmerzt auch ein Reichweitenrückgang von 1-2% pro Jahr, weil die Reichweite ein Level erreicht, auf dem zwei weitere Prozent weniger dazu führen, dass der Werbekunde XY das Angebot als nicht mehr attraktiv empfindet.“ (Meier 2012)

Auch für Zeitungen ist der Schwund bei jungen Lesern besonders deutlich. Kohortenanalysen auf Basis der Längsschnittdaten der ARD/ZDF-Studie Massenkommunikation deuten zudem darauf hin, dass die durch das stationäre und vermehrt auch mobile Internet sozialisierten Gruppen auch später nicht mehr zur gedruckten Zeitung greifen werden (vgl. Best und Engel 2011). Anders stellt sich dies nur für Wochenzeitungen dar: Ihre verkaufte Auflage ist in den letzten zehn Jahren relativ stabil geblieben (2002 und 2012 jeweils 1,8 Millionen; vgl. IVW 2012c).

Gleichwohl Fernsehen und Radio derzeit auf die Gesamtbevölkerung gesehen noch immer hohe Reichweiten aufweisen, zeigen sich auch hier Veränderungen. Die Reichweite liegt in den letzten fünf Jahren konstant bei rund 73 Prozent (vgl. AGF 2011). 2011 erreichte die Fernsehnutzung einen Höchststand von 225 Minuten täglich, die 2012 bei 222 Minuten liegt (vgl. Zubayr und Gerhard 2013). Obwohl lineare Formate weiterhin Bestand haben werden, müssen Fernsehsender andere Plattformen besetzen und Inhalte in Mediatheken oder Apps zum Abruf bereithalten. Denn der Fernsehkonsum der 14- bis 19-Jährigen erreicht mit durchschnittlich 102 Minuten pro Tag nicht einmal die Hälfte des Werts der Altersgruppen ab 40 Jahren. Deutlich unterschieden sich hier auch die Tagesreichweiten: Nur noch knapp jeder zweite 14- bis 19-Jährige hat 2012 täglich ferngesehen (vgl. Zubayr und Gerhard 2013). Kohorteneffekte für die in den 1980er Jahren Geborenen zeigen sich auch hier: Als einzige Kohorte weisen sie einen Rückgang der Fernsehnutzung auf, insbesondere in den Jahren zwischen 2005 und 2010 – der Zeit in der die Internetnutzung deutlich steigt (vgl. Best und Engel 2011, S. 528). Das öffentlich-rechtliche Fernsehen ist von einem stark überalterten Publikum geprägt, das im Durchschnitt über 60 Jahre alt ist (vgl. Huber 2011).

Um Substitutionseffekte genauer beurteilen zu können, ist auch hier ein Blick auf das Medienrepertoire der Rezipienten sowohl hinsichtlich der genutzten Plattformen als auch der Inhalte notwendig: Das lineare Fernsehen über TV-Geräte ist damit zwar von Substitutionseffekten betroffen, die Inhalte werden aber (wenn auch in weitaus geringerem Maß) in Form der Onlineableger auch im stationären Internet genutzt (vgl. Best und Engel 2011, S. 528). Der Trend geht durch die Digitalisierung weg vom linearen Programmfernsehen, hin zu Abrufinhalten on demand – online und mobil. 2011 wurden deutlich mehr Videos der Mediengruppe RTL mobil abgerufen, als im Vorjahr. Der Wert stieg um 165 Prozent auf 75 Millionen Zugriffe (vgl. Hengl 2012, S. 8).

Auch die Radionutzung über Radiogeräte ist seit 2005 deutlich zurückgegangen. Während in den 1950er Jahren Geborene besonders radioaffin sind, ist von den nachfolgenden Jahrgängen „keine weitere Expansion der Radionutzung zu erwarten" (Best und Engel 2011, S. 528). Insgesamt liegt auch hier die Reichweite auf Basis der „ma radio" kontinuierlich über 70 Prozent, die Hördauerdauer bei durchschnittlich 187 Minuten. Die zehn bis 19-Jährigen weichen mit 85 Minuten deutlich ab. Die Radionutzung außer Haus weist aufgrund der Verbreitung von mobilen Endgeräten steigende Reichweiten auf. Jedoch konkurrieren die Angebote dort mit anderen Anwendungen, so dass die Nutzungsdauer in der Gruppe der zehn bis 29-Jährigen gesunken ist (vgl. Gattringer und Klingler 2012, S. 412ff.).

Die Ergebnisse der Reichweiten- und Auflagenforschung zeigen damit auf breiter Front einen (unterschiedlich starken) Rückgang der Nutzung klassischer Massenmedien, insbesondere in jüngeren Altersgruppen – die sich zum Teil auf eine substituierende Nutzung des stationären Internets zurückführen lassen. Damit könnte sich das Medienrepertoire auf Plattformebene künftig weiter zu Gunsten digitaler Medien verschieben.

Dies sagt jedoch nichts darüber aus, aus welchen Quellen die Inhalte auf den Onlineplattformen stammen. Insgesamt deuten hier Ergebnisse unterschiedlicher Studien immer wieder darauf hin, dass Ableger klassischer Medienunternehmen auch online von Bedeutung sind. Dies zeigen sowohl (periodisch) durchgeführte Befragungen, etwa die „internet facts" der Arbeitsgemeinschaft Onlineforschung AGOF (vgl. AGOF e.V. 2013a), aber auch Messungen der Informationsgemeinschaft zu Feststellung der Verbreitung von Werbeträgern (vgl. IVW 2013). Auch die ARD/ZDF-Studie Massenkommunikation zeigt, dass jüngere Altersgruppen die Ableger der gedruckten Zeitung im stationären Internet rezipieren: 30 Prozent der Nutzung von Tageszeitungen der 14- bis 29-Jährigen gingen auf die Internetnutzung zurück (vgl. Best und Engel 2011, S. 530). Hierbei zeigt sich auch eine Veränderung bei den Funktionen der einzelnen Medien im Medienrepertoire der Rezipienten: Zwar ist Information weiterhin das zentrale Motiv, eine Tageszeitung zu nutzen. Während jedoch im Jahr 2000 noch 44 Prozent die Tageszeitung als erstes Medium nannten, waren es 2010 nur noch 32 Prozent. Das Internet legte von acht auf 29 Prozent zu (vgl. Busemann und Engel 2012, S. 135). Die Onlineableger von Zeitungen und Zeitschriften weisen steigende Nutzungszahlen auf, so dass Print- und Onlinereichweite zusammengenommen höher sind als jemals zuvor in Deutschland (vgl. Rademacher und Siegert 2007; Röper 2012, S. 271).

Grundsätzlich bestätigen Medienrepertoire-Studien, dass Rezipienten weiterhin unterschiedliche Plattformen für unterschiedliche Funktionen nutzen und dabei Online- und Offlineplattformen kombinieren. Obwohl einige Autoren substituierende Effekte fanden, vor allem zwischen der wachsenden Verbreitung des stationären Internets und der Tageszeitung (vgl. Dimmick et al. 2011; Waal und Schönbach 2010; Westlund 2013; Westlund und Färdigh 2011) deuten die meisten Studien eine eher komplementäre Nutzung an (vgl. Ahlers 2006; Dutta-Bergman 2004; Hasebrink und Domeyer 2010; Nguyen und Western 2006; Yuan 2011). Die Präferenz für unterschiedliche Medienkombinationen wird von sozidemografischen Faktoren beeinflusst (vgl. Schnauber und Wolf 2014).

Analog zu den zwei hier bereits angesprochenen Ebenen des Medienrepertoires wird nun zunächst die Nutzung von Apps als neue Medienplattform dargestellt. Da allerdings die Nutzungsoptionen sehr vielfältig sind ist es im Anschluss relevant zu fragen, welche Rolle dieses neue Medium im Bereich der journalistischen Inhalte zur Information einnimmt. Darüber hinaus ist schließlich die Ebene der Angebote relevant – und die Frage, welche Rolle die Ableger klassischer Medienunternehmen spielen.

4.3.2 Nutzung von mobilem Internet und Apps

Derzeit existieren wenige Studien zu mobilen Internetnutzern in Deutschland, deren methodisches Vorgehen vollständig nachvollziehbar ist. Darunter fallen die jährlich erscheinende Allensbacher Computer- und Technikanalyse[9] und seit 2010 die Studie „mobile facts" der Arbeitsgemeinschaft Onlineforschung (AGOF), jährlich finden zwei Erhebungen statt.[10] Die repräsentative ARD/ZDF-Onlinestudie weist ebenfalls mobile Nutzungsdaten aus (vgl. van Eimeren 2013). Für andere Erhebungen ist das Untersuchungsdesign und die Repräsentativität unklar bzw. eingeschränkt: Seit 2008 erscheint jährlich die Befragung „Mobile Web Watch" des

9 Die quantitative Befragung basiert auf einer Quotenstichprobe (Alter, Bildung, Geschlecht, n = 8623), repräsentativ für die deutschsprachige Bevölkerung ab 14 Jahren (vgl. Institut für Demoskopie Allensbach 2012b).

10 Die Studie basiert auf Tracking und einer quantitativen Befragung (n = 31.764) von Nutzern des mobilen Internets (innerhalb der letzten vier Wochen), basierend auf den Daten der „internet facts" (vgl. AGOF e.V. 2012).

Marktforschungsunternehmens Accenture.[11] Schließlich ist noch die halbjährlich stattfindende Erhebung „mobile effects" der Tomorrow Focus AG zu nennen, die jedoch nicht repräsentativ für mobile Internetnutzer ist.[12]

Das mobile Internet und die Nutzung von Apps stehen seit 2011 am Anfang der massenhaften Verbreitung. Ende 2012 nutzen rund 30 Prozent der deutschsprachigen Bevölkerung ab 14 Jahren das mobile Internet mit onlinefähigen Handheld-Geräten (vgl. Institut für Demoskopie Allensbach 2012a; AGOF e.V. 2013b; Tomorrow Focus Media 2013). Die Zahl der Nutzer hat sich damit von zehn auf rund 18 Millionen Nutzer innerhalb eines Jahres nahezu verdoppelt (vgl. Institut für Demoskopie Allensbach 2012a, 2011). Angelehnt an die Übernahmekategorien der Diffusionsforschung nach Rogers, ist nun der Punkt der kritischen Masse überwunden (vgl. Karnowski 2011, S. 21).

Tab. 2 zeigt, dass sich Mobile Internetnutzer auch jetzt noch in Alter, Bildung und Geschlecht von der Gesamtbevölkerung unterscheiden: Nach Strukturdaten des Instituts für Demoskopie Allensbach sind sie häufiger männlich, jünger und höher gebildet als der Durchschnitt (vgl. Institut für Demoskopie Allensbach 2012a). Allerdings ist im Vergleich 2011 zu 2012 eine Annäherung an die Durchschnittwerte erkennbar, da die Phase der Innovatoren und Early Adopter bereits überwunden ist und sich die Diffusion des mobilen Internets nun in der Early Majority befindet. Dennoch ist die Abweichung im Hinterkopf zu behalten, wenn es um die Interpretation von Nutzungsdaten des mobilen Internets geht. Für Schweden konnten Bolin und Westlund (2009) Kohorteneffekte auch für die Adoption mobiler Technologien finden. Die jüngste untersuchte Generation der 1980er nutzte hier die meisten Möglichkeiten mobiler Endgeräte aus. Die schnelle Steigerung der Nutzungsraten des mobilen Internets ist auf die Verbreitung von internetfähigen mobilen Endgeräten, insbesondere Smartphones zurückzuführen. 2012 ist der Absatz um 43 Prozent auf 23 Millionen Exemplare gestiegen. Smartphones machen über 90 Prozent des Handyumsatzes aus (vgl. Bitkom 2012a).

---

11 Befragt wurden 2012 n = 1615 Internetnutzer ab 14 Jahren. Die Untersuchung wird neben Deutschland auch in Österreich und der Schweiz durchgeführt. Erstmals 2012 auch in anderen Ländern weltweit.

12 Das Sample umfasst 4100 Personen im Tomorrow Focus Netzwerk, die quantitativ befragt werden sowie zusätzlich 413 Personen über iPad Targeting (vgl. Tomorrow Focus Media 2013).

Tab. 2: Zusammensetzung mobiler Internetnutzer

	Mob. Inter-netnut-zer 2011	Bev. 2011	Mob. Inter-netnut-zer 2012	Bev. 2012	Mob. Inter-netnut-zer 2013	Bev. 2013
Männer	64	50	59	50	55	49
Frauen	36	50	42	50	45	51
14-29 Jahre	44	25	44	25	37	21
30-54 Jahre	49	50	48	50	51	41
55-69 Jahre	7	25	8	25	10	21
ab 70 Jahre	-	n.a.	-	n.a.	2	17
niedrig	19	36	23	35	24	39
mittel	39	37	41	39	41	36
hoch	42	27	36	27	35	26

Quellen: Institut für Demoskopie Allensbach 2013, 2012a, 2011,
Abweichung von 100 Prozent durch Rundungsfehler; n.a. = nicht ausgewiesen.

Nutzer des iPhones haben von Anfang an häufig auf das mobile Internet zugegriffen (vgl. Ling und Sundsoyy 2010), inzwischen trifft dies auf mobile Internetnutzer insgesamt zu: Laut Bitkom wurden 2012 über 100 Millionen Gigabyte Daten übertragen, ein Anstieg von 65 Prozent zum Vorjahr (vgl. Bitkom 2012c). Insgesamt nutzen 14 Prozent die in der ACTA untersuchten Webseiten ausschließlich mobil (vgl. Institut für Demoskopie Allensbach 2012a).

Das maßgeblich von Apple vorangetriebene System der App Stores ist bei mobilen Internetnutzern erfolgreich (vgl. Institut für Demoskopie Allensbach 2012a; Heuer 2010). Apps sind ein zentraler Motor für das mobile Internet: Acht von zehn Nutzern greifen auch auf Apps zu (vgl. Accenture 2012, S. 13, 2011, S. 5; Institut für Demoskopie Allensbach 2012a). Dabei werden auch die journalistischen Apps klassischer Medienanbieter genutzt, die Tagesschau-App liegt mit rund zwei Millionen Nutzern pro Woche auf dem ersten Platz. Die Abfrage basiert allerdings auf einer Auswahl von 28 Medien-Apps, die zum Beispiel die BILD-App nicht enthält. Strukturdaten der Print- und Appnutzer von „Die Zeit" unterscheiden sich in Geschlecht und Alter deutlich voneinander: Während rund die Hälfte der Printleser männlich ist (53%) und mehrheitlich zwischen 40 und 69 Jahren alt ist (68%), sind 69 Prozent der App-Nutzer Männer, allerdings nur in 47 Prozent der Fälle über 40 Jahre alt. Die Verjüngung trifft auch auf das mobile Angebot der Tagesschau zu: Der Anteil unter 40-Jähriger liegt für die App bei 51 Prozent (TV-Sender: 28%). Regionale Abonnementzeitungen schaffen es, ihre Reichweite durch den Anstieg der Nutzung digitaler Kanäle zu stabilisieren: Während die Reichweite der gedruckten Zeitung auf 43 Prozent gesunken ist, liegt sie einschließlich digitaler Angebote (stationäre Webseiten und Apps) bei 53 Prozent (vgl. Institut für Demoskopie Allensbach 2012a).

Darüber hinaus stellt sich aufgrund der Vielfalt der Nutzungsoptionen von Apps und mobilen Endgeräten nicht mehr nur die Frage, wer diese nutzt, sondern vielmehr auch wie und wofür diese letztlich gebraucht werden. Daher plädieren von Pape et al. (2008) dafür, eine integrative Perspektive aus Adoptions- und Aneignungsforschung anzuwenden. Die von ihnen entwickelte Mobile Phone Appropriation-Skala soll die aktive Rolle des Rezipienten einbeziehen und einem mehrdimensionalen Nutzungsbegriff Rechnung tragen. Er bezieht funktionale und objektbezogene Aspekte ein (vgl. Pape et al. 2008). Aufgrund der großen Bandbreite an Apps, die unterschiedlichste Bereiche abdecken und Bedürfnisse befriedigen, entscheidet letztlich der Nutzer, wie die neue Technologie schließlich im Alltag verwendet wird (vgl. Peil 2006, S. 193). Insbesondere Service-Apps (Wetter, Verkehr), aber auch Spiele und Social Media Anwendungen sind hierbei dominierend (vgl. Accenture 2012, S. 13; Ford und Wiedemann 2011; Nielsen 2010). Im Hinblick auf journalistische Angebote besteht unter den mobilen Internetnutzern großes Interesse: Rund 72 Prozent lesen mindestens einmal pro Woche Nachrichten auf ihrem mobilen Endgerät (vgl. AGOF e.V. 2013b, S. 12). 57 Prozent geben an, Nachrichten-Apps regelmäßig zu nutzen, 47 Prozent der Tablet-Nutzer rezipieren täglich Nachrichten (vgl. Tomorrow Focus Media 2013, S. 26). Auch eine US-amerikanische Studie zeigt, dass jeweils über die Hälfte der Smartphone- und Tablet-PC-Nutzer ihre Endgeräte auch zur Rezeption von Nachrichten nutzen (Pew Research Center‘s Project for Excellence in Journalism 2012, S. 6).

Für die Mehrheit der Rezipienten ist der Nutzwert der Anwendungen für ihre Adoption entscheidend (vgl. Hohlfeld 2005, S. 65). Bedienbarkeit (91%), Nutzwert (88%) und Preis (85%) sind die wichtigsten Kriterien für die Entscheidung, eine App herunterzuladen (vgl. Tomorrow Focus Media 2013, S. 28). Dies greift das Technology Acceptance Model auf, indem es die wahrgenommene Nützlichkeit und die wahrgenommene Benutzerfreundlichkeit der Innovation als zentrale Faktoren für die Einstellung einbezieht. Aus dieser Einstellung erklärt sich das anschließende Verhalten. Übereinstimmend mit anderen Autoren bestätigen auch Chan-Olmsted et al. (2013) die Relevanz der beiden Faktoren im Hinblick auf die Adoption der Nutzung von mobilen Nachrichten (vgl. Chan-Olmsted et al. 2013, S. 140). Darüber hinaus entscheidet auch das bisherige Mediennutzungsverhalten über die Rezeption journalistischer Inhalten über das mobile Internet. Dabei haben starke Nutzer von Onlinezeitungen höhere Adoptionsraten von mobilen Nachrichten als der Durchschnitt und Nutzer des mobilen Internets rezipieren häufig weitere klassische Medien. Sie weisen ein breites Informationsrepertoire auf (vgl. u.a. Chan-Olmsted et al. 2013; Westlund 2008; Schnauber und Wolf 2014).

4.3.3 Die Rolle journalistischer Apps im Medienrepertoire

Apps bieten aufgrund der hohen Zahl an Nutzungssituation und -orten für viele Nutzergruppen einen Mehrwert (vgl. Stadik 2010, S. 6). Für die Rezeption journalistischer Inhalte bietet die portable Nutzung Anwendungsmöglichkeiten, die teils neue Situationen für den Empfang und die Nutzung journalistischer Inhalte schaffen, teils aber auch in Situationen verfügbar sind, die von anderen Massenmedien abgedeckt werden können. In jedem Fall ist die Integration mobiler journalistischer Inhalte in das Medienrepertoire der Rezipienten für crossmedial agierende Medienunternehmen relevant: „The growth of mobile news and its impact on the next generation of news users clearly affects the future of the news industry.“ (Chan-Olmsted et al. 2013, S. 127) Obwohl die Medienrepertoire-Forschung international weit verbreitet ist, gibt es bislang wenige Studien, die auch das mobile Internet als Plattform aufnehmen (vgl. Chan-Olmsted et al. 2013; Dimmick et al. 2011; Schnauber und Wolf 2014; Yuan 2011).

Daneben ist es angesichts der potenziellen Konkurrenz durch neue Onlineanbieter sowie nutzergenerierte Angebote (vgl. Yuan 2011) und jüngst mobilspezifische Angebote (vgl. Porter 2012) relevant, ob mobil auch tatsächlich die Ableger klassischer Medienmarken genutzt werden. Für das stationäre Internet konnte die Loyalität der Rezipienten zu etablierten Medienmarken bereits mehrfach gezeigt werden (vgl. Hasebrink und Schmidt 2012; Neuberger 2012). Obwohl durch die Digitalisierung potenziell neue Konkurrenz für klassische Medienanbieter entstanden ist, ist dennoch nicht die theoretisch erwartbare Vielzahl an Anbietern hinzugekommen (vgl. Goyette-Côté et al. 2012). Eine US-amerikanische Studie hat für das mobile Internet gezeigt, dass Loyalität zu Medienmarken ein wichtiger Faktor für die Wahl mobiler Nachrichten ist (vgl. Pew Research Center‘s Project for Excellence in Journalism 2012). Auch deutsche Nutzer des mobilen Internets greifen primär auf Ableger etablierter Anbieter zu: Spiegel Online (29%), Bildzeitung (21%) und Tagesschau (21%) sind die wichtigsten mobilen Informationsquellen (vgl. Schnauber und Wolf 2014).

In Bezug auf das Gratifikationsprofil mobiler Anwendungen stellt sich die Frage, welche Erwartungen Rezipienten an Apps stellen und wie sie Informationsangebote nutzen. Durch die technischen Spezifika entstehen für den Rezipienten neue Nutzungskontexte, so sind journalistische Inhalte zum Beispiel auch an Orten und zu Tageszeiten erreichbar, die früher nicht abgedeckt waren. Dimmick et al. (2011) konnten die Nutzung von mobilen Nachrichten vor allem in Lücken des Alltags feststellen, wie sie beim Warten auf den Bus entstehen. In der medienübergreifend angelegten Studie konnten die Autoren für die USA zeigen, dass substituierende Effekte mit anderen Plattformen gering sind – das mobile Internet hat vielmehr bereits ein eigenes Kontextprofil (vgl. Dimmick et al. 2011).

Dies zeigt sich auch für deutschsprachige mobile Internetnutzer. Die technischen Eigenschaften der Ubiquität, das heißt die Nutzung an jedem Ort (m = 4,5, sd = 0,8) und zu jeder Zeit (m = 4,5, sd = 0,8) sowie der permanenten Aktualisierbarkeit (m = 4,2, sd = 0,9) sind wichtig für Nutzer. Darüber hinaus wird auch die permanente Konnektivität genutzt: 59 Prozent greifen mehrmals täglich auf das mobile Internet zu. Insgesamt zeigt sich eine hohe Flexibilität der Nutzung, die sich signifikant von allen anderen Medien unterscheidet (vgl. Schnauber und Wolf 2014).

Die Inhalte werden aber nicht nur mobil genutzt, sondern auch an Orten und während Tätigkeiten, die klassischen Medien vorbehalten waren: Zum Beispiel zu Hause während des Fernsehkonsums (vgl. Tomorrow Focus Media 2013, S. 21; Westlund 2013, S. 7; Schnauber und Wolf 2014). Diese Werte beziehen sich auf die Nutzung eigenständiger Inhalte. Darüber hinaus wird die ständige Verfügbarkeit mobiler Endgeräte als „Second Screen" aber auch zur crossmedialen Einbindung in Fernsehsendungen genutzt. Social TV-Formate ermöglichen die interaktive Beteiligung der Zuschauer über Kommentare und Abstimmungen währen eines linearen Fernsehprogramms (vgl. van Eimeren und Frees 2012, S. 371ff.). Rund zwei Drittel nutzen das mobile Internet zumindest manchmal zu Hause oder am Arbeitsplatz oder der Bildungseinrichtung (vgl. Tomorrow Focus Media 2013, S. 19).

Substituierende Effekte sind aus den meisten Studien, die als Trenduntersuchungen angelegt sind, nur schwer abzuleiten. Es lassen sich am ehesten noch Hinweise auf eine Verdrängung von Printmedien erkennen. Nach einer Studie des VDZ nutzen 50 Prozent der Tablet-Zeitschriftenleser seltener eine gedruckte Zeitschrift (vgl. Siegert 2012, S.

17). Zudem ist die Tageszeitung im Medienrepertoire mobiler Internetnutzer als Informationsmedium am seltensten vertreten. Dies ist vor allem bedeutsam, da unter der Gruppe der mobilen Internetnutzer derzeit höher gebildete und männliche Personen überrepräsentiert sind – die eigentlich die Kernzielgruppe der Zeitung darstellen. Allerdings deuten die Ergebnisse auch darauf hin, dass mobile Angebote eher als Startpunkt für Informationen genutzt werden: 59 Prozent nutzen ein weiteres Medium, um sich über ein Thema zu informieren, von dem sie zuerst mobil erfahren haben. Dies wird auch dadurch unterstützt, dass Nutzer sich mobil „kurze und kompakte Informationen über das Wichtigste" (m = 4,2) wünschen (vgl. Schnauber und Wolf 2014).

Insgesamt deuten die Ergebnisse darauf hin, dass Mobiler Journalismus bereits ein eigenes Profil für die Rezipienten hat. Dieses hat grundsätzlich durch die hohe Flexibilität auch das Potenzial andere Medien zu ersetzten, aus den aktuellen Untersuchung lässt sich dies jedoch nicht bestätigen. Zum Teil ist eine Prognose auch deshalb nicht möglich, weil die Untersuchungen hauptsächlich als Querschnittsdesigns angelegt sind. Zur Adoption von Apps als journalistisches Medium sind auch im Bereich der Rezeptionsforschung Längsschnittdesigns notwendig.

Diese wissenschaftlichen Erkenntnisse sollten dem Journalismus auch zur Verfügung gestellt werden. Eine US-amerikanische Untersuchung, die auf einer Kombination aus der Befragung von Zeitungsredaktionen (n = 178) und einer Inhaltsanalyse ihrer Webseiten basiert, konnte zeigen, dass die Ergebnisse der Rezeptionsforschung, großen Einfluss auf die Einführung von Innovationen in den Organisationen haben (vgl. Lowrey 2011, S. 71f.). Ergebnisse aus der Studie von Kinnebrock und Kretzschmar zeigen für deutsche Lokalzeitungen ein eher uneinheitliches Bild: Wissenschaftliche Erkenntnisse sowie Ergebnisse der Marktforschung spielen nur auf niedrigerem Niveau eine Rolle für Überlegungen der Redaktionen zur Einführung von Innovationen (vgl. Kinnebrock und Kretzschmar 2012, S. 18f.). Wie dies in Bezug auf die Entwicklung von journalistischen Apps aussieht, ist nicht bekannt.

4.4 Zwischenfazit: Zentrale theoretische Befunde III

Die Ausführungen haben die Umweltbedingungen aufgezeigt, in denen sich die Institutionalisierung des Mobilen Journalismus derzeit bewegt. Der aktuelle Transformationsprozess des Journalismus ist Ergebnis unterschiedlicher, parallel stattfindender Prozesse. Er basiert zwar auf der Anpassung an technische Veränderungen, ist aber gleichzeitig auch die Reaktion auf eine fundamental veränderte Medienlandschaft, in der Nutzer neue Anforderungen an Medien(-inhalte) stellen und etablierte Erlösmodelle nicht mehr tragfähig sind. Die Medienbranche befindet sich im Zuge der Digitalisierung sowohl auf der Produktions- als auch auf der Rezeptionsseite in einem fundamentalen Strukturwandel. Als Verbreitungskanal für journalistische Produkte dienen heute nicht mehr nur die klassischen Plattformen Zeitung, Zeitschrift, Fernsehen und Radio. Im Zuge crossmedialer Strategien dehnen etablierte Medienunternehmen ihre Produktion auf die „neuen" Onlinemedien aus.

Diese Diversifizierung ist aufgrund schwindender Werbeerlöse und Auflagen bzw. Reichweiten, insbesondere bei jungen Zielgruppen relevant, um die ökonomische wie publizistische Zukunft der Medien zu sichern. Der Erfolg auf digitalen Kanälen wird jedoch durch den Verlust der Monopolstellung im öffentlichen Kommunikationsprozess erschwert, der bedingt durch die Vielzahl an Onlineinformationsquellen auch in einer gesunkenen Zahlungsbereitschaft für digitale journalistische Inhalte resultiert. Zudem erhalten klassische Medienunternehmen Konkurrenz durch neue Anbieter.

Insbesondere die Produktion mobiler Angebote befindet sich in einer Experimentierphase, die weder in Bezug auf neue Erlösmodelle noch inhaltliche Konzepte einheitliche Strategien erkennen lässt. Allerdings zeigen aktuelle Ergebnisse der Rezeptionsforschung, dass journalistische Inhalte auch auf der mobilen Plattform zunehmend genutzt werden und darüber hinaus mobilspezifische Eigenschaften der Ubiquität, Konnektivität und Aktualität sowohl als relevant eingeschätzt werden und sich in flexiblen Kontextprofilen widerspiegeln.

Im folgenden Kapitel werden daher die Relevanz der technischen Potenzialdimensionen sowie empirische Indikatoren für eine Nutzung im Journalismus durch zwei qualitative Vorstudien weiter erschlossen.

5. Merkmale journalistischer Apps – Qualitative Vorstudien

Ihr müsst neues machen und
dort euer Know-how einfließen lassen.
Alles andere ist Stillstand.
Toy, iTunes Kommentar

Im Rahmen der theoretischen Ausführungen (vgl. Kap. 3) wurde deutlich: Im Prozess der Institutionalisierung des Mobilen Journalismus spielt die Erwartung der Rezipienten eine Rolle, da sie mit der Erwartungs-Erwartung der Produzenten verknüpft ist. Darüber hinaus haben einzelne Innovatoren Einfluss auf den weiteren Prozess der sozialen Aneignung der neuen Technik, indem sie experimentell mit dem neuen Medium umgehen und dabei neue Medienschemata entwickeln – insbesondere dann, wenn ihre Angebote erfolgreich sind. Die Systematisierung des aktuellen Forschungsstands (vgl. Kap. 4) hat in beiden Feldern Lücken aufgezeigt, die für die Hypothesenbildung geschlossen werden müssen. Im Rahmen von zwei qualitativen Vorstudien werden daher sowohl Erwartungen der Nutzer als auch als innovativ angesehene Apps untersucht. Dadurch lässt sich feststellen, ob die theoretisch abgeleiteten Merkmalsdimensionen der Apps für Rezipienten von Relevanz sind und welche empirischen Indikatoren diesen zugeordnet werden können. Mit Hilfe von Best Practice-Beispielen ist zudem zu ermitteln, ob Vorreiter das Potenzial bereits erschließen und in welcher Form sich innovative formale und inhaltliche Schemata manifestieren, um auch hier Hinweise auf empirische Indikatoren zu erhalten. Die Untersuchung erfolgt durch zwei qualitativ-offene Analysen – das Vorgehen gewährleistet eine enge Arbeit am Material.

Die Standardwerke des Fachs sprechen sich für ein qualitatives Vorgehen insbesondere dann aus, wenn es um die Exploration eines wenig erforschten Gebietes geht (vgl. Brosius et al. 2008, S. 20) und stellen die Detailliertheit der Aussagen bei gleichzeitigem Mangel an Verallgemeinerbarkeit in den Vordergrund (vgl. Meyen et al. 2011, S. 11f.). Die Daten „werden nicht zur Falsifikation von vorab formulierten Hypothesen verwendet, sondern zur Gewinnung solcher Hypothesen auf der Basis des Materials“ (Lamnek 1993, S. 203). Die einheitliche Definition der methodischen Herangehensweisen und theoretischen Schulen ist kaum möglich, da das konstituierende Moment qualitativer empirischer Sozialforschung eher in der Abgrenzung zu quantifizierenden Verfahren zu sehen ist, als in der eigenen Geschlossenheit (vgl. Garz und Kraimer 1991, S. 1).

Auch wenn das qualitative Verfahren hier ebenfalls als Vorstudie explorativ eingesetzt wird, ist durch das regelgeleitete Vorgehen davon auszugehen, Aussagen zu generieren, die eine Bedeutung über die untersuchten Beispiele hinaus aufweisen. In der aktuellen frühen Phase von Mobilem Journalismus ist es sinnvoll, die Indikatoren aus bewusst ausgewählten Fällen abzuleiten, die sich durch besonders hohe Rezeption oder besonders hohes Innovationspotenzial auszeichnen. Diese Fälle können als Prototypen zur Kategorienbildung dienen. Die explorativen Vorstudien erlauben es, die nachfolgende quantitative Inhaltsanalyse auf Basis eines Kategoriensystems durchzuführen, das nicht nur theoriegeleitet auf das technische Potenzial Bezug nimmt, sondern trotz mangelnder empirischer Erkenntnisse über das Untersuchungsobjekt die soziale Praxis aktueller journalistischer App-Kommunikation einbezieht.

Besondere Aufmerksamkeit gilt der Begründung der Kategorien. Durch die transparente Darlegung des jeweiligen Verfahrens wird die intersubjektive Nachvollziehbarkeit gewährleistet. Die Untersuchungskategorien werden im Ergebnisteil durch Ankerbeispiele – für die Nutzerkommentare in Form ausgewählter Bewertungen, für die Best Practice-Beispiele in Form aussagekräftiger Screenshots dokumentiert (vgl. Meyen et al. 2011, S. 154). Die Klassifizierung des Datenmaterials „nach bestimmten, empirisch und theoretisch sinnvoll erscheinenden Ordnungsgesichtspunkten" (Mayring 2010, S. 24) ermöglichte es, zu einer strukturierten Darstellung der analysierten Daten zu gelangen. Der Fokus liegt dabei im Auffinden eines Leitprinzips. Dieses zeichnet sich durch den höheren Abstraktionsgrad aus, da es vom konkreten Beispiel losgelöst und doch auf alle Phänomene anwendbar ist (vgl. Barton und Lazarsfeld 1979, S. 77f.).

Eine Beschreibung der Studien folgt in den nachfolgenden Kapiteln, zunächst für die Analyse der Nutzerkommentare (Kap. 5.1) und anschließend für die Untersuchung der Best Practice-Beispiele (Kap. 5.3). Dazu werden Untersuchungsziel und Forschungsfrage beschrieben, die Auswahleinheiten erläutert und die Auswahl der Analyseeinheiten offengelegt. Darüber hinaus ist das Vorgehen bei der Datenanalyse nachgezeichnet und die Ergebnisse sind zusammenfassend vorgestellt. Die Einzelschritte sind nachfolgend in einem Ablaufmodell veranschaulicht (vgl. Tab. 3). Es zeigt den Forschungsprozess in seiner Chronologie, orientiert sowohl am Prozessmodell zur induktiven Kategorienbildung nach Mayring (2010, S. 84) als auch an den drei Auswertungsschritten für qualitative Inhaltsanalysen nach Meyen et al. (2011, S. 172).

Tab. 3: Ablauf der qualitativen Vorstudien

1) Theoriegeleitete Festlegung des Untersuchungsziels der Vorstudien
Studie 1 (Nutzerkommentare):
2) Definition der Auswahl- und Analyseeinheiten
3) Durcharbeiten der Nutzerkommentare: Thematische Ordnung – Kategorienformulierung, Subsumption oder Neubildung
4) Revision der Kategorien nach 30 Prozent des Materials
5) Endgültiger Materialdurchgang, Festlegung der Kategorien
6) Auswahl der Ankerbeispiele, Ergebnisdarstellung und Interpretation
Studie 2 (Best Practice-Beispiele):
7) Definition der Auswahl- und Analyseeinheiten
8) Durcharbeiten der Best Practice-Beispiele (Bedienung, Darstellungsformen): Typisierung
9) Auswahl der Ankerbeispiele, Ergebnisdarstellung und Interpretation
Studie 1 und 2:
10) Zusammenfassung der Befunde

Quelle: eigene Erhebung

5.1 Erwartungen der Rezipienten – Qualitative Inhaltsanalyse

Um zu prüfen, welche Erwartungen der Rezipienten erfüllt oder enttäuscht werden, ist die Grundgesamtheit der Untersuchung auf Nutzer beschränkt, die journalistische Apps bereits getestet haben. Mehrere Methoden kommen in Betracht: die Befragung, die Beobachtung oder eine inhaltsanalytische Auswertung von Nutzerkommentaren. Eine Befragung hat für den konkreten Forschungszweck den Nachteil, dass ein ausreichend großes Sample aus Nutzern journalistischer Apps nur aufwendig zu realisieren ist. Zudem ist nicht einsehbar, wie lange die Nutzung zurück liegt und ob Erinnerungslücken auftreten. Darüber hinaus kann eine Habitualisierung der Nutzung stattgefunden haben, die ein Urteil zu Erwartungen über eine Befragung erschwert. Die direkte Beobachtung, wie sie klassisch bei Usability-Tests angewendet wird, ist nur unter hohem zeitlichen Aufwand zu realisieren und das Sample ist über die Untersuchung hinaus wenig repräsentativ. Außerdem spricht die künstliche Nutzungssituation dagegen, da

Probleme mit einer App oder enttäuschte Erwartungen erst durch einen konkreten Anwendungsbezug und situative Gratifikationserwartung im Feld entstehen. In der mobilen Nutzungssituation gewinnt der Kontext für die Usability an Bedeutung. Derzeit ist es jedoch mit gängigen Evaluationsmethoden nicht möglich, die Vielzahl der möglichen, situationsspezifischen Probleme auf- und abzudecken, eine Standardisierung für Felduntersuchungen existiert nicht (vgl. Hutchison et al. 2004; Kaikkonen et al. 2005).

Eine große, öffentlich zugängliche Datenmenge liegt über Nutzerkommentare zu Apple-Apps im iTunes App Store vor. Da Nutzer ihre Bewertung dort aktiv abgeben, ist nicht von Erinnerungslücken auszugehen. Die Nutzung der App hat in einem natürlichen Umfeld stattgefunden und wurde mit dem Ziel ausgeführt, subjektive Rezeptionserwartungen zu befriedigen. Eine Inhaltsanalyse von Nutzerkommentaren bietet damit die Möglichkeit, ein nicht-reaktives Verfahren anzuwenden. Rezensionen sind darüber hinaus von Relevanz, da sie für andere Nutzer häufig die Grundlage für eine Zuwendung zu einem Produkt darstellen (vgl. u.a. Utz et al. 2012; Utz et al. 2009). Öffentliche Kommentare und Bewertungen sind soziale Einflussgrößen und übernehmen eine ähnliche Rolle wie Äußerungen der Meinungsführer (vgl. Döring 2003, S. 142f.; Schenk 2007, S. 419). Zudem kann angenommen werden, dass auch Medienunternehmen diese rezipieren und sie damit (neben Nutzungsstatistiken und Marktforschungsstudien) die Erwartungs-Erwartung steuern. Nutzerkommentare im App Store bieten eine forschungsökonomisch interessante Lösung, die Reaktion von Nutzern auf unter natürlichen Bedingungen getestete journalistische Apps zu untersuchen. Die folgende Strukturanalyse identifiziert Schwerpunkte und Muster (vgl. Rössler 2010, S. 17, 30).

Nachteil der Methode ist die Anonymität der Kommentargeber, eine Veröffentlichung fingierter positiver Bewertungen durch gekaufte Nutzer oder die Anbieter selbst kann nicht ausgeschlossen werden und kann daher zu Verzerrungen führen. Im Jahr 2010 kamen in Blogs konkrete Hinweise auf gekaufte Bewertungen der Süddeutschen Zeitung für ihre Apps auf (vgl. u.a. Tißler 2010; Uherek 2010). Dies soll durch die Zufallsstichprobe und die Größe des Samples ausgeglichen werden.

5.1.1 Untersuchungsziel und Forschungsfrage

Analyseziele, Selektionskriterium und Abstraktionsniveau für die qualitative Vorstudie ergeben sich aus den theoretischen Ausführungen (vgl. Kap. 4): Neben der Bedeutung von technischen (vgl. MacDorman et al.

2011, S. 280) und gestalterischen Aspekten ist in Anlehnung an die Diffusionsforschung davon auszugehen, dass inhaltliche und ökonomische Eigenschaften der Apps von Bedeutung sind (vgl. Karnowski 2011 sowie Kap. 4.2). Darüber hinaus kommt Aussagen zu Usability und User Experience Bedeutung zu. Zusammenfassend stellt sich daher die Frage:

Forschungsfrage: Welche inhaltlichen, formalen und technischen Dimensionen der Potenzialanalyse sowie welche ökonomischen Eigenschaften (Erlösmodelle) journalistischer Apps sind aus Sicht der Rezipienten relevant?

Die Relevanz der Eigenschaften manifestiert sich dabei in einer schriftlichen Bewertung der App durch den Rezipienten. Die inhaltlichen Aussagen werden durch das qualitative Verfahren auf ein gemeinsames Abstraktionsniveau gebracht. Zentral für die Zusammenfassung ist die Thematisierung einer Eigenschaft, die Valenz der Aussage ist nachrangig.

5.1.2 Grundgesamtheit und Auswahleinheit

Es werden Nutzerkommentare zu Apps in iTunes herangezogen, da in der quantitativen Inhaltsanalyse iPhone- und iPad-Apps aller journalistischen Anbieter untersucht und klassifiziert werden sollen. Die Nutzerkommentare liefern Hinweise auf positive wie negative Aspekte des Untersuchungsgegenstands und gewährleisten Vergleichbarkeit, da die gesamte Stichprobe aus Apps desselben Plattformanbieters besteht. Es werden Apps ausgewählt, die die höchste Publikumsresonanz aufweisen, d.h. am häufigsten von Rezipienten heruntergeladen wurden und daher hohe Relevanz im Bereich des Mobilen Journalismus aufweisen. Dies ist sinnvoll, da es um Inferenzschlüsse auf die Erwartungen der Rezipienten geht. Außerdem gewährleitet es eine genügend große Anzahl an Kommentaren. Die Untersuchung ist daher allerdings nicht repräsentativ für die Grundgesamtheit aller journalistischen Apps. Um in das Sample aufgenommen zu werden, muss die App folgende Aufgreifkriterien erfüllen:

1. Grundgesamtheit: Herausgeber ist ein Medienunternehmen im Sinne des in Kap. 3.1.1 definierten institutionalisierten Journalismus.

2. Journalismus: Es handelt sich um eine journalistische App.

3. Sprachraum: Die App erscheint in deutscher Sprache.

4. Resonanz: Die Anzahl der verfügbaren Nutzerkommentare beträgt mind. 50 Stück.

5. Endgeräte-Exklusivität: Die App darf nicht als Universalapp konzipiert sein. Unter den Anwendungen für beide Endgeräte wurde eine separate Stichprobe gezogen.

Um als **journalistisch** eingeordnet zu werden, müssen angelehnt an Kap. 3 folgende Kriterien erfüllt sein, die anhand des Beschreibungstextes für jede App in iTunes überprüft werden können.

1. Periodizität: Die Publikation darf nicht nur einmalig mit unveränderlichem Inhalt erschienen sein. Die App oder ihre Inhalte/Ausgaben müssen **regelmäßig** erscheinen. Nicht darunter fallen z.B. Buchpublikationen, Sonderhefte, Wissenstests, Reiseführer.

2. Aktualität: Die periodische Publikation muss **mind. monatlich** erscheinen. Nicht darunter fallen z.B. Bundesliga-Apps für eine Saison, Jahresberichte. Die Aktualität wird durch den Beschreibungstext und das Datums der aktuellen Ausgabe überprüft.

3. Universalität: Die App muss **redaktionell gestaltete Beiträge** enthalten, die mit journalistischen Mitteln dargestellt werden und nicht nur ein einziges Thema behandeln, z.B. Darstellung aktueller Transaktionen am Aktienmarkt, TV-Programm, Fußballergebnisse der Bundesliga. Special-Interest-Publikationen, die eine Sparte (Sport, Kultur, Wirtschaft) aus mehreren Perspektiven beleuchten, erfüllen das Kriterium der Universalität, z.B. Computer- oder Sportmagazine. Nicht darunter fallen z.B. reine Programmplaner, Bußgeldrechner.

4. Eigenständigkeit: Die App muss als **eigenständige Publikation** rezipierbar sein und darf nicht nur in Verbindung mit einem anderen Medienprodukt der Medienmarke zugänglich sein. Es muss sich daher um vollständige Beiträge handeln, nicht nur um Teaser oder Zusatzinformationen zu Beiträgen anderer Medien mit ausdrücklichem Verweis auf das Muttermedium. Nicht darunter fallen z.B. „Viewer", die über QR-Codes mit der Printausgabe kommunizieren.

5. Publizität: Die App muss allen Nutzern des Mediums offenstehen. Die Nutzung der Inhalte der App darf **nicht ausschließlich an ein Abonnement des Muttermediums** geknüpft sein, z.B. im Fall eines Pay-TV-Senders, der für die vollständige Nutzung der mobilen Angebote das Pay-TV-Paket voraussetzt. Rabatte für Abonnenten des Muttermediums sind zulässig.

Als Basis dient die von Apple jeweils zum Jahresende veröffentliche „Rewind"-Liste der meistgeladenen, meistgekauften und umsatzstärksten Apps. Die Liste der Kategorie „Top-Gratis-Apps" enthält 2011 für das iPhone zehn Anwendungen von Medienunternehmen, die auf Basis des Aufgreifkrieriums überprüft wurden.[13] Bereinigt gingen drei Apps in die Untersuchung ein. Unter den umsatzstärksten Apps für das iPhone befanden sich sechs Apps, bereinigt gingen fünf in die Untersuchung ein.[14] 2011 weist die Liste der „Top-Gratis-Apps" für das iPad 16 Anwendungen aus, fünf erfüllen das Aufgreifkrierium.[15] Unter den umsatzstärksten Apps 2011 für das iPad wurden 16 von Medienunternehmen angeboten, bereinigt stehen fünf zur Verfügung.[16] Um auch Universalapps zu integrieren, wurden Tagesschau (Top-Gratis-Apps) und RTL Now (Umsatzstärkste) in die Stichprobe aufgenommen. Tab. 4 zeigt die bereinigte Datenbasis.

Tab. 4: Bereinigte Datenbasis der Apple Reviews 2011

Art der App	Medium
iPhone Top-Gratis-Apps	Spiegel Online, n-tv, ProSieben
iPhone Umsatzstärkste	Bild, Welt, SZ, F.A.Z.; Der Spiegel
iPad Top-Gratis-Apps	n-tv, ProSieben, Focus Online
iPad Umsatzstärkste	Bild, Welt HD, Der Spiegel, Stern, F.A.Z.
iPhone & iPadTop-Gratis-Apps	Tagesschau
iPhone & iPadUmsatzstärkste	RTL Now

13 Tagesschau, RTL, Spiegel Online, n-tv, Sport1, ProSieben, ARD Sportschau, TV Spielfilm, TV Movie und TV Digital. Tagesschau, Sport1 und Sportschau wurde ausgeschlossen, da das Angebot für beide Endgeräte identisch ist und in der Kategorie Top-Gratis-Apps für iPhone & iPad untersucht wird. Die RTL-App ist kostenpflichtig. TV Spielfilm, TV Movie und TV Digital wurden mangels Universalität ausgeschlossen.

14 Bild, RTL, Welt Mobil, SZ, F.A.Z. und Der Spiegel. Ausgeschlossen wurde RTL, da die Applikation auch für das iPad identisch verwendet werden kann.

15 n-tv, Tagesschau, Der Spiegel, Die Welt, ProSieben für iPad, ZDF Mediathek, Bild HD, Stern eMagazine, Sky Go, Focus Online HD, ARTE, F.A.Z. Zeitung, N24 Mobile, GQ Deutschland HD, c't Magazin, SZ Süddeutsche Zeitung Magazin, Die Zeit. Die Apps Tagesschau, ZDF Mediathek und ARTE sind für beide Endgeräte verfügbar, stern eMagazine, GQ Deutschland, c't magazin, Süddeutsche Zeitung und Die Zeit sind kostenpflichtig.

16 Bild HD, Die Welt, Der Spiegel, Auto Bild, stern eMagazine, Zeit Online plus, F.A.Z. Zeitung, c't Magazin, Die Zeit, National Geographic, Brand Eins, Frankfurter Rundschau, Auto Motor HD, Der Tagesspiegel, Handelsblatt ePaper, Chip und Computerbild Spiele. Zeit Online plus ist für beide Endgeräte verfügbar, für Auto Bild, c't Magazin, Die Zeit, National Geographic, Brand Eins, Frankfurter Rundschau, Auto Motor HD, Der Tagesspiegel, Handelsblatt ePaper, Chip und Computerbild Spiele lagen weniger als 50 Nutzerkommentare vor.

5.1.3 Auswahl der Analyseeinheiten

Aus der Grundgesamtheit aller Kundenrezensionen, die zu einer App der Stichprobe vom Zeitraum des Markteintritts bis zum Stichtag der Materialerhebung am 29. Dezember 2011 veröffentlicht worden sind, wird eine Zufallsstichprobe gezogen. Das Aufgreifkriterium für eine Bewertung ergibt sich aus der Forschungsfrage: Im Rahmen des abgegebenen Kommentars muss eine Auseinandersetzung mit technischen, formalen, inhaltlichen sowie ökonomischen Eigenschaften (in Bezug auf das Erlösmodell) der App stattfinden. Eine reine Bewertung der App als positiv oder negativ („Die App ist super“) ist nicht ausreichend. Um eine inhaltliche Auswertung des Datenmaterials sicherzustellen, muss der Nutzerkommentar einen Umfang von mindestens zwei Sätzen aufweisen. Dies ist erkennbar an Satzbau (Subjekt-Prädikat-Objekt) und/oder Verwendung von Interpunktion. Zugänglich sind die Kundenbewertungen über das Programm iTunes. Es werden nicht alle abgegebenen Bewertungen angezeigt, das Unternehmen Apple zieht eine Stichprobe. Auf welchem Verfahren dies beruht, wird von Apple auch auf Nachfrage nicht bekanntgegeben. Aus einer E-Mail-Konversation mit Georg Albrecht, Manager Corporate Communications D/A, konnte lediglich folgende Aussage gewonnen werden: „An sich wird eine große Bandbreite an Kommentaren gezeigt. Positive, neutrale und auch negative.“ (Albrecht 2011)

Die Erhebung des Untersuchungsmaterials ist in drei Schritten vollzogen worden: Zunächst wurden die Analyseeinheiten in iTunes zugänglich gemacht. Die Grundgesamtheit umfasst N = 18.353 Nutzerkommentare im. In einem zweiten Schritt wurde das gesamte Material auf Basis des Aufgreifkriteriums gesichtet. Damit stand für die Untersuchung eine Grundgesamtheit von N = 11.416 Kommentaren zur Verfügung. Diese verteilen sich nicht gleichmäßig auf die einzelnen Applikationen, sie reichen von 64 Kommentaren (Focus Online HD für iPad) bis 6453 Kommentaren (Bild für iPhone). Die Stichprobenziehung erfolgte nicht gewichtet nach Anteil der Kommentare an der Grundgesamtheit, entspricht also nicht dem Verfahren einer proportional geschichteten Stichprobe.

Da es für die qualitative Untersuchung nicht darum ging, die Beurteilung einer bestimmten App abzufragen, war keine repräsentative Stichprobe notwendig, die Verzerrung wurde bewusst in Kauf genommen, um möglichst unterschiedliche Aspekte in die Untersuchung einfließen zu lassen. Ein Querschnitt war deshalb die geeignete Methode. Für die einzelnen Apps wurde die Auswahl als Zufallsstichprobe vorgenommen. Dazu erfolgte eine fortlaufende Nummerierung der Kommentare. Jede Stichprobe erhält für eine App n = 50 Kommentare, so dass insgesamt n = 900 Kommentare für die qualitativ-strukturierende Inhaltsanalyse vorliegen.

5.1.4 Analyse des Datenmaterials

Die Stichprobe wurde auf der Basis des Aufgreifkriteriums für Kommentare durchgearbeitet. Kleinste Einheit sind einzelne Worte für die Zuordnung zu einer Kategorie, sobald diese eine qualifizierende Aussage über die App zulassen (z.B.: „Twitter-Button“). Dazu wurden Tabellen mit der jeweiligen Kategorie als Überschrift gebildet (z.B.: Interaktivität), neue Kommentare mit inhaltlich identischer Aussage (z.B.: „Textversand“, „Share-Button“) wurden als neue Zeile in die Tabelle eingefügt. Der Kontext wurde mit aufgenommen. Für neue Aspekte (z.B.: „Copy & Paste hätte auch was“) wurden neue Kategorien gebildet (hier: Selektivität), inhaltlich identische Aussagen erneut subsumiert. Diese Systematisierung wurde zunächst für 30 Prozent des Materials durchlaufen. Damit das Substrat der Aussagen am Ende des Prozesses noch immer das gesamte Material abbildet, wurde das Kategorienschema in einem zweiten Durchlauf überprüft (vgl. Mayring 2010, S. 115f.). Hier wurden für die den Dimensionen (z.B. Interaktivität) zugewiesenen Aussagen Unterkategorien gebildet, wenn mindestens neun Fälle der gleichen Kategorie zuzuordnen waren (hier: E-Mail Weiterleitung, Kommentarfunktion und Anbindung an soziale Netzwerke). Da ein Kommentar unterschiedlich viele Analyseeinheiten enthalten konnte, wurde dieser unter Umständen mehreren Kategorien zugeordnet – damit wurden insgesamt 2211 Analyseeinheiten qualitativ untersucht. Für jede Kategorie werden fünf Ankerbeispiele abgebildet, die vollständige Auswertung ist in Anhang I online dokumentiert.

5.2 Relevante Eigenschaften aus Nutzersicht – Ergebnisdarstellung

Die aus der strukturierenden Zusammenfassung destillierten Dimensionen und Kategorien stimmen in großen Teilen mit dem theoretisch erfassten technischen Potenzial (Kap. 3.3) sowie den ökonomischen Erlösformen (Kap. 4.2) überein. Die Erwartungen der Rezipienten sind nicht nur an bekannten Schemata orientiert, sondern thematisieren auch mobilspezifisches Potenzial. Die aus der Analyse gewonnenen Dimensionen sind: Gebrauchstauglichkeit der App, Qualität und Quantität der Berichterstattung, Online- und Mobilspezifika (Multimedialität, Additivität, Interaktivität,

Selektivität, ständige Konnektivität, Ubiquität und Kontextsensitivität). Aktualität wurde hier nicht als eigenständige Dimension, sondern als Kategorie von Konnektivität eingeordnet. Darüber hinaus sind Endgerätespezifika in Bezug auf Bedienung und Design zu unterscheiden. Es ließen sich auch Kommentare zusammenfassen, die sich mit Medienschemata (Offline-, Online- und Mobilschemata) befasst haben. Die Dimension der Playfulness spiegelt sich in den Nutzerkommentaren vor allem im Rahmen der Kategorie der Selektivität wider, wird jedoch nicht als eigenständige Dimension fassbar. In Bezug auf Erlösmodelle werden Paid Content (etwa Einzelkauf oder Abonnement) und Werbung thematisiert.

5.2.1 Gebrauchsfähigkeit

Die Gebrauchsfähigkeit beschreibt die technische Funktionstüchtigkeit der App. Dieser kommt im Rahmen computervermittelter Kommunikation eine große Bedeutung zu. Die Nutzerkommentare zeigen: Mangelnde Stabilität und Performance einer App können das Rezeptionserlebnis stark beeinträchtigen und zum Abbruch führen. Nutzer erwarten außerdem die Kompatibilität der App mit anderen Diensten und Ausspielgeräten. Als letzte Kategorie ließ sich die Darstellungsqualität ableiten.

Zuverlässigkeit

Um die Inhalte der App nutzen zu können, ist eine funktionsfähige Software unabdingbar. Die Gebrauchsfähigkeit umfasst daher als erste Kategorie auch die Zuverlässigkeit der App. Die Nutzerkommentare ließen sich dabei in zwei Unterkategorien aufteilen: Die technische Stabilität der Anwendung insgesamt sowie die Stabilität einzelner Komponenten.

a) Zuverlässigkeit des Programms

Nutzer sprechen in den untersuchten Kommentaren zwei zentrale Aspekte der Zuverlässigkeit des Programms an. Zum einen werden Probleme des Bezugs thematisiert: Die Anwendung wird angefordert und im Fall einer kostenpflichtigen App auch bezahlt, der Downloadvorgang aber nicht (vollständig) ausgeführt (vgl. Tab. 5, Bsp. 4). Daneben ist die technische

Stabilität während der Rezeption wichtig, Abstürze des Programms weden daher thematisiert (vgl. Tab. 5, Bsp. 1, 3).

Tab. 5: Beispiele der Kategorie Zuverlässigkeit des Programms

1) Scheiß App: Das App stützt immer wieder ab, man kann nie eine Sendung komplett schauen. (...) Keine Empfehlung zu [sic!] Kauf. (Nr. 53, RTL NOW)
2) Ganz nett: (...) Läuft ansonsten stabil und sehe keine Fehler. (Nr.148, Spiegel Online)
3) App stürzt mit der neuen Version 28.04.2011 ab: Seit der letzten Aktualisierung (28.04.2011, V 1.31) stürzt die App permanent ab, d.h. bei Ladeversuch erscheint der Startbildschirm, stürzt dann aber nach einigen Sekunden ab. Da ist wohl ein ziemlicher Bug eingebaut worden. (...). (Nr. 415, F.A.Z.)
4) Funktion OK, keine Werbung! Zuverlässigkeit schlecht!!! : (...) Die Zuverlässigkeit ist leider schlecht. Habe auch schon einmal das Heft bezahlt, aber konnte es nicht herunterladen, trotz vieler Versuche und neuer Installation (...). (Nr. 458, Der Spiegel)
5) ALES [sic!] richtig gemacht: (...) Technisch perfekt, stabil (...). (Nr. 801, Stern eMagazine)

Die technische Zuverlässigkeit wird nicht nur in Form negativer Erfahrungen verbalisiert. Es wird positiv hervorgehoben, wenn die App ohne technische Probleme funktioniert (vgl. Tab. 5, Bsp. 2, 5). Dies legt nahe, dass die Funktionsfähigkeit von Apps noch verbesserungsbedürftig ist.

b) Zuverlässigkeit einzelner Komponenten

In den Rezensionen wird auch die Zuverlässigkeit einzelner Komponenten thematisiert. Kommentare beziehen sich auf die Beeinträchtigung der Rezeption einzelner Inhalte – etwa Bilder, Videos oder Links (vgl. Tab. 6). Je nachdem, welche Funktion die fehlerhaften Komponenten innerhalb der App innehaben, kann dies auch zu einer Abwendung führen.

Tab. 6: Beispiele der Kategorie Zuverlässigkeit der Komponenten

1) Fehler behoben?!: Seit dem letzten Update kann ich weder Kommentare verfassen, noch Artikel weiterleiten! Bitte diesen Fehler schnellstens beheben, dann gibt's auch wieder mehr Sterne. (Nr. 6, Tagesschau)

2) Anstelle von Facebook- und Twitter-Integration: ...sollten die Entwickler lieber mal dafür sorgen, dass (...) alle Videos korrekt verlinkt sind. (...) (Nr. 63, RTL Now)

3) Einst gut: (...) Seit einigen Updates funktioniert auch „Breaking News" nicht mehr (...). (Nr. 151, n-tv iPhone edition)

4) Inhaltlich gut, mit techn. Schwächen: (...) Bilder werden immer häufiger nicht angezeigt (Übersicht oder im Titel der Startseite (...) (Nr. 324, Welt Mobil)

5) App hängt sich nach Aktualisierung auf: Nach dem Update auf meinem iPad2 habe ich keinen Zugriff mehr auf mein Archiv (...). (Nr. 671, Bild HD)

Performance

Die zweite Kategorie der Gebrauchsfähigkeit ist die Performance der App. Diese manifestiert sich in der benötigten Zeit bis zur Einsatzfähigkeit des Medienprodukts. Besonders spielen Wartezeiten durch das „Laden" bei Installation oder Startvorgang eine Rolle (vgl. Tab. 7, Bsp. 1), aber auch Kapazitätsprobleme während der Nutzung. Nutzer sind durch die hohen Bandbreiten des stationären Internets inzwischen kurze Ladezeiten für multimediale Anwendungen gewöhnt.

Tab. 7: Beispiele der Kategorie Performance

1) Viel zu langsam...: beim Startvorgang und nerviges, ruckeliges Scrollen. Da bin ich auf der Webseite zehn Mal schneller (...). (Nr. 198, n-tv iPhone edition)

2) Perfekte News aber miese Performance: (...) Aber die langen Verzögerungen beim Scrollen sind lästig oder das Wechseln der Ansicht von vertikal zu horizontal hängt sich oft [sic!]. (Nr. 321, Welt Mobil)

3) Gut!: Die App reagiert schnell (...)! (Nr. 434, F.A.Z.)

4) Naja: Bitte beschleunigt den Löschvorgang der Hefte (...). (Nr. 452, Der Spiegel)

5) Ein guter Anfang: (...) Allerdings reagiert das Aufrufen der Artikel noch etwas träge (...). (Nr. 745, Die Welt)

Obwohl die Bandbreiten im Mobilfunk ansteigen, unterliegt die Verbindung unterwegs starken Schwankungen (vgl. Kap. 2). Dies wird als wenig fortschrittlich empfunden. Nutzer erwarten auch eine unmittelbare Reaktion auf Eingaben. Touchscreens vermitteln durch die Unsichtbarkeit der technischen Umsetzung einer Befehlseingabe das Gefühl, die App tatsächlich durch Fingerzeig zu steuern (vgl. Holzinger 2003, S. 387). Verzögerte Reaktionen beim Scrollen oder Tippen fallen dem Rezipienten negativ auf (Tab. 7, Bsp. 2, 3, 5).

Kompatibilität mit anderen Diensten

Die Rezeption von Medieninhalten erfolgt heute oft über ein diversifiziertes Endgeräteportfolio, so dass eine Synchronisation von Diensten und Inhalten erforderlich ist. Anwender äußern daher den Wunsch, Apps via Cloud Computing synchronisieren zu können und von Smartphones wie Tablet-PCs gleichermaßen auf Apps zugreifen zu können (vgl. Tab. 8, Bsp. 1, 3). Die Apple-Anwendung iCloud offeriert virtuellen Speicherplatz und die automatische Speicherung, Sicherung und Synchronisierung von Inhalten auf allen Endgeräten des Anbieters (vgl. Apple o. J.). Für multimediale Inhalte, insbesondere Videos, wird die Übertragbarkeit für Apple TV gefordert – dies verdeutlicht die Nutzung identischer Inhalte auf unterschiedlichen Geräten (vgl. Tab. 8, Bsp. 4). Neben der externen Kompatibilität (Nutzung von Inhalten auf mehreren Endgeräten), wird auch die Synchronizität mehrerer Anwendungen, also die Multitasking-Fähigkeit der App angesprochen (vgl. Tab. 8, Bsp. 5).

Tab. 8: Beispiele aus Kategorie Kompatibilität mit anderen Diensten

1) iCloud Support einbauen, dann perfekt!: (…) Da ich iPad und iPhone habe, wäre es schön, wenn sich die App über iCloud synchronisieren würde! (Nr. 4, Tagesschau)
2) Eigentlich ganz gut: (…) Aber wie zur Hölle kommt man auf die Idee, innerhalb einer Applikation für das iPad Flash-Inhalte zu verlinken??? (Nr. 35, Tagesschau)
3) Noch immer keine Retinaqualität: (…) Außerdem wird diese App auch nicht als Universal-App angeboten (…). (Nr. 115, Spiegel Online)
4) Verbesserungsbedürftig!: (…) Und eine Übertragung auf Apple TV wäre wünschenswert (…). (Nr. 226, ProSieben)
5) Nicht Abonnieren: (…) Kein Multitasking (…). (Nr. 351, Süddeutsche.de)

Da mobile Endgeräte ein breites Portfolio an Funktionen offerieren, sollte ein Wiedereintritt an derselben Stelle offeriert werden („Fast App Switching"), wenn etwa ein Anruf angenommen oder die Musikauswahl über den MP3-Player genutzt wird („Background Audio"). Multitasking muss von den Produzenten der Apps implementiert werden (vgl. Woods 2010). Ein dritter Punkt spielt auf verlinkte Inhalte außerhalb des Programms an, die über das Endgerät abspielbar sein sollten (vgl. Tab. 8, Bsp. 2).

Darstellungsqualität

Durch die mögliche Bildschirmauflösung erwarten Nutzer insbesondere die Anpassung visueller Inhalte. Seit der Einführung des iPhone4 verwendet Apple die Bezeichnung „Retina-Display" für die Auflösung des Bildschirms, der mit 326ppi mehr Pixel darstellt, als das menschliche Auge bei einem Abstand von etwa 30 Zentimetern auseinanderhalten kann (vgl. Apple 2012a). 2012 bewarb Apple das iPad3 über das „Fantastische Retina Display", das eine Million Pixel mehr aufweist als Full HD (vgl. Apple 2012b). Eine Abweichung von etablierten Standards (vgl. Tab. 9, Bsp. 1, 2, 3) wird daher bemängelt, gleichzeitig jedoch auch erwähnt, wenn Bilder oder Schrift positiv auffallen (vgl. Tab. 9, Bsp. 4, 5). Die Relevanz der Darstellungsqualität zeigen negative Gesamtbewertungen der App, sollten Erwartungen nicht erfüllt werden (vgl. Tab. 9, Bsp. 1).

Tab. 9: Beispiele der Kategorie Darstellungsqualität

1) Katastrophe: (...) PDF-Darstellung ist unscharf (...) Fast 5€ Kosten im Monat? Dafür? Das soll wohl ein Witz sein! (Nr. 347, Welt Mobil)

2) Nicht Abonnieren: (...) kein Retina (...). (Nr. 351, Süddeutsche.de)

3) Nicht optimiert: Die ganze App ist ein Zustand. (...) Die Videoqualität ist dazu miserabel und der Ton gleich einem Rauschen des Bachs (...). (Nr. 594, ProSieben für iPad)

4) Gute deutsche Tageszeitungs-App: (...) Bilder und Schrift sehen gut aus (...). (Nr. 732, Die Welt)

5) Wirklich klasse: Super scharfe Bilder (...). (Nr. 838, Stern eMagazine)

5.2.2 Qualität und Quantität der Berichterstattung

In den Nutzerkommentaren werden die Qualität der Inhalte, die Selektionsleistung der Redaktion und die Vollständigkeit der Angebote thematisiert. Diese drei Kategorien sind aufgrund der unterschiedlichen Periodizität und Universalität der Apps nicht auf einen einheitlichen Untersuchungsgegenstand zurückzuführen. Dennoch stellen die drei Dimensionen zentrale Nutzeranforderungen für die inhaltliche Ausgestaltung einer App dar, die – in Analogie zur technischen Gebrauchsfähigkeit (vgl. Kap. 5.2.1) – über eine wiederholte Rezeption der Angebote entscheiden.

Qualität

In den Kommentaren finden sich zahlreiche Anmerkungen zur Qualität, die der Berichterstattung zugeschrieben werden. Diese betreffen klassische Qualitätskriterien wie die Objektivität der Berichterstattung (vgl. Tab. 10, Bsp. 1), bleiben meist jedoch allgemein, wenn das journalistische Niveau insgesamt oder die Beiträge gelobt werden (vgl. Tab. 10, Bsp. 3, 4, 5). An einigen Stellen werden konkrete Schwachstellen genannt, zum Beispiel Rechtschreibfehler (vgl. Tab. 10, Bsp. 2).

Tab. 10: Beispiele der Kategorie Qualität

1) Sehr informativ (…) und die Hintergrundinformationen sind kompakt und objektiv dargestellt (…). (Nr. 3, Tagesschau)
2) Unprofessionell!: (…) Oftmals Rechtschreibfehler in den Artikeln. Artikelfotos sehr ungünstig ausgeschnitten (…). (Nr. 154, n-tv iPhone edition)
3) Bin enttäuscht: Redaktionell finde ich die Welt gut (…). (Nr. 302, Welt Mobil)
4) Zahle gerne für offline: Das hohe journalistische Niveau muss ich nicht extra loben (…). (Nr. 365, Süddeutsche.de)
5) Sehr gut: Die Qualität der Beiträge ist top (…). (Nr. 421, F.A.Z.)

Selektion

Sowohl der inhaltliche Umfang einzelner Beiträge (vgl. Tab. 11, Bsp. 2, 5) als auch die thematische Vielfalt der App insgesamt sind ein Thema in Kommentaren (vgl. Tab. 11, Bsp. 3). Nutzer erwarten von Redaktionen im Zuge der Selektion auch eine Priorisierung für aktuelle Nachrichten (vgl. Tab. 11, Bsp. 1, 4, 5).

Tab. 11: Beispiele der Kategorie Selektion

1) Wirkliche „must have" App: (...) die wichtigsten Informationen aus aller Welt (...). (Nr. 13, Tagesschau)
2) Beste Nachrichten-App: (...) Die Artikel sind kompakt (...). (Nr. 121, Spiegel Online)
3) Redaktionell sehr gut: (...) Auch die Auswahl an Ressorts ist gut (...). (Nr. 369, Süddeutsche.de)
4) Meist genutzte App: (...) Nachrichten schnell auf einen Blick (...). (Nr. 620, Focus Online)
5) Bereits am Vorabend prächtig informiert: Noch schnell am Abend (...) in erträglichem Umfang über die wichtigsten Ereignisse aus Politik, Wirtschaft und Kultur informiert (...) im Laufe des Tages Zeit nehmen für die ausführlicheren Beiträge. (Nr. 719, Die Welt)

Die Aussagen zeigen, dass mobil zur Information über aktuelle Nachrichten kompakte Information erwünscht sind (vgl. Tab. 11, Bsp. 2, 4, 5). Gleichzeitig wird Mobiler Journalismus auch zur ausführlichen Information über Themen genutzt, für die hohe Aktualität eine untergeordnete Rolle spielt (vgl. Tab. 11, Bsp. 2, 4, 5).

Vollständigkeit

Darüber hinaus erwarten Nutzer von Mobilem Journalismus Vollständigkeit. Darunter fällt einerseits die Forderung, in den mobilen Angeboten mehr als nur crossmediale Verweise oder Auszüge aus existierenden Angeboten zu erhalten (vgl. Tab. 12, Bsp. 3, 4). Mobiler Journalismus sollte demnach ein eigenständiges, in sich abgeschlossenes Angebot darstellen. Die Wahl des Titelzusatzes (im Beispiel „.de") bestimmt in entscheidendem Maße, welches Medienschema bei Rezipieten abgerufen und zur Bewertung der App hinzugezogen wird (vgl. Tab. 12, Bsp. 4). Darüber hinaus zeigt sich, dass die dem Muttermedium zugeschriebenen Kernkompetenzen und damit verbundene Inhalte auch im Mobilen Journalismus Teil dieses Angebots sein sollten (vgl. Tab. 12, Bsp. 1, 2). Die Integration einer digitalen Version des Mutter- oder Onlinemediums als Zusatz wird ebenfalls positiv hervorgehoben (vgl. Tab. 12, Bsp. 5).

Tab. 12: Beispiele der Kategorie Vollständigkeit

1) Top: (...) Kleines Minus ist der fehlende Sportteil (...). (Nr. 32, Tagesschau)
2) Wo ist GZSZ?: (...) Mich wundert es nur, dass GZSZ nicht kommt, obwohl das die beliebteste Sendung ist (...). (Nr. 66, RTLnow)
3) Das hier sollte mal bedacht werden!!!: (...) Aber wirklich alle Sendungen sollten dann auch da in voller Länge sein und nicht nur 2-3 Minuten! (...). (Nr. 203, ProSieben)
4) Form mangelhaft, Inhalt allenfalls ausreichend: (...) Unendlich viele Dinge fehlen, wenn man es mit dem normalen Online.-Angebot der SZ vergleicht (...) In der Art wie in dieser App ein Teil des online Inhalts der Süddeutschen Zeitung dargestellt wird, ist er keinen Euro im Monat wert, geschweige denn mehr (...). (Nr. 379, Süddeutsche.de)
5) Gute App: (...) Ich vermisse noch ein Button, wo ich den aktuellen Focus bei Bedarf als PDF downloaden kann (...). (Nr. 630, Focus Online)

5.2.3 Online- und Mobilspezifika

Unter der Dimension „Online- und Mobilspezifika" sind Kommentare zusammengefasst, die sich analog zur Systematisierung der Potenzialanalyse in Multimedialität, Additivität, Interaktivität, Selektivität, Ubiquität sowie Kontextsensitivität differenzieren lassen. Dies zeigt: Unter den Nutzern ist bereits ein Bewusstsein für die Spezifika von Apps vorhanden.

Multimedialität

Der Einsatz von Multimediaformaten wird erwartet, für Nutzer stellt dieses Potenzial einen entscheidenden Mehrwert gegenüber klassischen Medieninhalten dar. Sowohl wird positiv hervorgehoben, wenn multimediale Inhalte eingebunden werden (vgl. Tab. 13, Bsp. 1, 2, 5) als auch negativ angemerkt, wenn die App nicht in ausreichendem Maß multimedial aufbereitet ist (vgl. Tab. 13, Bsp. 3, 4). Es ist also relevant, welche unterschiedlichen Elemente in welcher Häufigkeit eingesetzt werden und wie diese innerhalb eines Beitrags kombiniert sind.

Tab. 13: Beispiele der Kategorie Multimedialität

1) Sehr gute Nachrichten App: (…) Multimediale Inhalte sind hervorragend eingebunden (…). (Nr. 44, Tagesschau)

2) Alle News in einer App: (…) Es kann auf ein reichhaltiges Angebot von Text-, Audio- und Videoangeboten zugegriffen werden. (…). (Nr. 199, n-tv)

3) Wozu zahlen?: (…) keine zusätzlichen Features wie eingebettete Videos oder ähnliches. Das ist nicht die Zukunft!! Schaut euch die New York Times an (iPad) und bitte verbessert diese App (…). (Nr. 371, Süddeutsche.de)

4) Empfehlenswert, aber verbesserungsbedürftig: (…) Ich hätte mehr Inhalt, statt weniger erwartet. Mehr Fotos, mehr Grafiken (…). (Nr. 482, Der Spiegel)

5) Man darf nicht meckern!: (…) Die Inhalte, welche sich hinter Bildern und Texten mit Videos und Bilderserien und einigen anderen Features bereithalten, nutzen die Multimedia-Tauglichkeit des Gerätes sehr umfangreich aus (…). (Nr. 672, Bild)

Additivität

Wie schon für stationäre Webseiten erwarten Nutzer Additivität auch im Mobilen Journalismus. Zwei Kategorien lassen sich ableiten:

a) Archiv

Tab. 14: Beispiele der Kategorie Archiv

1) Zu klein…: (…) ich finde das Archiv viel zu klein. Hätte gerne die Möglichkeit, mich wie beim „normalen" RTL NOW anzumelden und Zugriff auf alle Folgen zu haben (…). (Nr. 98, RTL Now)

2) PDF TOP – Bitte ein Archiv: (…) allerdings würde ein Archiv der letzten 3-5 Ausgaben das Angebot noch deutlich aufwerten (…). (Nr. 323, Welt Mobil)

3) Form mangelhaft, Inhalt allenfalls ausreichend: (…) Die Inhalte sind sehr begrenzt und nur für kurze Zeit verfügbar (…). (Nr. 379, Süddeutsche.de)

4) Finger weg. App ist nicht kostenlos: (…) Sobald eine neue Ausgabe erscheint, ist die Alte [sic!] (bezahlte) Version nicht mehr nutzbar (…). (Nr. 461, Der Spiegel)

5) Bisher ungeschlagen: (…) Wird es mit dem Speicherplatz eng, lösche ich halt eine Ausgabe, die ich jedoch jederzeit wieder kostenlos downloaden kann (…). (Nr. 814, Stern eMagazine)

Als Vorteil digitaler Publikationen erachten Nutzer die unbegrenzte Verfügbarkeit älterer Ausgaben (vgl. Tab. 14, Bsp.1, 3). Vor allem für Bezahlinhalte soll Zugriff auf ein Archiv möglich sein (vgl. Tab. 14, Bsp. 2, 4, 5). Dieses sollte nicht lokal auf dem Endgerät des Nutzers gespeichert werden, sondern online durchsucht werden können.

b) Hyperlinks

Die Verlinkung von Inhalten ist bereits etabliert. „Hyperlinked Connectivity“ (MPA The Association of Magazine Media 2011, S. 5) wird auch für die inhaltliche Struktur von Apps erwartet und als elementarer Vorteil gegenüber Offlinemedien empfunden. Der Verzicht wird als rückständig erlebt (vgl. Tab. 15, Bsp. 2). Dabei sollen zum einen weiterführende Informationen in Form von externen Links integriert werden (vgl. Tab. 15, Bsp. 1, 3). Ebenso wird die Verlinkung korrespondierender Inhalte innerhalb der Ausgabe erwartet, z.B. in Form von Verweisen zu ähnlichen Beiträgen (vgl. Tab. 15, Bsp. 4, 5). Die Startseite soll auf Einzelbeiträge verweisen.

Tab. 15: Beispiele der Kategorie Hyperlinks

1) TopNewsApp: (...) viele weiterführende Links (...). (Nr. 5, Tagesschau)
2) Unterirdisch!: Selbst die wichtigste Funktion, die den eigentlichen Vorteil gegenüber einer Printausgabe ausmacht, fehlt: Die regelmäßig bei Konkurrenzprodukten anzufindende Liste von Links zu thematisch benachbarten Artikel aus dem Fundus – unglaublich (...). (Nr. 464, Der Spiegel)
3) Gut aber nicht komplett: (...) Nicht nur die offenbar fehlenden weiterführenden Artikelinhalte (...). (Nr. 647, Focus Online)
4) Typisch FAZ: (...) Ich brauche ja keine Multi-Media-Spielereien, aber Links von der Hauptseite zu den Artikel im Inneren wären ja wohl doch das Mindeste. (Nr. 892, F.A.Z. Zeitung)
5) Sehr guter Anfang: (...) Aktive Verlinkung zwischen Artikel oder auch zu Verweisen in Artikeln. Einbettung von Media Inhalten der Homepage. (Nr. 897, F.A.Z. Zeitung)

Interaktivität

Unter Interaktivität wird, wie in Kapitel 3.3 definiert, jede Option für einen synchronen oder asynchronen Kontakt mit Kommunikationspartnern verstanden. Die Nutzerkommentare weisen auf drei relevante interaktive

Anwendungen hin, die in Apps integriert werden sollten: E-Mail-Weiterleitung, Kommentarfunktion und Anbindung an soziale Netzwerke.

a) E-Mail Weiterleitung

Nutzer möchten Inhalte im Rahmen der elektronisch vermittelten interpersonalen Kommunikation mit anderen teilen. Eine Sozialisation mit dieser Funktion hat über das stationäre Internet stattgefunden. Daher wird die E-Mail Weiterleitung als selbstverständlich erachtet (vgl. Tab. 16).

Tab.16: Beispiele der Kategorie E-Mail Weiterleitung

1) Übersichtlich, vollständig und aktuell: (...) Schön wäre die Möglichkeit, per E-Mail Empfehlungen versenden zu können (...). (Nr. 392, Süddeutsche.de)
2) Einfach und sehr edel: Ein paar zusätzliche Features (z.B. (...) Textversand (...) könnten noch nachgebessert werden (...). (Nr. 495, Der Spiegel)
3) Information klar, schnell und kompetent: (...) Praktisch: (...) Die Funktion Artikel per E-Mail an z.B. Freunde zu schicken (...). (Nr. 703, Die Welt)
4) Weder drucken noch mailen möglich: (...) In der iPad-Version kann ich Artikel weder drucken noch mailen lächerlich (...). (Nr. 788, Der Spiegel)
5) Super App mit Verbesserungspotential: (...) Artikel, die offen auf der FAZ.NET-Seite stehen, sollten auf einfache Weise per Mail verschickt werden können (...). (Nr. 857, F.A.Z. Zeitung)

b) Kommentarfunktion

Ebenfalls etabliert ist die Partizipation der Nutzer über Kommentare. Interaktion mit der Redaktion sowie mit anderen Rezipienten wird nun auch in Apps erwartet. Das Fehlen einer Kommentarfunktion oder eines Forums wird daher thematisiert (vgl. Tab. 17).

Tab.17: Beispiele der Kategorie Kommentarfunktion

1) Ein Punkt Abzug: Weil ich mittlerweile des Öfteren gerne bewertet und kommentiert hätte – das geht aber mit meinem iPad2 nicht ☹ (…). (Nr. 10, Tagesschau)
2) Kein toller Start. Schell updaten bitte!: (…) Das schlimmste: Kein Zugang mehr zum Forum (…). (Nr. 138, Spiegel Online)
3) Klasse: (…) Aber wie kann man Kommentare schreiben? (Nr. 282, Bild)
4) Kommentarfunktion unbefriedigend: (…) Die Kommentarfunktion ist mangelhaft. Kommentare können nur einmal aktualisiert werden. Verfassen von Kommentaren nicht möglich (…). (Nr. 341, Welt Mobil)
5) Anregung an die Süddeutsche: (...) Umso bedauerlicher ist es, dass der Leser keine direkte Möglichkeit der öffentlichen Kommentierung bzw. Diskussion einzelner Artikel hat. (…) Bitte dringend optimieren, denn moderne Medienpolitik im World Wide Web ist aktive Leserbeteiligung! Das ist ja gerade ihr großer Vorteil gegenüber den Papier-News (…). (Nr. 354, Süddeutsche.de)

c) Anbindung an soziale Netzwerke

Schließlich ist die Anbindung der App an soziale Netzwerke für Rezipienten unerlässlich, um interessante Inhalte zu teilen. Fehlt der „Share-Button“, wird dies negativ ausgelegt (vgl. Tab. 18).

Tab.18: Beispiele der Kategorie Anbindung an soziale Netzwerke

1) Update [sic!] verschlechtern Nutzung in allen Belangen: (…) ein Share Button für Social Networks (…). (Nr. 58, RTL Now)
2) Super App: (…) und die Möglichkeit der Veröffentlichung von Artikeln bei Facebook sollte auch überarbeitet werden (…). (Nr. 166, n-tv iPhone edition)
3) Für den kurzen Überblick: (…) Gute Möglichkeit, Freunde auf interessante Artikel hinzuweisen (…). (Nr. 274, Bild)
4) Alles wieder gut! Nach dem Update funktioniert die Twitteranbindung wieder (…). (Nr. 373, Süddeutsche.de)
5) Tolle Zeitung und tolle App – mit kleinen Abstrichen: (…) um den fünften Stern zu bekommen, muss aber noch einiges nachgebessert werden: (…) Integration von Social Media (…). (Nr. 873, F.A.Z. Zeitung)

Selektivität

Selektivität suggeriert dem Nutzer eine „Pseudo-Interaktivität“ und lässt ihm Wahlmöglichkeit aus definierten Optionen (vgl. Kap. 3.3.5). Nutzer nennen dies in der Regel ebenfalls „interaktiv“. Kommentare, die ganz allgemein über Selektivität sprechen, zeigen, dass diese Dimension für das Nutzungserlebnis von Apps von Bedeutung ist. Zudem konnten zentrale selektive Funktionen identifiziert werden: Markieren/Kopieren, Suche sowie Bookmarks/Favoriten. Inhaltlich ist eine Individualisierung des Angebots durch die Selektion von Themen und Funktionen erwünscht.

a) Selektivität allgemein

Kommentare, die sich mit Selektivität auseinandersetzen, betonen insbesondere, dass die Rezeption „Spaß“ mache und zum „Erlebnis“ werde (vgl. Tab. 19, Bsp. 4,5). Dies deckt sich mit den Ausführungen zur User Experience und Playfulness (vgl. Kap. 3.3).

Tab. 19: Beispiele der Kategorie Selektivität allgemein

1) Toller Überblick: Sehr interaktives Tool (…). (Nr. 733, Die Welt)
2) App wieder gelöscht: Zu teuer, keine Textgrößenanpassung, wenig interaktiv. (Nr. 488, Der Spiegel)
3) Funktioniert 1a: (…) und interaktive Bedienung ist super gelungen (…). (Nr. 762, Der Spiegel)
4) Absolut beeindruckend: (…) und die interaktive Art den Stern zu lesen ist absolut beeindruckend. Ein echtes Erlebnis und dafür 5 Sterne von mir. (Nr. 804, Stern eMagazine)
5) Macht Spaß: Nicht lieblose und ärgerliche PDF – sondern tolle interaktive Umsetzung, die funktioniert. (Nr. 837, Stern eMagazine)

b) Markieren/Kopieren

Nutzer wünschen sich, Inhalte der App nicht nur ad hoc rezipieren zu können, sondern diese entweder zu markieren oder Teile davon auch zu kopieren, um diese in andere Anwendungen zu exportieren (vgl. Tab. 20).

Tab. 20: Beispiele der Kategorie Markieren/Kopieren

1) Bitte um Funktion: Und zwar wäre es hilfreich, wenn man die Nachrichten oder Texte markieren, speichern oder kopieren könnte. So könnte man durch die Vorlesehilfe vom iPhone einfach die Texte vorlesen lassen. Das wäre gut!!! (Nr. 253, Bild)
2) Übersichtlich, vollständig und aktuell: (...) Copy & Paste hätte auch was (...). (Nr.392, Süddeutsche.de)
3) Nur noch Videos fehlen: (...) besondere Artikel können markiert werden, bereits gelesene Abschnitte erkennt man schon im Inhaltsverzeichnis (...).(Nr. 456, Der Spiegel)
4) Einfach und sehr edel: (...) Textmarkierungen (...). (Nr. 495, Der Spiegel)
5) Da fehlt zu viel: (...) Textstellen markieren, Text kopieren (...). (Nr. 785, Der Spiegel)

c) Suche

Als Vorteil digitaler Inhalte wird die Möglichkeit gesehen, diese nach Schlagworten zu durchsuchen und damit individuell relevante Themen zu identifizieren. Insbesondere, wenn auch ältere Ausgaben archiviert werden können, ist die Suchfunktion notwendig (vgl. Tab. 21).

Tab. 21: Beispiele der Kategorie Suche

1) Top: (...) Eine gezielte Suche nach Themen ist möglich (...). (Nr. 32, Tagesschau)
2) Vor der eigenen Haustüre kehren: (...) Suchfunktion, wenn möglich mit Archivzugriff (...). (Nr. 361, Süddeutsche.de)
3) Guter Einstieg: (...) Suchfunktion (...). (Nr. 433, F.A.Z.)
4) Aufklärung – zur Beachtung: (...) Wo ist eine Suche (...). (Nr. 465, Der Spiegel)
5) Welt HD: (...) Da wäre sicherlich eine Suchfunktion (zumindest auf die Headlines) sehr wünschenswert (...). (Nr. 724, Die Welt)

d) Bookmarks/Favoriten

Nutzer rezipieren eine App nicht durchgängig, häufig werden sie durch andere Funktionen des Endgeräts unterbrochen. Ist der letzte Stand bei

Wiedereinstieg nicht vermerkt, wird dies negativ bewertet. Bookmarks sollten ermöglichen, interessante Stellen zur markieren (vgl. Tab. 22).

Tab. 22: Beispiele der Kategorie Bookmark

1) Bild geht nix: (…) Sollte man doch irgendwann auf Seite 13 angelangt sein und muss die App schließen, darf man sich beim nächsten Mal darüber freuen, wieder von Seite 1 an blättern zu dürfen (…). (Nr. 293, Bild)
2) Da fehlt noch einiges…: (…) Verlassen der Applikation speichert keinen Status was gerade gelesen wurde (…). (Nr. 390, Süddeutsche.de)
3) Noch zu verbessern: (…) erstens man kann kein Lesezeichen setzen (…). (Nr. 453, Der Spiegel)
4) Information klar, schnell und kompetent: (…) Die Pinnwand, um sich einen Artikel zu merken (…). (Nr. 703 Die Welt)
5) Gelungener Start: (…) Jedoch fehlte mir schon beim ersten Durchblättern die Möglichkeit, Lesezeichen zu setzen. (Nr. 841, Stern eMagazine)

e) Skalierbarkeit

Gerade auf mobilen Endgeräten mit kleineren Displays (Smartphones) ist von Nutzern eine individuelle Anpassbarkeit von Schrift und Helligkeit erwünscht (vgl. Tab. 23, Bsp. 1, 3, 4, 5). Zudem erwarten Nutzer, visuelle Elemente (z.B. Fotos) vergrößern zu können (vgl. Tab. 23, Bsp. 2, 4). Dies wiederum erfordert eine höhere Auflösung der Inhalte (und damit eine höhere Datenmenge), um auch bei starkem Zoom noch ausreichende Qualität in der Darstellung zu gewährleisten.

Tab. 23: Beispiele der Kategorie Skalierbarkeit

1) Könnte besser sein: (…) Schrift sehr klein, keine Vergrößerung möglich. Bitte verbessern. (Nr. 24, Tagesschau)
2) Hmm: Überzeugt mich leider gar nicht (…) Bilder in Meer [sic!] Slideshow sollte man auch zoomen können (…). (Nr. 146, Spiegel Online)
3) Unflexibel: Textgröße lässt sich nicht anpassen. Das ist mangelhaft und vertreibt Kunden wie mich! (Nr. 381, Süddeutsche.de)
4) Sehr gelungen: (…) Zoommöglichkeiten bei den Bildern sowie Komfortfunktionen wie Helligkeitsanpassung und Schriftgrößenänderung runde [sic!] das Bild ab (…). (Nr. 776, Der Spiegel)
5) Gut gemeint, schlecht programmiert: Weder ein Verstellen der Buchstabengröße möglich, noch spreizen mit den Fingern (…). Nr. 845, Stern eMagazine)

f) Selektion von Themen

Die Nutzerkommentare bestätigen: Rezipienten wollen von Apps kein Universalangebot, sondern individualisierbare Inhalte – zugeschnitten auf die eigenen Nutzungspräferenzen und -situationen. Insbesondere eine Auswahl nach Themen (vgl. Tab. 24, Bsp. 1, 3, 5) bzw. Interessen (vgl. Tab. 24, Bsp. 2, 3) für Push-Meldungen und Startseite wird thematisiert. Zudem wird gewünscht, die Rangfolge von Themen individuell zusammenzustellen (vgl. Tab. 24, Bsp. 4). Dies beinhaltet nicht die Nutzung der Lokalisierungsfunktion mobiler Endgeräte (via GPS), die zusätzlich ohne Aktivität des Nutzers Inhalte selektieren und positionieren könnte.

Tab. 24: Beispiele der Kategorie Selektion von Themen

1) Sehr gute App, mit viel Information: (...) so wäre es viel praktischer, wenn man die App oder wenigstens die Startseite personalisieren könnte, so dass z.B. Nachrichten aus dem Bereich Wirtschaft immer zuerst angezeigt werden. Auch eine Möglichkeit zum Speichern des Wohnortes für lokale Nachrichten und Wettervorhersage (...). (Nr. 48, Tagesschau)

2) Da wäre mehr drin gewesen..: (...) Wieso keine Nachrichtenpersonalisierung? (...). (Nr. 142, Spiegel Online)

3) Super App.!!: (...) individuell einstellbar je nach Interessen...(...). (Nr. 258, Bild)

4) Guter Einstieg: (...) Sehr gut finde ich die Möglichkeit, es zu individualisieren. Kunstmarkt habe ich auf den letzten Platz geschoben (...). (Nr. 433, F.A.Z.)

5) Ich will bezahlen!!: (...) Aber der Hauptgrund für meine Bewertung sind diese verdammten Sportmeldungen oben im Ticker. Es gibt auch Menschen, die nicht wissen wollen, welcher der Tausend Fußballspieler in Deutschland einen verstauchten Zeh hat, oder welcher Handballspieler gerade den Verein gewechselt hat. Also bitte eine Einstellung hinzufügen, um sich die Meldungen nach seinem persönlichen Interesse zusammenstellen zu können (...). (Nr. 617, Focus Online)

g) Selektion von Funktionen

Daneben wird erwartet, die Funktionalität auf die eigenen Bedürfnisse einstellen zu können (vgl. Tab. 25, Bsp. 1). Dieser Wunsch bezieht sich auf Bedienelemente (Navigation, Schrift; vgl. Tab. 25, Bsp. 3, 4, 5) sowie das Layout (Anordnung Startseite; vgl. Tab. 25, Bsp. 2).

Tab. 25: Beispiele der Kategorie Selektion von Funktionen

1) User1988: (...) Leute, wo bleibt bloß die Einstellung, um Push-Mails zu deaktivieren...: Weder in dem App kann man das noch im iPhone unter Einstellung (...). (Nr. 182, n-tv)
2) Funktion: Leider ist nicht möglich, Reise oder Satire auf die Startübersicht zu bekommen, außerdem unmöglich bei Webwelt oder anderen Bereich die Anzahl der Vorschau zu ändern, diese bleibt bei 3 (...). (Nr. 311, Welt Mobil)
3) (fast) Super!: Aber bitte mit: einstellbarer Schriftgröße, anpassbarer Startseite (mit Lieblingsressorts) (...). (Nr. 389, Süddeutsche.de)
4) Sehr gute News App: (...) Auch eine individuell konfigurierbare Navigation am unteren Bildschirm wäre wünschenswert (...). (Nr. 418, F.A.Z.)
5) Umsetzung gelungen, wenn der Preis bei 2,99 bleibt wär´s ok: (...) Wünschenswert fände ich die Möglichkeit, die Art des Blätterns noch einzustellen (z.B. auf eine Ecke tippen oder nach unten/oben scrollen (...). (Nr. 473, Der Spiegel)

Ständige Konnektivität

Das technische Potenzial der ständigen Konnektivität umfasst die permanente Aktualisierbarkeit von Apps. Aktualität ist zwar für Angebote, die von tagesaktuellen Informationen bis zu Special-Interest-Magazinen reichen, sehr unterschiedlich definiert und grundsätzlich in Abhängigkeit vom Erscheinungsrhythmus zu sehen. Dennoch konnten zwei zentrale Kategorien aus den Nutzerkommentaren abgeleitet werden.

a) Aktualisierung

Die Aktualisierung ist sowohl hinsichtlich der Frequenz als auch des Zeitpunktes für Nutzer wichtig. Sie bewerten positiv, wenn sie zu jedem beliebigen Zeitpunkt aktuelle Informationen erhalten können (vgl. Tab. 26, Bsp. 1, 2) und achten auf das regelmäßige automatisierte Bereitstellen neuer Inhalte (vgl. Tab. 26, Bsp. 3, 4). Als Vorteil der App sehen Nutzer es zudem an, wenn Inhalte des Muttermediums vorab publiziert werden (vgl. Tab. 26, Bsp. 5) und Inhalte manuell aktualisiert werden können.

Tab. 26: Beispiele der Kategorie Aktualisierung

1) Super App: (...) rund um die Uhr aktuelle Meldungen (...). (Nr. 31, Tagesschau)
2) Gute App: (...) immer aktuell (...). (Nr. 105, Spiegel Online)
3) Ist das alles??: (...) Die Filme könnten aber mal öfters aktualisiert werden. Besonders bei der Comedy. Wer will sich auch ständig die gleichen Gags anschauen??? (...) (Nr. 231, ProSieben)
4) Update so mittelmäßig: Seit dem letzten Update werden die Kurznachrichten gar nicht mehr aktualisiert. Was interessieren mich die Nachrichten von vor 5 Tagen??? Dringend nachbessern bitte! (Nr. 252, Bild)
5) Eine tolle App mit zu Unrecht vernichtenden Bewertungen: (...) Auch, dass bereits samstags die aktuelle Ausgabe heruntergeladen werden kann, empfinde ich als ziemlichen Vorteil, da bereits sonntags Spiegel-Artikel in der Presse diskutiert werden (...). (Nr. 781, Der Spiegel)

b) Push-Funktion

Die Push-Funktion erlaubt es, aktuelle Inhalte nicht erst aktiv suchen zu müssen (vgl. Tab. 27, Bsp. 3), sondern diese automatisiert auf das Endgerät zu erhalten. Dies gilt sowohl für einzelne Informationen im tagesaktuellen Nachrichtenbereich (vgl. Tab 27, Bsp. 1, 2), kann zur Aktualisierung neuer Ausgaben (vgl. Tab. 27, Bsp. 4) oder Benachrichtigung über das Erscheinen genutzt werden (vgl. Tab. 27, Bsp. 5).

Tab. 27: Beispiele aus Kategorie Push-Funktion

1) Perfekt!!!: (...) Wenn eine Eilmeldung eingeht, wird man zudem sofort per Pushnachricht informiert (...). (Nr. 1, Tagesschau)
2) Wenig: (...) dafür die schnelleren und informativeren Push-Nachrichten (...). (Nr. 119, Spiegel Online)
3) Warum manuelles update?: Warum wird die Börse nicht mehr upgedated? Warum muss man die Nachrichten manuell updaten? Bitte schnellstens ändern. (Nr. 155, n-tv iPhone edition)
4) Automatische Laden klappt nicht: (...) Jedoch stört es mich, dass die neue Ausgabe nicht automatisch nachgeladen wird bzw. auch kein Hinweis auf die neue Ausgabe erscheint. (...). (Nr. 664, Bild)
5) Besser als die Printausgabe: (...) Ein letzter Wunsch bleibt: Push-Benachrichtigung bei neuen Ausgaben. (Nr. 809, Stern eMagazine)

Ubiquität

Das Potenzial der Ubiquität wird als Spezifikum der Anwendungen erkannt. Die Nutzerkommentare befassen sich mit der räumlich und zeitlich flexiblen Nutzung der Anwendungen und der Unabhängigkeit der Rezeption von einer Netzverbindung sowie dem Datenvolumen der App.

a) Ort- und Zeitunabhängigkeit

Als neues Potenzial von Apps wurde die Ort- und Zeitunabhängigkeit der Nutzung herausgestellt (vgl. Kap. 3.3). Rezipienten sehen diese Funktion als relevant an und erwarten neben einer zeitlich uneingeschränkten Verfügbarkeit auch, journalistische Inhalte zeitversetzt (vgl. Tab. 28, Bsp. 2, 4, 5) und global (vgl. Tab. 28, Bsp, 3, 5) zu erhalten. Eine Einschränkung der Inhalte wird als störend empfunden. Dies ist vor allem für Fernsehsender der Fall, da Lizenzen an geografische Räume gebunden sind.

Tab. 28: Beispiele der Kategorie Orts- und Zeitunabhängigkeit

1) Sehr informativ: (...) Egal, ob ich im In- oder Ausland unterwegs bin, habe ich immer in Kürze das Wichtigste des Tages vorliegen (...). (Nr. 3, Tagesschau)
2) Scheiße: Vorteile: Man kann jederzeit gucken, was man will, wenn man mal etwas im TV verpasst hat (...). (Nr. 59, RTL Now)
3) Überall: (...) Aber die können nicht schreiben, dass man von überall die Videos anschauen kann, wenn es nur in der Schweiz, Deutschland und Österreich geht (...). (Nr. 210, ProSieben)
4) Hier und da verbesserungswürdig: Wirklich schön, um Sendungen nachzuschauen (...). (Nr. 575, ProSieben für iPad)
5) Wunderbar: (...) Die fast perfekte Art eine Tageszeitung, egal wann wie oder wo zu lesen (...). (Nr. 726, Die Welt)

b) Netzunabhängigkeit

Auch im Zeitalter der vierten Mobilfunkgeneration limitieren die Netzwerkkonnektivität sowie Restriktionen durch die Bandbreite nach wie vor die Ubiquität der Rezeption. Nutzer verlangen daher eine Download-Funktion (vgl. Tab. 29, Bsp. 1, 2, 5), um auch mobil auf alle Inhalte zugreifen zu können.

Tab. 29: Beispiele der Kategorie Netzunabhängigkeit

1) App-solut klasse!!!: (...) Besonders gut finde ich die Einpack-Funktion. Mit der man Artikel offline abrufen kann (...). (Nr. 109 Spiegel Online)
2) Super!: (...) und man kann sogar einen Newsbeitrag speichern und jederzeit offline wiedergeben! Toll! (...). (Nr. 161, n-tv iPhone edition)
3) Pixelig, nur online, nur Teaser!: (...) Ohne Netzverbindung wird das [sic!] App direkt wieder geschlossen (Crash). (...) Im Flug-Modus sollten alle zuvor geladenen Inhalte verfügbar bleiben. So ist es nur eine iPhone-optimierte Website! (...). (Nr. 206, ProSieben)
4) Nette Idee...: ...(...) Wenn man – wie ich – oft mit dem Zug unterwegs ist und das Netz nicht immer verfügbar ist kann man damit rechnen, dass man zu 80% nur leere Seite zu sehen bekommt (...). (Nr. 328, Welt Mobil)
5) Noch ein paar Schwächen: Sehr habe ich mich über die SZ mit Downloadfunktion für meinen IPod gefreut. Endlich Zeitunglesen in der U-bahn (...). (Nr. 396, Süddeutsche.de)

c) Datenvolumen

Obwohl mobile Endgeräte über WLAN-Schnittstellen verfügen, ist die Nutzung unterwegs meist nur über Mobilfunknetze möglich. Die Downloadzeit ist in der mobilen Nutzungssituation trotz stetigen Netzausbaus von schwankenden Datenraten beeinträchtigt, daher schränkt ein hohes Datenvolumen die Mobilität ein (vgl. Kap. 2). Die Ladezeit, d.h. die Zeitspanne, die zum Download und zur Installation der aktuellen Ausgabe sowie zur Aktualisierung bestehender Inhalte benötigt wird, ist in der mobilen Nutzungssituation für Rezipienten wichtig (vgl. Tab. 30, Bsp. 1, 3, 4). Das Datenvolumen der Anwendungen wird ebenfalls thematisiert. Einerseits hat es einen Einfluss auf die Ladezeit, andererseits weisen die Kommentare darauf hin, dass trotz der Verbreitung von Flatrates Kosten für die Datenübertragung eine Rolle spielen (vgl. Tab. 30, Bsp. 2) und zudem die Speicherkapazität der Endgeräte limitiert ist (vgl. Tab. 30, Bsp. 5).

Angeschts steigender Datenvolumina wird nicht nur international, sondern auch in Deutschland immer wieder über eine Abschaffung der Netzneutralität diskutiert (vgl. Knieper et al. 2013). Die jüngste Diskussion in Deutschland entstand nach dem Vorstoß des Telekom-Konzerns, Internetanschlüsse in ihrer Geschwindigkeit einzuschränken, sobald ein bestimmtes Datenvolumen erreicht ist („Drosselkom-Affäre“, vgl. Süddeutsche.de 2013).

Tab. 30: Beispiele der Kategorie Datenvolumen

1) Etwas teuer, aber es lohnt sich: (...) Da das Ganze auch sehr gut über 3G funktioniert, kann ich mir das Nachtjournal auf dem Weg zur Arbeit im Auto ansehen (...). (Nr. 71, RTL Now)
2) Jo: Stimmt das mit [sic!] Datenvolumen solltet ihr nochmal überdenken. Nicht jeder hat eine Flat (...). (Nr. 122, Spiegel Online)
3) Funktioniert einwandfrei: (...) Die Videos sind schnell geladen (...). (Nr. 243, Pro Sieben)
4) Verschlimmbessert: (...) auch bei schlechtem Empfang war der Artikel immer sehr schnell geladen, da kaum Bilder vorhanden sind! (Nr. 402, F.A.Z.)
5) Datenmenge: Bei 260 MB pro Ausgabe ist der Speicher schnell voll, bunte Bilder sind beeindruckend, aber ich möchte ja Texte lesen, die wenig Speicher in Anspruch nehmen. Vielleicht sollte man die Bilder aus dem Internet in High Resolution nachladen können, wenn man sie unbedingt genauer betrachten möchte und nur eine Art Bildvorschau bereitstellen? (Nr. 815, Stern eMagazine)

Kontextsensitivität

In den Nutzerkommentaren werden auch Aussagen zu kontextsensitiven Inhalten gemacht. Diese lassen den Wunsch erkennen, über Apps Informationen zu erhalten, die an den regionalen Kontext der Nutzung angepasst sind. Zum anderen sprechen Nutzer aber auch Bedenken an, die sich aus einer Standortbestimmung für den Datenschutz ergeben.

a) regionaler Kontext

„Because the mobile phone is a highly personalized device it is expected that its usage is highly relevant for the user's context." (Tan und Chou 2008, S. 664) Dies zeigt sich insbesondere daran, dass regionale Informationen einen hohen Stellenwert einnehmen und Informationen über den Heimat- oder Aufenthaltsort erwünscht sind. Hierbei wünschen sich Nutzer individuelle regionale Bedürfnisse zu berücksichtigen und vor allem auch dauerhaft zu speichern. Die manuelle Einstellung durch den Nutzer stellt dabei die einfachste Form der Kontextsensitivität dar. Eine geräteseitige Lösung durch automatisierte Ortung des Aufenthaltsortes wird nicht angesprochen (vgl. Tab. 31).

Tab. 31: Beispiele der Kategorie regionaler Kontext

1) Durchaus zu empfehlen: (...) Und ein Vorschlag, regional oder lokal individuell gestalten, da mich nicht so ganz interessiert, was in Berlin gerade Sache ist (z.B.) (...). (Nr. 15, Tagesschau)
2) Auf dem iPhone 4 Mist!!: (...) Wetter wird nur von Berlin angezeigt! (...). (Nr,. 276, Bild)
3) Gelungene Weiterentwicklung: (...) Bitte Regionale PDF-Ausgabe in den Einstellungen auswählen lassen und merken, anstatt die Deutschland-Ausgabe und danach immer neu Auswählen müssen. (Nr. 657, Bild)
4) Sehr schwach: (...) Meinen Heimatort kann ich nicht einstellen (...). (Nr. 696, Bild)
5): Ein Anfang...leider nicht mehr!: (...) Warum ist der Lokalteil von Frankfurt nicht dabei? (...). (852, F.A.Z. Zeitung)

b) Datenschutz

Sensibel reagieren Rezipienten, wenn die Angabe persönlicher Daten gefordert wird. Für sie ist zum Beispiel nicht erkennbar, warum eine Standortbestimmung zur Nutzung von TV-Inhalten notwendig ist (vgl. Tab. 32). Um festzustellen, ob sich Nutzer in einem lizenzierten Land aufhalten, muss die GPS-Ortung aktiviert sein. Die Begrenzung eines Angebots auf Regionen wird bereits für Streaming-Angebote im Internet praktiziert, basiert hier jedoch auf einer automatisierten Auswertung der IP-Adresse. Rezipienten bemängeln fehlende Transparenz, da Sender sich häufig nur darauf berufen, dass die Standortbestimmung aus rechtlichen Gründen notwendig sei (vgl. RTL interactive GmbH 2010). Wer mit der Datenabfrage nicht einverstanden ist, kann die Anwendung nicht nutzen (vgl. Tab. 32, Bsp. 1, 2). Hieraus wird deutlich, dass die Transparenz ein zentrales Kriterium sein muss, wenn zur Nutzung einer journalistischen App Userdaten abgefragt werden. Sonst entsteht der Eindruck, einer „missbräuchlichen" Datennutzung. Ebenso erwarten Rezipienten, Apps anonym testen zu können, sonst wird befürchtet, in eine Abofalle zu geraten (vgl. Tab. 32, Bsp. 4,5). Insgesamt sehen Nutzer ihre Privatsphäre gefährdet, wenn die Anwendung ihr Verhalten „beobachtet" (vgl. Tab. 32, Bsp. 3).

Tab. 32: Beispiele der Kategorie Datenschutz

1) Lokalisierung? Wieso warum und weshalb will RTL meinen Standort erfahren?! Wenn ich es nicht angeben will, kann ich sie auch nicht benutzen. Eine Frechheit! (Nr. 73, RTL Now)
2) RTL now Lokalisierung: Zur Info. Vor dem Kauf wird man nicht darauf hingewiesen, dass man Videos nur mit aktiver Lokalisierung/Ortung angucken kann. Wer das aus datenschutzrechtlichen Gründen nicht möchte, hat Pech gehabt und umsonst gekauft (…). (Nr. 83, RTL Now)
3) Gut, aber macht Werbung: (…) aber es beobachtet das Nutzerverhalten und macht Werbung und das ist für mich ein Grund die App wieder zu löschen. Ich sehe darin meine Privatsphäre gefährdet. (Nr. 103, Spiegel Online)
4) Zwangsregistrierung: Leider muss man sich sofort nach dem Starten registrieren, sonst sieht man nichts. Haben die erst mal die Daten, ist das Abo nicht mehr weit. (Nr. 446, F.A.Z)
5) Grafisch 1:1, als Text und mit Zusatzfunktion: (…) Kein Kaufzwang, sogar 14 Tage kostenloses und anonymes Ausprobieren. (…). (Nr. 894, F.A.Z. Zeitung)

5.2.4 Endgerätespezifika

Die vierte Dimension entspricht den Endgerätespezifika der Potenzialanalyse. Viele Nutzer sprechen diese an, ohne inhaltlich näher darauf einzugehen. Für beide Kategorien ließen sich zudem Unterkategorien bilden.

Bedienung

a) Bedienung allgemein

Häufig sprechen Rezipienten die Bedienung der App an, ohne spezifische Eigenschaften zu nennen (vgl. Tab. 33, Bsp. 3, 4, 5). Die Nutzerfreundlichkeit hängt entscheidend davon ab, ob die Bedienung der Anwendung funktional erscheint. Dies ist von der individuellen Prädisposition und persönlichen Präferenzen abhängig (vgl. Tab. 33, Bsp. 1, 2).

Tab. 33: Beispiele der Kategorie Bedienung allgemein

1) Nicht barrierefrei: Dieser App ist leider hörbehindertenfeindlich, weil kein Untertitel zur Verfügung steht! Bitte zugunsten Barrierefreiheit Untertitel einzubauen! (Nr: 40, Tagesschau)
2) Verbesserungswürdig: (...) Lade-Button nervt extrem. Bitte schnell nachbessern. (Nr. 134, Spiegel Online)
3) Ärgerlich: (...) schlechte Handhabbarkeit (...) Ein Produkt, bei dem nicht an die User gedacht wurde. (...) Etwas so unausgereiftes hatte ich von Bild bei dem Getöse nicht erwartet: Setzen – sechs! (Nr. 692, Bild HD)
4) Guter Start – auch wenn das Laden etwas dauert: Bedienung sehr gut (...). (Nr. 825, Stern eMagazine)
5) Prima zum FAZ Lesen: (...) die Bedienung eingängig und gut gemacht (...). (Nr. 874, F.A.Z. Zeitung)

b) Gestensteuerung

Für die Steuerung journalistischer Apps über Touchscreen hat sich ein Schema etabliert. Analog zum Mausklick wird ein kurzes Tippen auf den Bildschirm eingesetzt, um Anwendungen zu öffnen (vgl. Tab. 34, Bsp. 5).

Tab. 34: Beispiele der Kategorie Gestensteuerung

1) Sehr gute Nachrichten App: Die Tagesschau App ist wirklich eine gelungene Nachrichten App für das iPad. (...) Durch wischen nach links oder rechts wechselt man zwischen ihnen (...). (Nr. 44, Tagesschau)
2) Bild geht nix: Die App ist ganz okay. (...) so kann man nicht intelligent zoomen, sondern muss das Bild mit den Fingern manuell vergrößern und hin und her scrollen (...). (Nr. 293, Bild)
3) Ärgerlich: (...) der Lesekomfort ist schrecklich...Warum kann ich nicht wie in ALLEN anderen Dokumenten einfach mit dem Finder die Artikel hoch und runter scrollen? Ich finde dieses „Blättern" extrem nervig (...). (Nr. 460, Der Spiegel)
4) Umständlich: Im Vergleich zur New York Times oder der Financial Times ist die Bedienung der Focus App recht umständlich geraten (...). Andere lösen die Navigation durch Gesten...der Focus hat hier leider verstreut angeordnete Buttons gewählt (...). (Nr. 629, Focus Online)
5) Soweit okay...(...) Auch der Doppeltipp zum Lesen des Beitrags finde ich gut, dass man allerdings bei einem weiteren Antippen in einen wesentlich unvorteilhafteren Modus wechselt, ist extrem lästig. Hier bitte Nachbessern! (Nr. 859, F.A.Z. Zeitung)

Auch Multi-Touch wird erwartet, d.h. der Bildschirm erkennt mehrere gleichzeitige Berührungen. Die Möglichkeit durch das Spreizen von Daumen und Zeigefinger Bilder zu vergrößern, ist für Nutzer etabliert (vgl. Tab. 34, Bsp. 2). Die Navigation innerhalb sowie zwischen einzelnen Beiträgen eines Medienprodukts wird mittels horizontalem und vertikalem „Wischen" ausgelöst (vgl. Tab. 34, Bsp. 1). Die Verwendung von Buttons, wie sie in der Onlinekommunikation üblich sind, wird von den Nutzern für mobile Anwendungen als störend empfunden (vgl. Tab. 34, Bsp. 3, 4).

c) Orientierung

Die Navigation ist für die Bedienung relevant. Orientierungshilfen, wie sie in der Webseitennavigation eingesetzt werden, verdeutlichen die Position innerhalb der Anwendung (vgl. Tab. 35, Bsp. 1). Dazu gehört aus Sicht der Rezipienten auch eine Gesamtübersicht, die eine direkte Navigation zu präferierten Inhalten ermöglicht. Um Platz zu sparen, wird eine flexible Visualisierung gewünscht, die nur bei Bedarf erscheint (vgl. Tab. 35, Bsp. 5).

Tab. 35: Beispiele der Kategorie Orientierung

1) Pixelig, nur online, nur Teaser!: (...) Sobald man unter „Sendungen" eine Sendung ausgewählt hat, sollte man mit dem Button auch wieder zurück zu allen Sendungen kommen können (...). (Nr. 206, ProSieben)
2) Schlecht umgesetzt: Die App ist einfach mies umgesetzt. Chaotische Navigation, die Videos sind nicht beschriftet, sodass man gar nicht weiß, wo man draufklickt (...). (Nr. 292, Bild)
3) Die Kugel ist super: Der Welt-Globus ist mal superinnovativ, Nachrichten rund um die Welt, hab ich so noch nicht gesehen. (...) Beim PDF wünsch ich mir aber eine Vorschau der Seiten. Werden auf jeden Fall verlängern! (Nr. 348, Welt Mobil)
4) Vor der eigenen Haustüre kehren: (...) Verbesserungsvorschläge: Die Navigation zwischen den einzelnen Ressorts und den einzelnen Artikeln erfordert immer den Sprung eine Ebene zurück, das könnte man vereinfachen (...). (Nr. 361, Süddeutsche.de)
5) Gute Nachrichten-App: (...) Sehr gut gefällt mir die Artikeldarstellung; ist man am oberen oder unteren Ende, so erscheinen die Navigationsmenüs. Bewegt man die Seite allerdings nach unten, verschwinden diese, so dass der ganze Bildschirm zum Lesen der Nachrichten genutzt werden kann. Auch die seitliche Navigation zum Wechseln der Artikel innerhalb einer Rubrik oder zum Anschauen der Bilder, gefällt mir sehr (...) ☺. (Nr. 435, F.A.Z.)

Nutzer nehmen innovative Konzepte an, wenn ein Nutzwert ersichtlich ist. Dies ist der Fall, wenn Inhalt und Form kongruent sind (vgl. Tab 35, Bsp. 3). Grundsätzlich deuten die Kommentare darauf hin, dass etablierte Onlinenavigation nur bedingt übernommen werden sollte. Zudem muss das Navigationsprinzip klar erkennbar sein (vgl. Tab. 35, Bsp. 2, 4).

d) Intuitivität

Durch die Unmittelbarkeit der Bedienung erwarten Rezipienten eine intuitive Erschließbarkeit der App (vgl. Tab. 36, Bsp. 1, 2, 5). Dennoch sind sie offen, neue Konzepte zu erschließen (vgl. Tab. 36, Bsp. 3, 4). Dies deckt sich mit der Dimension „Perceived Ease of Use“ (Tan und Chou 2008, S. 653) und dem von Nielsen (1993, S. 27) geprägten Begriff der „Learnability“ (vgl. Kap. 3.3.9).

Tab. 36: Beispiele der Kategorie Intuitivität

1) Top!: (...) An (...) dem intuitiven Feeling kann sich sogar Apple noch ´ne Scheibe abschneiden (...). (Nr. 248, ProSieben)
2) Hat Potenzial: (...) Bedienung super einfach (...). (Nr. 368, Süddeutsche.de)
3) Sehr umfangreiche Ausgabe: (...) Bedienung ist etwas gewöhnungsbedürftig, aber das ist OK. (...). (Nr. 711, Die Welt)
4) Sternstunde – das Ende von ausverkauft am Kiosk: (...)...kleine dezente graue visuelle Helfer, klären auf und helfen weiter (...). (Nr. 850, Stern eMagazine)
5) Oh Jeh!: (...) Eine intuitive Bedienung dieser App ist nicht möglich, und die Art des Aufbaus schöpft nicht die Möglichkeiten aus, die das iPad bietet (...). (Nr. 868, F.A.Z. Zeitung)

e) Support

Der Support spielt für die Zufriedenheit der Nutzer eine Rolle. Insbesondere, weil sie (bezahlte) Inhalte unmittelbar rezipieren wollen, wünschen sich Rezipienten einen leicht auffindbaren (vgl. Tab. 37, Bsp. 1) sowie schnellen und kompetenten Support (vgl. Tab. 37, Bsp. 2, 3, 4, 5). Dies ist vor allem in einer Phase unabdingbar, in der die Zuverlässigkeit des Programms noch nicht vollständig gewährleistet ist.

Tab. 37: Beispiele der Kategorie Support

1) RTL now Lokalisierung: (…) Einen Button Problem melden gibt es bei dieser App im App Store nicht (...). (Nr. 83, RTLNow)
2) Pixelig, nur online, nur Teaser!: Schlechter Support: Erst einen Monat nach Erscheinen von iOS5 gab es jetzt das notwendige Update. Andere Firmen haben ihre Apps schon vorher angepasst (…)! (Nr. 206, ProSieben)
3) SZ-App: Support findet nicht statt, zumindest bislang, nachdem es um das lesen einer Tageszeitung geht, erwarte ich auch tagesschnellen Support. Aber: keine Antwort ist auch eine Antwort (…)! (Nr. 382, Süddeutsche.de)
4) …das nervt: (…) Mail an Online-Service geschrieben, haben auch zügig geantwortet, Vorschläge waren nicht hilfreich (…). Ärgerlich. (Nr. 758, Der Spiegel)
5) Weder der App noch Kunden-„Service“ funktionieren: (…) Keiner der Hinweise auf der FAQ halt [sic!] und die Lapidare Antwort des Kundenservice war ein „wenden Sie sich an iTunes, wenn Sie Ihr Geld wiederhaben wollen.“ Kein Hilfsangebot, kein Bedauern, nichts. Da ist sogar in der Servicewüste Deutschland ein neuer Rekord. (Nr. 805, Stern eMagazine)

Layout

Rezipienten bewerten auch das Layout der Apps – einige sehr allgemein, andere lassen die Übersichtlichkeit als wichtiges Merkmal erkennen.

a) Design allgemein

Tab. 38: Beispiele der Kategorie Design allgemein

1) TopNewsApp: (..). Angenehme Optik (…) So muss eine vernünftige NewsApp [sic!] ausschauen. Absolute Downloadempfehlung…auch auf dem iPad TOP! (Nr. 42 Tagesschau)
2) Hätte mit viel mehr erhofft!: Für ein riesiges Medienunternehmen wie ProSieben es ist, ist diese App sehr lieblos gestaltet (…)! (Nr. 218 ProSieben)
3) Guter Schritt in die richtige Richtung: (…) Wenn die App dann auch noch so schick und gut gemacht ist – umso lieber (…). (Nr. 391, Süddeutsche.de)
4) Immer dabei: (…) Das Programm ist elegant (…). (Nr. 486, Der Spiegel)
5) Einfallslos: Leider ohne Pep – einfache eckige Struktur – nichts Innovatives. Schade (…). (Nr. 642 Focus Online)

Es lassen sich lediglich Richtungen für das Design allgemein ableiten. Weitere Beurteilungen sind weniger genau (vgl. Tab. 38, Bsp. 1, 2), so dass hieraus keine Kategorienausprägungen abgeleitet werden können. Dennoch haben die Kommentare gezeigt, dass Nutzer das Design einer App ebenfalls zur Bewertung heranziehen, die Kategorie b) dient daher zur weiteren Operationalisierung des Begriffs.

b) Übersichtlichkeit

Das Layout ist ein entscheidender Faktor, der zur Übersichtlichkeit der App beiträgt. Der Einstieg wird durch eine übersichtliche Startseite erleichtert (vgl. Tab. 39, Bsp. 1). Eine hohe Quantität an Werbung wird als störend empfunden (vgl. Tab. 39, Bsp. 4), aber auch mangelnde Beschriftung wird kritisiert (vgl Tab. 39, Bsp. 3, 5). Thematisch verbundene Beiträge sollten in Dossiers zusammengestellt sein (vgl. Tab. 39, Bsp. 2).

Tab. 39: Beispiele der Kategorie Übersichtlichkeit

1) Super App!: Titelseite ist übersichtlich aufgebaut, man kann unter verschiedenen Rubriken auswählen (...). (Nr. 104, Spiegel Online)
2) Sinnlos: (...) Muss man sich denn wirklich alle einzelnen Themen einer Sendung separat suchen? Gibt es denn diese nicht vollständig? (Nr. 236, ProSieben)
3) Da fehlt noch einiges...: (...) Außerdem fehlen Hinweise in der Übersicht von wann Artikel sind (...). (Nr. 396, Süddeutsche.de)
4) Werbung pur: (...) aber den Bildschirm mit Werbung zupflastern ist absolut unübersichtlich und beim Lesen verwirrend und anstrengend. (Nr. 519, n-tv iPad edition)
5) Totale Enttäuschung: (...) Dazu findet man keine detaillierte Info und einen Feedback-Button suchte ich ebenfalls vergeblich. (Nr. 893, F.A.Z. Zeitung)

5.2.5 Medienschemata

Für die Bewertung der App greifen Nutzer einerseits auf etablierte Medienschemata zurück und messen Apps an Online- oder Offlinemedien. Darüber hinaus aber macht die Analyse deutlich, dass von einer App ein spezifischer „Mehrwert“ erwartet wird. Erste mobile Medienschemata werden als Bewertungsgrundlage für die inhaltliche Qualität einer App herangezogen. Die Nutzerkommentare lassen sich den drei zentralen Kategorien zuordnen: Offline-, Online- sowie Mobile-Medienschemata.

Offline-Medienschemata

Nutzer empfinden die Anlehnung an etablierte Schemata entweder als Erleichterung in den Einstieg mit dem neuen Medium (vgl. Tab. 40, Bsp. 5) oder erwarten sogar eine inhaltliche Anlehnung (vgl. Tab. 40, Bsp. 1). Zudem wird an die App der Anspruch gestellt, den gleichen Informationsumfang wie das Muttermedium zu bieten (vgl. Tab. 40, Bsp. 2). Nutzer teilen sich hier in eine Gruppe traditioneller Rezipienten, die etablierte Offline-Medienschemata erwarten und dadurch erst an eine Nutzung herangeführt werden und innovationsaffine Nutzer. Diese bemängeln, wenn die App nur auf Offline-Medienschemata zurückgreift (vgl. Tab. 40, Bsp. 3) oder weisen auf die Vorteile des neuen Mediums hin (vgl. Tab. 40, Bsp. 4).

Tab. 40: Beispiele der Kategorie Offline-Medienschemata

1) Naja: (...) Es sollten aber mehr Sendungen im Live-TV angeboten werden. (Nr. 67, RTL Now)
2) Top App: (...) Ich habe neulich verglichen, was alles im Fernsehen gezeigt wird und was in der App berichtet wird und ich muss sagen, dass ich nichts Neues in TV erfahren habe (...). (Nr. 196, n-tv iPhone edition)
3) Nicht aktuell: (...) Themen meist mit der Bild Zeitung identisch. Eigentlich sollte das App aktueller als die Printausgabe sein. (Nr. 273, Bild)
4) Bereits am Vorabend prächtig informiert: (...) ohne mit einem unhandlichen Zeitungsformat kämpfen zu müssen (...). (Nr. 719, Die Welt)
5) Soweit okay...: Finde die Umsetzung im Zeitungslayout völlig okay, weil es dem gewohnten Print-Lesen entspricht und eine schnelle Orientierung auf den Seiten ermöglicht (...). (Nr. 859, F.A.Z. Zeitung)

Online-Medienschemata

Es erfolgt darüber hinaus der Vergleich mit Onlinemedien. Einerseits ist die Forderung zu erkennen, die App wie die Webseite zu gestalten (vgl. Tab. 41, Bsp. 2, 3) andererseits wird häufig gerade dies bemängelt. Insbesondere wird inhaltlich eine Abgrenzung zur kostenlosen Internetseite erwartet, wenn die App kostenpflichtig ist (vgl. Tab. 41, Bsp. 4, 5).

Tab. 41: Beispiele der Kategorie Online-Medienschemata

1) Grandios: Quasi die gleiche Aufmachung wie die Webseite (...). (Nr. 147, Spiegel Online)

2) Nicht gut: (...) Wieso machen sie dies App nicht wie die Website und dazu noch Livestream, dann wär sie perfekt (...)! (Nr. 214, ProSieben)

3) Kurz installiert und gleich wieder gelöscht: (...) Eigentlich hatte ich die Erwartung, mit dieser App die gleichen Serien ansehen zu können, wie man sie auch auf der Pro7-Homepage vorfindet, aber da wurde ich leider enttäuscht (...). (Nr. 224, ProSieben)

4) Mäßige App: (...) Ich zahle fast 2 Euro im Monat für Inhalte, die es auch kostenlos im Web gibt (...). (Nr. 406, F.A.Z.)

5) Kostenlos Newsapp: (...) Natürlich ist die App nur eine für das iPad angepasste Internetseite vom Fokus [sic!] (...). (Nr. 639, Focus Online)

Mobile-Medienschemata

Es finden sich auch Hinweise auf die Entwicklung mobiler Medienschemata. Teils sind diese unspezifisch und werden lediglich durch eine Abgrenzung von etablierten Schemata ausgedrückt (vgl. Tab. 42, Bsp. 2, 3).

Tab. 42: Beispiele der Kategorie Mobile-Medienschemata

1) Bei mir läuft's...: (...) und die fehlende Möglichkeit, die Zeitung im Quermodus zu lesen (...). (Nr. 297, Bild)

2) Enttäuschende Umsetzung – besser das ePaper als PDF laden: Hier wurde einfach der Text aus dem Drucksatz genommen und ohne jegliche Aufbereitung auf's iPhone geklatscht (...). (Nr. 472, Der Spiegel)

3) Sehr umfangreiche Ausgabe: (...) Vor allem nutzt diese App die Möglichkeiten des iPad wirklich aus! (...). (Nr. 711, Die Welt)

4) Zu teuer...: (...) Ich soll sogar mehr bezahlen als am Kiosk und ärgere mich immer wieder über einige Kleinigkeiten wie zu wenig Multimediainhalte, kein eingebautes Lexikon oder eine Möglichkeit, etwas direkt auf Wikipedia nachzuschlagen. Kurzum Features, die die iPad-Version von der Printausgabe abheben und einen höheren Preis evtl. sogar rechtfertige würden (...). (Nr. 791, Der Spiegel)

5) Ungenutztes Potential: Hier werden eindeutig Chancen vergeben eine vernünftige Zeitung für das iPad herauszubringen. Hier handelt es sich eher um einen besseren PDF-Reader als um eine Zeitung, die für die technischen Möglichkeiten des iPad aufbereitet wird (...). (Nr. 898, F.A.Z. Zeitung)

Einige Nutzer äußern allerdings bereits, woraus der Mehrwert einer App besteht: Aus der technischen Anpassung an das mobile Endgerät, etwa der Möglichkeit, im Hoch- und Querformat zu rezipieren (vgl. Tab. 42, Bsp. 1), aber aus der inhaltlichen Anpassung, der Integration von multimedialen Inhalten und Nutzung von Onlinespezifika (vgl. Tab. 42, Bsp. 4, 5).

5.2.6 Erlösmodell

Die Nutzerkommentare spiegeln die Diskussion um Erlösmodelle wider. Die Kommentare lassen sich zu den Kategorien Paid Content und Werbung zusammenfassen, die in Unterkategorien ausdifferenziert werden konnten. Bezüglich der Bezahlung ist vor allem die Preishöhe Diskussionsgegenstand sowie die Forderung eines kostenlosen Angebots. Darüber hinaus werden Möglichkeiten zum Einzelkauf, Abonnement und kostenlosen Testzugang thematisiert. Eine Finanzierung durch Werbung stößt nicht grundsätzlich auf Ablehnung. Vielmehr zeigt sich hier, dass diese insbesondere bei kostenlosen Apps besser akzeptiert wird. Relevant ist zudem die Quantität der Werbeinhalte im Vergleich zum redaktionellen Content.

Paid Content

In den Nutzerkommentaren werden die unterschiedlichen Paid Content-Möglichkeiten, die für Apps zur Verfügung stehen, aus unterschiedlichen Perspektiven angesprochen. Einige Kommentare beschäftigen sich allgemein mit der Bezahlung für journalistische Inhalte, andere sprechen einzelne Optionen sowie die Multioptionalität und Bezahloptionen an.

a) Paid Content allgemein

Es exitiert ein Bewusstsein, dass journalistische Angebote refinanziert werden müssen (vgl. Tab. 43, Bsp. 3, 4). Darüber hinaus wird eine Bezahlung (hypothetisch) akzeptiert, wenn die Qualität des Angebots als hoch empfunden wird (vgl. Tab. 43, Bsp. 1, 2, 3, 5). Aussagen zur Zahlungsbereitschaft sind vorsichtig zu interpretieren, allerdings handelt es sich hier auch um kostenpflichtige Apps, so dass die Nutzer bereits bezahlt haben.

Tab. 43: Beispiele der Kategorie Paid Content allgemein

1) Endlich: (...) Super, dass es gratis ist, ich hätte auch einen Euro dafür bezahlt und Werbung in Kauf genommen!!! (Nr. 142, Spiegel Online)
2) Guter Schritt in die richtige Richtung: Guter Journalismus ist nicht umsonst zu machen – daher zahle ich gern (...). (Nr. 391, Süddeutsche.de)
3) Mal sehen, wie es weiter geht: (...) Zumindest bin ich bereit für guten Journalismus zu zahlen, auch im Internet. Es kommt ja auch keiner auf die Idee, eine Tageszeitung am Kiosk umsonst zu verlangen (...). (Nr. 448, F.A.Z.)
4) Man darf nicht meckern!: Als Verleger einer gewachsenen Kostenlos-Generation wieder den Bezahlstempel aufzudrücken, ist kein Zuckerlecken. Wer hier immer noch auf „ich-will-alles-umsonst" pocht, sollte sich langsam mal davon verabschieden, denn Verlagshäuser müssen Geld verdienen (...). (Nr. 672, Bild)
5) Informativ, schnell, sehr gut illustriert: (...) Da zahle ich gerne meinen Beitrag zur Qualität! (Nr. 701, Die Welt)

b) Preishöhe

Über die Preishöhe herrscht keine Einigkeit. Die Kosten für die digitale Ausgabe sollten nicht über dem Preis des Muttermediums liegen, insbesondere, wenn die App eine Imitation ist (vgl. Tab. 44, Bsp. 2, 3, 4).

Tab. 44: Beispiele der Kategorie Preishöhe

1) Verbesserungsbedürftig: (...) Für 3,99€ kann man wenigstens verlangen, dass die App stabil und sauber läuft, aber das was hier angeboten wird, ist echt eine Frechheit! (Nr. 92, RTL Now)
2) Gelungene App: (...) Da man täglich eine PDF-Version der Welt Kompakt erhält (kostet 80Cent als gedruckte Version), finde ich auch den Preis für das Abo nicht zu hoch (...). (Nr. 340, Welt Mobil)
3) Preis unangemessen: (...) Aber, mir soll der Verlag mal plausibel machen, warum ich für ein virtuelles Heft mit Briefmarken-großen Bildern und kleiner Schrift mehr als für das gedruckte Original zahlen soll. 2,50 Euro wären angemessen. Alles andere ist lächerlich. Ich mache vorläufig wieder SPIEGEL-Pause. (Nr. 469, Der Spiegel)
4) Unglaublich: Warum sollte man mit dem iPad mehr bezahlen, als am Kiosk? Wer aktuelle Nachrichten lesen will, kann das mit N24HD kostenlos tun. (Nr. 691, Bild)
5) Endlich!: (...) Auch der Preis für eine Ausgabe (2,99€) finde ich angemessen, hier bekommt man einen deutlichen Mehrwert gegenüber der Printversion und spart auch noch dabei (...). (Nr. 849, Stern eMagazine)

c) Kostenlos

Für kostenlose Apps zeigen Nutzer Dankbarkeit (vgl. Tab. 45, Bsp. 1, 3), äußern aber auch Bedenken, dass diese Angebote in Zukunft kostenpflichtig werden könnten (vgl. Tab. 45, Bsp. 4, 5). Interessant ist, dass minderwertige Qualität einer App mit fehlender Bezahlung für diese begründet wird (vgl. Tab. 45, Bsp. 2). Nutzer gehen also implizit davon aus, Bezahlinhalte seien qualitativ höher anzusetzen als kostenlose Anwendungen.

Tab. 45: Beispiele der Kategorie Kostenlos

1) TOP!: (...) Und vor allem umsonst, Kein Scheiß Abo wie bei der „Blöd"-Zeitung. (Nr. 188, n-tv iPhone edition)
2) Naja: (...) Da es kostenlos ist, darf man wohl nicht mehr erwarten. Schade. (Nr. 239, ProSieben)
3) Wahnsinn!: (...) Und sie ist kostenlos! Danke dafür. (Nr. 548, n-tv iPad edition)
4) Was haben denn alle?: (...) hoffe, dass diese weiterhin kostenlos bleibt. (Nr. 625, Focus Online)
5) Brauchbar und empfehlenswert: (...) Ich habe jedoch die Befürchtung, dass demnächst das App kostenpflichtig sein wird. (Nr. 645, Focus Online)

d) Einzelkauf

Die Möglichkeit, einzelne Ausgaben zu kaufen, ist für Rezipienten wichtig. Dies zeigt sich daran, dass sie die Möglichkeit einfordern, spezifische Ausgaben käuflich zu erwerben – ohne gleich ein Abonnement abschließen zu müssen (vgl. Tab. 46, Bsp. 1, 2, 3). Dies entspricht den Gewohnheiten, wie dies auch offline am Kiosk praktiziert wird. Es ist anzunehmen, dass die Bezeichnung „Zeitungskiosk" für Printableger diese Erwartung auch auf die mobilen Angebote überträgt (vgl. Tab. 46, Bsp. 4). Zudem ermöglicht der Kauf von einzelnen Ausgaben, eine Zuwendung je nach Inhalt und Themen (vgl. Tab. 46, Bsp. 2, 5).

Tab. 46: Beispiele der Kategorie Einzelkauf

1) User1988: (…) Würde sogar einmalig 0,79€ dafür zahlen, wenn man nicht mehr mit weiteren monatlichen Abonnierungen belastet wird (…). (Nr. 182, n-tv)

2) Nur mit Abo??: Es kann doch nicht sein, dass man keine Einzelausgaben mehr kaufen kann?! Viele interessiert nur die Sonntags-Ausgabe. Lächerlich, dachte immer der Kunde ist König und entscheidet, das tue ich hiermit – die Bild App ist gestorben! Traurig (…). (Nr. 651, Bild)

3) Nach wie vor die Referenz: (…) Den zweiten Punktanzug gibt es, weil man keine einzelnen Ausgabe kaufen kann. (Nr. 706, Die Welt)

4) Klasse Zeitungsapp: (…) Was fehlt, ist die Möglichkeit Einzelausgaben zu beziehen. Ein Abo kommt für mich nicht in Frage. Da bin ich zu sehr spontaner „Kioskkäufer". (Nr. 735, Die Welt)

5) Kein In-App-Kauf: (…) Geht der InApp-Kauf wieder kauf ich auch wieder ein paar Ausgaben (…). (Nr. 754, Der Spiegel)

e) Abonnement

Für Abonnements gehen die Meinungen auseinander: Ein Teil lehnt diese ab (vgl. Tab. 47, Bsp. 1), andere sprechen sich explizit für diese aus. Das Abonnement sollte unterschiedliche Optionen offerieren (vgl. Tab. 47, Bsp. 2), günstiger als das des Muttermediums sein (vgl. Tab. 47, Bsp. 3) und einen Mehrwert aufweisen (vgl. Tab. 47, Bsp. 4, 5).

Tab. 47: Beispiele der Kategorie Abonnement

1) Echte Alternative: (…) App muss abonniert werden. Und das zu Wucherpreisen (…). (Nr. 270, Bild)

2) Sehr gute Zeitungs-App: (…) Außerdem sind die Abo-Modelle (wahlweise monatlich oder jährlich) fair und preiswert (…). (Nr. 417, F.A.Z)

3) Ganz in Ordnung: (…) Ein Abo wäre toll! Allerdings denke auch ich, dass die Digitalausgabe noch etwas günstiger sein könnte. (Nr. 843, Stern eMagazine)

4) Endlich!: (…) Auch der Preis für eine Ausgabe (2,99€) finde ich angemessen, hier bekommt man einen deutlichen Mehrwert gegenüber der Printversion und spart auch noch dabei. Ich würde mir noch eine Abomöglichkeit wünschen (…). (Nr. 849, Stern eMagazine)

5) Ungenutztes Potential: (…) Ich würde sie abonnieren, aber nicht, wenn ich mich mit der e-Version genauso unhandlich rumschlagen muss, wie mit dem Original aus Papier. (Nr. 898, F.A.Z. Zeitung)

f) Testzugang

Als Möglichkeit, mit dem neuen Medium vertraut zu werden, sehen Rezipienten einen Testzugang (vgl. Tab. 48, Bsp. 5). Häufig bewerten Nutzer, die sich für ein Abonnement entschieden haben, die kostenlose Testphase positiv (vgl. Tab. 48, Bsp. 2, 3). Es besteht die Gefahr, Nutzer nach der Testphase zu verlieren (vgl. Tab. 48, Bsp. 1). Jedoch kann dennoch wertvolles Feedback entsteht.

Tab. 48: Beispiele der Kategorie Testzugang

1) Klasse App: (…) Leider nach der 4-wöchigen Testphase nicht mehr kostenlos! (Nr. 676, Bild)
2) Keine falschen Erwartungen bitte!: (…) Ein Probemonat sollte genug sein, um sich selbst ein Bild zu machen und zu überlegen, ob man ein Abo abschließen möchte. Ich persönlich habe ein solches jetzt mal abgeschlossen, da mir die schöne Aufbereitung der Inhalte, die ein paar Cent täglich wert ist und ich einfach lieber durch diese Ausgabe blättere als auf der Webseite zu navigieren. (Nr. 730, Die Welt)
3) Gute deutsche Tageszeitungs-App: Nach ein paar Wochen Test(kostenlos) habe ich mich heute zum Abo entscheiden (…). (Nr. 732, Die Welt)
4) Guter weg mit noch Potential: (…) Dicker Pluspunkt ist dann noch das 14-Tage-Test-Abo. Sehr schick! (…). (Nr. 890, F.A.Z. Zeitung)
5) Grafisch 1:1, als Text und mit Zusatzfunktion: (…) Kein Kaufzwang, sogar 14 Tage kostenloses und anonymes Ausprobieren. Weshalb dann also gleich meckern? (Nr. 894, F.A.Z Zeitung)

g) Rabatt für Abonnenten

Die Kommentare legen die strategische Entscheidung nahe, einen Rabatt für Abonnenten anzubieten. Zwei Möglichkeiten werden favorisiert: Die zusätzliche, kostenlose Nutzung der App (vgl. Tab. 49, Bsp. 1, 4, 5) oder die Nutzung gegen Aufpreis (vgl. Tab. 49, Bsp. 2). Für identische Inhalte zwei Mal Geld zu verlangen, wird negativ bewertet (vgl. Tab. 49, Bsp. 3).

Tab. 49: Beispiele der Kategorie Rabatt für Abonnenten

1) Rundum gelungen: (…) Abonnenten der Printausgabe sollten kostenfrei mit dem App versorgt werden. (Nr. 399, Süddeutsche.de)
2) Treffer: Sehr gut umgesetzt. 0,50€ pro Ausgabe für Abonnenten ist angemessen (…). (Nr. 496, Der Spiegel)
3) Wucher: Da bezahle ich schon lange Jahre für die Papier-Version und soll nun für die iPhone-Version mit identischem Inhalt nochmal bezahlen? Das bleibt mir vom iPhone. (Nr. 732, Die Welt)
4) Gute App mit Luft nach oben: (…) Mit bestehendem Zeitschriftenabo muss man trotzdem die Zeitschrift hier noch mal bezahlen (…). (Nr. 823, Stern eMagazine)
5) Angenehmer als auf dem iPhone: (…) Außerdem würde ich mir wünschen, dass bestehende Abo-Kunden der Printausgabe kostenfrei hier laden dürfen. (Nr. 824, Stern eMagazine)

Werbung

Einige Kommentare setzen sich mit Werbung allgemein auseinander, sprechen aber auch die Quantität an. Darüber hinaus deutet sich an, dass für bezahlte Apps Werbefreiheit erwartet wird.

a) Werbung allgemein

Nutzer bewerten Werbefreiheit postiv. Geringer Einsatz von Werbung stört nicht, solange es sich nicht Pop-Up-Werbung handelt (vgl. Tab. 50.)

Tab. 50: Beispiele der Kategorie Werbung allgemein

1) Sehr gute Nachrichten App: (…) Und das Beste ist, es wird keine Werbung angezeigt! (…). (Nr. 44, Tagesschau)
2) Super App!: (…) Lediglich die Werbung zu Beginn nervt etwas, aber die tippt man halt weg, und dann passt es (…). (Nr. 104, Spiegel Online)
3) Vorbildliches Konzept: Eine kostenlose App mit wenig Werbung, das freut den Leser (…). (Nr. 136, Spiegel Online)
4) Schlecht: (…) Werbebanner nerven! (Nr. 375, Süddeutsche.de)
5) Sehr gute Umsetzung: (…) Nervig ist die Pop-up-Werbung. Man muss die wie im Browser aktiv wegklicken (…). (Nr. 621, Focus Online)

b) Quantität der Werbung

Negativ wird bewertet, wenn Werbung im Vergleich zum redaktionellen Inhalt überwiegt (vgl. Tab. 51), ebenfalls, wenn diese beim Start der App erscheint. Werbung wird allerdings toleriert, wenn sie den Inhalt nicht quantitativ übertrifft und die Rezeption nicht unterbricht oder verlängert.

Tab. 51: Beispiele der Kategorie Quantität der Werbung

1) Wow was für ein Schrott für 4 €: (…) Zu viel Werbung für den hohen Preis! (…) (Nr. 52, RTL Now).
2) Lahm: (…) Die Werbung beim Starten der App ist ebenfalls unschön. (Nr. 111, Spiegel Online)
3) War gut: (…) Aber jetzt bekommt man vor jedem Video immer die gleiche 30s lange Werbeeinblendung. Das verkraftet wohl keiner lange. (Nr. 160, n-tv iPhone edition)
4) Werbung: Seit der Werbebanner-Einblendung in der Artikelübersicht bleibt kaum noch Platz etwas zu sehen. Wirklich traurig bei einer App, die bezahlt wird. (…). (Nr, 412, F.A.Z.)
5) Ein Anfang!: (…) Werbung ok, aber hier deutlich zu häufig. (Nr. 572, ProSieben für iPad)

c) Werbefreiheit bei Bezahlung

Tab. 52: Beispiele der Kategorie Werbefreiheit bei Bezahlung

1) Werbung jetzt auch vor den Videos: (…) Ich habe für die App gezahlt und jetzt darf ich mir hier auch noch Werbung vor den Videos in voller Länge ansehen! (…) (Nr. 57, RTL Now)
2) Das geht auch besser…: (…) (-) Werbung > muss weg, ich zahle auch gern extra dafür (…). (Nr. 127, Spiegel Online)
3) Inhalt super – Umsetzung mangelhaft: (…) Ich würde lieber mehr zahlen und hätte keine Werbung mehr (…). (Nr. 359, Süddeutsche.de)
4) Ratz FAZ: (…) Weitere Ergänzung: Was soll eigentlich die Werbung für die zahlende Kundschaft? (Nr. 401, F.A.Z)
5) Ich will bezahlen!!: Bitte die App kostenpflichtig mache und dafür die Werbung entfernen. Oder zusätzlich eine kostenpflichtige Version ohne Werbung anbieten! (Nr. 617, Focus Online)

Nutzer kostenloser wie -pflichtiger Apps sind bereit, für Werbefreiheit ein Entgelt zu entrichten (vgl. Tab. 52, Bsp. 2, 5). Sie geben zudem an, mehr bezahlen zu wollen, wenn diese werbefrei angeboten wird (vgl. Tab. 52, Bsp. 3). Eine Kombination aus Bezahlung und Werbeinhalten wird negativ bewertet (vgl. Tab. 52, Bsp. 1, 4).

5.2.7 Zusammenfassung der Erkenntnisse

Die Analyse hat gezeigt: Die in der technischen Potenzialanalyse herausgearbeiteten Dimensionen spiegeln sich auch in den Kommentaren der Rezipienten wider. Die Aussagen lassen darauf schließen, dass erstens die Funktionsfähigkeit journalistischer Apps derzeit noch verbesserungsbedürftig ist, da sowohl Abstürze als auch Fehler einzelner Komponenten thematisiert werden. Zweitens deuten die Aussagen darauf hin, dass für Apps nicht ausschließlich kompakte und kürzere Beiträge erwartet werden. Die Erwartung unterscheidet sich je nachdem, ob die App zur Rezeption aktueller Nachrichten herangezogen wird, oder Themen im Vordergrund stehen, die keine hohe Aktualität aufweisen. Journalistische Apps werden als eigenständige Publikationen wahrgenommen, so dass inhaltliche Vollständigkeit erwartet wird. Kurze Ausschnitte oder die Übernahme einzelner Beiträge werden negativ bewertet. Die Wahl der Bezeichnung für die App (etwa „ePaper") beeinflusst, welche Medienschemata zur Bewertung der App herangezogen werden.

Zusammenfassend sind die technische Gebrauchsfähigkeit der App sowie die inhaltliche Leistung in Bezug auf Qualität, Selektion und Vollständigkeit Nutzeranforderungen an Mobilen Journalismus, die entscheiden, ob eine die App eine Chance hat, langfristig Teil des Medienrepertoires zu werden. Deshalb werden diese vier Dimensionen in die Systematisierung von Mobilen Journalismus aufgenommen (vgl. Abb. 2). Die Nutzerkommentaranalyse liefert zudem Hinweise darauf, dass die traditionellen ökonomischen Säulen Werbung und Verkauf auch für Apps genutzt werden. Die Kommentare deuten den Einsatz aller Erlösformen an (Einzelkauf, Abonnement, Testzugang). Die Analyse zeigt jedoch erstens, dass diese nicht ausreichend innerhalb eines Angebots kombiniert werden, um Nutzern mehrere Optionen zur Verfügung zu stellen. Zweitens ist die Höhe des Preises ein wichtiges Kriterium. Dies steht auch im Zusammenhang mit dem Einsatz von Werbung. Zu viele Werbeplatzierungen, vor allem innerhalb von Beiträgen, werden als störend empfunden.

Abb. 2: Erweiterte Potenzialdimensionen für Mobilen Journalismus

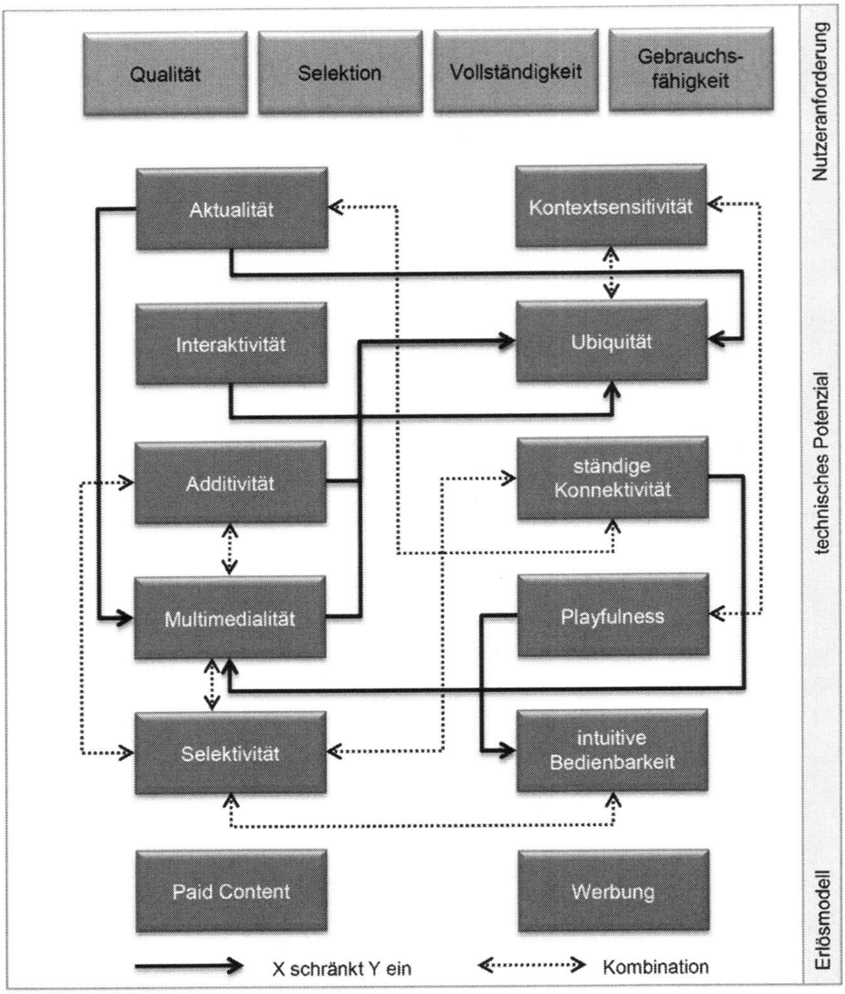

Quelle: eigene Darstellung

Darüber hinaus sind Aussagen zu Online- und Mobilspezifika zu finden: Nutzer haben bereits klare Erwartungen, welche Funktionen Apps erfüllen können. Aussagen sind allerdings an den Stellen vage, die innovative und mobilspezifische Aspekte der Benutzerfreundlichkeit sowie die inhaltliche Aufbereitung mittels Endgerätespezifika berühren. Empirische Indikatoren für die Erwartungen an intuitive Bedienbarkeit und das Layout könnten nicht gewonnen werden. Der Fokus der Untersuchung von Best Practice-

Beispielen liegt darauf aufbauend auf der intuitiven Bedienbarkeit und Playfulness sowie innovativen Darstellungsformen.

5.3 Innovative Schemata – Qualitative Merkmalsanalyse

Innovative Möglichkeiten für die Gestaltung und die inhaltliche Aufbereitung von Themen im Mobilen Journalismus, stehen prinzipiell allen klassischen Medien offen, da sie nicht mehr an kanalspezifische Besonderheiten gebunden sind. Eine konvergente Annäherung könnte der Fall sein, wie dies bereits im stationären Internet für Nachrichtenportale zu registrieren ist. Die Analyse der Best Practice-Beispiele soll weitere Kategorien identifizieren, die mobile Medienschemata charakterisieren. Hierbei bietet sich eine Untersuchung von Apps an, die durch Auszeichnungen und Presseberichte positiv hervorgehoben worden sind. Darüber hinaus sollen Indikatoren für innovative Darstellungsformen gefunden werden, zu denen bislang kaum akademische Erkenntnisse vorliegen. Es ist auch von Interesse, welche (innovativen) Werbeformen in den Apps eingesetzt werden.

5.3.1 Untersuchungsziel und Forschungsfrage

Ziel der Untersuchung ist ein Überblick über innovative mobile Formate, Darstellungsformen und Bedienkonzepte. Damit steht die Frage im Vordergrund, welche Mittel im Zuge der sozialen Aneignung genutzt werden, um Themen im Sinne der Multimedialität, intuitiven Bedienbarkeit und Playfulness (vgl. Kap. 3.3) aufzubereiten. Darüber hinaus stellt sich die Frage, wie das Potenzial der Apps von unterschiedlichen Medien genutzt wird, ob sich konvergente Darstellungsschemata herausbilden und inwieweit hier eine gerichtete Konvergenz festzustellen ist – etwa durch Annäherung der weniger auf Design ausgerichteten nachrichtenorientierten Publikationen hin zu einem Editorial Design im Magazinstil.

5.3.2 Definition der Auswahleinheit

Die Untersuchung beschränkt sich auf Tablet-PC-Anwendungen, die über den App Store von iTunes verfügbar sind. Dafür sprachen zwei Entwicklungen: Aufgrund des kleinen Displays orientieren sich Smartphone-Apps primär an der Lesbarkeit, weniger an einem Editorial Design und multimedialer Aufbereitung. In Zukunft ist davon auszugehen, dass Publikationen mit einem anspruchsvollen Layout auch diesen Markt erreichen (vgl. Lehr und Brammer 2012, S. 21). Darüber hinaus zeigt sich die Tendenz, die limitierende Displaygröße von Smartphones auf lange Sicht aufzuheben. Innovationen im Bereich der OLED (Organic light emitting diode)-Displays werden zu Bildschirmen führen, die faltbar sind (vgl. Zeit Online 2013). Die Konzentration auf das iPad resultiert aus der Marktführerschaft, die Produktvielfalt und Innovationsdichte ist hier am größten.

Die Stichprobe muss alle etablierten Muttermedien (Zeitung, Zeitschrift, TV, Radio) abdecken, so dass sowohl auf tagesaktuelle Nachrichten ausgerichtete Medien als auch Magazine vertreten sind. Zudem werden internationale Beispiele betrachtet und das angrenzende System der Öffentlichkeitsarbeit mit Corporate Publishing-Apps einbezogen. Es wurde bereits darauf hingewiesen, dass ein experimentierendes Herangehen an die Darstellung von Informationen häufig außerhalb des Systems Journalismus zu finden ist. Im Zuge einer bewussten Auswahl wurden Apps zur Untersuchung herangezogen, die in Fachzeitschriften (u.a. W & V, Journalist, Mac Life) und Blogs (u.a. Meedia) positiv hervorgehoben worden sind und eine Auszeichnungen erhalten haben. Zahlreiche Preise schreiben seit 2010 explizit Kategorien im Bereich Mobile Publishing aus.

Für jede Sparte wurden zwei Beispiele ausgewählt, lediglich „Radio" ist aufgrund mangelnder ausgezeichneter Angebote nur mit einer App vertreten. Im Bereich der Corporate Publishing-Magazine wurden das Christophorus Magazin von Porsche sowie das Evonik Magazin ausgewählt. Beide Publikationen existierten zuvor schon als Printmagazin. Das Christophorus Magazin erscheint alle zwei Monate als kostenpflichtige Printpublikation, die Tablet-App seit September 2011 ist im selben Erscheinungsrhythmus kostenlos erhältlich. Herausgeber ist die Porsche AG, entwickelt wird das Magazin von der Content-Agentur KircherBurkardt (vgl. KircherBurkhardt 2011). Neben positiver Medienberichterstattung (vgl. u.a. Meier 2011) erhielt das iPad-Magazin 2011 den International Corporate Media Award (Silber) (vgl. International Corporate Media Award 2011). In derselben Kategorie wurde das Evonik Magazin mit Gold ausgezeichnet (vgl. International Corporate Media Award 2011). Die Publikationen des Unternehmens für Spezialchemie sind gedruckt wie digital kostenlos erhältlich und erscheinen zwei bis drei Mal jährlich. Die App wurde 2010 von der Corporate Publishing Agentur Hoffmann und Campe entwickelt (vgl. Hoffman und Campe 2010). Im Jahr 2012 erhielt sie mit dem Annual Multimedia Award (vgl. Annual Multimedia Award 2012) eine Auszeichnung als „Beste Mobile App".

Der zweite interessante Bereich liegt in rein digitalen Magazinen. Innovationen sind hier insbesondere deshalb zu vermuten, da diese spezifisch für Tablet-PCs entwickelt werden und auf die Imitation von Medienschemata komplett verzichten könnten. Zwei Magazine aus dem derzeit noch kleinen Markt wurden in die Stichprobe aufgenommen. Das von der Axel Springer AG herausgegebene Lifestyle-Magazin Iconist ist eine Weiterentwicklung der zweimonatlich erscheinenden Beilage „Icon" der Welt am Sonntag (vgl. Schütz 2010). Vierteljährlich behandelt es Themen im Umfeld von Stil, Design, Luxus und Kultur und trägt den Untertitel „A living Magazine". Mit dem Marktstart 2010 ist es die erste spezifisch für das Tablet produzierte journalistische Publikation in Deutschland (vgl. Jakubetz 2011d) und war 2011 Finalist des Kress Awards (vgl. Kress Award 2011, S. 21). Das zweite digitale Magazin ist das im zweimonatigen Rhythmus erscheinende Frauenmagazin VIVmag. Die englischsprachige Zeitschrift wurde bereits 2006 als Digitalmagazin veröffentlicht und kann sowohl über den Browser am PC als auch auf mobilen Endgeräten rezipiert werden. Seit 2010 erscheint VIVmag auch als App auf dem iPad. Aufwändig produzierte Videosequenzen brachten der Zeitschrift positive Rezensionen als Innovator ein. Vertrieben und abgerechnet wird das Magazin über Zinio (vgl. Gaub 2010, Zinio 2012). 2011 war VIVmag Finalist der Digital Magazine Awards (vgl. Digital Magazine Award 2011a).

Für Zeitschriften wurden zwei US-amerikanische Titel ausgewählt, die seit 2010 für das iPad verfügbar sind (vgl. Anderson 2007; Popular Mechanics 2010). Die Tablet-Versionen des Technologie-Magazins Wired (Condé Nast), das 2011 mit dem Digital Magazines-Award ausgezeichnet wurde und die populärwissenschaftliche Zeitschrift Popular Mechanics, die im selben Jahr den Media Vanguard Award erhielt (vgl. Digital Magazine Award 2011b; Advertising Age 2011a). Popular Mechanics, das von Hearst Communications herausgegeben wird, wurde als In-House-Produktion entwickelt. Wired wird in Kooperation mit Adobe als Prototyp hergestellt (vgl. Jaap 2010; Jakubetz 2011d; Kovach 2011; Lehr 2011a).

Für tagesaktuelle Nachrichten-Apps wurden The Guardian und The New York Times ausgewählt. The Guardian ist seit 2011 auf dem iPad verfügbar und wurde 2012 von der Society for News Designs (SND) mit dem Best of Digital Design 2012 in der Kategorie Tablet Experience ausgezeichnet (vgl. Society for News Designs 2012). The New York Times für das iPad gibt es seit 2010 (vgl. King und Beiersmann 2010). Die Tablet-Ausgabe der Tageszeitung erhielt 2011 den Webby Award (Kategorie Mobile News – Handheld Devices) sowie den Media Vanguard Award (Kategorie Print-To-Digital/Best Newspaper App; vgl. The Webby Award

2011; Advertising Age 2011a). Darüber hinaus gingen in die Stichprobe die iPad-Versionen der beiden Fernsehsender BBC (British Broadcasting Corporation) sowie CNN (Cable News Network) ein. Die App der BBC ist keine iPad-Only-Entwicklung, dennoch wurde sie bereits 2010 mit dem Webby Award ausgezeichnet (vgl. The Webby Award 2010). CNN erhielt von der SND im Jahr 2011 die Best of Digital Design-Auszeichnung in der Kategorie World's Best Designed News App (vgl. Society for News Designs 2011). Die letzte der elf untersuchten Apps ist die Radio-App von NPR (National Public Radio), ein Zusammenschluss von Radiosendern in den USA. Die iPad-App erhielt zahlreiche Auszeichnungen, darunter den Media Vanguard Award 2011 in der Kategorie Broadcast-to-Digital/Best Radio App Suite (vgl. Advertising Age 2011b), den Webby Award 2011 der Kategorie Mobile People‘s Voice (vgl. The Webby Award 2011) sowie den Best of Digital Design-Award 2011 der SND (Kategorie World's Best Designed News App; vgl. Society for News Designs 2011).

5.3.3 Auswahl der Analyseeinheiten

Grundgesamtheit der Untersuchung bilden alle verfügbaren Ausgaben der elf Medienunternehmen bis zum 4. Mai 2012. Zugänglich sind die Apps über den App Store bzw. das Programm iTunes. Dort wird die App heruntergeladen. Für die qualitative Untersuchung wird eine bewusste Stichprobe aus den letzten vier veröffentlichten Ausgaben gezogen. Diese können aufgrund der Aktualität als State-of-the-Art angesehen werden. Die Bezugnahme auf mehrere Ausgaben erhöht die Chance, unterschiedliche und unregelmäßig eingesetzte innovative formal-gestalterische Aspekte der Apps einzubeziehen. Zunächst wurden die elf ausgewählten Apps am 25. April 2012 aus dem iTunes App Store auf das zum Test verwendete iPad2 heruntergeladen. Dabei wurden zwei Gruppen ersichtlich: Apps, die direkt nach dem Download und gegebenenfalls Abschluss eines Abonnements als permanent aktualisierte Version verwendet werden können und Anwendungen, die nach dem Download und gegebenenfalls Abschluss eines Abonnements einen Kiosk offerieren, der einzelne abgeschlossene Ausgaben zum Download zur Verfügung stellt. Der zweite Schritt zur Sicherstellung der vier Ausgaben konnte nur für die abgeschlossenen Ausgaben erfolgen (Christophorus Magazin, Evonik, Iconist, VIVmag, Popular Mechanics, Wired und The Guardian). Die permanent aktualisierten Apps (The New York Times, CNN, BBC und NPR) wurden an vier aufeinanderfolgenden Tagen (im Zeitraum von 27. April bis 4. Mai 2012) getestet.

Apps die als Ausgaben zur Verfügung stehen, konnten aufgrund der Abgeschlossenheit und des begrenzten Umfangs als Ganzes untersucht werden. Permanent aktualisierte Ausgaben wurden nach folgender Systematik untersucht: Alle von der Startseite abzweigenden Beiträge gingen in die Untersuchung ein. Umfasste die Startseite durch ein Scrollmenü mehr Beiträge als auf einer Seitenansicht ersichtlich waren, so wurden diese nicht einbezogen. Im Zuge der permanenten Aktualisierbarkeit rutschen ältere Beiträge auf die hinteren Plätze und bleiben dort auch mehrere Tage stehen. Neue Beiträge werden an vorderster Stelle angezeigt. Im Fall der BBC News wurden alle Beiträge einbezogen, die in den Ressorts auf der Startseite im Inhaltsverzeichnis mit Foto aufgelistet waren (n = 96[17]). Unter die Startseite fielen bei CNN die Beiträge unter „Headlines". Hier wurde eine Ausnahme gemacht, weil mit vier Beiträgen zu wenig Analysematerial auf der Starseite ersichtlich ist. Daher wurde die zweite Seite nach dem Scrollen ebenfalls einbezogen (n = 67[18]). Für The New York Times wurden alle Beiträge unter „Top News" (n = 45[19]) aufgegriffen. Die auf der Startseite („Front Page") von The Guardian angeteaserten Beiträge wurden ebenfalls analysiert, führten diese lediglich auf eine weitere Startseite, so wurde der Aufmacher der Kategorie geöffnet (n= 56[20]). Für NPR wurden alle in den drei Spalten (News, Arts & Life sowie Music) auf der ersten Seite angezeigten Themen (n = 40[21]) untersucht. Darüber hinaus wird notiert, ob es in der permanent aktualisierte App bestimmte Rubriken für Multimedia-Beiträge gibt (z.B. Rubrik „Video", „Audio", „Foto").

Die Apps wurden aufbauend auf Kap. 3.3 sowie den zu schließenden Lücken aus der Nutzerkommentaranalyse für zwei Bereiche untersucht: „Mobile Usability – intuitive Bedienbarkeit" repräsentiert durch die Dimensionen „Bedienung" (Tutorial, Gestensteuerung, Menü, Inhaltsverzeichnis, Navigation der App, Navigation der Beiträge) und „Design" (Mobile Format, Layout). Darüber hinaus „Mobile Storytelling – Darstellungsschemata", gegliedert in die Dimensionen „Multimediaeinsatz" (Text, Foto, Audio, Video, Grafik, Hyperlink, Animationen) sowie „neue Darstellungsformen" (Selektivität, Playfulness, Multimediastories).

---

17 Die Anzahl lag bei 24 Beiträgen pro Tag.
18 Die Anzahl variierte an den einzelnen Tagen wie folgt: 15 + 19 +17 + 16
19 Die Anzahl variierte an den einzelnen Tage wie folgt: 11 + 10 + 14 + 10
20 Die Anzahl variierte an den einzelnen Tagen wie folgt: 13 + 16 + 14 + 13
21 Die Anzahl lag bei zehn pro Tag.

5.3.4 Analyse des Datenmaterials

Alle Beobachtungen während der Nutzung wurden stichpunktartig notiert (vgl. Anhang II online). Die App wurde geöffnet, so dass zunächst die Startseite sichtbar wurde. Hier wurden Aufbau und Integration multimedialer Elemente notiert. Anschließend wurde das Bedienkonzept durch Ausprobieren erschlossen, darüber hinaus wurde festgehalten, ob Hilfeseiten (Tutorials) zur Navigation vorhanden sind und notiert, wie der Inhalt der Ausgabe über Menüansichten zu erschließen ist und ob zudem ein gelayoutetes Inhaltsverzeichnis vorzufinden ist. Da die Analyse nur auf die formale Gestaltung von Beiträgen eingeht, war eine zusammenfassende Dokumentation der genutzten multimedialen Elemente und innovativen Darstellungsformen möglich. Auch hierzu wurden während der Nutzung Stichpunkte notiert, sobald eine Darstellungsform zum ersten Mal in Erscheinung trat. Wiederholungen wurden nicht notiert, da es nicht um Häufigkeiten geht. Die Ergebnisse wurden systematisch aufbereitet und es wird jeweils eine Einordnung vorgenommen, welche Funktion die Innovationen für den Journalismus erfüllen. Zum besseren Verständnis sind die Notizen der Auswertung online verfügbar.

5.4 Bedien- und Darstellungskonzepte – Ergebnisdarstellung

Die qualitative Untersuchung der Best Practice-Beispiele liefert einen ersten Überblick über die Entwicklung und Einheitlichkeit von Layouts und Navigationsarchitektur sowie die Verwendung von multimedialen Elementen, neuen Darstellungsformen und Playfulness. Wo immer sich sinnvolle und einheitliche Begrifflichkeiten zu neuen Navigations- oder Darstellungstypen bereits etabliert haben, werden diese analog zu den Ausführungen in Kap. 4.1.4 übernommen. Insbesondere im Bereich der innovativen Darstellungsformen war es notwendig, neue Begrifflichkeiten einzuführen, um die erhobenen Phänomene zusammenfassend zu beschreiben. Die Ausführungen sind vorwiegend deskriptiv und bleiben am konkreten Gegenstand, da sie einer explorativen Erkundung des Untersuchungsgegenstands dienen und empirische Indikatoren für die quantitative Inhaltsanalyse generieren sollen. Wo immer möglich, werden die Befunde hinsichtlich ihrer inhaltlichen Auswirkungen den Journalismus interpretiert.

5.4.1 Mobile Usability – intuitive Bedienbarkeit

Untersucht wurden aufbauend auf Kap. 3.3.9 für die intuitive Bedienbarkeit verantwortliche Kategorien: Bedienung, Orientierung und Layout. Die für die Produktion der App verwendete Software setzt häufig bereits limitierende Rahmenbedingungen. Die Usability spielt schon für den Onlinejournalismus eine stärkere Rolle als für etablierte Offlinemedien. Insbesondere Zeitungen haben aufgrund ihres Formats eigentlich schon immer eine schlechte Usability, jedoch sind das „Navigationsprinzip" des Blätterns, die Paginierung und das Erfassen von Umfang und aktueller Position wenig erklärungsbedürftig. In digitalen Publikationen ist dies alles nicht auf einen Blick ersichtlich. Daher sind Aspekte der Bedienung für die erfolgreiche Vermittlung von Inhalten zentral.

Bedienung

a) Steuerung der App

Drei Gesten haben sich in den Apps etabliert: Horizontales (Swipe) und vertikales Wischen (Scroll) sowie das Antippen definierter Punkte (Tap). Hier hat eine Anpassung an die Spezifika stattgefunden, die der Direktheit der Fingerbedienung Rechnung trägt. Das Konzept des Blätterns findet in keinem der Beispiele als grundlegendes Bedienkonzept Anwendung. Blättereffekte kommen lediglich zum Einsatz, wenn sie Inhalte unterstützen, zum Beispiel im Rahmen von Buchvorstellungen. Die Orientierung am Webdesign ist für die Bedienung häufiger anzutreffen. Der nächste Beitrag ist teils auch durch Pfeile für die Vor- und Zurücknavigation erreichbar oder durch die verlinkte Textanzeige „Next" und „Previous". Obwohl sich die Gestensteuerung grundsätzlich durchsetzt, ist eine intuitive Bedienung der Anwendungen derzeit nicht möglich. Es ist nicht abzusehen, ob eine Swipe-Geste zur nächsten Seite eines Beitrags führt oder ob damit ein neuer Beitrag aufgerufen wird.

b) Navigationsmodell der App

Das Navigationsmodell ist meist durch die verwendete Publishing-Lösung festgelegt. Die Best Practice-Beispiele lassen sich zu drei Varianten verdichten: Heft- und Wäscheleinennavigation sowie das von Webseiten bekannte hierarchische Modell. Für letzteres ist zentraler Ausgangspunkt immer die Startseite oder die Überblicksseite eines Ressorts/einer Rubrik. Von dort sind Beiträge intern verlinkt. Meist werden auf Beitragsebene auch die anderen Beiträge innerhalb des Ressorts angezeigt. Die journalistische Berichterstattung, die diesem Modell folgt, ist weiterhin an klassischen Ressorts (Politik, Wirtschaft, etc.) orientiert. Betreffen Beiträge unterschiedliche gesellschaftliche Teilsysteme, erfolgt eine Verlinkung. Insbesondere für einen Journalismus, der in der Berichterstattung vorwiegend auf aktuelle Ereignisse reagiert, ist das hierarchische Prinzip von Vorteil. Durch die identische Strukturierung der Publikation erhalten Rezipienten schnell einen Überblick über aktualisierte Inhalte. Während das hierarchische Prinzip die additiven Möglichkeiten nutzt, ist die Heftnavigation eher an der Struktur gedruckter Produkte orientiert. Die App weist lediglich eine horizontale Navigationsrichtung auf. Sowohl der Aufbau der Seite als auch die Linearität der Rezeptionsrichtung (horizontales Wischen) entsprechen dem Blättern in einer gedruckten Ausgabe. Beiträge sind entweder als Einzel- oder zusammenhängende Doppelseiten gelayoutet, obwohl die optische Wirkung auf dem Tablet verloren geht. Die untersuchten Varianten sind dennoch alle eine Weiterentwicklung eines statischen PDFs. Obwohl das Navigationsprinzip noch dasselbe ist, werden die Seiten an die Größe des Displays angepasst. Doppelseiten erscheinen daher in Einzelseiten geteilt. Der Zoom-In wird obsolet. Durch das auf Linearität der Rezeption angelegte Layout eignet sich die Heftnavigation nicht für ständig aktualisierte Inhalte. Dafür ist es möglich, aufeinander aufbauende Informationen sinnvoll zu reihen.

Das dritte Navigationsmodell nutzt die Gestensteuerung am besten, es erlaubt neben der horizontalen auch vertikale Bewegungen. Diese sogenannte Wäscheleinen-Navigation findet sowohl im Hoch- als auch im Querformat Anwendung. Obwohl weiterhin eine vorwiegend lineare Rezeption zu Grunde gelegt ist, sind die thematischen Einheiten in der Navigation für den Nutzer deutlicher sortiert: Wischen führt einen Beitragswechsel herbei, Scrollen dient der Navigation innerhalb eines Beitrags. Wird die Wäscheleinen-Navigation konsequent umgesetzt, erlaubt das Layout damit eine Unterstützung des intuitiven Gesteneinsatzes. Auch das Wäscheleinenkonzept eignet sich weniger für ständig aktualisierte Informationen. Wäscheleinenprinzip und Heftstruktur werden in den Beispielen nicht immer durchgängig verwendet. Die Struktur wird durch Smooth Swiping-Seiten oder bildlauffähige Bereiche variiert.

c) Navigation in den Beiträgen

Neben der Navigation innerhalb der Publikation ist die Teilung in webbasierte Schemata und angepasste Navigation auch innerhalb der Beiträge zu finden. Deutlich wird dies zum Beispiel in Fotoslideshows: Eine Fotostrecke im Wired Magazin wird über Pfeile navigiert, in Kombination mit der Anzeige „1 of 8“ erinnert dies an Klickstrecken auf Webseiten. In den anderen Apps erfolgt die Navigation durch eine horizontale Wischbewegung. Smooth Swiping kommt auch zum Einsatz, um Prozesse – etwa zeitliche Entwicklungen – zu veranschaulichen und durchgängig rezipierbar zu machen. Beiträge sind als durchgängige Panoramaseite gelayoutet. Damit wird aufgezeigt, wie etablierte Formatrestriktionen auf dem Tablet-PC außer Kraft gesetzt werden können. Dieses Format kann als abgeschlossener journalistischer Beitrag eingesetzt werden. Denkbar ist aber auch eine regelmäßige additive Erweiterung als Dossier zu einem Thema unter anderem auch im Datenjournalismus.

Eine weitere Möglichkeit, unterschiedliche Inhalte in einen Beitrag zu integrieren, ohne dass der Rezipient auf eine nächste „Seite“ swipen oder scrollen muss, sind bildlauffähige Bereiche. Diese können in vertikaler und horizontaler Laufrichtung integriert werden und neben Text auch multimediale Elemente enthalten. Horizontale bildlauffähige Bereiche kommen in den Best Practice-Beispielen nur in Magazin-Apps vor, vertikale Scrolltexte auch in Nachrichten-Apps. Dies offenbart durch die „Verwandtschaft“ zum Scrollen auf Onlineseiten einmal mehr die Nähe zum Webdesign. Drei Apps verwenden zudem bildlauffähige Ebenen. Diese Slide-Layouts lassen einzelne Textspalten oder Bildebenen übereinander laufen und vermitteln einen dynamischen, dreidimensionlen Eindruck.

Auch Taps sind in die Bedienung integriert: Über Hotspots sind kleine inhaltliche Bausteine selektiv aktivierbar. Darüber hinaus können Hotspots zur Navigation im Beitrag eingesetzt werden, indem sie als Auswahl-Hotspots wie ein Reitermenü unterschiedliche Ansichten aktivieren. Dieses Prinzip wird zum Beispiel für die Darstellung von Rankings eingesetzt. Das Konzept der Hotspots verdeutlicht eine inhaltliche Gliederung des Beitrags in einzelne geschlossene Einheiten. Für den Nutzer muss deutlich werden, welche Elemente er selektiv zur Navigation durch den Beitrag ansteuern kann. Da die Rezeptionsrichtung bei dieser Form der Navigation nicht mehr vorgegeben ist, müssen die Einzelbeiträge, die über Hotspots angesteuert werden können, in sich abgeschlossene Einheiten darstellen. Durch Nummerierung kann dem Rezipienten jedoch eine Rezeptionsrichtung implizit empfohlen werden, die Reihen- oder Rangfolgen verdeutlicht. Diese Möglichkeit zur Navigation innerhalb eines Beitrags wird ausschließlich von Zeitschriften-Apps angewendet.

Der Einsatz selektiv auswählbarer Elemente in einem Beitrag ist im Journalismus nicht grundsätzlich geeignet. Immer dann, wenn Informationen voraussetzungsreich sind, sind eine zusammenhängende Darstellung und lineare Rezeption notwendig. Um jedoch einzelne Informationen gleicher Relevanz besser zu strukturieren, bieten neue Layoutelemente eine sinnvolle Unterstützung für die Vermittlung der Inhalte an.

Orientierung

Orientierung in den neuen Medien hat für die Rezeption Priorität (vgl. Lehr und Brammer 2012, S. 69). Im Folgenden wird anhand der Best Practice-Beispiele vorgestellt, welche Rolle Tutorials, Symbole, Menüs und Inhaltsverzeichnisse sowie die Lokalisierungs- und Richtungselemente innerhalb der Publikation spielen.

a) Tutorials und Symbole

Tutorials sollten „die Handhabung der App sowie die Navigationselemente und die Bedeutung der verwendeten Icons“ (Lehr und Brammer 2012, S. 74) erklären. Icons, die von den Rezipienten durch Tippen berührt werden sollen, müssen als solche zu erkennen sein und kenntlich machen, wofür sie stehen. Die Symbolik für multimediale Elemente ist derzeit diversifiziert und der Nutzer muss diese für jede Publikation neu erschließen. Einige der untersuchten Apps unterstützen ihre Symbole durch Text. Dies reduziert die intuitive Bedienbarkeit. Erstaunlich ist deshalb: Lediglich fünf Best Practice-Anbieter bieten ein Tutorial zur Orientierung der Nutzer an.

b) Menü

Für die Orientierung der Nutzer ist darüber hinaus die leichte Auffindbarkeit des Menüs unabdingbar. Neben Icons für die Inhalte müssen zentrale Menüpunkte in der Publikation untergebracht werden, die dem Nutzer Inhalt, Hilfestellung, Impressum sowie gegebenenfalls Suchfunktion, Archive und den Kiosk für den Erwerb weiterer Ausgaben zugänglich machen.

Um auf der eingeschränkten Displayfläche Platz zu sparen, werden Menüleisten in den untersuchten Beispielen mehrheitlich nicht permanent eingeblendet, sondern als Flip-View angezeigt, die durch einen Tap aufgerufen wird. An welcher Stelle des Displays sich die Menüleiste befindet, ist nicht einheitlich und kann daher nur durch Ausprobieren erschlossen werden. Auffällig ist hierbei der Unterschied zwischen Magazin- und Nachrichten-Apps: CNN, BBC und The Guardian zeigen die Menüleiste permanent am oberen, The New York Times sowie NPR durchgehend am unteren Bildschirmrand an. Dies inkludiert auch die Anzeige der Aktualisierungsfunktion, die für tagesaktuelle Nachrichten hohen Stellenwert hat und damit leichter zugänglich ist. Optisch erinnert die Verankerung am oberen bzw. unteren Bildrand an die Navigationsmenüs von Webseiten.

c) Inhaltsverzeichnis

Der Einstieg in die untersuchten nicht-tagesaktuellen Publikationen erfolgt über das aus dem Zeitschriftenjournalismus entlehnte Cover. Da nur ein Beitrag oder wenige Themen angerissen werden, die auch nur in zwei Fällen zu einem Thema oder Inhaltsverzeichnis verlinkt sind, muss dem Nutzer anschließend ein Inhaltsverzeichnis der gesamten Publikation zur Verfügung gestellt werden. In der Menüleiste verbirgt sich auch automatisiert die Möglichkeit, eine Inhaltsübersicht anzeigen zu lassen. Dies ist je nach verwendeter Layout-Software als Übersichtsliste mit Thumbnails, Thumbnails mit Teaser/Headline oder als Wäscheleine möglich. Da diese Ansichten automatisch generiert werden, bieten sie keine Gewichtung der Themen an. Deshalb greifen einige Anbieter zusätzlich auf etablierte Schemata aus dem Zeitschriftenjournalismus zurück: Das klassisch gelayoutete Inhaltsverzeichnis, in einem Fall sogar noch mit Paginierung. Damit sind Rezipienten aktuell mit bis zu drei unterschiedlichen Varianten zur Darstellung desselben Inhalts in einer Publikation konfrontiert. Durch die Verlinkung der Themen im Inhaltsverzeichnis, ist auch für am Heftschemata orientierte Publikationen ein selektiver Einstieg möglich.

d) Lokalisierungs- und Richtungselemente

Für die Orientierung innerhalb der digitalen Publikation ist die Paginierung ein funktionsloses Relikt. Zur Nutzerführung werden in den Beispielen stattdessen Farbleitsysteme für Rubriken eingesetzt sowie aus dem stationären Internet entlehnte numerische Positionsangaben, die Auskunft über die Anzahl der Artikel pro Ressort/Rubrik geben, z.B. 1/38. Additive Apps verzichten grundsätzlich auf ein gelayoutetes Inhaltsverzeichnis. Der Einstieg in die Publikation erfolgt über eine Startseite. Die Navigation nach dem hierarchischen Modell macht eine Orientierung über alle in der Publikation enthaltenen Inhalte (wie auch im stationären Internet) schwer. Klassische Orientierungshilfen wie Breadcrumbs oder Ressorttitel konnten in den Beispielen nicht gefunden werden.

Neben den zentralen Navigationskonzepten einer App stehen für die Navigation innerhalb einzelner Beiträge mehrere Varianten zur Verfügung, die in den Best Practice-Beispielen auch Anwendung finden. Egal, ob eine Heft- oder Wäscheleinennavigation durch die App führt, für Nutzer digitaler Publikationen ist der Umfang eines Beitrags nicht gleich ersichtlich. Um daher Feedback über die Position zu geben, werden Lokalisierungselemente in Form von Punkten eingesetzt. Die Anzahl der Punkte steht für die Zahl der thematisch zusammenhängenden Seiten, die aktuelle Position wird farbig hervorgehoben. Eine vertikale oder horizontale Anordnung der Punkte verweist dabei gleichzeitig auf die Rezeptionsrichtung. Teilweise werden Pfeile eingesetzt, so dass die Richtung deutlich ersichtlich ist. Eine weniger eindeutige, jedoch ebenfalls verwendete Variante, um Nutzer zur Navigation in eine bestimmte Richtung zu animieren, ist das Anschneiden von Elementen wie Text oder Fotos auf der Seite. Hierbei geht neben der möglichen negativen Auswirkung auf die Bildwirkung auch die Information verloren, wie viele Seiten noch folgen werden.

Layout

a) Mobile Format: Hoch- und Querformat

Aus der Untersuchung der Nutzerkommentare wurde bereits deutlich, dass die Nutzung des Lagesensors zum Wechsel von Hoch- zu Querformat von Relevanz ist. Deutlich zeigen die Best Practice-Beispiele den Trend, beide Varianten zu berücksichtigen. Lediglich zwei Apps bieten diese Möglichkeit nicht an. Die Inhalte sind in der Regel im Hoch- und Querformat identisch, in einigen Fällen wird der Lagesensor auch inhaltlich integriert und für das Storytelling eingesetzt.

b) Hubs

Der Einstieg in die untersuchten Publikationen erfolgt entweder durch eine gelayoutete Zeitungsseite, eine Startseite oder über ein Cover. Auf die Besonderheiten der Coverseiten innovativer Apps wird unter „Neue Darstellungsformen“ eingegangen. Die Startseite präsentiert in den Beispielen eine intern verlinkte Auswahl von Beiträgen, die den klassischen Ressorts oder Rubriken zugeordnet sind. Ganz oben auf der Startseite werden die aktuellen Aufmacher-Themen angezeigt, diese sind zudem über das Menü als eigene Rubrik anwählbar („Front Page“ – The Guardian, „Top Stories“ – BBC, CNN, „news“ – NPR). Die Startseite umfasst anders als auf Webseiten meist nur Überschrift und Bild. The Guardian und CNN verwenden ein Kachelsystem, das Themen modular zusammensetzt und durch die Größe eine Gewichtung zulässt. CNN bietet zudem drei Modi für die Startseite: Fotos und Überschrift, nur Überschriften oder Fotos im Vollbildmodus, jeweils sortiert nach Relevanz und Ressort.

Ohne Gewichtung in der Größe arbeiten NPR und BBC. NPR zeigt klassisch auch Teaser an. BBC teilt das Display in zwei Spalten: Während links die Startseitenmetapher mit Bild und Überschrift verfolgt wird, ist rechts jeweils der erste vollständige Beitrag zu sehen. Dieser Splitscreen lässt sich nicht ausschalten.

Eine dritte Variante bietet die New York Times: Hier erfolgt der Einstieg in die Publikation wie in der Zeitung auch über eine gelayoutete Seite mit Modularumbruch (vgl. Brielmaier und Wolf 2000, S. 54f.). Aufmacher und Meldungen heben sich voneinander ab. Allerdings werden nicht die ganzen Beiträge präsentiert, der Text fließt lediglich angepasst an den jeweiligen Platz ins Layout, der „Übersatz“ kann gelesen werden, wenn der Beitrag angeklickt wird.

c) Layout-Metaphern

Das Layout lässt die Anlehnung an zwei Schemata erkennen: Das Printsowie das Onlinelayout. Ersteres weist zwei Spalten auf, der Fokus liegt auf Texten, die durch visuelle Elemente aufgelockert werden. Zudem sind großformatige Aufmacherfotos, Vorspann und große Überschriften als weitere Spezifika der Zeitschriftenlayouts zu finden. Die untersuchten Publikationen weichen nur in wenigen Fällen davon ab, wenn bildlauffähige Ebenen, selektive Darstellungsformen und viele multimediale Elemente verwendet werden. Dann ist das Layout modularer, lässt mehr

Weißraum zu und weicht von der konventionellen Orientierung an Spalten ab. Interaktive Elemente sind in der Regel nicht enthalten, es bestehen meist nur intern Verlinkungen über das Inhaltsverzeichnis, extern über E-Mail-Adressen, Unternehmensseiten oder bei Gewinnspielen. Darüber hinaus lässt sich die Onlinemetapher abgrenzen: Diese kennzeichnen Reiter-Navigationsleisten über den Beiträgen, häufiger gesetzte Absätze, größerer Zeilenabstand sowie einspaltiger Text. Durch Share-Buttons, Facebook-Likes und Kommentarfunktionen wird Interaktivität betont. Diese Funktionen kommen bei Apps mit abgeschlossenen Ausgaben nicht vor.

Analog zur Navigation von Internetseiten, sind die an aktueller Berichterstattung orientierten Apps nicht abgeschlossen, sondern als additive Ausgaben angelegt. Ältere Beiträge wandern zunächst auf der Startseite nach unten und bleiben schließlich durch interne Verweise erreichbar: Wird ein Artikel aufgerufen, so werden weitere Beiträge desselben Ressorts auf der Seite angezeigt. The Guardian weist darüber hinaus über Hyperlinks auf thematisch verwandte Artikel der App sowie der Onlineseite zum Thema hin, ein typisches Merkmal der Web-Navigation. Der Seitenaufbau sieht zudem immer identisch aus oder weist nur Unterschiede für Aufmacher und andere Beiträge auf. Diese Form des Layouts ermöglicht Rezipienten eine schnelle Orientierung innerhalb der Publikation. Dies ist vor allem im nachrichtenorientierten Journalismus sinnvoll.

5.4.2 Mobile Storytelling – Darstellungsformen

Die Untersuchung sollte neben den vorgestellten Merkmalen der Usability auch herausfinden, inwieweit die Best Practice-Beispiele die multimedialen Möglichkeiten von Apps nutzen, ob sich bereits neue Darstellungsformen entwickeln und inwieweit Optionen der Playfulness eingebunden werden. Dazu wurden zunächst alle Ausgaben auf den Einsatz von Text, Foto, Fotoslides, Audio und Video untersucht. Dies erlaubt Aussagen über die Verwendung einzelner Elemente und ihre Kombination zu Multimediastories. In einem zweiten Schritt waren innovative Medienschemata von Interesse, die diese Elemente auf neue Weise verwenden. Abschließend werden Beispiele im Untersuchungsmaterial für Playfulness aufgezeigt.

Multimediaeinsatz

In den untersuchten Ausgaben kommen alle Multimediaformate vor, das heißt Text, Foto, Fotoslide, Audio, Video (mit und ohne Ton), Grafik sowie Animation. Jedoch variiert die Häufigkeit multimedialer Beiträge stark und die Elemente werden in unterschiedlichen Kombinationen verwendet. In allen Publikationen werden Themen – wenn auch selten – auch als reine Fließtexte veröffentlicht. Abermals ist eine Zweiteilung der Stichprobe zwischen abgeschlossenen und additiven Apps festzustellen. Abgeschlossene Apps zeigen deutlicher den Einsatz von Multimediastories: In allen untersuchten Beispielen waren Beiträge vorhanden, die drei unterschiedliche Medienformate kombinieren. Serviceorientierter Journalismus profitieren von der multimedialen Aufbereitung: In den Magazin-Apps werden zum Beispiel Kinotipps mit Filmtrailern und zusätzlichen Making of-Fotogalerien angereichert, Fitnessübungen in Videos gezeigt, Buchtipps mit Lese- und Hörproben sowie Videos der Autoren versehen und schließlich Aufbauanleitungen für Produkte mit Fotogalerien visualisiert. Nur selten werden in den additiven Apps drei multimediale Elemente miteinander verknüpft. Diese sind stark an den etablierten Schemata von Onlineseiten orientiert. Für Slideshows und Videos sind auch hier eigene Rubriken in allen getesteten additiven Apps über das Menü aufrufbar. Teils werden auch die originären Angebote einbezogen: CNN bietet Live-TV, BBC und NPR offerieren ihr Live-Radioprogramm.

a) Statische Grafiken und Fotos

Fotos werden in den Publikationen unterschiedlich eingesetzt. Während Zeitschriften auch in ihren Tablet-Apps Wert auf großformatige Fotos legen, zeigen die additiven nachrichtenorientierten Apps häufig nur kleine Fotos im Text. Die können teils gar nicht oder nur manchmal vergrößert werden. Ist dies der Fall, so wird die Option durch einen Tap auf das Bild ausgeführt. Symbole (z.B. eine Lupe) sind nicht immer vorhanden. Statische Grafiken werden analog zu Fotos in das Layout eingebunden und können nicht immer vergrößert werden.

b) Fotoslides

Fotolides werden wie Fotos in das Layout integriert, können aber durch einen Tap als eigenständige Galerien im Vollbildmodus angezeigt werden. Dies ist durch ein Symbol oder Text kenntlich gemacht. Das Fortkommen innerhalb der Galerie erfolgt durch Swipe-Gesten. Lediglich Wired verwendet hierfür keine Gesten, sondern Pfeile. BBC und NPR bieten keine Fotoslides an. Darüber hinaus lassen sich auch zwei innovativere Formen finden: Als bildlauffähige Bereiche oder Ebenen. In der ersten Variante werden die Fotos in das Layout eingebunden und durch horizontale Wischgesten im Bildrahmen gesteuert. In der zweiten wird das Bild durch vertikale Slides geteilt, zum Beispiel von oben und unten eingefahren.

c) Live-Audio und Podcast

Streaming-Formen sind nur in nachrichtenorientierten Apps zu finden: BBC und NPR bieten klassisches Live-Radio. Dieses läuft im Hintergrund, so dass weiterhin Beiträge gelesen werden können, erfordert allerdings eine Internetverbindung. Darüber hinaus werden Radiobeiträge zur Verfügung gestellt. Diese sind bei BBC in einer eigenen Rubrik (Watch/Listen). NPR stellt die Audios den Beiträgen direkt bei, sie sind über Symbol und Text („Listen Now“) gekennzeichnet. Die Einbindung von Audio erfolgt in Magazin-Apps über Symbole in Beiträgen, so dass sie als eigenständiges Element ausgewählt werden können.

d) Videobeiträge

Videos werden in Einzelausgaben, nicht immer eingebettet, sondern teilweise referenziert verwendet. Damit sind sie nur online nutzbar, bieten jedoch den Vorteil, dass die Dateigröße der App insgesamt nicht zu groß ausfällt. Integriert werden Videos vorwiegend über einen Player als klassischer Videobeitrag, so dass sie im Vollbildmodus oder Fenster abgespielt werden können. Ein Symbol, teils in Kombination mit Text, weist auf die audiovisuellen Inhalte hin. Es sind jedoch auch neue Varianten der Einbindung von Videos zu beobachten: Im Christophorus Magazin erscheint das Video zunächst wie ein Aufmacher-Foto zu Beginn des Artikels, das Play-Symbol am linken Bildrand weist jedoch darauf hin, dass es sich um einen Videobeitrag handelt.

Zusammenfassend lässt sich für multimediale Elemente festhalten: In abgeschlossenen Apps werden häufig drei unterschiedliche Elemente, teils sogar vier, in einen Beitrag integriert. Die meisten Medienformate werden im digitalen Magazin Iconist verwendet und inhaltlich zu multimedialen Geschichten kombiniert. Insgesamt deutet dies auf eine andere Schwerpunktsetzung des Journalismus für abgeschlossene Apps hin. Dieser ist mehr auf die mediengerechte Aufbereitung eines Themas ausgerichtet als der an Aktuellem orientierte Journalismus in additiven Apps.

e) Multimediastories

Durch die Kombination von Text, Fotos, Fotoslides, Video- und Audioelementen werden Beiträge zu Multimediastories, die die Möglichkeiten des Mediums ausnutzen und die technischen Optionen bei der Planung von Themen und ihrer Produktion berücksichtigen. Exemplarisch zeigt dies Iconist: Der Text ist weiterhin das primäre Element der Geschichte. Weiterführende Informationen werden multimedial aufbereitet, der Rezipient kann diese selektiv wählen. Journalismus der auf Hintergrundinformation ausgerichtet ist, kann durch diese Kombination von an Authentizität gewinnen.

Neue Darstellungsformen

Nach der Integration multimedialer Formate ist nun von Interesse, ob sich neben Multimediastories bereits neue Darstellungsformen erkennen lassen. Diese sind ausschließlich in abgeschlossenen Apps zu finden.

a) Living Cover-Effekte

Innovation ist bereits im Zuge des Einstiegs in die Publikation zu finden: Das Cover als zentrales Gestaltungselement gedruckter Zeitschriften wird von abgeschlossenen Apps auch auf dem Tablet-PC beibehalten. In der digitalen Version wird es jedoch zum Leben erweckt. Drei unterschiedliche Varianten lassen sich in der Stichprobe unterscheiden: Es werden auditive, visuelle sowie audiovisuelle Elemente verwendet. Der Iconist weist als einziges Magazin alle drei Varianten auf: Das statische Cover-Foto wird hier zum Beispiel durch einen O-Ton der abgebildeten Person und Audio-Aufnahmen der Original-Atmosphäre angereichert.

Zudem wird auch auf die Hardware geachtet: Angepasst an den integrierten Lagesensor werden für Hoch- und Querformat unterschiedliche Bilder verwendet. Erst durch visuelle Cover-Effekte kommt tatsächlich Bewegung in das Titelbild. In der einfachsten Variante werden zwei unterschiedliche Fotos verwendet. Interessant ist hierbei der inhaltliche Bezug zur Titelgeschichte: Ein Interview mit Karl Lagerfeld über die Sängerin Lady Gaga wird optisch durch Fotos von beiden Personen umgesetzt. Diese wechseln automatisch. Unter visuelle Anreicherungen fallen auch Animationen. In den Beispielen sind Zooms, Schwenks oder das Einfliegen von Layoutelementen zu beobachten. Zudem werden Bewegungen einzelner Elemente in den Cover-Bildern eingesetzt. Aus einem statischen Cover wird durch das Einbinden von Videos ohne Ton ein Living Cover. Das Video wird entweder in das Cover integriert und lässt so das statische Titelbild zum Leben erwachen oder es wird in einem separaten Fenster als Intro-Video abgespielt. Living-Cover sind nur in geschichtenorientierten Apps zu finden.

b) Intros und audiovisuelle Elemente

In einigen Beiträgen werden Audiodateien hinterlegt, die bei Aufruf der Seite automatisch starten. Fotos werden zum Beispiel mit der dazugehörigen Atmosphäre oder mit Originaltonmaterial unterlegt. Der Einstieg in Rubriken oder Beiträge erfolgt außerdem über Videosequenzen, die Thema und Personen vorstellen. Ergänzt werden die multimedialen Elemente durch animierte Layoutbausteine: Wann immer der Nutzer eine neue Seite öffnet, bauen sich Überschriften und Fotos erst auf oder fliegen ins Bild. Diese animierte Gestaltung unterstützt die User Experience.

c) Neue Fotoformen

Neben dem „Ultra-Querformat", das horizontal rezipiert wird, werden Fotos und Grafiken auch vertikal schwenk- und zoombar eingesetzt. Panoramaaufnahmen, sind in den untersuchten Apps nicht zu finden (vgl. Lehr und Brammer 2012, S. 137f.). Dafür werden 360°-Ansichten eingesetzt. Die Steuerung der Fotosequenz erfolgt über Gesten, so dass Objekte als dreidimensionale Ansicht erscheinen, die von allen Seiten betrachtet werden kann. Dies eignet sich nicht nur für die Darstellung von Produkten (und die Integration von E-Commerce), sondern auch für Informationsangebote. Eine weitere innovative Form ist das freigestellte Video. Es kann über einen Play-Button gestartet werden und läuft über den gelayouteten Text hinweg. Darüber hinaus werden auch Videos (mit und ohne Ton) als Introelemente eingesetzt, wenn eine neue Rubrik aufgerufen wird oder um einen Beitrag einzuleiten.

d) Animationen und 3D-Grafiken

Animationen werden nur in Magazin-Apps eingesetzt, sie kommen dort häufig als einzelne animierte Layoutbausteine vor, zum Beispiel Fotos (Zoom In/Out), Text (Einfliegen/Einblenden) oder Symbole und Linien (Einblenden). Einen inhaltlichen Mehrwert schaffen animierte Grafiken, da sie Prozesse veranschaulichen.

e) Selektive Darstellungsformen

Auf der Ebene der Beiträge ist in den Ausgaben ein Trend zur Selektivität festzustellen. Der Rezipient erhält die Möglichkeit, Inhalte in einer subjektiv gewünschten Reihenfolge und Tiefe zu nutzen. Anders als in den gedruckten Magazinen werden zum Beispiel Texte nicht von vorne herein angezeigt, sondern in der Regel durch Fingertaps sichtbar geschaltet. Damit hat der Nutzer das Gefühl, mit der Anwendung zu interagieren. Vier unterschiedliche selektive Darstellungsformen konnten identifiziert werden: Selektive Bausteininformationen, selektive Fotos, selektive Interviews sowie Tests oder ein Quiz.

Die Zerlegung von Informationen in Text- oder Infokästen an sich ist insbesondere im Magazin-Journalismus nicht neu. Hier erfolgt eine Anpassung an die mobilen Endgeräte, da die einzelnen Inhaltsbausteine durch das Berühren von deutlich sichtbaren Punkten im Layout aufgerufen werden können. Diese enthalten zusätzliche Informationen und sind potenziell multimedial. Diese Bausteininformationen werden auch in Grafiken eingesetzt, so dass Informationen erst nach und nach sichtbar sind.

Eine spezifische Form ist der Flip-Card-Effekt, hier wird zunächst auf einer Karte zum Beispiel ein Foto angezeigt, auf der Rückseite können durch einen Tap Informationen dazu abgerufen werden. Diese Zerlegung in einzelne Bausteine findet auch bei Interviews statt. Damit kann der Rezipient die Reihenfolge der Fragen selbst auswählen.

Ein weiteres neues Format, das in zwei Apps zum Einsatz kommt, ist das selektive Videointerview. Das zunächst statische Foto kann durch einen Tap auf eine der Fragen zum Leben erweckt werden.

Diese Form stärkt die Authentizität des Interviews, die Zerlegung der Videos in einzelne Frage-Antwort-Komplexe macht eine lineare Rezeption obsolet. Neben selektiven Videointerviews ist auch eine Mischform aus Text und Audio vorhanden. Hierbei ist für den Rezipienten irritierend, dass die Originalantworten von denjenigen, die gleichzeitig als Text vorhanden sind in den Formulierungen teils abweichen. Der Mehrwert durch die Dopplung ist fraglich, gleichwohl Audioelemente im Interview im Allgemeinen für Authentizität sorgen. Dies zeigt auch einen weitere Variante: Selektive Audio-O-Töne und Fotos. Hierbei kann der Nutzer einen Audio-O-Ton aufrufen, der inhaltlich Bezug auf das Foto nimmt. Selektivität wird auch für Fotoserien eingesetzt. Eine zusammenhängende Fotoserie muss nicht linear rezipiert werden, der Rezipient kann in beliebiger Reihenfolge Fotos vergrößern, die jeweils mit Bildtexten versehen sind. Darüber hinaus werden weitere selektive Darstellungsformen eingefügt, die Eingaben des Rezipienten erfordern, zum Beispiel mittels Quiz, Test oder Umfrage. Letztere ist in Wired referenziert und damit nur online abrufbar. Die anderen beiden Formen sind eingebettet. Schließlich können Rezipienten auch unterschiedliche Hintergründe für einen Beitrag wählen.

Alle vorgestellten selektiven Darstellungsformen bieten dem Nutzer zwar die Möglichkeit, Rezeptionsrichtung und Tiefe selbst festzulegen. Für die Darstellung journalistischer Themen, die Informationen aufeinander aufbauend präsentieren, sind sie jedoch nur bedingt geeignet. Um die selektive Nutzung zu gewährleisten, müssen die Einzelelemente für sich alleine verständlich sein. Damit unterscheiden sich selektive Videointerviews von einem klassischen journalistischen Interview, in dem der Aufbau der Fragen durchdacht ist und auf Antworten des Interviewten reagiert werden kann. In selektiven Interviewformen ist dies nicht möglich.

Playfulness

Die Best Practice-Beispiele enthalten Möglichkeiten, spielerische Elemente in der Gestaltung der Beiträge einzusetzen, die zur Vermittlung des Inhalts nicht unbedingt notwendig sind. Sie verbinden Inhalt und Hardware-Elemente der Geräte und nutzen sie für das Storytelling. Die Analyse zeigt, dass dies vor allem für Angebote zutrifft, die nicht auf tagesaktuelle Informationen abzielen. In den untersuchten abgeschlossenen Ausgaben der Magazine sind einige innovative Darstellungskonzepte zu finden, in denen der Nutzer durch Einsatz von Fingergesten oder Aktivierung des Lagesensors Inhalte erschließt. Das Evonik Magazin integriert horizontales Wischen in das Storytelling: Der Rezipient löst per Fingergeste den Alterungsprozess aus und erhält dabei Informationen via Infokästen und Grafiken. Weiter wird der Lagesensor in eine Fotostrecke eingebunden, so dass im Hochformat zum Beispiel eine Aufnahme bei Tag und durch den Wechsel in das Querformat bei Nacht zu sehen ist. Ähnlich werden zusätzliche Grafiken in Texte integriert.

Die Einsatzmöglichkeiten für Playfulness im Journalismus konzentrieren sich auf nicht-tagesaktuelle Themen und Hintergrundberichterstattung. Das spielerische Erschließen setzt voraus, dass sich der Rezipient Zeit für die Inhalte nimmt und nicht zwischendurch schnell an aktuelle Informationen gelangen möchte. Werden für geschichtenorientierte Berichterstattung allerdings Elemente der Playfulness mit multimedialen Inhalten und selektiven Layoutelementen kombiniert, entsteht die Chance, den Nutzer stark in den Beitrag zu involvieren und dadurch auch die Identifikation mit den Inhalten und letztlich der Medienmarke zu erhöhen.

5.4.3 Werbung

Abschließend erfolgt ein Blick auf die Integration von Werbung. Es zeigen sich erneut Unterschiede, die durch das Muttermedium bestimmt sind: In Magazin-Apps sind Werbeanzeigen ganzseitig analog zu Zeitschriftenpublikationen, in den nachrichtenorientierten Apps werden sie in die Startseite oder das Layout integriert. Während in den Apps der Zeitschriften bereits multimediale (Videos, Animationen), selektive (Bausteininformationen) und verlinkte Werbung zu finden ist, sind die Anzeigen der aktuelleren Apps statisch und meist lediglich verlinkt. Die Werbeformen kommen darüber hinaus auch innerhalb der Beiträge zum Einsatz – dies wurde in den Kommentaren häufig bemängelt. Ebenso anzutreffen sind E-Commerce-Möglichkeiten, so dass vorgestellte Produkte direkt über einen „Shop“-Button erworben werden können.

5.4.4 Zusammenfassung der Erkenntnisse

Die untersuchten Beispiele lassen sich auf Basis der bisherigen Ausführungen in zwei Gruppen teilen, die durch Erscheinungsweise und Muttermedium beeinflusst sind. Sie erfüllen unterschiedliche Funktionen und werden daher als nachrichtenorientierter und geschichteorientierter Mobiler Journalismus bezeichnet (vgl. Abb. 3 und 4).

Abb. 3: Geschichtenorientierter Mobiler Journalismus

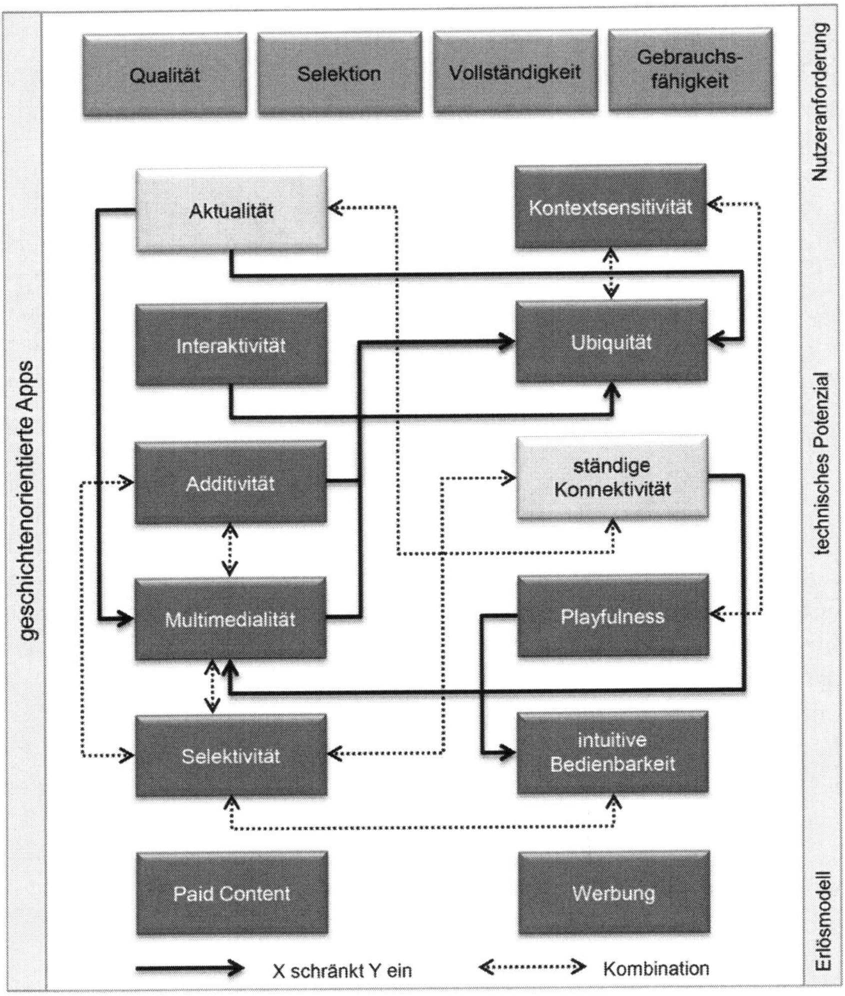

Quelle: eigene Darstellung

Apps von Rundfunkanbietern sind additiv angelegt. Im Unterschied dazu bieten Print- und Digitalmedien abgeschlossene Einzelausgaben an. Rundfunkanbieter setzen stärker auf Onlineschemata. Eine Hybridstellung nimmt The Guardian ein, der als Einzelausgabe angeboten wird, jedoch hinsichtlich des Layouts auch Elemente von Webseiten enthält. Eine schnelle Aktualisierung ist für Ausgaben im Onlineschema möglich, da neue Inhalte in ein idetisches Layout einfließen.

Abb. 4: Nachrichtenorientier Mobiler Journalismus

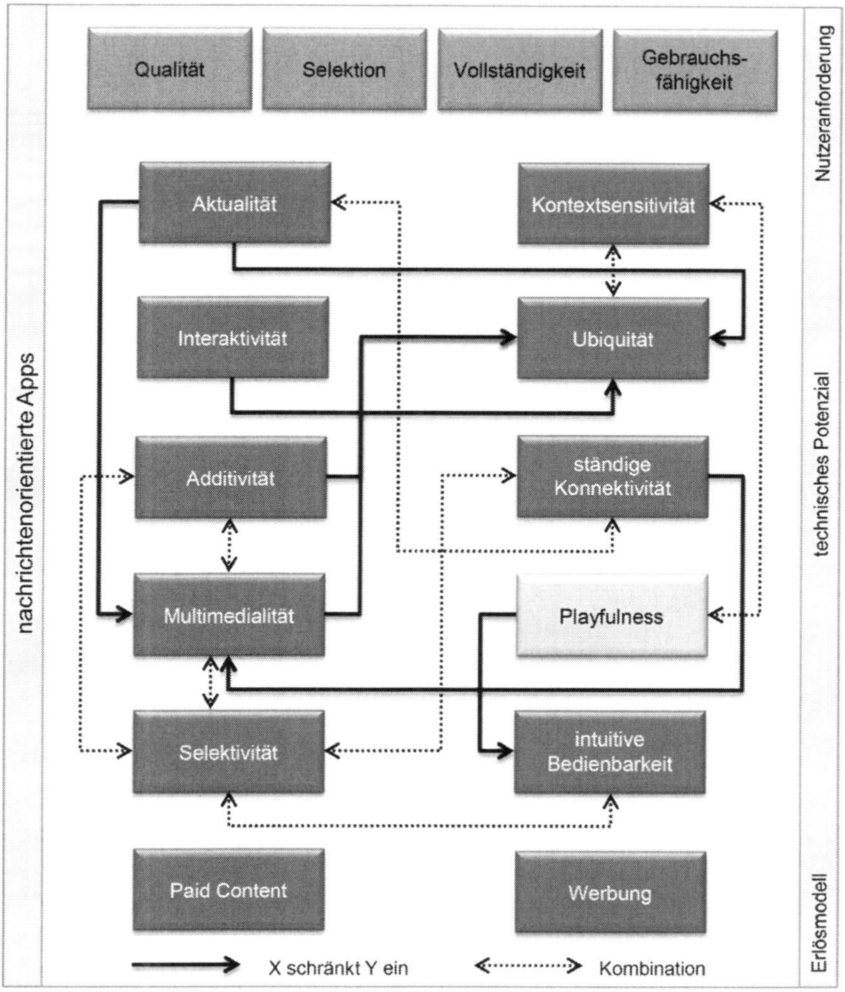

Quelle: eigene Darstellung

Zeitschriften, Corporate Publishing Magazine und digitale Magazine sind eher an Printschemata orientiert: Sie legen auch in der mobilen Version mehr Wert auf das Editorial Design und die Schwerpunktsetzung durch das Layout. Sie verzichten selten auf ein Inhaltsverzeichnis und nie auf das Cover. Die Bedienung im Beitrag ist sehr unterschiedlich, vor allem wird die zur Verfügung stehende Vielfalt der neuen Bedien- und Darstellungsformen unterschiedlich eingesetzt. Der geschichtenorientierte Mobile Journalismus nutzt deutlich mehr multimediale Möglichkeiten und häufiger innovative Elemente als nachrichtenorientierte journalistische Berichterstattung. Dafür spielen permanente Aktualität und ständige Konnektivität kaum eine Rolle. Innovative Darstellungsformen zeigen sich nur in Apps, die als abgeschlossene Ausgaben angeboten werden. Nachrichtenorientierter Journalismus kann zwar das jeweils bestmögliche Medienformat auswählen, weist jedoch weniger zeitaufwändig zu produzierende Beiträge auf und verzichtet zu Gunsten der intuitiven Bedienbarkeit auf Playfulness. Angebote setzen stärker auf Verlinkung und Interaktivität und nutzen die ständige Konnektivität. Beiträge werden daher nach Aktualität priorisiert. Konvergenztendenzen zwischen Rundfunk- und Printmedien lassen sich in den Best Practice-Beispielen nicht feststellen.

5.5 Zwischenfazit: Zentrale empirische Befunde I

Die beiden qualitativen Vorstudien haben wichtige Erkenntnisse zu den Erwartungen der Rezipienten und zum Einsatz innovativer Medienschemata hervorgebracht. Dadurch konnte die deduktive Herleitung von Potenzialdimensionen induktiv ergänzt werden. Aus der Analyse der Nutzerkommentare lässt sich schließen, dass bereits erwartet wird, das technische Potenzial der Apps auch für den Journalismus einzusetzen. Die Thematisierung nahezu aller Dimensionen zeigt, dass Rezipienten bereits eine Vorstellung über mobile Medienschemata entwickeln – gleichwohl diese bisweilen an einigen Stellen noch diffus sind.

Die Untersuchung der Best Practice-Beispiele hat die theoretische Annahme gestützt, dass sich auch in der frühen Phase bereits Innovatoren am Markt befinden, die neue Darstellungs- und Gestaltungsschemata einsetzen. Die qualitative Analyse hat daher empirische Indikatoren für die intuitive Bedienbarkeit der Endgeräte (Mobile Usability) sowie die Einbindung von Multimedialiät, neuen Darstellungsformen und Playfulness (Mobile Storytelling) im Journalismus erkennen lassen. Darüber hinaus deuten die Beispiele auf zwei unterschiedliche Typen von Mobilem Journalismus hin, die sich in geschichtenorientierte-Apps (eher abgeschlossene Einzelausgaben, mehr multimediale Formate, mehr innovative Darstellungsformen und Playfulness) und nachrichtenorientierte-Apps (additive Ausgaben, mehr Interaktivität und Verlinkung, höhere Konnektivität) teilen lassen. Sie werden durch das Muttermedium beeinflusst.

Auf Basis der im Rahmen der beiden Vorstudien induktiv abgeleiteten Indikatoren für technische und ökonomische Potenzialdimensionen ist eine quantitative empirische Untersuchung von journalistischen Apps durchführbar. In Kombination mit der Exploration der redaktionellen Produktionsbedingungen ist es damit möglich, die Institutionalisierung von Mobilem Journalismus empirisch fassbar zu machen.

6. Mobiler Journalismus in Deutschland – Forschungsdesign

Der eine wartet bis die Welt sich wandelt,
der andere packt sie an und handelt.
Immanuel Kant (1724-1804)

Das Einbinden des Mobilen Journalismus in redaktionelle Routinen ist für die Subsysteme des institutionalisierten Journalismus in Deutschland nur durch die repräsentative Redaktionsbefragung aus dem Jahr 2007 untersucht (vgl. Wolf 2008). Damals hatten frühe Anbieter in Zeitungs-, Radio- und Fernsehredaktionen sowie Nachrichtenagenturen kaum eigenständige Ordnungs- und Darstellungsprogramme etabliert. Die Heterogenität der ersten Angebote (m-Paper, MMS, Visual Radio, Mobile-TV, siehe Kap. 2) ist heute deutlich reduziert, da mit der App ein für alle Medienorganisationen nutzbares Medium vorliegt. Für dieses fehlt jedoch eine umfassende Beschreibung (vgl. Kap. 4). Es ist nicht bekannt, ob sich die Produktionsbedingungen und -routinen in den Redaktionen verändert haben. Darüber hinaus fehlen systematische Daten zur formalen und inhaltlichen Gestaltung sowie zu den Erlösmodellen. Die Studie untersucht diese Bereiche, um basierend auf den Ergebnissen die Institutionalisierung des journalistischen Subsystems Mobiler Journalismus für den gesamten deutschen Medienmarkt zu beurteilen.

Die theoretischen Überlegungen sowie die Ergebnisse der beiden Vorstudien erlauben es, für die forschungsleitende Frage zentrale Hypothesen abzuleiten (vgl. Kap. 6.1). Bezüge zu den Ergebnissen der Erhebung 2007 beziehen sich auf Wolf (2008). Im Anschluss erfolgt die Vorstellung des gewählten Untersuchungsdesigns (vgl. Kap. 6.2). Dabei wird sowohl die Methodenwahl begründet als auch das Vorgehen für die Eingrenzung der Grundgesamtheit erläutert. Die nachfolgenden Unterkapitel machen die Erstellung des Untersuchungsinstruments, die Operationalisierung, die Auswahl der Befragten und Analyseeinheiten sowie die Test- und Durchführungsphase für die quantitative Redaktionsbefragung (vgl. Kap. 6.3) und die quantitative Inhaltsanalyse (vgl. Kap 6.4) transparent.

6.1 Forschungsleitende Frage und Hypothesenbildung

Durch die in Kapitel 3 vorgestellte Perspektive auf die Institutionalisierung des Mobilen Journalismus stehen existierende beziehungsweise sich wandelnde redaktionelle Entscheidungsprogramme im Zuge des Aneignungsprozesses von Apps als neuem journalistischem Medium im Zentrum des Erkenntnisinteresses. Es wurde deutlich: Technische Medien haben sich im Lauf der Mediengeschichte stets zeitversetzt zu institutionalisierten Medien entwickelt. Das technische Potenzial liefert für diesen Prozess den Möglichkeitsrahmen, zunächst ist allerdings durch das Trägheitsprinzip des Journalismus eine Übertragung alter Medienschemata zu beobachten (vgl. Kap. 3.2). Forschungsleitend ist daher folgende Frage:

Forschungsleitende Frage: Kann aktuell in Bezug auf die strukturellen Entscheidungsprogramme zur Produktion und Darstellung journalistischer Apps bereits von einem institutionalisierten Mobilen Journalismus gesprochen werden?

Die Erwartungen der etablierten Medienorganisationen an Mobilen Journalismus sind groß. Die Marktpräsenz war bereits 2007 hoch, der allgemeine Boom von Apps hat inzwischen Hunderte etablierte Medienunternehmen zur Produktion von Angeboten (zunächst vorrangig für den iTunes Store von Apple) bewegt. Zudem gingen vor fünf Jahren 96 Prozent von einer Etablierung des Mobilen Journalismus aus (vgl. Kap. 4.1.4). Die Erwartungen an Apps und der Markteintritt sagen jedoch noch nichts über die strukturelle Anpassung des Systems an die gewandelten Umweltbedingungen aus. Um die forschungsleitende Frage positiv zu beantworten, ist daher eine Nutzung des neuen Mediums App nur als Verbreitungskanal für bestehende Inhalte nicht ausreichend.

Aufgrund der Eigenschaften von Apps als Anwendung des Ubiquitous Computing, der Beschaffenheit der mobilen Endgeräte (vgl. Kap. 2) sowie daraus resultierender neuer Nutzungsszenarien (vgl. Kap. 4) ist es notwendig, neue Medienangebote zu entwickeln. Die Nutzerkommentaranalyse (vgl. Kap. 5.2) offenbart eine Sensibilisierung der Rezipienten für die Möglichkeiten von Apps. Daher wird die Nutzung der technischen Potenziale für Gestaltung und Inhalt ein Kriterium für den langfristigen Erfolg klassischer Medienunternehmen in Konkurrenz zu anderen Anbietern sein.

Die Systematisierung der aktuellen Rahmenbedingungen hat zudem die gestiegene Notwendigkeit verdeutlicht, erfolgreiche digitale Medienprodukte anzubieten. Durch schwindende Auflagen und Reichweiten sowie sinkende Werbeerlöse ist von Umweltbedingungen auszugehen, die starken Druck auf die Anpassung des Journalismus ausüben. Dieser könnte die Etablierung eines eigenständigen Mobilen Journalismus potenziell vorantreiben. Angesichts des Strukturwandels der Medienbranche sind Apps damit vielleicht sogar die Lösung für das Fortbestehen etablierter Medienanbieter im digitalen Zeitalter. Darüber hinaus jedoch schränkt die angespannte finanzielle Lage vieler Medienanbieter (verstärkt durch die Finanz- und Wirtschaftskrise seit 2008/2009) den Handlungsspielraum ein. Daher ist basierend auf den Ausführungen in Kapitel 3 und 4 in weiten Teilen von einem Trägheitsprinzip des Journalismus auszugehen.

Hypothese: Es herrscht eine Diskrepanz zwischen den positiven Erwartungen sowie der Relevanz, die Mobilem Journalismus in Medienorganisationen beigemessen wird und der mangelnden Anpassung der strukturellen Ordnungs- und Darstellungsprogramme.

Die Generalhypothese wird im Folgenden durch Unterhypothesen spezifiziert und es werden die verwendeten Begriffe definiert (bzw. auf entsprechende Kapitel der Arbeit verwiesen).

Aufgrund der Untersuchung von Produktion und Gestaltung sind zwei Forschungskontexte zu trennen: Forschungskontext I bezieht sich auf redaktionelle Ordnungsprogramme (Hypothese 1.1-1.4), Forschungskontext II auf redaktionelle Darstellungsprogramme beziehungsweise Medienschemata (Hypothese 2.1-2.3; vgl. Abb. 5). Während für Forschungskontext I zum Teil auf ein existierendes Erhebungsinstrument zurückgegriffen werden konnte, musste für Forschungskontext II ein neues Instrument entwickelt werden. Die Operationalisierung durch empirische Indikatoren, Testfragen bzw. Dimensionen und Kategorien sowie die Festlegung der Annahmebedingungen für die Hypothesen werden in den Kapitel 6.3.1 und 6.4.1 für die Erhebungsmethoden getrennt vorgestellt.

Abb. 5: Dimensionen Forschungskomplex I und II

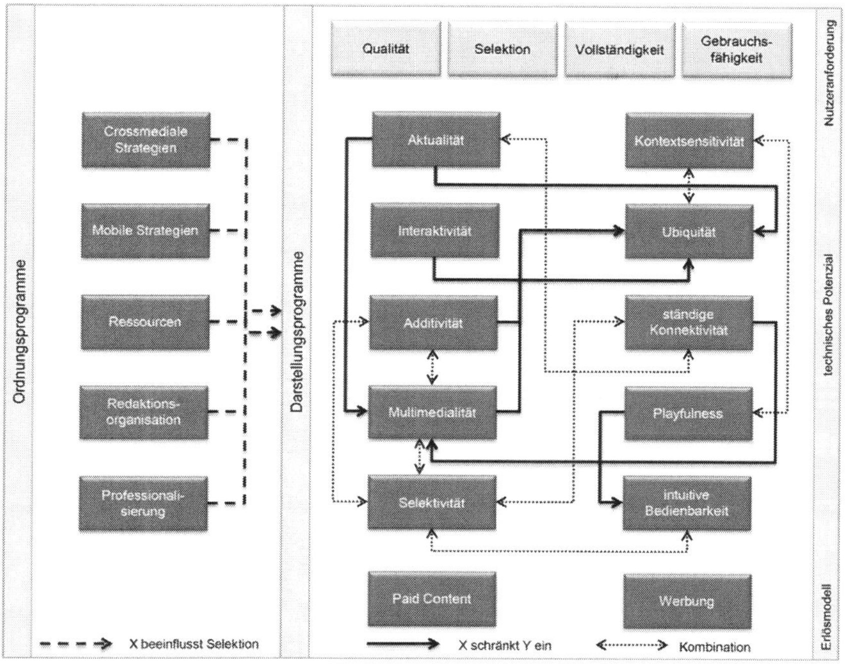

Quelle: eigene Darstellung

Forschungskontext I – Redaktionelle Ordnungsprogramme

2007 wurde eine steigende Relevanz von Mobilem Journalismus innerhalb der nächsten fünf Jahre prognostiziert (vgl. Wolf 2008). Die Entwicklungen wurden zudem positiv durch die Etablierung von iPhone und iPad sowie den deutlichen Anstieg in der Nutzung von mobilem Internet und Apps beeinflusst (vgl. Kap. 2 und 4.3). Deshalb wird Folgendes vermutet:

Hypothese 1.1: Apps sind als technisches Medium in den Redaktionen etabliert und werden als fester Bestandteil des Journalismus angesehen.

- **Definition der zentralen Begriffe:** technisches Medium (vgl. Kap. 3.1.2), Journalismusbegriff (vgl. Kap. 3.1.1); für die empirischen Indikatoren siehe Kapitel 6.3.1.

Darüber hinaus wissen Redaktionen (u.a. durch Nutzerkommentare und Rezeptions- bzw. Marktforschung) um die Erwartung der Rezipienten, durch Mobilen Journalismus einen Mehrwert zu erhalten (vgl. Kap. 4.3.3. und 5.2). Sie erkennen deshalb, dass Hindernisse heute weniger als 2007 durch die Technik bestimmt sind als durch mangelnde spezifisch produzierte Inhalte.

Hypothese 1.2: Journalistische Organisationen erkennen die Notwendigkeit der Nutzung von mobilspezifischen Potenzialen.

- **Definition der zentralen Begriffe:** Potenziale (vgl. Kap. 3.3); unter technische Hindernisse fallen alle Probleme, die mit der Distribution der Angebote, der Ausstattung der Netze und Endgeräte sowie der Implementierung von Bezahlmodellen in Verbindung stehen; für die empirischen Indikatoren siehe Kapitel 6.3.1.

Für die Entwicklung des Journalismus bis 2012 wurde von den Verantwortlichen in den Redaktionen 2007 die Durchsetzung von Newsdesk- und Newsroom-Modellen prognostiziert, abschließend wurde in der Untersuchung die Hypothese aufgestellt, Mobiler Journalismus fördere die Arbeitsteilung im Sinne der Newsdesk-Konzepte (vgl. Wolf 2008, S. 119). In Verbindung mit den Ausführungen zum Forschungsstand in Kapitel 4 wird daher von der mehrheitlichen Verwendung dieses Modells der Redaktionsorganisation ausgegangen.

Hypothese 1.3: Ordnungsprogramme in Form neuer redaktioneller Organisationsformen sind mehrheitlich entstanden: Die Verbreitung von Newsdesk- und Newsroom-Modellen in deutschen Medienorganisationen ist seit 2007 gestiegen.

- **Definition der zentralen Begriffe:** Ordnungsprogramme (vgl. Kap. 3.1.1), redaktionelle Organisationsformen, Newsdesk-/Newsroom-Modell (vgl. Kap. 4.1); für die empirischen Indikatoren siehe Kapitel 6.3.1.

Darüber hinaus haben systemintern die Ziele der Organisation durch journalistische Strategien sowie die Bereitstellung von Ressourcen einen Einfluss auf die Institutionalisierung (vgl. Neuberger 2001a, S. 64f.). Trotz neuer Formen der Redaktionsorganisation besteht ein Mangel an ausgearbeiteten mobilspezifischen und crossmedialen Strategien (vgl. Kap. 4.1.3). Innerhalb der Organisation findet demnach keine institutionalisierte und professionalisierte Weiterbildung der Akteure statt. Darüber hinaus liegen Motive aufgrund des Medienwandels primär in der Suche nach neuen Zielgruppen und Erlösmodellen, ohne inhaltlich bereits komplementäre oder autonome Angebote strategisch zu entwickeln (vgl. Kap. 4.2 und 4.3). Dies äußert sich in der mangelnder Priorisierung des Mobilen Journalismus und damit weiterhin einer Fokussierung auf das Muttermedium.

Hypothese 1.4: Ordnungsprogramme für crossmediale und mobilspezifische redaktionelle Strategien sind mehrheitlich nicht entwickelt.

- **Definition der zentralen Begriffe:** Ordnungsprogramme (vgl. Kap. 3.1.1), Redaktionelle Strategien (vgl. Kap. 4.1); für die empirischen Indikatoren siehe Kapitel 6.3.1.

Forschungskontext II – Redaktionelle Darstellungsprogramme

Für die Etablierung neuer redaktioneller Darstellungsprogramme in Form von Medienschemata für Gestaltung und Inhalt der Apps ist bedeutsam, ob die systematisierten technischen und ökonomischen Potenzialdimensionen in den Angeboten vorhanden sind. Insbesondere interessiert, in welchem Maß und nach welchen Mustern als innovativ identifizierte Schemata in der Breite der Angebote vorzufinden sind. 2007 waren die Inhalte in 78 Prozent der Fälle nicht für mobile Dienste produziert worden und die Angebote wurden mehrheitlich von Redakteuren der gesamten oder der Onlineredaktion betreut (vgl. Wolf 2008, S. 102). Aufgrund des ökonomischen Kostendrucks ist davon auszugehen (vgl. 4.1.3 und 4.2), dass sich die Situation der Zweitverwertung und die Betreuung durch bestehendes Personal trotz der verbesserten Angebotssituation nicht fundamental gewandelt hat. Weiter ist – obwohl bereits einzelne Innovatoren am Markt aktiv sind (vgl. Kap. 5.4) – anzunehmen, dass sowohl Anpassungen der Gestaltung (Layout, Navigation, Orientierung) als der Darstellungsformen (Multimedia, neue Darstellungsformen, Playfulness) nicht in der Breite der Angebote etabliert sind. Diese bedürfen einer permanenten Abstimmung zwischen der technischen Produktion und der redaktionellen Herstellung, was zeitliche, finanzielle und personelle Ressourcen voraussetzt.

Hypothese 2.1: Mehrheitlich liegen keine eigenständigen mobilen Darstellungsprogramme vor.

- **Definition der zentralen Begriffe:** Darstellungsprogramme (vgl. Kap. 3.1); Gestaltung: intuitive Bedienbarkeit (vgl. Kap. 3.3); Darstellungsformen: Multimediastories, neue Darstellungsformen, Playfulness (vgl. Kap. 3.3); für die empirischen Indikatoren siehe Kapitel 6.3.1 und 6.3.2.

Wie das technische Potenzial insgesamt genutzt und kombiniert wird, ist nicht systematisch erschlossen. Erste Erkenntnisse deuten auf eine Drei- oder Vierteilung in Print- und Onlineschemata einerseits sowie Hybride und neue Mobilschemata andererseits hin. Die soziale Aneignung verläuft heterogen, so dass Unterschiede in der Selektion der Spezifika nach dem Muttermedium vermutet werden. Die Nutzung der Endgerätespezifika (intuitive Bedienbarkeit und Playfulness) sind durch die Fokussierung auf das Editorial Design vor allem im Bereich der Zeitschriften zu erwarten, Rundfunkanbieter und Zeitungen integrieren eher die Onlinespezifika Aktualität, Additivität, Interaktivität und Selektivität. Multimedialität ist insgesamt eher gering und der Einsatz der Elemente am Muttermedium orientiert. Für Mobilspezifika ist in Abhängigkeit von den anderen Dimensionen davon auszugehen, dass Ubiquität insgesamt nicht gegeben ist: Für abgeschlossene Apps durch zu große Datenmengen, für additive Apps durch mehrheitlich ausschließliche Referenzierung. Kontextsensitivität wird insgesamt wenig genutzt. Von einer Konvergenz ist daher nicht auszugehen (vgl. Kap. 4.1.4 und 5.4).

Hypothese 2.2: Die Selektion technischer Potenziale unterscheidet sich signifikant nach dem Muttermedium. Eine Konvergenz mobiler Medienangebote unterschiedlicher journalistischer Systeme findet nicht statt.

- **Definition der zentralen Begriffe:** technisches Potenzial (vgl. Kap. 3.3, 5.1); Konvergenz bezeichnet die gegenseitige Annäherung der Medienangebote (Apps) traditioneller journalistischer Subsysteme durch die Verwendung identischer Darstellungsprogramme; Muttermedium ist das institutionalisierte Medienangebot derselben Marke; für die empirischen Indikatoren siehe Kapitel 6.3.1 und 6.3.2.

Medienorganisationen sind auf der Suche nach neuen Erlösmodellen und haben für das stationäre Internet wenig Flexibilität gezeigt. Auch auf Apps werden vermutlich mehrheitlich etablierte Erlösmodelle aus Werbung und Vertrieb übertragen. Insgesamt ist von einer Ausschöpfung des ökonomischen Potenzials aus zwei Gründen nicht auszugehen. Erstens werden aufgrund des Trägheitsprinzips im Journalismus weiterhin etablierte Erlösmodelle übertragen – diese sind damit an den Mutter- oder Onlinemedien orientiert. Damit ist vermutlich die Mehrheit der Angebote weiterhin kostenlos. Aufgrund der Nutzerkommentare ist von häufigem Werbeeinsatz auszugehen. Zweitens sind etablierte Erlösmodelle unflexibel und schöpfen die Multioptionalität der zur Verfügung stehenden Modelle nicht aus (vgl. Kap. 4.2.2, 4.2.3, 5.2.6).

Hypothese 2.3: Die Selektion des ökonomischen Potenzials unterscheidet sich signifikant nach dem Muttermedium. Die Multioptionalität wird nicht genutzt.

- **Definition der zentralen Begriffe:** ökonomisches Potenzial, Multioptionalität (vgl. Kap. 4.2.4 und 5.2.6); für die empirischen Indikatoren siehe Kapitel 6.3.1 und 6.3.2.

6.2 Untersuchungsdesign

Nach der Ableitung der Hypothesen steht die Entscheidung an, welche Methode geeignet ist, diese zu prüfen. Es ist notwendig, ein adäquates Untersuchungsdesign zu finden und „einen speziellen Untersuchungsplan zu entwickeln" (Kromrey 2002, S. 67). Da sich das zentrale Erkenntnissinteresse sowohl auf die Produktion der Medienprodukte als auch auf die Angebote selbst richtet, ist ein Mehrmethodendesign notwendig. Die Annäherung an das Forschungsobjekt erfolgt also aus mehreren Perspektiven, um eine Beschreibung „auf der Grundlage konvergierender Forschungsbefunde" (Maier et al. 2011, S. 237) zu ermöglichen.

Obwohl nicht alle Aspekte des Mobilen Journalismus abgedeckt werden können, soll die Studie dennoch helfen, einen unerforschten Bereich in weiten Teilen zu erhellen. Methodenkombinationen stehen auf der Liste der Qualitätsempfehlungen für die empirische Forschung ganz oben (vgl. Loosen 2011, S. 109). Durch das Anwenden heterogener Methoden und die Interpretation unterschiedlicher Daten ist es möglich, ein tiefer gehendes Verständnis für den kaum untersuchten Forschungsgegenstand zu erlangen und methodische Schwächen auszugleichen (vgl. Loosen 2011, S. 110). Die Anwendung einer singulären Untersuchung würde der Komplexität der Entstehung eines Mobilen Journalismus zudem nicht gerecht (vgl. Loosen 2011, S. 109; Maier et al. 2011, S. 246). Die Studie stützt sich daher auf ein Mehrmethodendesign aus Befragung und Inhaltsanalyse – angelegt als quantifizierendes Verfahren.

> „Die Sozialforschung gewinnt bei der Einengung des Blicks auf Variablen die Fähigkeit zu zählen, zu messen, und das bedeutet: Wie die Naturwissenschaftler können auch die Sozialwissenschaftler mit statistischen Methoden ihre Theorien einer empirischen Prüfung unterziehen, sie können mit statistischen Beobachtungsmitteln Entdeckungen machen, wiederholbare und überprüfbare Experimente durchführen, Nachweise vorlegen und in der Arbeit von Generationen ein gesichertes, im Auffinden der Zusammenhänge immer umfassenderes Wissen über die Menschen zusammentragen." (Noelle-Neumann und Petersen 1998, S. 56f.)

Die Gründe für die Auswahl der beiden Methoden werden in Kap. 6.2.1 erläutert. Im Anschluss daran, wird die Grundgesamtheit für die Untersuchung des Mobilen Journalismus im Jahr 2012 identifiziert und für die Untersuchung zugänglich gemacht. Die Grundgesamtheit der Erhebung 2007 musste hierfür neu definiert und erweitert werden. Während Zeitschriftenanbieter mangels Aktivität 2007 nicht einbezogen wurden, ist eine Inklusion heute unabdingbar. Die Kriterien für die Eingrenzung der Subsamples Zeitung, Zeitschrift, Radio, Fernsehen und Nachrichtenagenturen werden in Kap. 6.2.2 erläutert.

6.2.1 Methodenwahl

Die Systemtheorie gibt „keine direkten Hinweise zu ihrer Operationalisierung und empirischen Erforschung" (Scholl und Weischenberg 1998, S. 321). Zudem kommt die Untersuchung der Institutionalisierung des Mobilen Journalismus nicht ohne den Rückgriff auf Akteure aus, um Informationen über Entstehungsbedingungen und redaktionelle Ordnungsprogramme zu erhalten. Diese geben jedoch noch keine Auskunft darüber, wie sich Strukturen und Strategien in den Apps manifestieren. Darstellungsprogramme in Form der Medienschemata können daher nur in Kombination erschlossen werden (vgl. Scholl und Weischenberg 1998, S. 321f.). Nachfolgend wird die Entscheidung für die quantitative Befragung und quanitative Inhaltsanalyse erklärt. Details zum methodischen Vorgehen werden unter 6.3 und 6.4 offengelegt, um die intersubjektive Nachvollziehbarkeit zu gewährleisten (vgl. Früh 2011, S. 24).

Quantitative Befragung

Für die Untersuchung der redaktionellen Ordnungsprogramme (Forschungskomplex I) stehen unterschiedliche Methoden zur Verfügung: Sowohl die Redaktionsbeobachtung, Leitfadengespräche als auch die quantitative Befragung sind adäquat, die Hypothesen zu prüfen. Lediglich letztere Methode ist allerdings aus forschungsökonomischer Perspektive geeignet, über Fallbeispiele hinaus, eine große Zahl an Redaktionen in das Sample einzubeziehen. Dies ist für das Ziel unabdingbar, einen Überblick über die Aktivitäten in ihrer Breite zu erhalten. Darüber hinaus sprachen weitere Gründe für eine quantitative Befragung. Durch Betrachtung verantwortlicher Akteure sollte die vorliegende Untersuchung an frühere Forschungserkenntnisse und ein bestehendes Erhebungsinstrument anschließen. Die im Jahr 2007 durchgeführte quantitative strukturierte Redaktionsbefragung hatte sich als erfolgreiches Mittel erwiesen, um einen Überblick über Aktivitäten und Strategien zu erhalten sowie die Verortung von Mobilem Journalismus in den Redaktionen abzufragen. Die Befragung verantwortlicher Akteure bezieht sich durch die theoretische Perspektive der Arbeit nicht auf die persönlichen Einstellungen einzelner Akteure, sondern „als Träger oder Repräsentanten bestimmter, relevanter Aspekte" (Brosius et al. 2008, S. 93) auf die institutionell-strukturelle Ebene: Sie soll „Befunde zu den Bedingungen der Aussagenentstehung in den Redaktionen liefern" (Loosen 2011, S. 115).

Die Befragung kann aufgrund der theoretischen Vorarbeit und der Systematisierung des Forschungsstands strukturiert durchgeführt werden. Dazu wird eine Onlinebefragung gewählt. Dies erleichtert die Filterführung im Fragebogen, zudem schließt eine Randomisierung der Antwortkategorien Reihenfolgeneffekte aus (vgl. Brosius et al. 2008, S. 102f.; Möhring und Schlütz 2010, S. 104ff.). Das Onlinesystem erleichtert das Verwalten und Kontaktieren der umfangreichen Grundgesamtheit und Maßnahmen zur Erhöhung des Rücklaufs (vgl. Kap. 6.3.4).

Quantitative Inhaltsanalyse

Während sich die erste Untersuchung 2007 – nicht zuletzt mangels klar eingrenzbarer Angebote – ausschließlich auf die Organisationen konzentriert hat, ist nun eine Phase erreicht, in der es sinnvoll und notwendig ist, Medieninhalte einzubeziehen. Für die Untersuchung der Darstellungsprogramme bietet sich eine Inhaltsanalyse an, da sie insbesondere dann angewendet werden kann, wenn sich „Medieninhalte – in Schrift, Ton und/oder Bild manifestiert haben" (Möhring und Schlütz 2010, S. 15f.). Die quantitative Inhaltsanalyse stellt inzwischen eine zentrale Methode der Kommunikationswissenschaft dar (vgl. Wirth und Lauf 2001, S. 7). Als „empirische Methode zur systematischen, intersubjektiv nachvollziehbaren Beschreibung inhaltlicher und formaler Merkmale von Mitteilungen“ (Früh 2011, S. 27) eignet sie sich am besten, Apps hinsichtlich technischer und ökonomischer Potenziale zu untersuchen. Gleichzeitig kann die Inhaltsanalyse Aussagen der Redaktionen validieren, indem ein objektives Bild der Apps in Form einer „Fremdbeschreibung durch Wissenschaftler und Kodierer“ (Scholl und Weischenberg 1998, S. 358) vorliegt. Die Methoden stehen damit in „kooperativer Verbindung“ (Loosen 2011, S. 110).

Obwohl das Feld der Inhaltsanalyse von Apps methodisch weitgehend unerschlossen ist und ein Erhebungsinstrument erst entwickelt werden muss, kommt ein quantitatives Verfahren zur Anwendung. Dies ist in dem Ziel begründet, Aussagen über den Institutionalisierungsprozess des Mobilen Journalismus in seiner Breite (als Vollerhebung) hervorzubringen. Nur ein quantifizierendes Verfahren erlaubt die hierfür notwendige Reduzierung der Komplexität durch eine Kategorisierung der Angebote (vgl. Rössler 2010, S. 17). Es generiert systematisch vergleichbare Ergebnisse, deckt strukturelle Zusammenhänge auf (vgl. Früh 2011, S. 42) und erschließt damit die Entwicklung von mobilspezifischen Medienschemata.

6.2.2 Grundgesamtheit der Untersuchungen

Die Grundgesamtheit der Untersuchungen wird durch die Definition von institutionalisiertem Journalismus (vgl. Kap. 3.1.1) bestimmt. Sie umfasst journalistische Organisationen aus den Bereichen Zeitung, Zeitschrift, Radio, Fernsehen und Nachrichtenagenturen, sofern sie die Kriterien der Periodizität, Aktualität, Universalität und Publizität erfüllen. Mit Ausnahme der Special-Interest-Titel wird damit der nach „Medientypen abgrenzbare Kernbereich des Journalismus“ (Neuberger 2001a, S. 146) untersucht. Die Anbieter mussten für jedes der fünf Subsysteme aufgrund unterschiedlicher Verzeichnisse getrennt recherchiert werden. Jedes Element wurde anschließend mit Unterstützung einer studentischen Hilfskraft erneut über das stationäre Internet gesucht und geprüft, ob es erstens noch in dieser Form existiert und zweitens die Kriterien des Subsamples (z.B. Auflagenhöhe, Erscheinungsweise) erfüllt. Dabei wurden bereits Daten für die telefonische Kontaktierung für die Befragung notiert (siehe Kap. 6.3.2). Insgesamt umfasst die Grundgesamtheit N = 767 redaktionelle Organisationen (vgl. Anhang III, online). Aufgrund identischer Strukturen für Mobilen Journalismus sind die öffentlich-rechtlichen Landesrundfunkanstalten für Radio und Fernsehen als eine Organisation (bezeichnet als: Rundfunk) zu betrachten. Damit reduziert sich die auf N = 758 Einheiten. Durch die Heterogenität der Datenbasis und unterschiedliche Entscheidungskriterien wird die Eingrenzung der Grundgesamtheit im Folgenden für Zeitung, Zeitschrift, Radio, Fernsehen und Nachrichtenagentur getrennt dargestellt.

Tages- und Wochenzeitungen

Unter Zeitungsjournalismus fallen Tages- und Wochenzeitungen, wobei lokale, regionale und überregionale Publikationen vollständig einbezogen werden. Die Tages- und Wochenzeitungen wurden auf Basis der publizistischen Einheiten nach Schütz (2009) identifiziert. Daher gehen die Lokalausgaben einer Zeitung mit identischem Mantelteil nicht in die Untersuchung ein. Da die Daten den Stand des Jahres 2008 wiedergeben, wurden die Listen des Bundesverbands Deutscher Zeitungsverleger e.V. (vgl. BDZV 2012) sowie der Zeitungs Marketing Gesellschaft (vgl. ZMG o. J.) hinzugezogen. Nicht deutschsprachige Zeitungen wurden aussortiert. Die Grundgesamtheit liegt bei 124 (deutschsprachigen) publizistischen Einheiten (vgl. Tab. 53).

Tab. 53: Grundgesamtheit der Tages- und Wochenzeitungen

Zeitungen	Anzahl
Tageszeitungen	**124**
Lokal-/Regionalzeitungen	115
Überregionale Tageszeitungen	9
Wochenzeitungen	**12**
Gesamt	**136**

Quellen: BDZV 2012, Schütz 2009, ZMG o.J., eigene Darstellung

Zeitschriften

Als problematisch erwies sich die Eingrenzung der Publikumszeitschriften. Aufgrund der hohen Titelzahl (vgl. Kap. 4.3) ist eine Selektion notwendig. Diese erfolgt erstens über die Relevanz der Angebote: Nur Titel mit einer Auflage über 100.000 verkauften Exemplaren werden aufgenommen. Zweitens wird auf regionale Titel verzichtet, da diese meist als kostenlose Stadtmagazine angeboten werden. Das dritte Kriterium ist die Aktualität, die auf monatliche Erscheinungsweise festgelegt wird. Dies gewährleistet ein ausreichend großes Sample und stellt einen guten Kompromiss zwischen Forschungsökonomie und Erkenntnisinteresse dar. Eine Beschränkung auf General-Interest-Titel, wie sie in vielen anderen Studien aufgrund der guten Abgrenzbarkeit gewählt wird (vgl. u.a. Neuberger 2001a), kam hier nicht in Frage. Die Best Practice-Apps haben gezeigt, dass Innovatoren (Popular Mechanics, Wired) insbesondere aus dem Special-Interest-Bereich stammen. Nicht zur Grundgesamtheit zählen Fachzeitschriften und Anzeigenblätter. Die Organisationen wurden aus drei Quellen ermittelt: die IVW-Datenbank (vgl. IVW 2012b) sowie ergänzend die Einträge des Media Daten Verlags (2012) und das White Paper des Verbands Deutscher Zeitschriftenverleger (VDZ 2011c). 185 Zeitschriftentitel zählen bereinigt nach Auflage, Verbreitungsgebiet und Periodizität zur Grundgesamtheit (vgl. Tab. 54).

Tab. 54: Grundgesamtheit der Zeitschriften

Publikumszeitschriften	Anzahl
General-Interest	**130**
Aktuelle Zeitschriften	13
Wöchentliche Frauenzeitschriften	31
14-tägliche Frauenzeitschriften	4
Monatliche Frauenzeitschriften	34
Elternzeitschriften	6
Kinder-/Jugendzeitschriften	9
Programmzeitschriften	27
Wirtschaftspresse	6
Special-Interest	**55**
Wohn-/Haus- und Gartenzeitschriften	11
Esszeitschriften	8
Gesundheitsmagazine	2
Lifestylemagazine/Homosexualität	5
Motorpresse	8
IT/Telekommunikation/Computerzeitschriften	11
Sportzeitschriften	3
Wissensmagazine	5
Technik und Digitales	1
Tiermagazine	1
Gesamt	**185**

Quellen: IVW 2012b, Media Daten Verlag 2012, VDZ 2011c, eigene Darstellung

Radiosender

Die relevante Organisationseinheit für das Radio ist der Sender. Radiojournalismus umfasst hier alle öffentlich-rechtlichen sowie privat-kommerziellen deutschsprachigen Sender. Diese wurden mithilfe der online verfügbaren Senderlisten der Kommission zur Ermittlung der Konzentration im Medienbereich (vgl. KEK Online 2012) sowie Senderlisten der jeweiligen Seiten der Landesmedienanstalten (vgl. Die Medienanstalten 2012a) ermittelt (vgl. Tab. 55). Inkludiert sind lokale, regionale, landesweite und bundesweite analog oder digital verbreitete Radiosender. Ausgeschlossen werden nicht-kommerzielle Formen, zum Beispiel Bürgerradios, Hochschulsender sowie Aus- und Fortbildungskanäle.

Tab. 55: Grundgesamtheit der Radiosender

Radiosender	Anzahl
öffentlich-rechtlich	**13**
öffentlich-rechtlich bundesweit	4
öffentlich-rechtlich landesweit	9
privat	**226**
privat bundesweit	5
privat überregional/landesweit	46
privat lokal	175
Gesamt	**239**

Quellen: KEK Online 2012, Die Medienanstalten 2012, eigene Darstellung

Die Anzahl der Radiosender beläuft sich damit auf N = 239. Im Gegensatz zur Untersuchung im Jahr 2007 wird unter lokalen und regionalen Sendern keine Stichprobe gezogen, da Apps auch für diese Anbieter eine Chance zur Erschließung neuer Zielgruppen und der Verknüpfung von regionalen Informationen und Lokalisierungsfunktionen (über GPS) darstellen.

Fernsehsender

Für Fernsehsender ist die Organisationseinheit ebenfalls der Sender. Die Grundgesamtheit umfasst analog zu den Radiosendern ebenfalls öffentlich-rechtliche sowie privat-kommerzielle Sender. Diese müssen zudem frei empfangbar und deutschsprachig sein, sowie redaktionell aufbereitete Inhalte analog oder digital verbreiten.

Tab. 56: Grundgesamtheit der Fernsehsender

Rundfunk	Anzahl
öffentlich-rechtlich	**23**
öffentlich-rechtliches Vollprogramm bundesweit	4
öffentlich-rechtliches Vollprogramm landesweit	9
öffentlich-rechtliches Spartenprogramm	10
privat	**174**
privates Vollprogramm bundesweit	7
privates Spartenprogramm bundesweit	17
privates Vollprogramm landesweit	17
privates Vollprogramm lokal	133
Gesamt	**197**

Quelle: Die Medienanstalten 2012, eigene Darstellung

In der Grundgesamtheit sind bundesweite, landesweite sowie regionale Voll- und Spartenprogramme vertreten. Nicht zur Grundgesamtheit zählen offene Kanäle, Bürgerrundfunk, Hochschulsender, Aus- und Fortbildungskanäle, Pay-TV sowie Teleshopping-Sender. Auch hier wurde im Gegensatz zu 2007 keine Stichprobe für lokale und regionale Sender gezogen. Quelle für die Erschließung der Grundgesamtheit war die TV-Senderdatenbank der Medienanstalten (vgl. Die Medienanstalten 2012b). Iinsgesamt gehen N = 197 Sender in die Untersuchung ein (vgl. Tab. 56).

Nachrichtenagenturen

Die Grundgesamtheit der Nachrichtenagenturen umfasst N = 11 Anbieter mit bundesweiter Reichweite, regionale Anbieter sowie Tochterunternehmen von Nachrichtenagenturen werden ausgeschlossen. Etwa ESMN als regionaler Anbieter oder news aktuell GmbH als digitale Tochter der dpa. Basis für die Zusammenstellung der Grundgesamtheit war eine Studie zum Markt der Nachrichtenagenturen (vgl. Goldmedia GmbH 2011).

6.3 Die quantitative Redaktionsbefragung

Im Folgenden wird das Erhebungsinstrument vorgestellt, bevor in den nachfolgenden Kapiteln die Planung und Durchführung der Untersuchung erläutert wird. Dies ist notwendig, um die Darstellung der Operationalisierung der Hypothesen nachzuvollziehen. Um die Annahmen zu prüfen, konnten Teile des 2007 verwendeten Fragebogens übernommen werden, darüber hinaus mussten Teilhypothesen in neue Testfragen überführt werden. Zur besseren Verständlichkeit für die Befragten wird für Mobilen Journalismus in den Testfragen der in der Praxis gebräuchliche Begriff „Mobile Publishing“ verwendet. Neben dem Medium App werden unter dem Begriff „mobile Angebote“ auch mobile Webseiten erfasst, um die gesamte Breite des Mobilen Journalismus zu erfassen.

Der standardisierte Fragebogen operiert weitgehend mit geschlossenen Fragen. Dies ermöglicht eine gezielte Lenkung der Befragten auf das Erkenntnisinteresse (vgl. Brosius et al. 2008, S. 94f.). Während die Befragung 2007 vorwiegend nominal skalierte Items verwendet hat, werden hier mehrheitlich Ordinalskalen genutzt. Für die Beantwortung der Hypothesen ist es notwendig zu wissen, ob einzelnen Merkmalsausprägungen (Items) höhere Relevanz beigemessen wird als anderen. Anknüpfend an die Befragung 2007 werden sechsstufige Ratingskalen verwendet, um eine Polarisierung der Antworten zu erreichen und ein Ausweichen auf die Mitte zu vermeiden. Skalenpunkt 1 steht stets für die vollkommene Ablehnung (vgl. Brosius et al. 2008, S. 98f.). Der Fragebogen enthält fünf Teile, die zum besseren Verständnis zusammengefasst wurden, jedoch nicht mit den Hypothesen übereinstimmen: Mobile Publishing im Allgemeinen, Mobile Publishing im Unternehmen, Betreuung der Angebote, zukünftige Entwicklung des Journalismus und Soziodemografie/Redaktionsorganisation (Alter, Geschlecht, Medienverbund, Muttermedium). Testfragen, die einem Indikator zuzuordnen sind, wurden räumlich in der Befragung getrennt, um Ausstrahlungseffekte zu vermeiden (vgl. Brosius et al. 2008, S. 99f.). Der Fragebogen enthält eine Filterführung für Anbieter, Planer und Non-Mobiler.

6.3.1 Operationalisierung

Im Folgenden wird die Operationalisierung der in Kapitel 6.1 hergeleiteten Hypothesen 1.1 bis 1.4 des „Forschungskomplexes I – Redaktionelle Ordnungsprogramme“ sowie des durch die Befragung abgedeckten Teils von Hypothese 2.1 des „Forschungskomplexes II – Redaktionelle Darstellungsprogramme“ durch Indikatoren und Testfragen erläutert. Die vorgestellten Testfragen haben den Pretest (vgl. Kap. 6.3.3) bereits durchlaufen und stellen die endgültige Version dar, wie sie im Fragebogen zu finden ist (vgl. Anhang IV online). Es werden zudem die abgefragten Items vorgestellt und die Annahmebedingungen für die Hypothesen festgelegt.

Hypothese 1.1: Etablierung als technisches Medium

Die erste Hypothese geht davon aus, dass Apps als technisches Medium in Medienunternehmen etabliert sind und bereits als fester Bestandteil im Journalismus angesehen werden. Die Befragung kann über den Anteil der Mobiler (bezogen auf Apps und mobile Webseiten) im Sample einen ersten Hinweis geben (Frage 8, 27). Dabei ist auch der Zeitpunkt des Markteintritts von Interesse (Frage 9, 29), dieser dürfte mehrheitlich ab dem Jahr 2008 vorliegen. Da der breitere Untersuchungsgegenstand (Apps und mobile Webseiten) sowie Verzerrungen im Antwortverhalten potentiell zu einer Überrepräsentation von einigen Anbietern im Sample führen können, kann der erste Teil der Hypothese zuverlässig nur durch die Grundgesamtheit der Inhaltsanalyse vollständig beantwortet werden. Hier wird aufgrund der noch frühen Marktphase von einer hohen Relevanz ausgegangen, wenn mehr als 25 Prozent der in der Grundgesamtheit vertretenen Organisationen eine App anbietet. Um die Bedeutung von Apps herauszufiltern, wurde die Art des Angebots differenziert (journalistische App, mobile Webseite, Viewer-App, Service-App; Frage 10, 30, die Definitionen können dem Fragebogen in Anlage I entnommen werden). Einen Eindruck der Relevanz von Apple, gibt die Produktion für unterschiedliche Plattformen (Apple, Android, etc.; Frage 11, 31).

Die Etablierung als fester Bestandteil des Journalismus wird durch mehrere Indikatoren getestet. Zunächst wird diese über Aussagen zur Etablierung im Journalismus, zu den Chancen für den Rezipientenmarkt und Erlösmodelle sowie Herausforderungen für den Produktionsalltag ermittelt (Frage 1, Skala 1 = stimme überhaupt nicht zu, 6 = stimme voll und ganz zu). Dabei ist zur Etablierung und zu den Chancen eine höhere Zustimmung zu erwarten als zu den Risiken. Letztere treten nur auf, wenn neue Entscheidungsprogramme etabliert werden. Die Aussagen wurden zum Teil bereits in der Befragung 2007 verwendet und in Anlehnung an Neuberger (2010, S. 106) durch weitere Statements ergänzt (vgl. Tab. 57).

Tab. 57: Kategorie Bedeutung von Mobilem Journalismus

Frage 1: Aussagen zur Bedeutung von Mobilem Journalismus	
Mobile Publishing…	
Etablierung	…ist in Kürze State-of-the-Art …ist nur ein Hype …sollte Teil einer Multikanalstrategie jedes Medienunternehmens sein
Chancen	…bietet einen der größten Rezipientenmärkte …ist eine Chance für tragfähige Geschäftsmodelle …bereitet der Kostenloskultur des Internets ein Ende
Herausforderungen	…bedeutet einen erheblichen redaktionellen Mehraufwand …erhöht den Zeitdruck im Journalismus

Quelle: eigene Erhebung

Wie bereits 2007 befasst sich ein Teil des Fragebogens mit der Zukunft des Journalismus. Die Relevanz von Mobilem Journalismus kann beurteilt werden, wenn dieser jetzt oder in naher Zukunft als fester Bestandteil des Journalismus angesehen wird (Frage 41).

Tab. 58: Kategorie Gründe, die gegen Mobilen Journalismus sprechen

Frage 28: Gründe für Non-Mobiler keine Apps oder mobilen Webseiten anzubieten	
systemintern	zu hohe Kosten fehlende technische Möglichkeiten fehlendes technisches Know-how mangelndes Interesse der Verlags-/Geschäftsleitung
systemextern	keine Nachfrage fehlende Zielgruppe passt nicht zur Marke zu viele unterschiedliche Standards kaum ökonomisches Potenzial geringes journalistisches Potenzial weitere Entwicklung am Markt abwarten

Quelle: eigene Erhebung

Von signifikanten Unterschieden in der Einschätzung der Relevanz von Mobilem Journalismus zwischen Anbietern, Planern und Non-Mobilern ist nicht auszugehen. Es werden auch Gründe abgefragt, die gegen einen Markteintritt sprechen. Diese sollten systemintern auf mangelnde Ressourcen zurückzuführen sein und nicht auf mangelnde ökonomische Relevanz oder fehlendes Interesse der Rezipienten (vgl. Tab. 58). Zusammenfassend ist die Operationalisierung der Teilhypothesen durch Indikatoren und die entsprechenden Testfragen in Tab. 59 dargestellt. Hypothese 1.1 wird angenommen, wenn zwei der drei Indikatoren zutreffen.

Tab. 59: Indikatoren, Testfragen und Bedingungen für Hypothese 1.1

Hypothese 1.1	**Etablierung als technisches Medium**
Indikator 1	Mind. jede dritte Redaktion bietet Apps für Apple an.
Testfragen	(8) Werden von Ihnen derzeit schon Apps oder mobile Webseiten für Smartphones und/oder Tablet-PCs angeboten? (27) Gibt es Überlegungen, in Zukunft Apps oder mobile Webseiten anzubieten? (9) Seit wann gibt es diese Angebote? (29) Wann ist geplant, das Angebot einzuführen? (10) Welche mobilen Angebote bieten Sie an? (30) Welche mobilen Angebote planen Sie? (11) Wo vertreiben Sie Ihre Angebote? (31) Wo planen Sie, diese Angebote zu vertreiben? Kap. 6.4.3 Anteil der Anbieter von Apps im iTunes App-Store in der Grundgesamtheit der Untersuchung
Annahmebed. (4 von 6)	Die Mehrheit der Befragten bietet Apps/mobile Webseiten an. Die Mehrheit der Non-Mobiler plant Angebote. Die Mehrheit der Anbieter ist seit 2008 dem Markt beigetreten. Journalistische Apps werden von der Mehrheit der Anbieter und Planer angeboten. Die Mehrheit (der Anbieter und Planer) nutzt Apples iTunes App Store als Plattform. Mehr als 25 Prozent der Organisationen der Grundgesamtheit bietet eine App im iTunes Store an.

Indikator 2	Mobiler Journalismus wird von über 50 Prozent der Redaktionen als fester Bestandteil im Journalismus angesehen.
Testfragen	(1) Mobile Publishing befindet sich in einer frühen Phase. In welchem Maß stimmen Sie den folgenden Aussagen zu? (41) Sind Sie der Meinung, Mobile Publishing wird in Zukunft ein fester Bestandteil im Journalismus?
Annahmebed. (4 von 5)	Die Mehrheit stimmt den Aussagen zur Etablierung zu. Es existieren mehrheitlich keine signifikanten Unterschiede in der Zustimmung zur Etablierung zwischen Anbietern, Planern und Non-Mobilern. Die Mehrheit schätzt die Herausforderungen als gering ein. Mind. 75 Prozent gehen davon aus, dass Mobiler Journalismus ein fester Bestandteil ist oder innerhalb der nächsten fünf Jahre sein wird. Auch Planer und Non-Mobiler gehen mehrheitlich davon aus, dass Mobiler Journalismus ein fester Bestandteil ist oder wird.
Indikator 3	Gründe keine Apps anzubieten, sind systemintern in fehlenden Ressourcen zu sehen, nicht in mangelnder ökonomischer und publizistischer Relevanz von Mobilem Journalismus.
Testfragen	(28) Warum möchten Sie auch in Zukunft keine Apps/mobilen Webseiten anbieten?
Annahmebed. (1 von 1)	Systeminterne Gründe werden häufiger genannt als systemexterne.

Quelle: eigene Erhebung

Hypothese 1.2: Erkennen der Notwendigkeit eigener Medienschemata

Neben der Etablierung von Apps, wird angenommen, dass Redaktionen die Notwendigkeit eigener Medienschemata erkennen. Dies ist der Fall, wenn mangelnde inhaltliche Anpassung für Rezipienten als das größte Hindernis erkannt wird. Es wird die Erwartungs-Erwartung der Redaktionen hinsichtlich potentieller Hindernisse für die Etablierung eines Mobilen Journalismus bei Rezipienten erfragt (Frage 2). Die Items wurden aus der

Befragung 2007 übernommen und beziehen sich auf den Zugang, die Inhalte und die Diffusion (vgl. Tab. 60). Es ist davon auszugehen, dass Items zu den Inhalten häufiger genannt werden.

Tab. 60: Kategorie Hindernisse für Rezipienten Sicht der Organisationen

Frage 2: Erwartungs-Erwartung: Hindernisse aus Sicht der Rezipienten für die Etablierung	
Zugang	Zugang zu den Diensten zu schwierig zu hohe Kosten der Angebote
Inhalte	kein zusätzlicher Nutzen der Angebote zu wenige Inhalte speziell für das Medium
Diffusion	geringe Bekanntheit der Angebote fehlendes Know-how der Nutzer

Quelle: eigene Erhebung

Darüber hinaus geht der zweite Teil der Hypothese davon aus, dass viele technische Probleme aufgrund der Weiterentwicklung des Marktes deutlich reduziert sind – die 2007 führenden Hindernisse der geringen Verbreitung von Empfangsgeräten und zu kleiner Bildschirme sollten heute keine große Rolle mehr spielen (Frage 38). Auch ist von einer seltenen Nennung der schlechten Auflösung/Qualität der Angebote auszugehen. Lange Ladezeiten und geringe Bandbreiten sollten Produzenten weiterhin mehrheitlich als Hindernis erkennen – diese Probleme haben sich nicht verändert, da zwar die Netzqualität verbessert worden ist, gleichzeitig jedoch die Datenvolumina stark angestiegen sind. Die Merkmalsausprägungen und Werte für die vorangegangene Befragung sind in Tab. 61 aufgeführt. Neu hinzugekommen sind fehlende Bezahlmodelle.

Tab. 61: Kategorie technische Hindernisse für Mobilen Journalismus

Frage 38: Technische Hindernisse aus Sicht der Redaktionen			
Hindernisse	zu wenige geeignete Empfangsgeräte	2007	57%
	zu schlechte Auflösung/Qualität		29%
	zu kleine Bildschirme		57%
	lange Ladezeiten		49%
	geringe Bandbreiten		52%
	fehlende Bezahlmodelle		

Quelle: eigene Erhebung

Im Gegenzug wurde auch nach Erfolgsfaktoren gefragt (Frage 3). Die Items stammen aus der Befragung 2007, das Skalenniveau ist angepasst (Skala 1 = überhaupt nicht wichtig, 6 = sehr wichtig). Die Items decken das Wissen um die Nutzung technischer Spezifika ab sowie ökonomische und marktspezifische Faktoren (vgl. Tab. 62).

Tab. 62: Kategorie Erfolgsfaktoren für Mobilen Journalismus

Frage 3: Erfolgsfaktoren aus Sicht der Redaktionen	
Nutzung technischer Potenziale	Inhalte dem Medium angemessen aufbereiten leichte Bedienbarkeit
Rücksicht auf ökonomische Faktoren	preisgünstige Angebote für Smartphones und Tablet-PCs Akzeptables Preis-Nutzen-Verhältnis
Marktspezifika	Kooperation aller beteiligten Akteure (Inhalteanbieter, Plattformbetreiber, Netzbetreiber) gezielte Ansprache der Early Adopter (frühe Nutzer) gezieltes Marketing

Quelle: eigene Erhebung

Tab. 63 stellt die Indikatoren und Testfragen für Hypothese 1.2 dar. Die Hypothese wird angenommen, wenn beide Indikatoren zutreffen.

Tab. 63: Indikatoren, Testfragen und Bedingungen für Hypothese 1.2

Hypothese 1.2	**Notwendigkeit der Nutzung mobilspezifischer Potenziale**
Indikator 1	Journalistische Organisationen erkennen das Fehlen eigenständiger Medienschemata als Hindernis für die Etablierung des Mobilen Journalismus.
Testfragen	(2) Was steht aus Ihrer Sicht einer massenhaften Verbreitung von Mobile Publishing auf Nutzerseite bislang entgegen?
Annahmebed. (1 von 1)	Redaktionen wissen um die inhaltliche Erwartung der Nutzer, die Merkmalsausprägungen zum Inhalt werden häufiger angegeben als jene zu Zugang und Diffusion.
Indikator 2	Journalistische Organisationen erkennen die fehlende Ubiquität als wesentliches Hindernis.
Testfrage	(38) Welche technischen Probleme gibt es Ihrer Mei-

	nung nach derzeit noch bei der Verbreitung/Nutzung der Apps?
Annahmebed. (2 von 2)	Technische Probleme durch Verbreitung und Geräte werden signifikant geringer eingeschätzt als 2007. Technische Probleme der Ubiquität sind am häufigsten genannt.
Indikator 3	Journalistische Organisationen erkennen technische und ökonomische Potenziale als Erfolgsfaktor.
Testfrage	(3) Wie wichtig schätzen Sie die folgenden Faktoren für den Erfolg von Mobile Publishing ein?
Annahmebed. (2 von 2)	Die Relevanz der Nutzung technischer Potenziale ist bekannt ($m \geq 3,5$). Die Relevanz ökonomischer Faktoren ist bekannt ($m \geq 3,5$).

Quelle: eigene Erhebung

Hypothese 1.3: Durchsetzung neuer Formen der Redaktionsorganisation

Die Etablierung neuer Formen der Organisation setzt mehrheitlich Newsdesk- statt klassischer Ressort- oder Rotationsmodelle voraus (Frage 47).

Tab. 64: Kategorie Veränderungen durch Mobilen Journalismus

Frage 34: Art der Umstrukturierungen in Redaktionen	
technisch	Einführung neuer Redaktionssysteme (CMS) Veränderung des Produktionsablaufs
personell	zusätzliche Mitarbeiterqualifikation Einstellung neuer Mitarbeiter
organisatorisch	Integration der Produktion mobiler Inhalte in Newsdesk-Konzepte Verlegung von Konferenzen Veränderungen in den redaktionellen Hierarchien Bildung eines Teams über die Ressortgrenzen hinweg Bildung einer neuen Redaktion/Abteilung Bildung neuer Ressorts

Quelle: eigene Erhebung

Ist die Organisation bereits auf crossmediale Produktion ausgerichtet, sollten Umstrukturierungen für Mobilen Journalismus eher auf technischer und personeller Ebene notwendig werden als auf organisatorischer (Frage 33, 34; vgl. Tab. 64). Hypothese 1.3 wird durch zwei Indikatoren geprüft (vgl. Tab. 65). Sie ist vorläufig angenommen, wenn beide Indikatoren zutreffen.

Tab. 65: Indikatoren, Testfragen und Bedingungen für Hypothese 1.3

Hypothese 1.3	**Neue Formen der Redaktionsorganisation**
Indikator 1	Die Verbreitung von Newsdesk-Modellen ist als Form der Redaktionsorganisation seit 2007 gestiegen, bei Mobilern ist sie mehrheitlich vorhanden.
Testfragen	(47) Wie ist Ihre Redaktion organisiert? (45) In welcher Redaktion/Abteilung arbeiten Sie?
Annahmebed. (2 von 2)	Newsdesk-Modelle sind bei Mobilern zu über 50 Prozent vertreten. Newsdesk-Modelle sind signifikant häufiger vertreten als 2007 (33%).
Indikator 2	Redaktionelle Umstrukturierungen erfolgten/erfolgen in mindestens einem Drittel der Redaktionen vorwiegend auf technischer und personeller Ebene. Auf organisatorischer Ebene erfolgten/erfolgen vorwiegend Veränderungen im Zusammenhang mit neuen Redaktionsmodellen.
Testfragen	(25) Waren redaktionelle Umstrukturierungen notwendig, um die App/mobile Webseite zusätzlich zu Ihrem täglichen Angebot produzieren zu können? (26) Welche redaktionellen Umstrukturierungen waren nötig? (33) Sind redaktionelle Umstrukturierungen notwendig, um die App/mobile Webseite zusätzlich zu Ihrem täglichen Angebot produzieren zu können? (34) Welche redaktionellen Umstrukturierungen werden nötig?
Annahmebed. (2 von 3)	Mindestens je 25 Prozent der Mobiler und der Planer nehmen Umstrukturierungen vor. Redaktionelle Umstrukturierungen finden häufiger auf

	technischer und personeller Ebene statt. Unter Veränderungen überwiegen die Items „Verlegung von Konferenzen“, „Integration in Newsdesk-Konzepte“ und „Veränderung redaktioneller Hierarchien“.

Quelle: eigene Erhebung

Hypothese 1.4: Institutionalisierung von Ordnungsprogrammen

Ein erster Indikator für die Institutionalisierung von Ordnungsprogrammen im Sinne eigener Strategien ist die professionalisierte Aneignung von Wissen für Mobilen Journalismus. Dazu zählt erstens der Wissensstand zum Thema in den Redaktionen. Dieser wurde in Analogie zu 2007 sowohl für den Befragten (Frage 5) als auch für die anderen Kollegen (Frage 7) abgefragt (Skala 1 = sehr gering, 6 = sehr hoch). Schätzen die Befragten ihren Wissenstand höher ein, als für den Rest der Redaktion, spricht dies durch die Auswahl von Verantwortlichen nicht nur für die Validität der Untersuchung, sondern auch für eine Fokussierung auf einzelne Akteure. Zweitens ist von Relevanz, ob diese Redakteure durch redaktionelle Programme mit den Arbeitsroutinen vertraut gemacht werden oder ihr Wissen außerhalb redaktioneller Strukturen erwerben. In Anlehnung an Neuberger et al. (2010) wurde daher nach den Wissensquellen der Journalisten zum Thema Mobile Journalismus gefragt (vgl. Neuberger et al. 2010, S. 107; Frage 6). Diese teilen sich in informelle Quellen und institutionalisierte interne wie externe Aus-/und Weiterbildung (vgl. Tab. 66).

Tab. 66: Kategorie Wissensquellen für Mobilen Journalismus

Frage 6: Wissensquellen für Know-how zu Mobile Publishing	
informell	Learning by doing (privat und/oder beruflich) informeller Austausch mit erfahrenen Kollegen Fachzeitschriften/-bücher
institutionalisiert	Weiterbildung in der Redaktion Volontariat sonstige Journalistenausbildung externe Weiterbildung

Quelle: eigene Erhebung

In Anlehnung an Kinnebrock und Kretzschmar (2012) wurde außerdem nach der Relevanz von Beratungsquellen im Zuge der Einführung mobiler Angebote gefragt (Frage 13, 35; Skala 1 = überhaupt nicht wichtig, 6 = sehr wichtig), als weiteres Item wurden die Erfahrungen anderer Medienunternehmen hinzugefügt. Insbesondere Quellen der Wissenschaft werden (auch mangels vorhandener relevanter Ergebnisse) vermutlich geringer genutzt als Praxisquellen (vgl. Tab. 67).

Tab. 67: Kategorie Beratung zu Mobilem Journalismus

Frage 13: Beratung zum Thema Mobile Publishing	
Medienpraxis	Erfahrungen anderer Medienunternehmen Marktforschung externe Beratung (z.B. durch Agenturen)
Wissenschaft	wissenschaftliche Erkenntnisse aus Deutschland internationale wissenschaftliche Erkenntnisse

Quelle: eigene Erhebung

Neben mangelnder interner Weiterbildung und systemexterner Beratung, ist auch ein Mangel an Strategien für einen eigenständigen Mobilen Journalismus aufzuzeigen.

Tab. 68: Kategorie Zukunft des Journalismus

Frage 40: Aussagen zur Zukunft des Journalismus	
Konvergenz	Die Mediengattungen Zeitung, Zeitschrift, TV und Radio werden in Zukunft in der Produktion miteinander verschmelzen. Für den Nutzer sind die Mediengattungen Zeitung, Zeitschrift, TV und Radio in Zukunft nicht mehr unterscheidbar.
Mobilspezifika	In Zukunft werden alle Mediengattungen (Zeitung, Zeitschrift, TV, Radio) auf denselben Endgeräten ausgespielt. Bestimmte journalistische Inhalte werden in Zukunft noch stärker individualisiert als heute. Bestimmte journalistische Inhalte beziehen in Zukunft den Aufenthaltsort des Nutzers viel stärker ein als heute.

Quelle: eigene Erhebung

Um das fehlende Verständnis für die Entwicklung konvergenter Ordnungsprogramme herauszustellen, werden Aussagen zur Etablierung der Mobilspezifika, zu einer künftigen Konvergenz der Produktion und Angebote sowie zur Etablierung einheitlicher Endgeräte und mobilspezifischer Funktionen (Individualisierung, Kontextsensitivität) getestet (Skala 1 = trifft überhaupt nicht zu, 6 = trifft voll und ganz zu, Frage 40, vgl. Tab. 68). Es ist davon auszugehen, dass die steigende Bedeutung der Mobilspezifika erkannt wird, jedoch gleichzeitig auch in Zukunft von einer Trennung der journalistischen Subsysteme ausgegangen wird.

Darüber hinaus wurden die Anbieter und Planer nach der Motivation für den Markteintritt gefragt. Die Operationalisierung journalistischer Strategien basiert auf den in Kapitel 4 vorgestellten Erkenntnissen aus Studien zum Onlinejournalismus, den Ergebnissen der Befragung 2007 sowie der Befragung von Neuberger (2001a, S. 204). Die in der vorhergehenden Studie verwendeten 16 Items wurden um weitere acht ergänzt, so dass Motive detaillierter berücksichtigt werden konnten. Zudem wurde das Skalenniveau angepasst (Skala 1 = überhaupt nicht wichtig, 6 = sehr wichtig, Frage 12, 32). Dabei wird nicht davon ausgegangen, dass die drei Strategien in Reinform vertreten werden (vgl. Tab. 69).

Tab. 69: Kategorie Strategien im Mobilen Journalismus

Frage 12, 32: Strategien im und Motive für Mobilen Journalismus	
Redaktionelle journalistische Strategien	
Wir publizieren mobil, weil wir …	
Mehrfachverwertung	…unsere Inhalte so mehrfach verwerten können. …mobil auch ältere Beiträge/Ausgaben in einem Archiv weiter anbieten können. …über Mobile Publishing unser Verbreitungsgebiet vergrößern wollen.
Komplementarität	…Nutzer an die Marke binden möchten. …Nutzer über alle existierenden Kanäle erreichen möchten. …den Nutzern unseres Mediums eine inhaltliche Ergänzung bieten wollen. …mobil den Erscheinungsrhythmus erhöhen. …wissen, dass direkte Konkurrenten auch auf dem Markt aktiv sind.

	...den Markt besetzen wollen.
Autonomie	...mit einem bekannten Markennamen einen Startvorteil besitzen. ...ein inhaltlich selbständiges Angebot auf dem mobilen Markt offerieren wollen.
Motive durch veränderte Umweltbedingungen	
Wir publizieren mobil, weil wir ...	
technische Innovation	...Nutzer individueller ansprechen wollen. ...Erfahrungen in einem zukunftsträchtigen Medium sammeln wollen. ...uns einen Imagegewinn versprechen. ...uns von Wettbewerbern abheben wollen. ...wir neue technische Möglichkeiten ausprobieren wollen.
publizistischer Druck	...die Nachfrage der Nutzer befriedigen wollen. ...junge Zielgruppen neu erschließen wollen. ...neue Nutzer gewinnen wollen. ...junge Leute für unser Muttermedium gewinnen wollen.
ökonomischer Druck	... digitale Geschäftsmodelle testen wollen. ...neue Einnahmen abseits der Werbung erzielen wollen. ...mit Hilfe eines attraktiven redaktionellen Umfelds Einnahmen durch Werbung und E-Commerce erzielen wollen. ...wissen, dass Anzeigenkunden heute eine crossmediale Werbeplattform erwarten.

Quelle: eigene Erhebung

Ebenfalls an Kinnebrock und Kretzschmar (2012) orientiert, ist die Operationalisierung von crossmedialen Ordnungsprogrammen in den Redaktionen. Um herauszufinden, ob es crossmediale Strategien gibt, beziehungsweise welche Prioritäten die einzelnen Medien haben, wurde einerseits nach der Verteilung der Arbeitszeit auf Muttermedium, Webseite, mobile Webseite, Apps und soziale Netzwerke gefragt (Frage 17). Darüber hinaus wurden 15 (für Anbieter) bzw. 13 (für alle anderen) Statements aufgelistet (Frage 24, 37; Skala 1 = trifft überhaupt nicht zu, 6 = trifft voll und ganz zu). Diese zielen auf die Priorisierung der Medien (Indikator 3) und Hinweise für crossmediale Strategien (Indikator 4, vgl. Tab. 70).

Tab. 70: Kategorie crossmediale Strategien

Frage 24: crossmediale Strategien	
Priorisierung der Medien	
Medienpriorität	Die Webseite (stationäres Internet) ist ein Nebenprodukt. Die Mobile-Ausgabe ist ein Nebenprodukt. Ein gutes Printprodukt/Rundfunkprogramm hat Priorität.
Erstpublikation	Wir vertreten die Devise „Online first". Wir vertreten die Devise „Mobile first".
Organisation	Es gibt einen Verantwortlichen für Crossmedia. Für das Publizieren auf unterschiedlichen Kanälen gibt es bei uns eine festgelegte Reihenfolge. Wir verfolgen eine ausgearbeitete Crossmedia-Strategie. Es finden regelmäßig Konferenzen statt, um die Kanäle zu koordinieren.
Crossmediales Publizieren	
Crossmedia Storytelling	Wir versuchen stets, optimierte Inhalte für alle Kanäle bereitzustellen. Online- und Mobilbeiträge bestehen immer aus unterschiedlichen Bausteinen (z.B. Text, Foto und Video). Ein Thema wird häufig in einem Kanal anerzählt (z.B. Print/TV) und dann in einem weiteren Kanal weitererzählt (z.B. Online, Mobile). Wenn wir über ein Thema berichten, überlegen wir immer zuerst, welcher Kanal (Print, TV, Online, Mobile) der Richtige ist.
Multimedia Storytelling	Wenn wir über ein Thema berichten, überlegen wir immer, mit welchen Medienformaten (Text, Video, Foto, Audio) die Geschichte am besten erzählt werden kann. Wir legen viel Wert auf die multimediale Aufbereitung von Themen.

Quelle: eigene Erhebung

Weiter wurde abgefragt, wie viele Personen insgesamt an der App arbeiten (inkl. Technik und Layout) und wie viele davon journalistisch tätig sind (Frage 18, 19). Für die journalistischen Mitarbeiter war schließlich wichtig zu erfahren, wo diese organisatorisch angesiedelt sind (Frage 20). Hier wurde zwischen Muttermedium, Onlineredaktion und Mobile-Redaktion sowie Mischformen unterschieden sowie die Option der externen Agentur angefügt. Zudem wurde gefragt ob Zeit, Personenzahl und Qualifikation für die mobile Produktion ausreichend sind (Frage 21, Skala 1 = überhaupt nicht ausreichen, 6 = absolut ausreichend). Um darüber hinaus zu testen, ob der Begriff Crossmedia im Sinne der in Kapitel 4.1 vorgestellten Unterscheidung von Multimedia richtig verstanden wird, werden jeweils eine Definition von Multimedialität und Crossmedialität vorgestellt und die Zustimmung abgefragt (Frage 39).

Zusammenfassend sind alle Indikatoren und Testfragen zu Hypothese 1.4 dargestellt. Die Hypothese wird angenommen, wenn drei der fünf Indikatoren bestätigt werden (vgl. Tab. 71).

Tab. 71: Indikatoren, Testfragen und Bedingungen für Hypothese 1.4

Hypothese 1.4	**Redaktionelle Strategien**
Indikator 1	Die Aneignung von Wissen erfolgt durch wenige Personen systemintern und nicht professionalisiert.
Testfragen	(5) Wie schätzen Sie Ihren eigenen Wissensstand zum Thema Mobile Publishing ein? (7) Wie schätzen Sie den durchschnittlichen Wissensstand der anderen Kollegen in Ihrer Redaktion zum Thema Mobile Publishing ein? (6) Wie haben Sie Ihre Kenntnisse zum Thema Mobile Publishing erworben? (13) Welche Relevanz hatten die folgenden Beratungsmöglichkeiten bei der Entwicklung des mobilen Angebots? (35) Wie wichtig sind die folgenden Beratungsmöglichkeiten bei der Vorbereitung des mobilen Angebots?
Annahmebed. (3 von 4)	Der Wissensstand der Befragten ist signifikant höher als der Wissensstand der Kollegen. Der Wissensstand von Mobilern liegt signifikant über dem der Planer und Non-Mobiler.

	Die Kenntnisse wurden mehrheitlich informell erworben. Beratungsmöglichkeiten der Praxis werden signifikant häufiger genutzt als akademische Forschungsergebnisse.
Indikator 2	Strategien zielen eher auf Komplementarität und Mehrfachverwertung als auf Autonomie des Mobilen Journalismus. Motive für Mobilen Journalismus sind von den gewandelten Rahmenbedingungen geleitet.
Testfragen	(12) Wie wichtig waren die folgenden Gründe für Ihre Entscheidung, mobil zu publizieren? (32) Wie wichtig sind die folgenden Gründe für Ihre Entscheidung, mobil zu publizieren?
Annahmebed. (2 von 3)	Die beiden Items zur redaktionellen Autonomie der Angebote werden niedrig ($m < 3,5$) bewertet. Die meisten Items zur Komplementarität und Mehrfachverwertung werden hoch ($m \geq 3,5$) bewertet. Die technische, publizistische und ökonomische Dimension sind empirisch erkennbar (reliabel).
Indikator 3	Redaktionen erwarten in Zukunft häufiger einheitliche Ausspielmedien und Personalisierung der Angebote als Konvergenz der journalistischen Subsysteme.
Testfragen	(40) Wie sehr stimmen Sie den folgenden Aussagen zu?
Annahmebed. (2 von 2)	Die Zustimmung zu Aussagen der Mobilspezifika ist signifikant höher als zu Aussagen zur Konvergenz. Die Zustimmung zu einheitlichen Endgeräten fällt im Mittel signifikant höher aus als zur Konvergenz der Produktion und Inhalte.
Indikator 4	Mobiler Journalismus hat im Vergleich zu den institutionalisierten Formen des Journalismus eine nachrangige Stellung (zeitlich, personell und inhaltlich).
Testfragen	(17) Wie verteilt sich die Arbeitszeit der Redaktion auf die von Ihnen bespielten Kanäle? (18) Wie viele Personen arbeiten an der App/mobilen Webseite insgesamt mit (Technik, Redaktion, Layout etc.)? (19) Wie viele davon sind journalistisch tätige Mitarbeiter?

	(20) Wo sind diese journalistisch tätigen Mitarbeiter organisatorisch angesiedelt? (21) Wie schätzen Sie die aktuelle Situation dieser Mitarbeiter für die Produktion Ihrer mobilen Angebote hinsichtlich Zeit, Personenzahl und Qualifikation ein? (24) Inwiefern treffen die folgenden Aussagen auf die Produktionsabläufe in Ihrer Redaktion zu? (37) Inwiefern treffen die folgenden Aussagen auf die Produktionsabläufe in Ihrer Redaktion zu?
Annahmebed. (4 von 6)	Über 50 Prozent der Arbeitszeit entfallen auf das Muttermedium. Mobile Angebote werden journalistisch von Einzelpersonen betreut, d.h. nicht mehr als drei Personen pro Redaktion. Die journalistisch tätigen Akteure gehören organisatorisch mehrheitlich zum Muttermedium und/oder zur Onlineredaktion. Mobile-Redakteure existieren in weniger als 25 Prozent der Redaktionen. Zeitliche und personelle Ressourcen werden als nicht ausreichend (m < 3,5) eingeschätzt. Mobiler Journalismus nimmt inhaltlich im Produktionsablauf eine nachrangige Stellung vor dem Muttermedium und der Webseite ein. Eine Mobile first-Strategie wird nur von einer Minderheit vertreten.
Indikator 5	Crossmediale Strategien und ein Verständnis für den Begriff sind gering ausgeprägt.
Testfragen	(24) Inwiefern treffen die folgenden Aussagen auf die Produktionsabläufe in Ihrer Redaktion zu? (37) Inwiefern treffen die folgenden Aussagen auf die Produktionsabläufe in Ihrer Redaktion zu? (39) Was verstehen Sie unter crossmedialem Journalismus?
Annahmebed. (3 von 4)	Crossmediale Strategien liegen nicht vor, wenn die Mehrzahl der Items der Dimension Organisation eher geringe (m < 3,5) Zustimmung erhalten. Crossmediale Strategien liegen nicht vor, wenn die Mehrzahl der Items der Dimension Crossmedia- und

	Multimedia-Storytelling eher geringe Zustimmung (m < 3,5) erhält. Auch Mobiler haben keine crossmedialen Ordnungsprogramme ausgebildet. Ein Verständnis von Crossmedia liegt nicht vor, wenn Befragte die Definition von Crossmedia und Multimedia Storytelling gleichermaßen für zutreffend halten, d.h. keine signifikanten Unterschiede in den Mittelwerten erkennbar sind.

Quelle: eigene Erhebung

Hypothese 2.1: Mangel eigenständiger Darstellungsprogramme

Ein Indikator für den Mangel eigenständiger Darstellungsprogramme ist die fehlende Zusammenarbeit von App-Designern/Entwicklern und der Redaktion bei der Konzeption (Frage 14, 36). Weiter ist von Interesse, ob heute mehr Inhalte ausschließlich für Apps/mobile Webseiten produziert werden als 2007 (Frage 15). Ist dies nicht der Fall, werden die Gründe evaluiert, die sich aus mangelnden Ressourcen (personell, finanziell, zeitlich) und Kompetenzen sowie fehlender Notwendigkeit zusammensetzen (Frage 16). Ferner konnten die Organisationen drei Hauptquellen für die mobilen Inhalte nennen (1:1 Angebot des Muttermediums, 1:1 Angebot der Webseite, einzelne Sendungen/Beiträge aus dem Muttermedium in Gesamtlänge, einzelne Sendungen/Beiträge aus dem Onlineangebot in Gesamtlänge, neu produzierte Inhalte; Frage 22). Schließlich wurde wie 2007 nach dem Stellenwert von Bearbeitungen gefragt (Skala 1= sehr gering, 6 = sehr hoch; Frage 23). Für Hypothese 2.1 liefert die Befragung zunächst nur zwei Indikatoren (vgl. Tab. 72). Diese müssen durch die Indikatoren aus der quantitativen Inhaltsanalyse ergänzt werden.

Tab. 72: Indikatoren, Testfragen und Bedingungen für Hypothese 2.1

Hypothese 2.1	**Fehlende Eigenständigkeit mobiler Darstellungsprogramme**
Indikator 1	Die Notwendigkeit für die Zusammenarbeit von Designern/Entwicklern und Redaktion wird nicht erkannt.
Testfrage	(14) Haben App-Designer/-Entwickler und Ihre Redaktion bei der Konzeption zusammengearbeitet? (36) Arbeiten App-Designer/Entwickler und Ihre Re-

	daktion bei der Konzeption zusammen?
Annahmebed. (1 von 1)	Mehrheitlich existiert keine Zusammenarbeit.
Indikator 2	Es werden mehrheitlich bestehende Inhalte zweitverwertet.
Testfrage	(22) Woher stammen die Inhalte des mobilen Angebots? (23) Welchen Stellenwert haben Bearbeitungen der Inhalte für die App/die mobile Webseite in Ihrer Redaktion? (15) Produziert Ihre Redaktion journalistische Inhalte ausschließlich für Apps/mobile Webseiten?
Annahmebed. (2 von 3)	Inhalte für Mobilen Journalismus stammen zu mindestens 50 Prozent eins zu eins aus dem Muttermedium oder der Webseite. Bearbeitungen haben mehrheitlich einen niedrigen ($m < 3{,}5$) Stellenwert. Ausschließlich produzierte Inhalte nehmen einen ähnlich geringen Stellenwert (≤ 25%) ein wie 2007 (22%).

Quelle: eigene Erhebung

6.3.2 Sample

Basierend auf der Grundgesamtheit wurden alle redaktionellen Einheiten im Vorfeld der Untersuchung telefonisch (in Kombination mit E-Mails) kontaktiert, um einen Ansprechpartner für das Thema Mobile Publishing ausfindig zu machen. Die Kontaktierung der 758 Organisationen erfolgte mit der Unterstützung von zwei Hilfskräften. In vielen Fällen wurde durch die Kontaktaufnahme eine Mehrfachzuständigkeit deutlich. Nicht nur in großen Verlagshäusern oder Senderfamilien werden die digitalen Aktivitäten zentral betreut, auch für regionale Funkhäuser gibt es häufig einen zentralen Ansprechpartner. Dies reduziert die Zahl der Fragebögen auf N = 530. Um die Mehrfachzuständigkeit für den Rücklauf sowie die Auswertung berücksichtigen zu können, wurde im Fragebogen nach der Anzahl der Redaktionen gefragt, für die die befragte Person zuständig ist.

Im Zuge der Kontaktierung verweigerten 18 Redaktionen die Teilnahme an der Befragung. Neben zeitlichen Gründen wurde dies vor allem mit aktuell laufenden Umstrukturierungs- bzw. Planungsprozessen für mobile

Inhalte und der Vertraulichkeit dieser Informationen begründet. Häufig wurde auch auf mangelndes Interesse der Zielgruppe für das Thema verwiesen. Es ist daher davon auszugehen, dass die Teilnahme an der Befragung auch von der Offenheit für das Thema beeinflusst wird und eine Verzerrung hin zu planenden und bereits am Markt aktiven Organisationen vorliegt (vgl. Kap. 6.3.5). Da die zu prüfenden Hypothesen primär auf die Institutionalisierungsprozesse abzielen, ist diese Gruppe auch besonders relevant für die Erhebung. Dennoch stellen Non-Mobiler eine wichtige Vergleichsgruppe dar.

6.3.3 Pretest

Der Fragebogen basierte in zentralen Teilen auf dem bereits 2007 eingesetzten Erhebungsinstrument. Da Aktualisierungen vorgenommen worden sind, wurde das Erhebungsinstrument im Vorfeld noch einmal getestet. Hierbei stand die Validität des Messinstruments hinsichtlich der Operationalisierung der theoretischen Konstrukte (u.a. der Motive im Mobilen Journalismus und der crossmedialen Strategien), das heißt die Inhaltsvalidität im Vordergrund (vgl. Möhring und Schlütz 2010, S. 14). Daher wurde die Experten-Validität als Grundlage für den Pretest gewählt. Zudem erschwerte die Anlage der Untersuchung als Vollerhebung einen Pretest im institutionalisierten Journalismus, da die Elemente der Grundgesamtheit nicht mehrfach kontaktiert werden sollten. Das Expertensample setzte sich aus zwei Wissenschaftlern und einem Medienexperten zusammen, die explizit im Bereich Crossmedia und Mobile Publishing ausgewiesen sind. Darüber hinaus wurden zwei freiberuflich tätige Journalisten hinzugezogen, um zu gewährleiten, dass die verwendeten Begrifflichkeiten und Fragestellungen für die Akteure verständlich sind. Im Rahmen des Pretests fielen einige falsche Filterhinweise und unterschiedlich verwendete Begriffe (z.B. Mobile Publishing und Mobiler Journalismus) sowie fehlende Merkmalsausprägungen auf. Anschließend wurde der Fragebogen auf der für wissenschaftliche Untersuchungen frei zugänglichen Webseite SoSci Survey programmiert. Der Befragung wurde ein Anschreiben vorangestellt. Mit der onlinebasierten Version wurde im Pretest-Modus von weiteren vier Personen ein technischer Pretest durchgeführt, um die Funktionalität und Filterführung zu optimieren.

6.3.4 Durchführung

Der Fragebogen ging am 22. Oktober 2012 ins Feld. Die Grundgesamtheit der Ansprechpartner (N = 530) wurde über SoSci Survey per E-Mail zur Befragung eingeladen. In vier Wellen wurden die Befragten über das Programm erneut um eine Teilnahme gebeten. Die Feldphase endete am 07. Dezember 2012. Trotz der vollständigen Kontaktierung der Grundgesamtheit im Vorfeld liegt der Rücklauf mit 22 Prozent (der Fragebögen) deutlich unter der Rücklaufquote aus dem Jahr 2007 (48%).

Tab. 73: Grundgesamtheit und realisierte Stichprobe der Befragung

Subsample	Häufigkeit Grundgesamtheit FB/R	Prozente Grundgesamtheit FB/R	Realisierte Stichprobe FB
Zeitung	132/136	24/18	36
Zeitschrift	104/185	19/24	17
Radio	103/189	19/29	30
Fernsehen	191/230	36/30	23
Rundfunk	9/9	2/2	6
Nachrichtenagentur	9/9	2/2	3
(-18 Verweigerer)			
Gesamt	530 (FB)	100	115 (FB)
	758 (R)	100	214 (R)

Quelle: eigene Erhebung, FB = Fragebögen, R = Redaktionen

Der tatsächliche Rücklauf ist aufgrund der Mehrfachzuständigkeiten etwas höher: 87 der 115 Fragebögen stehen nur für eine Redaktion, 28 wurden dagegen für mehrere Redaktionen ausgefüllt. Sie repräsentieren insgesamt 127 Redaktionen. Damit liefert die Befragung Ergebnisse für insgesamt 214 Medienorganisationen (Rücklauf: 28%; vgl. Tab. 73).

Um die Repräsentativität der Ergebnisse für die Grundgesamtheit zu überprüfen, sind in Tab. 73 die absoluten und relativen Anteile der Subsamples in der Grundgesamtheit und der Stichprobe aufgelistet. Diese ist nach Subsamples nicht gegeben, da Fernsehsender signifikant geringer in der Stichprobe vertreten sind. Für Zeitungen und Radiosender ist eine positive Abweichung nach oben feststellbar ($Chi^2 = 23{,}69$, $df = 5$, $p < .001$). Die Zurückhaltung der Fernsehsender ist durch fehlendes Interesse an Mobilem Journalismus erklärbar – dies wird im Verhältnis von angebotenen Apps und Sendern in der Grundgesamtheit deutlich. Darauf wird im Zuge der Beantwortung von Hypothese 1.1 eingegangen (vgl. Kap. 6.4.2).

6.4 Die quantitative Inhaltsanalyse

Die quantitative Inhaltsanalyse von Apps betritt methodisch in der Kommunikationswissenschaft Neuland. Zunächst wird das Erhebungsinstrument in seinen Grundzügen vorgestellt, bevor die Operationalisierung transparent gemacht wird. Anschließend werden alle Schritte im Forschungsprozess dargestellt.

Das Codebuch für die Erhebung besteht nach dem Pretest aus fünf Teilen (vgl. Anhang V online). Der erste Teil enthält eine allgemeine Einführung in die Untersuchung und das Aufgreifkriterium, anschließend werden in Teil II die Analyseeinheiten definiert. In Teil III erfolgen allgemeine Codieranweisungen zur Vorbereitung der Untersuchung, den Testgeräten, der Datendokumentation und dem Codiervorgang. Hier sind auch alle Dimensionen, ihre Definition und die zugehörigen Kategorien aufgelistet. Teil IV umfasst die Kategoriendefinitionen und Codes für den Codiervorgang. Am Ende steht in Teil V die vollständige Grundgesamtheit an Apps mit fortlaufender Nummerierung aller Analyseeinheiten. Die standardisierte Inhaltsanalyse basiert weitgehend auf dichotomen Variablen, ergänzt durch metrische Werte (u.a. für Kosten und Datenmengen). Zwar schränkt die Fokussierung auf nominale Skalen die Auswertungsoptionen ein, für das Erkenntnisinteresse ist aber primär die Frage relevant, ob bestimmte Eigenschaften vorhanden sind oder nicht. Diese Einengung ist außerdem durch die Vielzahl der betrachteten Dimensionen notwendig.

Um Medienschemata zu untersuchen, mussten die Apps auf zwei Ebenen betrachtet werden. Das Codebuch umfasst auf der Ebene der Apps insgesamt 208 und auf Beitragsebene 280 Variablen (ohne Berücksichtigung von Filtern). Das Vorgehen zur Auswahl der Analyseeinheiten ist in Kapitel 6.4.3 beschrieben. Die einzelnen Variablen sind Ergebnis der Operationalisierung von zehn Dimensionen, die das technische Potenzial beschreiben und von drei Dimensionen, die das ökonomische Potenzial erfassen. Die Anordnung der Kategorien im Codebuch folgt nicht den zugehörigen Dimensionen, sie wurden nach einem effizienten und durchführbaren Codierprozess angeordnet. Die Bezeichnung der Variablen (_lay, _multi etc.) zeigt die Zugehörigkeit zu den Dimensionen an. Wenn im Folgenden die Indikatoren und Variablen zur Prüfung der Teilhypothesen vorgestellt werden, so kann die operationale Definition der Dimensionen und Kategorien sowie die Merkmalsausprägungen aufgrund der Größe des Codebuchs nicht umfassend im Text dargestellt werden. Die ausführliche Dokumentation der Variablen und Merkmalsausprägungen sowie die Kategoriendefinitionen sind im Codebuch online nachzulesen.

6.4.1 Operationalisierung

Die quantitative Inhaltanalyse testet Forschungskomplex II mit den Hypothesen 2.1 bis 2.3. Dazu werden aus den technischen Potenzialdimensionen (Kap. 3.3), den Ausführungen zum Forschungsstand (Kap. 4) sowie den Ergebnissen der Nutzerkommentaranalyse (Kap. 5.2) Dimensionen und Kategorien abgeleitet. Die deduktiv abgeleiteten Dimensionen des technischen Potenzials fanden sich in den induktiv aus der Nutzerkommentaranalyse systematisierten Dimensionen wieder. Lediglich zwei für die Nutzer wichtige Dimensionen sind einerseits für die vorliegenden Hypothesen nicht relevant, zum anderen erweisen sie sich als problematisch für eine quantitative Inhaltsanalyse, die als Vollerhebung angelegt ist: Die erste dieser Kategorien ist die Gebrauchsfähigkeit der App (vgl. Kap. 5.2.1). Die Zuverlässigkeit des Programms und einzelner Funktionen lässt sich im Rahmen einer einmaligen Untersuchung nicht ausreichend empirisch überprüfen. Es ist nur festzuhalten, ob die Anwendung als Ganzes oder einzelne Beiträge grundsätzlich funktionsfähig sind, nicht jedoch, ob sie auch bei regelmäßiger Anwendung immer wieder zum gewünschten Ergebnis führen. Dazu müssten die Apps einem mehrfachen Feldtest unter realen Anwendungsbedingungen unterzogen werden. Dies war im Rahmen dieser Studie aus forschungsökonomischen Gründen nicht möglich. Ähnlich verhält es sich mit der Ladezeit, die abhängig von der jeweils verfügbaren Datenrate im Feld ist. Die Größe der App in MB dagegen stellt einen absoluten Wert dar, der sich als Indikator für die Ubiquität eignet.

Die zweite problematische Dimension stellt die Beurteilung der Qualität und Quantität der Berichterstattung dar: „Qualität ist ein vieldimensionales Konstrukt, das je nach Beurteilungsgegenstand und je nach Perspektive des Beurteilenden unterschiedlich gemessen werden kann." (Rössler 2004, S. 127) Die objektive Messung von Qualität ist daher in der Kommunikationswissenschaft ein ebenso ausführlich diskutiertes wie umstrittenes Thema (vgl. u.a. Beck et al. 2004; Bucher und Altmeppen 2003; Hohlfeld 2003, 2010b). Insbesondere die Diskrepanz zwischen „User Quality" und „Sender Quality" (Rössler 2004) stellt eine Schwierigkeit der Verwendung von Nutzerkommentaren zur Kategorienbildung dar. Die

Mehrdimensionalität von journalistischer Qualität erfordert eine Operationalisierung über Teilindikatoren und anschließende gewichtete Indexbildung, die für die breit angelegte quantifizierende Untersuchung nur sehr aufwändig zu realisieren ist (vgl. Rössler 2004, S. 133). Die Analyse direkt messbarer Kriterien, etwa der Rechtschreibfehler, ist im Rahmen der dieser quantitativen Analyse nicht durchführbar. Darüber hinaus ist in der Vollerhebung auch die Messung der beiden Kategorien, die unter Quantität der Berichterstattung fallen, nicht sinnvoll, da tagesaktuellen Nachrichtenjournalismus, reine Unterhaltungsangebote, universelle Informationsangebote sowie Special-Interest-Journalismus untersucht werden. Auch die Nutzerkommentare legen unterschiedliche Maßstäbe an die Beschaffenheit von Beiträgen zur Information über aktuelle Nachrichten oder zeitlosere Themen (vgl. Kap. 5).

Die Operationalisierung der Hypothesen durch Indikatoren, Dimensionen und Kategorien ist für den Stand nach dem Pretest (vgl. 6.4.4) erläutert. Formale Kategorien des Codebuchs umfassen die Endgerätekompatibilität der App, da diese entweder exklusiv für das iPhone oder iPad produziert werden kann oder als Universal-App für beide Endgeräte verwendbar sein kann. Dies ist in iTunes angegeben. Darüber hinaus wurden das Testgerät, die laufende Nummer der App sowie das Datum der Codierung festgehalten. Weiter wurde neben dem Namen, Entwickler, Herausgeber und Universalität der App die zusätzliche Bezeichnung der App erfasst, zum Beispiel TLM *Rundfunk* oder Klassik Radio *iPad Edition*. Diese zeigt bereits eine Intension in Bezug auf alte und neue Medienschemata an (vgl. Tab. 74).

Zur Einordnung der Rezeption und Bewertung wurden Anzahl der Kundenbewertungen und Sterne notiert, die in iTunes ersichtlich sind.

Tab. 74: Zentrale formale Variablen der Inhaltsanalyse

Formale Variablen		
V0.2a_gerät Endgerätekompatibilität der Apps	1 = kompatibel mit iPhone 2 = kompatibel mit iPhone und iPod touch 3 = kompatibel mit iPad 4 = kompatibel mit iPhone und iPad	5 = kompatibel mit iPhone und iPod touch und iPad 6 = angepasst Kompatibel mit iPhone und iPod touch und iPad 7= Sonstiges

V0.5a_mutter Gattung Muttermedium	100 Tageszeitung 200 Wochenzeitung 300 General-Interest-Zeitschrift 400 Special-Interest-Zeitschrift	500 Radiosender 600 Fernsehsender 700 Rundfunk 800 Nachrichten-agentur 9999 Sonstige
V0.5d_mutter Universa-lität	1 = geringe Univer-salität 2 = mittlere Univer-salität	3 = hohe Universali-tät
V0.6_zusatz Bezeich-nung der App	0 = kein Zusatz 1 = Mobil/e 2 = Digital 3 = Online 4 = .de/.net/ .com/web 5 = News /Nachrichten 6 = Kiosk 7 = ePaper/iPaper/ eZeitung/eReader 8 = Zeitung /Journal/Magazin 9 = Rundfunk 10 = Radio 11 = TV/Fernsehen	12 = Player/Tuner 13 = Music 14 = für iPad/iPad Edition/iPad App 15 = Mediathek 16 = HD 17 = App 18 = Plus/Premium 19 = 2.0/3.0 20 = Kompakt 21 = Aktuell/Now 22 = Live 23 = Sonstiges

Quelle: eigene Erhebung

Die für die Hypothesen relevante Kategorie der Gattung des Muttermediums ist ebenfalls in diesem Teil enthalten. Neben dem Medium (unterteilt nach Verbreitungsgebiet bzw. für Zeitschriften Genres) wurde auch notiert, ob es sich um ein Verbundangebot handelt, das von unterschiedlichen Medienorganisationen gemeinsam herausgegeben wird.

Hypothese 2.1: Mangel eigenständiger Darstellungsprogramme

Das in Hypothese 2.1 angenommene Fehlen eigenständiger Darstellungsprogramme ist neben den Indikatoren aus der Befragung durch Indikatoren im Rahmen der Inhaltsanalyse zu überprüfen. In den untersuchten Apps müssen mobile Darstellungsprogramme dazu in der Minderheit sein, das heißt also die Möglichkeiten der intuitiven Bedienbarkeit, neuer Darstellungsformen (Multimediastories und selektive Darstellungsformen) und Playfulness mehrheitlich ungenutzt bleiben.

Beispielhaft ist die Operationalisierung für die Dimension der intuitiven Bedienbarkeit erläutert (ausführlich siehe Anhang V online). Deduktiv und induktiv konnten Indikatoren abgeleitet werden, die eine Beurteilung des Layouts (Startseite, PDF/Player, Anlehnung des Layouts), der Bedienung (Steuerung der App, Navigationsmodell) sowie der Orientierungshilfen für die digitale Publikation (Inhaltsübersicht, Support/Hilfe, Impressum, Datenschutz, Tutorial, Menüanordnung und Menüinhalte) innerhalb der App ermöglichen (vgl. Tab. 75). Die Merkmalsausprägungen erfassen die alten Schemata sowie innovative Formen. Die intuitive Bedienbarkeit wird auf Beitragsebene durch weitere Merkmale erfasst. Für das Layout sind die Seitenaufteilung (monothematisch vs. multithematisch), die Einbindung des Lagesensors (Hoch- und Querformat identisch, Multimedia- und Lesemodus, Einsatz zum Storytelling) und der Umbruch (mehrspaltig, einspaltig, freies Layout) ein Indikator. Darüber hinaus werden neue Formen der Bedienung untersucht (vgl. Tab. 75, rechte Spalte).

Tab. 75: Kategorien und Variablen für intuitive Bedienbarkeit

Dimension 9: intuitive Bedienbarkeit	
Kategorien Bedienung der App	**Kategorien Bedienung der Beiträge**
Layout	**Layout**
V11a_lay Startseite V11d_lay Hubvarianten V11g_lay Variation 1 Einstieg V11i_lay Variation 2 Einstieg V34a_lay statisches PDF/reiner Player V34b_lay Anzahl Beiträge V35_lay Anlehnung Layout	V41_lay Seitenaufteilung monothematisch V42_lay Einbindung Lagesensor V43_lay Umbruch V45a_lay bildlauffähige Ebenen V45b_lay bildlauffähige Bereiche V45c_lay Hotspot V45d_lay Auswahl-Hotspot V45e_lay Flip-Card-Effekt

Bedienung	**Bedienung**
V36_nav Steuerung der App V37_nav Navigationsmodell	V50e_nav Symbol Skalierung selektive Textbausteine [string] V50f_nav Symbol selektive Textbausteine *[Analog für alle multimedialen Elemente]*
Orientierung	**Orientierung**
V11l_orient Inhaltsübersicht Hubseite V11m_orient Inhaltsübersicht gelayoutetes Verzeichnis V22a_orient Support/Hilfe V22b_orient Impressum V24_orient Datenschutz V25a_orient Tutorial V30a_orient Menü permanent V30b_orient Ort Menü permanent V31a_orient Menü Flip view V33a-y_orient Menüpunkt	V46a_nav Lokalisierungselement V46b_nav Symbol Lokalisierungselement V46c_nav Lokalisierung letzte Seite V46e_nav Richtungselemente V46f_nav Symbol Richtungselement

Quelle: eigene Erhebung

Die Symbole für Multimediaelemente sowie zur Skalierung werden für jedes Multimediaformat codiert. Zwei weitere Dimensionen müssen für die Beurteilung mobiler Darstellungsprogramme herangezogen werden: Multimedialität und Playfulness. Eine Übernahme alter Medienschemata liegt vor, wenn mehrheitlich klassische Darstellungsformen (Fließtext, statisches Foto, Fotoslide, Audiobeitrag, Videobeitrag und Grafik/Zeichnung) verwendet werden. Neue Darstellungsformen, unter anderem selektive Textbausteine und -interviews, Schwenken- und Zoomen-Fotos oder freigestellte Videos sind vermutlich in der Minderheit. Die Indikatoren, Kategorien und Annahmebedingungen sind in Tab. 76 zusammengestellt. In Verbindung mit der Befragung müssen drei von vier Indikatoren zutreffen.

Tab. 76: Indikatoren, Dimensionen und Bedingungen für Hypothese 2.1

Hypothese 2.1	**Fehlende Eigenständigkeit mobiler Darstellungsprogramme**
Indikator 3	Eigenständige mobile Darstellungsprogramme sind in der Minderheit.

Dimension/ Kategorien	Dimension 1: Multimedialität; Kategorien Multimediaeinsatz, neue Darstellungsformen Dimension 10: Playfulness; Kategorie Objektbewegung oder Veränderung durch Hardware/Gesteneinsatz Dimension 9: intuitive Bedienbarkeit; Kategorien intuitive Bedienbarkeit der App, intuitive Bedienbarkeit der Beiträge
Annahmebed. (10 von 12 Kategorien in 2 von 3 Dimensionen)	Statische PDFs und reine Playern machen mind. 25 Prozent der Apps aus. Multimediale Elemente werden in weniger als 25 Prozent der Beiträge zu Multimediastories kombiniert. Multimediale Elemente werden in Beiträgen mehrheitlich in Form alter Darstellungsformen verwendet, neue Darstellungsformen sind in weniger als 25 Prozent der Beiträge zu finden. Playfulness wird in weniger als 25 Prozent der Beiträge genutzt. Im Layout der Apps dominieren Web- und Printmetaphern für Hubvarianten, das Layout ist mehrheitlich an Print- und Onlineschemata angelehnt Neue Layoutelemente im Beitrag werden von weniger als 25 Prozent genutzt. Swipe-, Scroll- und Tap-Gesten werden nicht mehrheitlich verwendet Das Navigationsmodell der App konzentriert sich auf Webmetapher und Heftnavigation Die Seitenaufteilung in Beiträgen ist mehrheitlich multithematisch, der Umbruch mehrspaltig Das Menü konzentriert sich auf Inhaltsübersicht und wenige Funktionen, Tutorials werden in weniger als 25 Prozent der Fälle angeboten. Es werden in Beiträgen keine einheitlichen Orientierungselemente in Form von Symbolen verwendet. Orientierungselemente in Form von Lokalisierungs- und Richtungselementen werden im Betrag von weniger als 25 Prozent genutzt.

Quelle: eigene Erhebung

Hypothese 2.2: Nutzung des technischen Potenzials

Für die Nutzung des technischen Potenzials von Apps ist insgesamt von einer heterogenen Aneignung einzelner Dimensionen auszugehen, die sich je nach übertragenem Medienschema voneinander unterscheidet. Tab. 77 zeigt die technischen Dimensionen mit den jeweiligen untersuchten Kategorien, die einzelnen Variablen sind im Codebuch ersichtlich.

Tab. 77: Technisches Potenzial journalistischer Apps

Dimensionen des technischen Potenzials und zugehörige Kategorien	
(1) Multimedialität	nicht-journalistische Erweiterung Multimediaeinsatz Häufigkeit des Elements alte Darstellungsformen neue Darstellungsformen
(2) Aktualität	Periodizität der App
(3) Additivität	Additivität der App Archiv Verweise
(4) Interaktivität	Reaktion Verbreitung Produktion
(5) Selektivität	Funktionen Themen Layout
(6) ständige Konnektivität	Push-Meldungen Aktualisierung
(7) Ubiquität	Datenmenge Referenzierung
8) Kontextsensitivität	Lagesensor GPS Personendaten
(9) intuitive Bedienbarkeit	Layout Navigation Orientierung
(10) Playfulness	Objektbewegung/Veränderung

Quelle: eigene Erhebung

Die Prüfung von Hypothese 2.2 erfolgt durch die Untersuchung aller Potenzialdimensionen in Abhängigkeit vom Muttermedium. Sie wird bestätigt, wenn sechs der zehn Indikatoren zutreffen. (vgl. Tab. 78).

Tab. 78: Indikatoren, Dimensionen und Bedingungen für Hypothese 2.2

Hypothese 2.2	**Konvergenz und technisches Potenzial**
Indikator 1	Der Multimediaeinsatz unterscheidet sich signifikant nach dem Muttermedien, er ist am Medienformat des Muttermediums orientiert, neue Darstellungsformen kommen häufiger bei Zeitschriften vor.
Dimension/ Kategorien	Dimension 1 Multimedialität V0.5a_mutter Gattung Muttermedium
Annahmebed. (3 von 4)	Apps von Zeitungen und Zeitschriften und Nachrichtenagenturen verwenden mehrheitlich die Formate Text und Foto. Apps von Fernsehsendern verwenden mehrheitlich nur Video. Apps von Radiosender verwenden mehrheitlich Audio. Neue Darstellungsformen kommen häufiger in Zeitschriften vor.
Indikator 2	Die Aktualität der App ist für Ableger von Zeitungen, Rundfunksendern und Nachrichtenagenturen höher als für Apps von Zeitschriften.
Kategorie	Dimension 2 Aktualität V0.5a_mutter Gattung Muttermedium
Annahmebed. (2 von 2)	Apps von Zeitungen, Rundfunksendern und Nachrichtenagenturen aktualisieren mehrheitlich täglich oder mehrmals täglich. Apps von Zeitschriften aktualisieren mehrheitlich wöchentlich oder seltener.
Indikator 3	Die Additivität unterscheidet sich nach dem Muttermedium.
Kategorie	Dimension 3 Additivität V0.5a_mutter Gattung Muttermedium
Annahmebed. (3 von 4)	Apps von Rundfunksendern bieten mehrheitlich additive Apps an. Apps von Zeitungen, Zeitschriften und Nachrichten-

	agenturen bieten mehrheitlich abgeschlossene Apps an. Die Möglichkeit eines Archivs wird mehrheitlich von abgeschlossenen Apps genutzt. Verweise sind häufiger in Rundfunk-Apps zu finden als Print-Apps.
Indikator 4	Die Interaktivität wird häufiger von Zeitungs- und Rundfunk-Apps genutzt.
Kategorie	Dimension 4 Interaktivität V0.5a_mutter Gattung Muttermedium
Annahmebed. (1 von 1)	Apps von Zeitungen und Rundfunksendern nutzen Interaktivität häufiger als die Ableger anderer Medien.
Indikator 5	Die Selektivität unterscheidet sich nach dem Muttermedium.
Kategorie	Dimension 5 Selektivität V0.5a_mutter Gattung Muttermedium
Annahmebed. (1 von 1)	Die Selektivität von Funktionen, Themen und Layout unterscheidet sich mehrheitlich signifikant nach dem Muttermedium.
Indikator 6	Die ständige Konnektivität wird häufiger von additiven Apps genutzt, insgesamt jedoch von einer Minderheit.
Kategorie	Dimension 6 ständige Konnektivität Dimension 3 Additivität
Annahmebed. (2 von 2)	Push-Meldungen werden signifikant häufiger in additiven Apps eingesetzt. Push-Meldungen werden häufiger von Radio-, Fernseh- und Rundfunk-Apps genutzt.
Indikator 7	Die Ubiquität ist insgesamt nicht gegeben.
Kategorie	Dimension 7 Ubiquität Dimension 3 Additivität
Annahmebed. (2 von 2)	Abgeschlossene Apps weisen hohe Datenmengen auf. Additive Apps bieten mehrheitlich keine Downloadmöglichkeit an, Inhalte werden referenziert angeboten.
Indikator 8	Die Kontextsensitivität wird von allen Apps gleich wenig genutzt.
Kategorie	Dimension 8 Kontextsensitivität V0.5a_mutter Gattung Muttermedium
Annahmebed. (2 von 2)	Der Lagesensor wird mehrheitlich nicht genutzt, eine Einbindung in das Storytelling findet in unter 25 Pro-

	zent der Beiträge statt. GPS und Personendaten werden in unter 25 Prozent der Apps genutzt.
Indikator 9	Intuitive Bedienbarkeit wird häufiger von Zeitschriften-Apps genutzt als von anderen Medien.
Kategorie	Dimension 9 intuitive Bedienbarkeit V0.5a_mutter Gattung Muttermedium
Annahmebed. (2 von 3)	Apps von Zeitschriften nutzen häufiger neue Layoutformen. Apps von Zeitschriften nutzen häufiger Wäscheleinennavigation. Apps von Zeitschriften nutzen häufiger Tutorials.
Indikator 10	Playfulness wird häufiger von Zeitschriften-Apps genutzt als von anderen Medien.
Kategorie	Dimension 10 Playfulness V0.5a_mutter Gattung Muttermedium
Annahmebed. (1 von 1)	Apps von Zeitschriften setzen in den Beiträgen häufiger Elemente ein, die unter Playfulness fallen.

Quelle: eigene Erhebung

Hypothese 2.3: Unterscheidbarkeit der Erlösmodelle

Hypothese 2.3 geht von unterschiedlichen Erlösmodellen nach Muttermedien aus. Es wird für Rundfunkapps eine Konzentration auf Werbefinanzierung unterstellt, für Print-Ableger eine Kombination aus Werbung und Abonnement. Erlösmodelle umfassen drei Dimensionen (vgl. Tab. 79).

Tab. 79: Ökonomisches Potenzial journalistischer Apps

Dimensionen des ökonomischen Potenzials und zugehörige Kategorien	
(1) Gratis	gratis
(2) Erlösmodell	Testzugang, nutzungsabhängige Finanzierungsmodelle, nutzungsunabhängige Finanzierungsmodelle
(3) Werbung	Werbeort, Werbeart

Quelle: eigene Erhebung

Darüber hinaus ist nicht von einem Ausschöpfen der unterschiedlichen Erlösmodelle auszugehen, die über iTunes zur Verfügung stehen (Einzelkauf, Abonnement unterschiedlicher Laufzeit, Testzugang etc.). Für die Werbeformen wird ferner angenommen, dass diese vor allem in den Beiträgen zu finden sind, mehrheitlich in Form klassischer und mobilspezifischer Werbeformate auftreten und das Potenzial des E-Commerce derzeit nicht nutzen. Von fünf Indikatoren zur Prüfung von Hypothese 2.3 müssen mindestens drei zur Annahme erfüllt sein (vgl. Tab. 80).

Tab. 80: Indikatoren, Dimensionen und Bedingungen für Hypothese 2.3

Hypothese 2.3	**Vielfalt der Erlösmodelle wird nicht genutzt.**
Indikator 1	Die Gratis-Mentalität wird weiter gefördert.
Kategorie	Dimension 1: Gratis
Annahmebed. (1 von 1)	Mehr als 50 Prozent der Apps können gratis geladen und genutzt werden.
Indikator 2	Erlösmodelle unterscheiden sich signifikant nach dem Muttermedium.
Dimension/ Kategorien	Dimension 1: Gratis Dimension 2: Erlösmodell V0.5a_mutter Gattung Muttermedium
Annahmebed. (2 von 2)	Ableger von Printmedien nutzen signifikant häufiger Abonnements als Erlösmodell. Ableger von Rundfunkmedien nutzen signifikant häufiger allein Werbung zur Finanzierung.
Indikator 3	Die Möglichkeit des Testzugangs wird selten genutzt.
Kategorie	Diension 2: Erlösmodell
Annahmebed. (1 von 1)	Testzugänge werden von einer Minderheit der kostenpflichtigen Apps gewährt.
Indikator 4	Die Multioptionalität der Erlösmodelle wird nicht genutzt.
Kategorie	Dimension 2: Erlösmodelle
Annahmebed. (1 von 1)	Ist die App kostenpflichtig, wird in der Regel nur ein Modell genutzt, Einzelkauf und Abonnement werden mehrheitlich nicht kombiniert.
Indikator 5	Werbung erfolgt unabhängig vom Erlösmodell und überwiegend klassisch.

Kategorie	Dimension 3: Werbung
Annahmebed. (2 von 3)	Der Einsatz von Werbung erfolgt unabhängig vom Erlösmodell. Werbung ist mehrheitlich in den Beiträgen zu finden. E-Commerce ist in der Minderheit.

Quelle: eigene Erhebung

6.4.2 Sample

Zunächst ist notwendig, die Auswahleinheit der Untersuchung zu bestimmten. Der Begriff wird hier in Anlehnung an Rössler (2010) verwendet und „beinhaltet die physisch vorliegenden Materialien, die aus dem gesamten Spektrum verfügbaren Medienmaterials für die Untersuchung ausgewählt werden“ (Rössler 2010, S. 39).

Die Grundgesamtheit nach Medienorganisationen wurde bereits beschrieben (vgl. Kap. 6.2). Die 758 Organisationen dienten als Ausgangsbasis für die Recherche, ob Apps (für iPhone und iPad) im iTunes Store von Apple herausgeben werden. Da das Angebot einiger Medienorganisationen nicht nur journalistische Apps umfasst, sondern auch einmalige Publikationen oder Service-Apps, musste weiter selektiert werden. Für die Entscheidung, ob ein Angebot zur Grundgesamtheit von Apps gehört, wird dieselbe Definition für journalistische Angebote (Aktualität, Universalität, Eigenständigkeit, Publizität) angewendet, wie sie für die Auswahl in der Nutzerkommentaranalyse eingesetzt wurde (vgl. Kap. 5.1.2). Darüber hinaus muss die App in deutscher Sprache herausgegeben werden. Diese Eingrenzung sichert dem Angebot theoretisch ein möglichst großes Publikum auf dem deutschen Markt zu.

Die Schwierigkeit lag vor allem in der vollständigen Identifizierung aller Angebote. Eine externe Referenz zur Eingrenzung lag nicht vor. Die Apps mussten deshalb direkt über iTunes recherchiert werden. Zwar sortiert Apple die Anwendungen nach Themengebieten, die zu Grunde liegende Systematik ist jedoch nicht transparent und die dort angewendeten Kategorien sind weder frei von Überschneidungen noch gibt es geeignete Einheiten, die alle Medienangebote abdecken (z.B. bietet Apple die Kategorie „Nachrichten“ und „Zeitungskiosk“). Es wurde schließlich ein dreifaches Verfahren angewendet. Zunächst wurde die Suchfunktion des AppStores genutzt, indem der Medientitel eingegeben wurde. Alle angezeigten Treffer wurden schließlich auf den Herausgeber geprüft. In einem zweiten Schritt wurden die von iTunes offerierten weiteren Angebote aufgegriffen („Weitere Apps von …“) und integriert, insofern sie ein deutschsprachiges Angebot darstellen. Erzielte der Medientitel keinen Treffer, wurde das Medienunternehmen in das Suchfeld eingegeben und mit den Treffern analog verfahren. War die Suche insgesamt erfolglos, wurde auf der Internetseite des Medienproduktes nach beworbenen Produkten für mobile Endgeräte gesucht. Erst wenn hier ebenfalls kein Hinweis auf eine App auffindbar war, wurde der Anbieter ausgeschlossen.

Die Liste der Apps wurde am 3. Dezember 2012 zuletzt auf Aktualisierungen untersucht. Das Untersuchungsmaterial umfasst N = 517 Apps und stellt eine Vollerhebung zum Stichtag dar. Die Struktur der Apps ist nicht deckungsgleich mit den Organisationen. Einige Angebote werden von Redaktionen im Verbund publiziert. Zudem geben Redaktionen auch mehrere Angebote heraus, teils in Form von Premium- und Basisvarianten, teils als abgeschlossene und additive Apps sowie unterschiedlichen Versionen für iPhone und iPad. Um dies zu berücksichtigen, wurden Herausgeber, Endgerätekompatibilität, Testgerät und Additivität codiert.

Tab. 81 zeigt sowohl die Verteilung der Grundgesamtheit nach Subsamples als auch die Zahl der Angebote für iPhone und iPad.

Tab. 81: Grundgesamtheit deutschsprachiger Apps

Medium	**Anzahl Apps**	**iPhone**	**iPad**	**Anzahl Organisationen**
Nachrichtenagentur	3	2	1	2
Tageszeitung	160	74	86	84
Wochenzeitung	7	2	5	4
Verbund Tages- und Wochenzeitung	1	0	1	1
Zeitschrift	79	32	47	51
Radiosender	165	136	29	130
Verbund Radiosender	20	14	6	29
Fernsehsender	70	40	30	38
Verbund Fernsehsender	3	2	1	18
Verbund Radio- und Fernsehsender	9	5	4	16
Gesamt	**517**	**307**	**210**	**372**

Quelle: eigene Erhebung

Für Hypothese 1.1 ist als Indikator relevant, ob mindestens ein Drittel der Unternehmen der Grundgesamtheit Apps herausgibt. Hierzu kann also nicht die absolute Zahl herangezogen werden, es wird lediglich eine App pro Anbieter gewertet. Für Verbundsender wurde die Anzahl der Medienorganisationen (auf der Basis der Screenshots der Apps) gezählt, zum Beispiel werden in der Radiosender-App „Radio Group Player" zehn einzelne Radiosender der Grundgesamtheit angeboten. Gleiches gilt für die App Radio Energy (acht Einzelsender) und Radio Galaxy (elf Einzelsender).

Die restlichen Verbundangebote sind auf Dopplungen und öffentlich-rechtliche Anbieter zurückzuführen. Die Verbund-Apps der öffentlich-rechtlichen Radio- oder Fernsehsender wurden als ein Anbieter gezählt, da diese auch in der Grundgesamtheit so gewertet sind. Für Verbund-Apps von Radio- und Fernsehsendern wurden mehrere Anbieter für TLM Rundfunk (14 Einzelsender) und Deluxe Music Tuner (zwei Einzelsender) gezählt; für Fernsehsender-Verbund-Apps: regio tv (drei Anbieter) und TV Bayern (15 Anbieter). Die Zahl der Medienorganisationen der Grundgesamtheit, die Apps anbieten, liegt bei n = 372 (49 %). Damit ist Annahmebedingung 6 des ersten Indikators für Hypothese 1.1 erfüllt.

6.4.3 Auswahl der Analyseeinheiten

Aufgrund der Fülle des Untersuchungsmaterials und fehlender Speicherprogramme ist ein identischer Analysezeitpunkt für alle Apps nicht realisierbar. Hinsichtlich des Zeitraums der Erhebung erschwerte die unterschiedliche Erscheinungs- und Aktualisierungsweise die Untersuchung. Da sich das Erkenntnisinteresse auf eine allgemeine Beschreibung des Status Quo bezieht und dabei Themen sowie Vergleiche innerhalb der Berichterstattung keine Rolle spielen, ist ein einheitlicher Erhebungszeitraum zu einem Zeitpunkt nicht notwendig. Die Analyseeinheit ist aufgrund der Fragestellung in drei Einheiten zu teilen.

Die Beschreibungsseite der App in iTunes bildet eine Analyseeinheit, da dort Informationen zu Finanzierungsmodellen, Datenmenge, Herausgeber etc. zu erhalten sind. Die Seite wird über das Programm auf dem Computer aufgerufen. Zweitens ist die App als Ganzes eine Einheit, um Elemente zu untersuchen, die für die gesamte Publikation identisch sind. Die App wird aus dem App Store heruntergeladen und ist als Symbol auf dem Homescreen des mobilen Endgeräts oder im Zeitungskiosk sichtbar. Zwei Formen – die teils auch innerhalb einer App gemischt auftreten – haben sich derzeit etabliert: Additive und abgeschlossene Apps. Abgeschlossene Apps zeichnen sich dadurch aus, dass diese als Einzelausgabe heruntergeladen werden können, die anschließend keinen inhaltlichen Veränderungen mehr unterliegt. Additive Apps hingegen werden permanent aktualisiert, so dass sich die Inhalte stetig verändern. Hier sind wie bei einer Internetseite keine Einzelausgaben verfügbar. Um Aktualität zu gewährleisten, wurde für abgeschlossene Publikationen jeweils die am Untersuchungstag zuletzt erschienene Ausgabe in das Untersuchungsmaterial aufgenommen, für additive Apps die zum Zeitpunkt der Codierung vorhandene Version verwendet.

Die dritte Analyseeinheit ist die Beitragsebene. Auf dieser wird nur codiert, wenn das Angebot klar abgrenzbare Einzelbeiträge enthält. Dies ist nicht der Fall, wenn die App ausschließlich eine eins-zu-eins-Übertragung von Offlineschemata aufweist (Live-TV, Live-Radio, PDF). Für einen Beitrag ist folgendes Aufgreifkriterium zu Grunde gelegt: Unter einem Beitrag ist eine inhaltlich abgrenzbare Einheit innerhalb der App zu verstehen, zu Themen jeglicher Art. Der Umfang des Beitrags sowie die verwendeten Darstellungsformen oder Medien sind nicht entscheidend. Optisches Erkennungsmerkmal zur Trennung der jeweiligen Beiträge sind Überschrift, Unterzeile sowie Vorspann/Teaser. Sind keine optischen Merkmale zur Trennung vorhanden, werden Beiträge getrennt, wenn sie keinen inhaltlichen Bezug zueinander aufweisen. Da die kontinuierliche Rezeption angestrebt wird und Medienprodukte als Erfahrungsgüter nach der erstmaligen Nutzung beurteilt werden, müssen sich diese mit jeder Ausgabe aufs Neue beweisen und versuchen, attraktiv für den Rezipienten zu sein. Es ist daher für ein Verwenden oder Fehlen technischer Spezifika von geringen Unterschieden zwischen einzelnen Ausgaben an unterschiedlichen Tagen auszugehen.

Merkmale auf Beitragsebene werden bestimmt, indem pro App eine Stichprobe von zehn Beiträgen untersucht wird, wenn mindestens zehn Einzelbeiträge vorhanden sind. Diese sind für alle Apps basierend auf den vorhandenen Ressorts/Rubriken als Auswahleinheit zu ziehen. Einbezogen werden jeweils die ersten fünf Beiträge, da davon auszugehen ist, dass diese die höchste Aufmerksamkeit von Rezipienten erfahren. Um Positionseffekte zu verhindern (z.B. nur Ressort- oder Rubriken-Aufmacher), wird ein rotierendes Verfahren verwendet. Dieses ist wie folgt gestaffelt:
Für App 1: Ressort/Rubrik 1: Beitrag 1, Ressort/Rubrik 2: Beitrag 2, usw.
Für App 2: Ressort/Rubrik 1: Beitrag 2, Ressort/Rubrik 2: Beitrag 3, usw.
Für App 3: Ressort/Rubrik 1: Beitrag 3, Ressort/Rubrik 2: Beitrag 4, usw.
Nachdem mit dem fünften Beitrag begonnen wurde, wird für die nächste App wieder der erste analysiert. Ist für eine App die Anzahl der Ressorts

erschöpft, bevor zehn Beiträge gezogen werden konnten, wird wieder mit dem ersten Ressort begonnen (vgl. dazu auch Anhang V online).

Tab. 82: Analyseeinheiten der quantitativen Inhaltsanalyse

Beschreibungsseite iTunes	**App**	**Beitrag**
u.a. formale Variablen, ökonomisches Potenzial	alle unveränderlichen Indikatoren, z.B. Menü, Inhaltsverzeichnis, Navigationsstruktur, etc.	Alle variablen Indikatoren, z.B. Bedienelemente im Beitrag, Multimediaelemente, Playfulness
Vollerhebung N = 517	Vollerhebung N = 517	systematisch rotierende Stichprobe, je n= 10 Beiträge

Quelle: eigene Erhebung

6.4.4 Pretest

Da die Inhaltsanalyse des Mediums App Neuland betritt nahm der Pretest eine zentrale Stellung ein. Die im Zuge der Operationalisierung gebildeten Kategorien wurden zunächst anhand einer Stichprobe des Materials auf ihre Anwendbarkeit überprüft. Die Arbeit mit dem Untersuchungsmaterial sollte vor allem Schwachstellen in Bezug auf die Validität der Operationalisierung zeigen. Zudem musste aufgrund der Menge an Einzelvariablen eine möglichst effiziente Anordnung im Codebuch gefunden werden, um den Codiervorgang zeitlich zu begrenzen. Da Apps unterschiedlicher Muttermedien untersucht werden und alle Medienformen erfasst werden, wurde darauf geachtet, für den Pretest aus jedem Bereich (Zeitung, Zeitschrift, Fernseh- und Radiosender, sowie Nachrichtenagentur) sowie für unterschiedliche Universalität (General-Interest, Special-Interest, Vollprogramm/Spartenprogramm) und Reichweiten (bundesweit, regional, lokal) jeweils Apps zu testen. Dabei wurden rund sieben Prozent der Grundgesamtheit untersucht, um eine ausreichend große Stichprobe zu generieren. Da es sich bei der Untersuchung um eine Vollerhebung journalistischer Apps handelt, musste das Sample für den Pretest aus dem Untersuchungsmaterial entnommen werden. Aufgrund der Aktualität der Angebote, werden jedoch nicht dieselben Ausgaben untersucht, die für die Untersuchung herangezogen werden. Bei abgeschlossenen Apps geringer Aktualität wurde für den Pretest jeweils die vorletzte Ausgabe herangezogen. Insgesamt wurde der Pretest mit n = 35 Apps (davon 18 iPhone- und 17 iPad-Apps bzw. zwei Nachrichtenagenturen-, zehn Tagesezeitungs-, zwei Wochenzeitung-, sechs Zeitschriften- sowie sechs Fernseh-, acht Radiosender und eine Rundfunk-App.) vom 16. bis zum 19. November 2012 durchgeführt. Der Pretest offenbarte die lange Dauer des (vollständig manuell ausgeführten) Codiervorgangs pro App (inklusive Beitragsebene) von etwa 45 Minuten. Dies konnte durch die Umstellung einiger Variablen auf etwa 35 Minuten gesenkt werden. Zudem wurden für einige Variablen fehlende Merkmalsausprägungen festgestellt.

Um die Reliabilität der Untersuchung zu gewährleisten, wurden sowohl ein Inter- als auch ein Intracoder-Reliabilitätstest durchgeführt. Der Intercoder-Reliabilitätstest konnte, um die Vergleichbarkeit des Untersuchungsmaterials zu gewährleisten nur mit abgeschlossenen Apps durchgeführt werden. Dazu wurden von der Verfasserin der Arbeit und einem weiteren Codierer fünfzehn zufällig ausgewählte ältere Ausgaben von iPad-Apps aus der Grundgesamtheit (basierend auf dem Überschneidungsmaß nach Holsti) getestet. Diese wurden für beide Analyseeinheiten betrachtet. Für die auf der iTunes-Seite und der Ebene der App binär codierten Variablen wurden im Durchschnitt sehr hohe Werte erzielt (r_H = .89), auch die ökonomischen Variablen erzielen sehr gute Koeffizienten (r_H = .90). Von besonderem Interesse waren Variablen mit mehreren Merkmalsausprägungen, die für die Einschätzung der intuitiven Bedienbarkeit und der Zuordnung zu unterschiedlichen Medienschemata von Relevanz sind. Diese sind nicht immer unmittelbar zu erkennen, sondern müssen aus unterschiedlichen Merkmalen geschlossen werden. Dennoch waren auch hier die Tests zufriedenstellend (z.B. V11d_lay Hubvarianten (r_H = .83), V35_lay Anlehnung Layout (r_H = .76), V36_nav Steuerung der App (r_H = .78), V37_nav Navigationsmodell (r_H = .84)). Auf Beitragsebene war dies zunächst nicht der Fall (r_H -Werte teils deutlich unter .50). Hier stellte sich heraus, dass der Vorgang der Ziehung der Beiträge genauer erklärt und für Ausnahmen definiert werden musste. Daher wurde der Reliabilitätstest nach den Änderungen für 15 weitere Ausgaben wiederholt. Alle binären Variablen funktionierten nun zufriedenstellend (durchschnittlich r_H = .87). Für den Intracoder-Reliabilitätstest wurde die im Intercoder-Test analysierten Apps nach einer Woche von der Verfasserin der Arbeit erneut untersucht, der durchschnittliche Wert insgesamt lag bei r_H = .84 und ist damit zufriedenstellend.

6.4.5 Durchführung

Die Codierung der Hauptuntersuchung wurde von einem Codierer (der Verfasserin der Arbeit) durchgeführt. Dies hat methodische und forschungsökonomische Gründe: Die Apps sollten unter gleichbleibenden Bedingungen auf demselben Endgerät getestet werden. Dadurch sollen Unterschiede durch wechselnde Messinstrumente (v.a. unterschiedliche Versionen des Betriebssystems oder unterschiedliche Gerätegenerationen) sowie Aufenthaltsorte (v.a. schwankende Internetverbindung) vermieden werden. Die Datendokumentation während des Forschungsprozesses war aufgrund fehlender Softwareprogramme nur durch Screenshots möglich, die mit dem Endgerät selbst während des Codiervorgangs angefertigt wurden. Angesichts der großen Datenmenge von 14.739 Screenshots der Apps und 1492 Screenshots in iTunes hätten mehrere Codierer eine potenzielle Fehlerquelle dargestellt. Die Screenshots waren für eventuell auftretende Unklarheiten im Zuge der Datenbereinigung unverzichtbar, da das originäre Datenmaterial aufgrund der Additivität vieler Apps bereits nach wenigen Minuten nicht mehr in derselben Form vorlag. Zudem ist für viele Apps eine Registrierung mit persönlichen Daten notwendig. Um hier unbeschränkt Zugriff auf das Untersuchungsmaterial zu erhalten, ist ebenfalls eine Fokussierung auf einen Codierer sinnvoll.

Die manuelle Codierung der 517 Apps war nur über einen Zeitraum von mehreren Wochen zu leisten. Es wurde sichergestellt, dass innerhalb des gesamten Zeitraums der Untersuchung keine Verzerrungen in der Berichterstattung aufgrund von (planbaren) Großereignissen (z.B. Fußball-EM 2012, Olympische Sommerspiele) auftreten können. Diese haben durch eine Fokussierung der Berichter und die erhöhte Aktualität kurzzeitig Auswirkungen auf redaktionelle Ordnungs- und Darstellungsprogramme, so dass die Ergebnisse verzerrt wären. Die Feldphase dauerte von 3. Dezember 2012 bis 28. Februar 2013. In diesem Zeitraum wurde an 50 Tagen codiert. Im Durchschnitt wurden 9,6 Apps an einem Tag analysiert. Von einer Veränderung des Institutionalisierungsgrads zwischen Beginn und Ende der Feldphase ist angesichts der langen Dauer früherer Institutionalisierungsprozesse neuer Medien nicht auszugehen (vgl. Kap. 3.2.3).

6.5 Zwischenfazit: Zentrale empirische Befunde II

In diesem Kapitel wurden die für die Untersuchung zentralen Hypothesen abgeleitet, die sich in zwei Forschungskomplexe teilen und mit einer quantitativen Befragung und einer quantitativen Inhaltsanalyse geprüft werden. Die Studien beziehen sich auf die gemeinsame Grundgesamtheit des institutionalisierten Journalismus in Deutschland. In der Befragung werden die Hypothesen 1.1 bis 1.4 sowie Teile von Hypothese 2.1 beantwortet. Die Indikatoren werden durch eine Befragung der Akteure als Vertreter der redaktionellen Organisationen gewonnen. Für die Ermittlung der korrekten Ansprechpartner wurde die gesamte Grundgesamtheit (N = 758) kontaktiert, der Fragebogen online zur Verfügung gestellt. Der Rücklauf beträgt 28 Prozent (nach Redaktionen), nach Subsamples liegt eine Verzerrung durch Ausfälle im Bereich der Fernsehsender vor. Die Inhaltsanalyse beantwortet Hypothese 2.1 bis 2.3, indem Indikatoren für Offline-, Online- und Mobile-Medienschemata in journalistischen Apps untersucht werden. Hierzu wurde eine Vollerhebung von N = 517 iPhone- und iPad-Apps durchgeführt. Die Anzahl der Apps, die von der Grundgesamt angeboten wird, konnte bereits einen Hinweis für die Relevanz von Apps liefern: Nahezu die Hälfte (49%) bietet eine App in iTunes an.

Die Prüfung der Hypothesen 1.1 bis 1.4 erfolgt im nachfolgenden Kapitel 7, die Prüfung der Hypothesen 2.1 bis 2.3 wird in Kapitel 8 dargestellt.

7. Redaktionelle Ordnungsprogramme im Mobilen Journalismus – Ergebnisse

Media companies that consider extending their activities
onto mobile communications platforms need to analyse
how they can reflect the characteristics
of the mobile communications system
and its social use in their cross-media strategies.
Feldmann 2005, S. 121

Die Darstellung der Ergebnisse zu „Forschungskomplex I – Redaktionelle Ordnungsprogramme" folgt den vier Teilhypothesen. Die Erkenntnisse aus der Redaktionsbefragung werden systematisiert für die einzelnen Indikatoren aufgezeigt und interpretiert. Anhand der Annahmebedingungen und Indikatoren kann beurteilt werden, ob die Einzelhypothese falsifiziert oder vorläufig angenommen werden kann. Die abschließende Prüfung erfolgt im Rahmen der Zusammenfassung der Ergebnisse (vgl. Kap. 7.5).

Da die Befragung für die Operationalisierung der Konstrukte und Dimensionen (u.a. für journalistische Strategien oder crossmediale Produktionsabläufe) nicht auf bereits getestete Skalen zurückgreifen konnte und damit weder die deduktiv hergeleiteten Dimensionen validiert sind, noch die Items auf ihre Reliabilität untersucht worden sind, erfolgt für diese Indikatoren auch eine methodische Prüfung. Zur Validierung werden Faktorenanalysen eingesetzt, um Strukturen im Datenmaterial zu identifizieren. Das Ziel liegt in der Überprüfung der Konstruktvalidität und nicht in der Datenreduktion, daher wird nicht mit den Faktorenwerten weitergerechnet (vgl. u.a. Backhaus et al. 2011, S. 330f.). Zur Bestimmung der Reliabilität der Items wird die interne Konsistenz über den Cronbach's Alpha-Koeffizienten ausgewiesen (vgl. u.a. Möhring und Schlütz 2010, S. 100f.).

Da die Daten für alle relevanten Variablen nicht normalverteilt sind, wurden nicht-parametrische Verfahren für Gruppenvergleiche herangezogen. Um eine Alpha-Fehler Inflation zu vermeiden, ist jeweils eine Bonferroni-Korrektur durchgeführt worden und für Signifikanztests das α_{Adjust}-Niveau als Prüfgröße verwendet worden.

Die Verteilung der Stichprobe nach Muttermedien wurde bereits in Kap. 6.3.4 vorgestellt. Aufgrund der Verzerrung wird auf Auswertungen nach Muttermedien weitgehend verzichtet. Wichtig sind für die Untersuchung zur Etablierung von (crossmedialen und mobilen) Ordnungsprogrammen Unterschiede zwischen Anbietern mobiler Dienste und der restlichen Stichprobe. Für alle Redaktionen, die bereits ein Angebot in Form von Apps oder mobilen Webseiten produzieren, wird nachfolgend der Begriff „Mobiler“ verwendet. Diejenigen, die ein Angebot planen, werden als „Planer“ bezeichnet. Redaktionen, die Mobilen Journalismus ablehnen, sind in der Gruppe der „Non-Mobiler“ zusammengefasst.

Obwohl die Untersuchung nicht auf einzelne Akteure zielt, wurden methodisch bedingt Einzelpersonen befragt. Stellvertretend für die Redaktion hat jeweils ein Verantwortlicher die Fragen zu Organisation und Produktion beantwortet. Die Stichprobe deutet auf eine Koordination von Mobilem Journalismus in der mittleren Führungsebene (z.B. Redaktionsleiter, Ressortleiter, Chef vom Dienst; 51%) hin, weiter ist über ein Drittel auf höchster Führungsebene angesiedelt (z.B. Chefredakteur, Programmchef, Geschäftsführer; 36%), 13 Prozent sind Redakteure. Die Befragten arbeiten hauptsächlich in der Offlineredaktion (Print-, Radio-, Fernsehredaktion, 41%) gefolgt von der Onlineredaktion (28%). An dritter Stelle liegen Einheiten für Neue Medien/Multimedia (12%). Mobile-Redaktionen sind nur in rund vier Prozent der Fälle vertreten. Das Alter liegt zwischen 23 und 63 Jahren ($m = 40{,}4$, $sd = 9{,}0$). 44 Prozent der Befragten sind jünger als 41 Jahre, 84 Prozent sind unter 50 Jahre alt.

7.1 Etablierung von Apps als technisches Medium

Hypothese 1.1 nimmt die Etablierung von Apps als technisches Medium an und geht darüber hinaus davon aus, dass dieses Medium bereits als fester Bestandteil des Journalismus angesehen wird.

Indikator 1: Verbreitung von Mobile Publishing über Apps

Der erste Indikator für eine Etablierung im Journalismus ist die Nutzung des Mediums als Ausspielkanal. Unabhängig von der Qualität der Inhalte ist daher relevant, wie viele Medienorganisationen bereits Apps anbieten. Innerhalb der Stichprobe der Befragung bilden Mobiler die mit Abstand größte Gruppe (70%), gefolgt von Planern (19%). Non-Mobiler machen mit 10 Prozent die kleinste Gruppe aus. Damit ist sowohl insgesamt als auch in der Gruppe derjenigen, die noch nicht am Markt sind, nur eine Minderheit nicht an Mobilem Journalismus interessiert.

Signifikante Unterschiede in der Verteilung nach Mobilern, Planern und Non-Mobilern in den Subsamples sind nicht vorhanden. Zeitungen und Rundfunksender sind bereits zu über 80 Prozent aktiv. Letztere sowie Nachrichtenagenturen publizieren alle entweder bereits mobil oder planen dies in Zukunft. Sowohl für Fernsehsender (13%) als auch für Zeitschriften (23%) sind höhere Prozentwerte in der Gruppe der Non-Mobiler zu finden als für die anderen Muttermedien. Beide sind in der realisierten Stichprobe unterrepräsentiert. Ausfälle im Rücklauf in diesen beiden Gruppen könnten demnach verstärkt auf den mangelnden Bezug zum Thema zurückzuführen sein. Insgesamt deutet die hohe Zahl der Mobiler im Sample auf eine im Vergleich zu 2007 (44% Mobiler) gestiegene Relevanz des neuen Mediums hin. Aufgrund des hohen Anteils an Mobilern und Planern sind Annahmebedingung 1 und 2 bestätigt.

Annahmebedingung 1	✓
Annahmebedingung 2	✓

Die Daten bestätigen die Vermutung, die Mehrheit der Mobiler habe seit 2008 und damit nach der Einführung des iPhones mit Mobilem Journalismus über Apps und mobile Webseiten begonnen: Rund 94 Prozent haben ihr Angebot in den letzten fünf Jahren auf den Markt gebracht. Annahmebedingung 3 ist damit erfüllt. Über ein Drittel davon startete im Jahr 2011 (34%). Die verstärkte Aktivität zu diesem Zeitpunkt könnte auf die gestiegene Verbreitung internetfähiger mobiler Endgeräte ab 2010 zurückzuführen sein. Darüber hinaus wurde 2011 auch der Zeitungskiosk im iTunes App Store eingeführt (vgl. Kap. 4.3.2). Lediglich sechs Prozent geben einen früheren Zeitpunkt als 2008 an – in Einzelfällen zurückreichend bis in das Jahr 1999. Mit einem weiteren schnellen Wachstum der Angebote ist in naher Zukunft zu rechnen: Alle Planer, die bereits einen Termin festgelegt haben (n = 9), möchten bis spätestens 2014 mobil publizieren. 13 von 22 Redaktionen wissen jedoch noch nicht, wann das Angebot erscheinen.

Annahmebedingung 3	✓

Die Befragung hat für die Zuordnung zur Gruppe der Mobiler nicht zwischen Apps und anderen Angeboten unterschieden. Die Relevanz journalistischer Apps wird durch einen Blick auf die Angebotsformen der Redaktionen ersichtlich: Unter Mobilern dominieren journalistische Apps deutlich (78%), diese werden am häufigsten für beide Endgeräte angeboten (43%), gefolgt von Smartphone-Apps (28%). Mobile Webseiten sind ebenfalls von hoher Relevanz (70%), Service- (25%) und Viewer-Apps (19%) folgen mit deutlichem Abstand (vgl. Abb. 6).

Abb. 6: Mobile Angebote – Typen und Endgerätekompatibilität

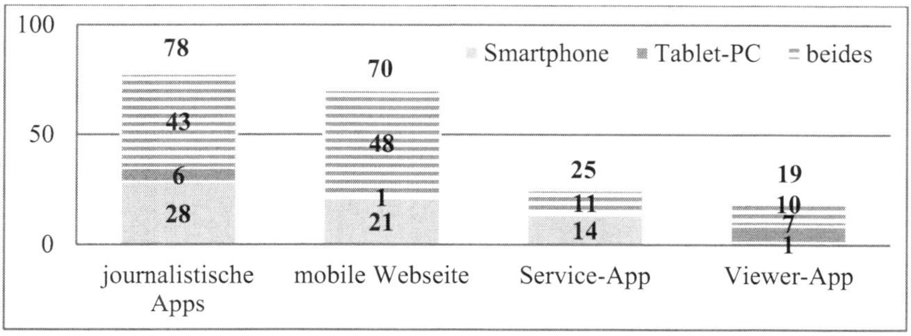

Quelle: eigene Erhebung; n = 115, Werte in Prozent, Abweichungen durch Rundungsfehler, Frage: Welche mobilen Angebote bieten Sie an?

Von den 22 geplanten Angeboten werden 19 als mobile Webseite erscheinen, journalistische Apps für Smartphone oder beide Endgeräte folgen mit deutlichem Abstand (9 Angebote). Die Daten sind aufgrund der geringen Fallzahlen für Planer jedoch mit Vorsicht zu interpretieren. Sie könnten eine Tendenz weg von Apps als native Angebote anzeigen. Die Entscheidung für eine mobile Webseite könnte aber auch mit dem deutlich geringeren Aufwand für die Erstellung des Angebots zusammenhängen. Da Planer nicht mehr zu den frühen Innovatoren gehören, ist eine geringere Investitionsbereitschaft vorstellbar. Aufgrund der Dominanz journalistischer Apps in der Gruppe der Mobiler ist Annahmebedingung 4 erfüllt.

Annahmebedingung 4	✓

Die Bedeutung von Apple als Distributions- und Innovationsplattform für Apps wird durch die Befragung bestätigt. 85 Prozent der journalistischen Organisationen nutzen den iTunes App Store für ihre Angebote. Viele wählen allerdings bereits eine Multiplattformstrategie: Fast jeweils die Hälfte (je 48%) bietet die mobilen Angebote auch für Google Play sowie auf der eigenen stationären Webseite an. Eine untergeordnete Rolle spielen (in Analogie zur geringeren Marktpräsenz) Windows Phone Marketplace (16%), Nokia Ovi Store (10%) und BlackBerry App World (7%).

In Zukunft könnte durch die steigende Verbreitung von Android-Endgeräten eine Diversifizierung stattfinden. Zehn der 22 geplanten Angebote sollen bei Apple erscheinen, acht bei Google Play und jeweils zwei bei den restlichen drei Anbietern. Der Großteil wird auf der eigenen Internetseite beworben werden (15 Angebote). Diese Tendenz steht in Einklang mit den weiter oben beschriebenen Ergebnissen zur Fokussierung auf mobile Webseiten, die nicht über einen Plattformbetreiber distribuiert werden müssen. Planer können allerdings auch hier aufgrund der geringen Fallzahlen nur erste Hinweise geben. Unter Mobilern dominiert Apple den Markt – Annahmebedingung 5 trifft damit zu.

Annahmebedingung 5	✓

Da Annahmebedingung 6 bereits durch die Verteilung journalistischer Apps in der Grundgesamtheit bestätigt worden ist (vgl. Kap. 6.4.2), sind alle Annahmebedingungen für Indikator 1 erfüllt.

Annahmebedingung 6	✓
Indikator 1	✓

Indikator 2: Mobiler Journalismus als fester Bestandteil

Für Indikator 2 wird überprüft, inwieweit Mobiler Journalismus bereits als fester Bestandteil des Journalismus angesehen wird. Zunächst wurden Befragte mit Hilfe von acht Items um eine Einschätzung der publizistischen und ökonomischen Etablierung sowie der Herausforderungen für den Journalismus gebeten. Für sieben der acht Items liegt die Verteilung signifikant über dem theoretischen Mittelwert, für ein Item darunter ($p<.05$). Die Redaktionen glauben damit an publizistische und ökonomische Chancen durch Mobilen Journalismus, insbesondere sind sie der Meinung, Mobiler Journalismus sei nicht nur ein Hype (m = 5,1, sd = 1,2) und sollte Teil der Multikanalstrategie (m = 5,1, sd = 1,3) sein. Sie glauben jedoch nicht an ein Ende der Kostenloskultur des Internets durch Mobilen Journalismus (m = 2,7, sd = 1,4).

Annahmebedingung 1	✓

Interessant ist das vorhandene Bewusstsein für Herausforderungen, die Mobiler Journalismus mit sich bringt (vgl. Tab. 83). Befragte sehen sich allerdings stärker mit einem erhöhten Zeitdruck konfrontiert (m = 4,2, sd = 1,5) als mit redaktionellem Mehraufwand (m = 3,7, sd = 1,5). Dies ist ein Hinweis für das Erkennen notwendiger Veränderungen etablierter redaktioneller Ordnungsprogramme.

Tab. 83: Etablierung von Mobilem Journalismus – Gruppenvergleich

Mobiler Journalismus...	Mobiler		Planer		Non-Mobiler		gesamt	
	m	md	m	md	m	md	m	md
..sollte Teil einer Multikanalstrategie jedes Medienunternehmens sein.	5,3	6,0 [a]	4,9	5,0	3,8	4,0 [a]	5,1	6,0
...ist nicht nur ein Hype.	5,2	6,0	4,9	4,0	4,5	5,0	5,1	5,5
...ist in Kürze State-of-the-Art.	4,4	5,0	4,4	4,5	3,7	3,5	4,3	5,0
...erhöht den Zeitdruck im Journalismus.	4,0	4,0	4,7	5,0	4,8	5,0	4,2	5,0
...bedeutet einen erheblichen redaktionellen Mehraufwand.	3,5	3,0	3,9	4,5	4,3	5,0	3,7	4,0
...bietet einen der größten Rezipientenmärkte.	4,2	4,0	4,6	4,5	3,7	3,0	4,2	4,0
...ist eine Chance für tragfähige Geschäftsmodelle	4,1	4,0	4,2	4,5	3,8	4,0	4,1	4,0
...bereitet der Kostenloskultur des Internets ein Ende.	2,7	3,0	2,7	2,5	2,8	3,0	2,7	3,0

Kruskal-Wallis-Tests, gleiche Buchstaben zeigen signifikante Gruppenunterschiede nach Bonferroni an, $\alpha_{Adjust}=.01$; $Chi^2 = 12{,}79$, $df = 1$, $p<.001$; Frage: Mobile Publishing befindet sich derzeit in einer frühen Phase. Wie sehr stimmen Sie den folgenden Aussagen zu? Skala 1 = stimme überhaupt nicht zu, 6 = stimme voll und ganz zu

Neuen Darstellungsprogrammen wird weniger Bedeutung beigemessen. Tab. 83 zeigt in der Zustimmung zur publizistischen und ökonomischen Etablierung von Mobilem Journalismus lediglich für ein Item einen signifikanten Unterschied zwischen Mobilern und Non-Mobilern: Wer nicht am Markt ist, glaubt auch weniger daran, dass Mobiler Journalismus Teil einer Multikanalstrategie sein sollte. Da mehrheitlich keine Unterschiede in der Einschätzung der Bedeutung bestehen, ist Annahmebedingung 2 erfüllt. Herausforderungen werden allerdings hoch eingeschätzt – Annahmebedingung 3 trifft nicht zu.

Annahmebedingung 2	✓
Annahmebedingung 3	X

Validität und Reliabilität

Tab. 84: Etablierung von Mobilem Journalismus – Faktorenanalyse

Mobiler Journalismus…	publizistische Chance	Herausforderung	Paid-Content
…sollte Teil einer Multikanalstrategie jedes Medienunternehmens sein.	.80		
…bietet einen der größten Rezipientenmärkte.	.74		
…ist in Kürze State-of-the-Art.	.70		
…ist nicht nur ein Hype.	.66		
…ist eine Chance für tragfähige Geschäftsmodelle.	.51		.47
…bedeutet einen erheblichen redaktionellen Mehraufwand.		.89	
…erhöht den Zeitdruck im Journalismus.		.87	
…bereitet der Kostenloskultur des Internets ein Ende.			.94
Cronbach's Alpha	.74	.71	
erklärte Varianz (gesamt 63,6%)	29,7%	19,7%	14,1%

Hauptkomponentenanalyse, Varimax-Rotation mit Kaiser-Normierung, KMO = .68

Eine explorative Faktorenanalyse zeigt drei latente Faktoren im Datenmaterial (vgl. Tab. 84). Zwei davon stehen für Mobilen Journalismus als Option: Erstens „Mobiler Journalismus als langfristige publizistische Multikanalstrategie und ökonomische Chance", zweitens „Mobiler Journalismus als Chance für Paid-Content". Die dritte Komponente umfasst die aus Produzentensicht eher skeptische Einschätzung des „Mobilen Journalismus als redaktionelle Herausforderung". Die drei Faktoren erklären 64 Prozent der Varianz. Die interne Konsistenz der Skalen ist für die fünf Items unter Faktor 1 ($\alpha = .74$) und die zwei Items unter Faktor 2 ($\alpha = .71$) jeweils vorhanden.

Die Redaktionen wurden darüber hinaus um die Einschätzung gebeten, ob Mobiler Journalismus bereits ein fester Bestandteil im Journalismus ist, oder ob er dies in Zukunft werden wird. Die Ergebnisse verdeutlichen die Etablierung des technischen Mediums. Lediglich ein Prozent glaubt weder jetzt noch in Zukunft an das neue journalistische Subsystem. Rund 48 Prozent der Befragten sehen Mobilen Journalismus bereits jetzt als festen Bestandteil des Journalismus an. Fast die Hälfte glaubt an die Etablierung in den nächsten fünf Jahren (45%), weitere sechs Prozent rechnen in zehn Jahren damit (n = 113). Annahmebedingung 4 ist damit erfüllt.

Annahmebedingung 4	✓

Selbst Mobilen Journalismus zu betreiben, erhöht die zugeschriebene Relevanz: Auch Planer und Non-Mobiler sehen Mobilen Journalismus als Subsystem – jedoch glauben sie mehrheitlich erst an eine Etablierung in fünf Jahren ($Chi^2 = 13{,}02$, $df = 6$, $C\text{-}V = .241$, $p<.05$). Da auch diese beiden Gruppen einer Institutionalisierung in naher Zukunft zustimmen, ist Annahmebedingung 5 erfüllt und Indikator 2 somit bestätigt.

Annahmebedingung 5	✓
Indikator 2	✓

Indikator 3: Gründe gegen Mobilen Journalismus

Abschließend ist für die Beurteilung der Etablierung von Apps als technisches Medium und des vorhandenen Verständnisses für die Bedeutung von Mobilem Journalismus von Interesse, warum Non-Mobiler auch in Zukunft keine Angebote produzieren wollen.

In Einklang mit der Hypothese deuten die Ergebnisse darauf hin, dass nicht fehlende publizistische und ökonomische Relevanz der Grund für ein Fernbleiben vom Markt sind, sondern systemintern fehlende Ressourcen. Aufgrund der geringen Fallzahlen (n = 12) von Non-Mobilern werden in Abb. 7 die absoluten Werte angegeben, die Daten können nur erste Hinweise geben. Alle systeminternen Gründe werden häufiger genannt als systemexterne. Mobiler Journalismus ist gerade in der frühen Phase für drei Viertel zu kostenintensiv und das neue Medium erfordert technische Kenntnisse und Ressourcen, die in den Redaktionen nicht vorhanden sind. Auch wenn einzelne Innovatoren innerhalb der Redaktion den Prozess vorantreiben können, so wirkt sich die fehlende Unterstützung der Verlags-/Geschäftsleitung negativ aus.

Abb. 7: Gründe für Non-Mobiler gegen Mobilen Journalismus

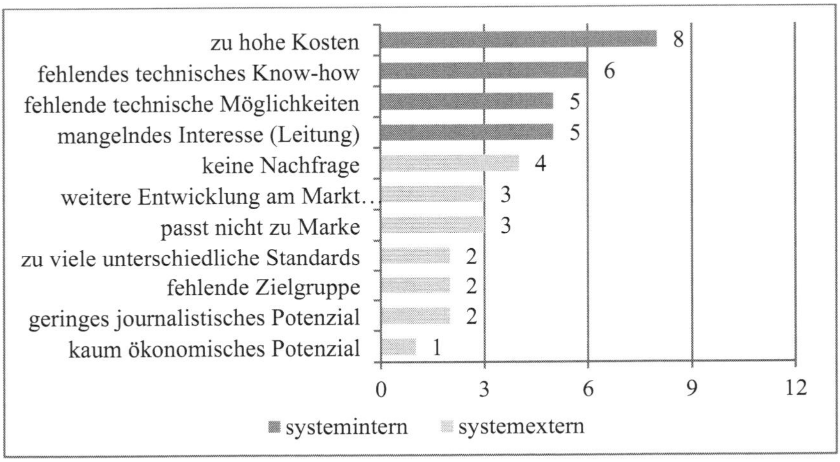

n = 12, absolute Werte; Frage: Warum möchten Sie auch in Zukunft keine Apps/mobilen Webseiten anbieten?

Darüber hinaus deuten die Daten an, dass sich seit 2007 sowohl die technischen als auch die publizistischen und ökonomischen Bedingungen verbessert haben. Systemexterne Gründe werden nur von wenigen Non-Mobiler überhaupt als zutreffend bezeichnet – am ehesten noch sieht ein Drittel keine Nachfrage. Die Annahmebedingung für Indikator drei ist damit erfüllt.

Annahmebedingung 1	✓
Indikator 3	✓

7.2 Erkennen der Notwendigkeit eigener Medienschemata

Für die Prüfung von Hypothese 1.2 steht im Fokus, ob Redaktionen die fehlende Nutzung von Potenzialen als Hindernis für die Etablierung von Mobilem Journalismus erkennen. Dazu wird die Erwartungs-Erwartung der Produzenten erfasst. Es wurde gefragt, ob eine inhaltlich motivierte Ablehnung der Angebote durch die Nutzer derzeit gegenüber Hindernissen durch mangelnden Zugang und fehlende Diffusion der Dienste überwiegt. Andererseits wird auch berücksichtigt, welche technischen Hindernisse derzeit bestehen. Drittens steht im Fokus, welche Faktoren für den Erfolg von Mobilem Journalismus als entscheidend angesehen werden.

Indikator 1: Fehlen eigenständiger Medienschemata als Hindernis

In Einklang mit der geringeren Relevanz technischer Hindernisse für die Produktion gehen die Redaktionen davon aus, dass es auch aus Sicht der Rezipienten nicht technische Faktoren sind, die einer massenhaften Akzeptanz der Angebote entgegenstehen. Nur etwas weniger als ein Viertel glaubt, der Zugang zu den Diensten sei aus Sicht der Nutzer zu schwierig (vgl. Abb. 8).

Abb. 8: Hindernisse für Rezipienten

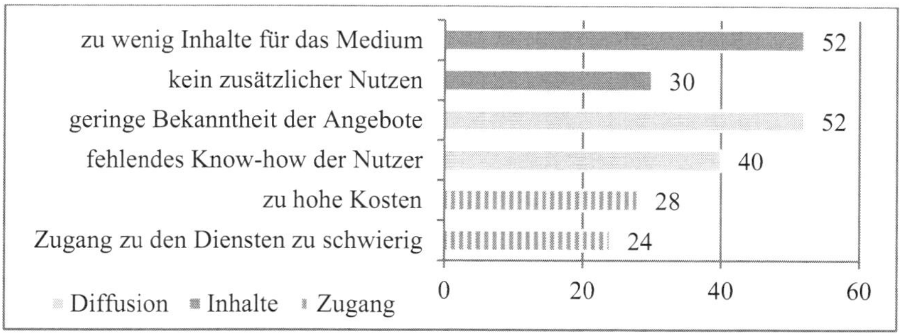

n = 115; Werte in Prozent: Frage: Was steht aus Ihrer Sicht einer massenhaften Akzeptanz von Mobile Publishing auf Nutzerseite bislang entgegen?

Die Redaktionen erkennen mehrheitlich das Fehlen speziell für das Medium produzierter Inhalte als Hindernis für Rezipienten an (52%). Sie vermuten aber auch in gleichem Maß die fehlende Bekanntheit der mobilen Angebote. Wie für sich selbst, so glauben die Befragten an fehlendes

Know-how der Nutzer (40%). Sie gehen damit von einem Trägheitsprinzip der Rezipienten im Umgang mit dem neuen technischen Medium aus. Mit deutlichem Abstand folgt die Ansicht, Nutzer erkennen keinen Mehrwert (30%) oder halten die Kosten für zu hoch (28%). Die Ergebnisse zeigen keine Dominanz der Nennung fehlender inhaltlicher Impulse durch die Produzenten. Die Annahmebedingung für Indikator 1 ist nicht erfüllt.

Annahmebedingung 1	X
Indikator 1	**X**

Indikator 2: Fehlende Ubiquität als Hindernis

Technische Probleme spielen für die Redaktionen im Vergleich zu 2007 nur zum Teil eine signifikant geringere Rolle für die Nutzung und Verbreitung mobiler Angebote. Die noch vor fünf Jahren mehrheitlich genannte fehlende Verbreitung der Empfangsgeräte (2007: 57%, 2012: 18%; $Chi^2 = 69{,}9$, $df = 1$, $p<.001$), zu kleine Bildschirme (2007: 57%, 2012: 18%; $Chi^2 = 69{,}9$, $df = 1$, $p<.001$) sowie eine zu schlechte Auflösung/Qualität (2007: 29%, 2012: 14%; $Chi^2 = 14{,}2$, $df = 1$, $p<.001$) nehmen heute durch die Etablierung von Smartphones und Tablet-PCs eine signifikant geringere Bedeutung ein. Annahmebedingung 1 ist erfüllt.

Annahmebedingung 1	✓

Die bestehende Einschränkung der Ubiquität durch das Mobilfunknetz haben sich aus Sicht der Produzenten in den letzten fünf Jahren jedoch nicht wesentlich verändert: Wie angenommen, sind Nennungen der mangelnden Ubiquität am häufigsten.

Der Prozentwert für zu geringe Bandbreiten ist nahezu unverändert (43%), lange Ladezeiten werden sogar häufiger als Hindernis empfunden (53%) als im Jahr 2007. Dies liegt weniger an der fehlenden technischen Weiterentwicklung der Netze (vgl. Kap. 2), sondern an dem immer größer werdenden Datenvolumen der Anwendungen des mobilen Internets. Daneben stellen auch fehlende Bezahlmodelle fast für die Hälfte der Redaktionen ein Hindernis dar (vgl. Abb. 9). Dieses Item wurde 2007 nicht abgefragt, daher fehlt der Wert auch in der grafischen Darstellung. Die Annahmebedingung 2 ist damit ebenfalls erfüllt.

Abb. 9: Technische Hindernisse für Mobilen Journalismus

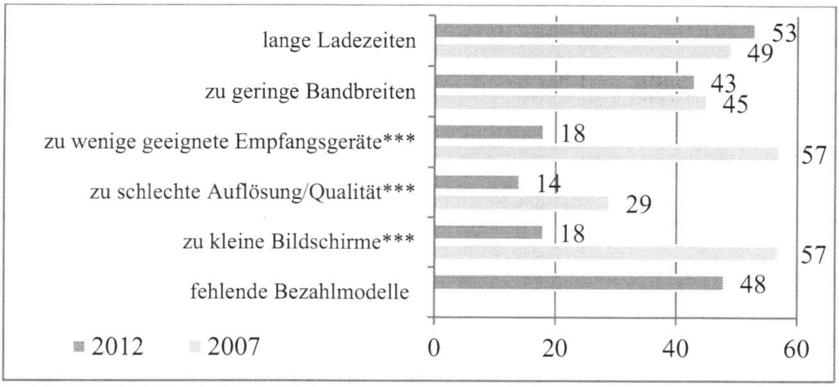

n_{2012} = 115, n_{2007} = 51; Chi-Quadrat-Test, *** p<.001, $Chi^2_{Empfangsgeräte}$= 69,86; $Chi^2_{Auflösung/Qualität}$ = 14,17; $Chi^2_{Bildschirme}$ = 69,86, df = 1; fehlende Bezahlmodelle nur 2012 erhoben; Frage: Welche technischen Probleme gibt es derzeit Ihrer Meinung nach noch bei der Verbreitung/Nutzung von Apps?

Annahmebedingung 2	✓
Indikator 2	✓

Indikator 3: Erfolgsfaktoren für Mobilen Journalismus

Neben Hindernissen wurden auch Erfolgsfaktoren für Mobilen Journalismus bewertet. Im Mittel zeigen die Befragten sehr hohe Zustimmung für ein Berücksichtigen der technischen Spezifika für Inhalt (m = 5,3, sd = 1,0) und Gestaltung (m = 5,5, sd = 0,8). Auch die ökonomischen Faktoren „akzeptables Preis-Nutzen-Verhältnis“ (m = 5,3, sd = 0,9) und „preisgünstige Angebote“ (m = 4,7, sd = 1,2) werden als wichtig erachtet. Die Berücksichtigung von Marktspezifika wird am wenigsten hoch eingeschätzt (vgl. Tab. 85).

Zwischen den einzelnen Gruppen existieren keine signifikanten Unterschiede (Kruskal-Wallis-Tests, α_{Adjust} = .01). Non-Mobiler schätzen die Faktoren „leichte Bedienbarkeit“ (m = 5,6, sd = 1,2) und „Inhalte, dem Medium angemessen aufbereiten“ (m = 5,6, sd = 1,2) im Durchschnitt etwas höher. Dies könnte ein Hinweis darauf sein, dass sie den Markteintritt aufgrund des (vermuteten) Aufwands für die Redakteure scheuen. Da inhaltliche, gestalterische und ökonomische Aspekte als Erfolgsfaktoren erkannt werden (m ≥ 3,5), sind beide Annahmebedingungen erfüllt.

Tab. 85: Durchschnittliche Relevanz der Erfolgsfaktoren

Erfolgsfaktoren	gesamt		
	m	sd	md
leichte Bedienbarkeit	5,5	0,8	6,0
Inhalte dem Medium angemessen aufbereiten	5,3	1,0	6,0
akzeptables Preis-Nutzen-Verhältnis	5,3	0,9	5,5
preisgünstige Angebote	4,7	1,2	5,0
gezielte Ansprache der Early Adopter	4,1	1,2	4,0
Kooperation aller beteiligten Akteure (Inhalteanbieter, Plattformbetreiber, Netzbetreiber)	4,3	1,3	4,0
verstärktes Marketing	4,3	1,2	4,0

Frage: Wie wichtig schätzen Sie die folgenden Faktoren für den Erfolg von Mobile Publishing ein? Skala 1 = überhaupt nicht wichtig, 6 = sehr wichtig

Annahmebedingung 1	✓
Annahmebedingung 2	✓
Indikator 3	✓

Validität und Reliabilität

Die explorative Faktorenanalyse ergibt zwei Hauptkomponenten für die Erfolgsfaktoren: Erstens lassen sich „Nutzung der Spezifika bei angemessenem Preis“ sowie andererseits „Verstärktes Marketing und Kooperation“ ableiten (vgl. Tab. 86).

Die Faktoren spiegeln die systeminterne und -externe Dimension wider. Während die erste Dimension allein von der Nutzung der technischen und ökonomischen Spezifika abhängt, unter anderem durch neue Darstellungsprogramme, betrifft die zweite Dimension System-Umweltbeziehungen. Das Item „Preisgünstige Angebote“ wurde aufgrund der niedrigen Kommunalität (.26) ausgeschlossen, dadurch konnte die erklärte Varianz von 56 auf 62 Prozent gesteigert werden. Als reliabel erweisen sich jedoch nur die drei Items von Faktor 1 ($\alpha = .72$), für Faktor 2 liegt der Wert der drei Items bei $\alpha = .62$.

Tab. 86: Erfolgsfaktoren – Faktorenanalyse

Erfolgsfaktoren	systemintern Nutzung der Spezifika	systemextern Marketing/ Kooperation
leichte Bedienbarkeit	.81	
akzeptables Preis-Nutzen-Verhältnis	.76	
Inhalte dem Medium angemessen aufbereiten	.75	
gezielte Ansprache der Early Adopter		.87
Kooperation aller beteiligten Akteure (Inhalteanbieter, Plattformbetreiber, Netzbetreiber)	.34	.72
verstärktes Marketing	.43	.49
Cronbach's Alpha	.72	.62
erklärte Varianz (gesamt 62,0%)	35,0%	27,0%

Hauptkomponentenanalyse: Varimax-Rotation mit Kaiser-Normierung, KMO = .79

7.3 Durchsetzung neuer Formen der Redaktionsorganisation

Hypothese 1.3 liegt die Annahme zu Grunde, neue Ordnungsprogramme in Form von angepassten redaktionellen Organisationsformen seien mehrheitlich entstanden. Angesichts der crossmedialen Entwicklungen ist von der Etablierung von Newsroom- und Newsdesk-Modellen auszugehen. Als Vergleich dient der 2007 ermittelte Wert von 33 Prozent. Dieser sollte insgesamt deutlich gestiegen sein. Bei Mobilern, die auch die neueste Plattform für crossmediales Publizieren nutzen, sollte der Wert über 50 Prozent liegen. Darüber hinaus ist bei angepasster Redaktionsorganisation davon auszugehen, dass Umstrukturierungen zur Integration von Mobilem Journalismus weniger auf organisatorischer Ebene erfolgen, sondern eher zu Veränderungen personeller und technischer Ressourcen führen.

Indikator 1: Verbreitung von Newsdesk-Modellen

Die Verteilung in Tab. 87 zeigt: Das vorherrschende Modell ist noch immer die klassische Redaktionsorganisation (56%), an zweiter Stelle folgt das Newsdesk-Modell (31%) und schließlich eine rotierende Organisation von Zuständigkeiten (13%).

Tab. 87: Redaktionsorganisation 2012 – gesamt, Mobiler und Zeitungen

Redaktionsorganisation	Mobiler	Zeitungen	gesamt
	n = 70	n = 35	n = 113
klassische Ressortstruktur	50	43	56
Newsroom-/Newsdesk-Modelle	39	57***	31
Rotationsmodell	11	-	13

***$p<.001$, $Chi^2 = 50{,}47$, $df = 10$, C-V = .495, Frage: Wie ist Ihre Redaktion organisiert?

Damit hat nicht einmal ein Drittel der befragten Redaktionen auf Newsdesk-Modelle umgestellt. Dies ist insbesondere angesichts des hohen Anteils an Mobilern – und somit crossmedial publizierenden Organisationen – ein geringer Wert. Er weicht von der Relevanz ab, die neuen Organisationsmodellen in der akademischen Forschung beigemessen wird. Wird die Gruppe der Mobiler alleine betrachtet, liegen die Werte für Newsroom- und Newsdesk-Modelle zwar höher (38%), jedoch deutlich unter den angenommenen 50 Prozent. Mobiler unterscheiden sich vom Rest des Samples nicht signifikant ($Chi^2 = 5{,}75$, $df = 2$, $p<.056$, vgl. Tab. 87).

Die Ausführungen in Kapitel 4.1 hatten gezeigt, dass empirische Untersuchungen zu crossmedialen Entwicklungen im Journalismus häufig auf Zeitungsredaktionen beschränkt sind. Werden die Ergebnisse nach Muttermedien getrennt betrachtet, so zeigt sich: Newsdesk-Modelle sind im crossmedialen Journalismus lediglich für den Zeitungsjournalismus (vgl. Tab. 87) und Nachrichtenagenturen (2 von 3) die mehrheitlich vorherrschende Form, Zeitschriften und Rundfunksender sind dagegen alle klassisch strukturiert. Fernsehsender sind heterogener organisiert, jedoch herrscht auch hier die klassische Ressort-/Redaktionsstruktur vor (12 von 20), gefolgt vom Rotationsmodell (5 von 20). Radiosender zeigen keine Tendenz, alle drei Modelle sind nahezu gleich verteilt.

Um Verzerrungen aufgrund der veränderten Zusammensetzung der Subsamples auszuschließend, wird für den Vergleich mit der Verteilung aus dem Jahr 2007 das Subsample der Zeitschriften ausgeschlossen. Newsdesk-Modelle sind mit 37 Prozent etwas häufiger vertreten als in der ersten Untersuchung. Klassische Modelle dominieren, Rotationsmodelle spielen eine untergeordnete Rolle. In den letzten fünf Jahren haben damit keine signifikanten Veränderungen stattgefunden (vgl. Tab. 88).

Tab. 88: Redaktionsorganisation 2007 und 2012

Redaktionsorganisation	2007	2012
	n = 121	n = 98
klassische Ressortstruktur	53	48
Newsroom-/Newsdesk-Modelle	33	37
Rotationsmodell	14	15

$Chi^2 = .96$, $df = 2$, $p = .62$, Frage: Wie ist Ihre Redaktion organisiert?

Die Einschätzung der Relevanz von Newsroom- und Newsdesk-Modellen ist offenbar durch die Fokussierung auf ein Teilsystem des Journalismus verzerrt. Die Ergebnisse zeigen deutlich die Notwendigkeit, Untersuchungen im Bereich Crossmedia künftig nicht mehr nur auf Zeitungsredaktionen zu beschränken, um Erkenntnisse auf den (klassischen) Journalismus insgesamt anwenden zu können und die Gründe für die unterschiedlich starke Implementierung zu eruieren. Da Newsdesk-Modelle weder insgesamt häufiger als 2007 vertreten sind noch bei Mobilern mehrheitlich vorkommen, sind Annahmebedingung 1 und 2 nicht erfüllt.

Annahmebedingung 1	X
Annahmebedingung 2	X
Indikator 1	**X**

Indikator 2: Redaktionelle Umstrukturierungen

Ein weiterer Indikator für neue Ordnungsprogramme in der Redaktionsorganisation sind die vorgenommenen redaktionellen Umstrukturierungen im Zuge der Einführung von Mobilem Journalismus. Hier wurde für jeweils ein Viertel der Mobiler und Planer als Reaktion auf die Integration des neuen Mediums von Umstrukturierungen in den Redaktionen ausgegangen. Zweitens sollten diese Veränderungen häufiger auf technischer und personeller Ebene stattfinden als auf organisatorischer. Schließlich wird ein Fokus der organisatorischen Veränderungen auf die Verlegung von Konferenzen, die Integration in Newsdesk-Konzepte und die Veränderung redaktioneller Hierarchien angenommen.

Zunächst geben die Häufigkeitsverteilungen Auskunft über die Zahl der Organisationen, die Umstrukturierungen vorgenommen haben oder diese planen. Annahmebedingung 1 trifft zu: Während für mehr als ein Drittel der Mobiler (36%) Veränderungen notwendig waren, trifft dies für über die Hälfte der planenden Redaktionen zu (13 von 22). Dieser Unterschied könnte an der Fokussierung früher Anbieter auf einen schnellen Markteintritt liegen, ohne vorher aufwändig zu realisierende organisatorische, technische oder personelle Voraussetzungen in der Redaktion zu schaffen.

Annahmebedingung 1	✓

Als Indikator für die Integration von Mobilem Journalismus in bereits existierenden Crossmedia-Strukturen ist die Art der Umstrukturierungen anzusehen. Diese unterscheiden sich zwischen Mobilern und Planern nicht signifikant ($Chi^2 = .006$, $df = 1$, $p<.941$). Daher werden die Ergebnisse im Folgenden nicht getrennt nach den beiden Gruppen vorgestellt – die Fallzahlen sind zudem gering ($n_{Mobiler} = 29$, $n_{Planer} = 13$).

Für die Art der Umstrukturierung ist die Annahme bestätigt, dass vorrangig technische Veränderungen vorgenommen werden (vgl. Abb. 10). Personelle Veränderungen sind ebenfalls häufig. Insgesamt ist die Weiterbildung der Akteure die am häufigsten durchgeführte Maßnahme. Neue Mitarbeiter dagegen werden mehrheitlich nicht eingestellt.

Abb. 10: Art der Umstrukturierungen

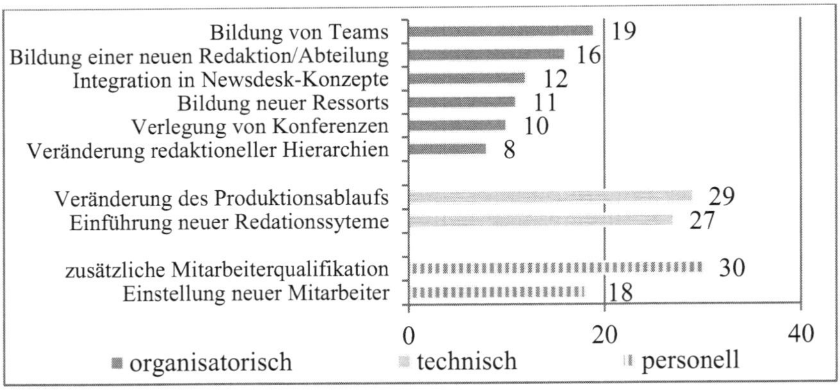

n = 42, absolute Werte, Frage: Welche redaktionellen Umstrukturierungen waren/werden nötig?

Organisatorische Veränderungen werden insgesamt seltener durchgeführt – angesichts der Dominanz klassischer Redaktionsmodelle liegt dies allerdings nicht an bereits angepassten Strukturen. Darauf deutet auch die detaillierte Betrachtung der vorgenommenen organisatorischen Umstrukturierungen im Einzelnen hin: Insbesondere Konferenzen werden kaum verlegt. Hierarchien bleiben meist bestehen und die Integration in Newsdesk-

Konzepte findet ebenso in weniger als einem Drittel der Fälle statt. Eher werden neue Organisationseinheiten (Teams, Redaktionen, Ressort) geschaffen, die alle auch in klassische Redaktionsstrukturen passen. Angesichts fehlender struktureller Voraussetzungen ist nicht davon auszugehen, dass diese geringeren organisatorischen Veränderungen zu Ordnungsprogrammen führen, die an die crossmedialen Anforderungen angepasst sind. Die Daten legen den Eindruck der Wahl solcher technischer und personeller Umstrukturierungen nahe, die möglichst einfach zu realisieren sind und damit wenige Ressourcen in Anspruch nehmen. Annahmebedingung 2 ist erfüllt, Annahmebedingung 3 jedoch nicht.

Annahmebedingung 2	✓
Annahmebedingung 3	X
Indikator 2	✓

7.4 Institutionalisierung von Ordnungsprogrammen

Hypothese 1.4 geht von einer geringen Professionalisierung des Mobilen Journalismus innerhalb der Organisationen aus. Zudem ist mehrheitlich insgesamt nicht von einer Etablierung einheitlicher crossmedialer Strategien in den Redaktionen auszugehen.

Indikator 1: Aneignung von Wissen über Mobilen Journalismus

Ein Indikator für die geringe Professionalisierung von Mobilem Journalismus ist die Etablierung von Wissen zum Thema in den Redaktionen. Dafür sind der Wissensstand der Verantwortlichen sowie der restlichen Akteure von Interesse. Befragte schätzen ihren eigenen Wissensstand als eher hoch ein ($m = 3{,}4$, $sd = 1{,}3$). Da sie gleichzeitig den Wissensstand ihrer Kollegen signifikant ($p<.001$) niedriger einschätzen ($m = 2{,}8$, $sd = 1{,}2$), ist die Annahme der Konzentration von Wissen innerhalb der Organisation bei wenigen Akteuren bestätigt. Mobiler Journalismus wird in erster Linie von einzelnen Innovatoren in der Organisation vorangetrieben und Wissen ist nicht in der gesamten Redaktion verbreitet.

Annahmebedingung 1	✓

Darüber hinaus schätzen Mobiler den eigenen Wissensstand ($Chi^2_{Mobiler/Planer} = 17{,}7$, $Chi^2_{Mobiler/Non\text{-}Mobiler} = 15{,}7$, $df = 2$, $p<.001$) signifikant höher ein als Planer und Non-Mobiler. Die Einschätzung des Wissensstands der Kollegen unterscheidet sich nur zwischen Mobilern und Non-Mobilern signifikant ($Chi^2 = 8{,}5$, $df = 2$, $p<.01$). Erst die Einführung des Angebots führt demnach zur höheren Qualifizierung des Personals auf breiterer Ebene. Zwischen Planern und Non-Mobilern liegen keine signifikanten Differenzen vor. Auch bei Mobilern sind es jedoch noch vorrangig Einzelpersonen und nicht die gesamte Redaktion, die in das Thema einbezogen werden. Tab. 89 verdeutlicht die Unterschiede zwischen den Gruppen. Annahmebedingung 2 ist daher ebenfalls erfüllt.

Tab. 89: Eigenes Wissen und Wissen der Kollegen – Gruppenvergleich

	Mobiler		**Planer**		**Non-Mobiler**		**gesamt**	
	m	md	m	md	m	md	m	md
eigener Wissensstand	4,3	4,0 [ab]	3,1	3,0 [a]	2,4	2,0 [b]	3,4	4,0 [d*]
Wissensstand andere Kollegen	3,0	3,0 [c]	2,5	2,5	2,0	1,5 [c]	2,8	3,0 [d*]

Kruskal-Wallis-Tests, gleiche Buchstaben zeigen signifikante Gruppenunterschiede nach Bonferroni an, $\alpha_{Adjust} = .01$, [ab] $p<.001$, $Chi^2_{Eig.\ Wissen\ Mobiler/Planer} = 17{,}72$, $Chi^2_{Eig.\ Wissen\ Mobiler/Non\text{-}Mobiler} = 15{,}69$, $df = 1$; [c] $p<.01$, $Chi^2_{Wissen\ Kollegen\ Mobiler/Non\text{-}Mobiler} = 8{,}48$, $df = 1$; *Wilcoxon-Test, $Z = -6{,}57$, [d] $p<.001$; Fragen: Wie schätzen Sie Ihren eigenen Wissensstand/Wie schätzen Sie den durchschnittlichen Wissensstand der anderen Kollegen in Ihrer Redaktion zum Thema Mobile Publishing ein? Skala 1 = sehr gering, 6 = sehr hoch

Annahmebedingung 2	✓

Ihr eigenes Wissen über Mobilen Journalismus haben sich die verantwortlichen Akteure mehrheitlich informell angeeignet. Die drei am häufigsten genannten Antworten deuten darauf hin, dass verantwortliche Akteure primär auf sich gestellt sind und wenig professionalisierte Weiterbildung in der Organisation erhalten. Ihre notwendigen Kompetenzen haben sie sich vor allem durch Ausprobieren, Gespräche mit Kollegen und Fachliteratur angeeignet. In der journalistischen Ausbildung – sowohl im Volontariat (4%) als auch im Rahmen anderer Journalistenausbildungen (10%) – wird kaum Wissen für Mobilen Journalismus erworben. Etwas weniger als ein Viertel gibt externe Weiterbildung (23%) als Quelle an (vgl. Abb. 11).

Während sich für die genannten Wissensquellen keine signifikanten Unterschiede zwischen Mobilern, Planern und Non-Mobilern abzeichnen, sind die Differenzen in der Weiterbildung innerhalb der Redaktion groß:

Mehr als ein Drittel der Mobiler wird in der Organisation (35%) über das Thema informiert. In den restlichen Redaktionen finden kaum Schulungen statt: Bei Planern ist es noch jede zehnte, bei Non-Mobilern gar keine. Dies ist ein weiterer Indikator dafür, dass sich Organisationen erst mit einer neuen Form des Journalismus beschäftigen, wenn auch ein eigenes Angebot erstellt wird.

Die Ergebnisse deuten auf eine geringe Bereitschaft hin, frühzeitig in die Weiterbildung der journalistischen Akteure zu investieren und damit Innovationsbereitschaft und experimentellen Umgang mit neuen Medien zu unterstützen. Annahmebedingung 3 ist damit erfüllt.

Abb. 11: Wissensquellen für Mobilen Journalismus

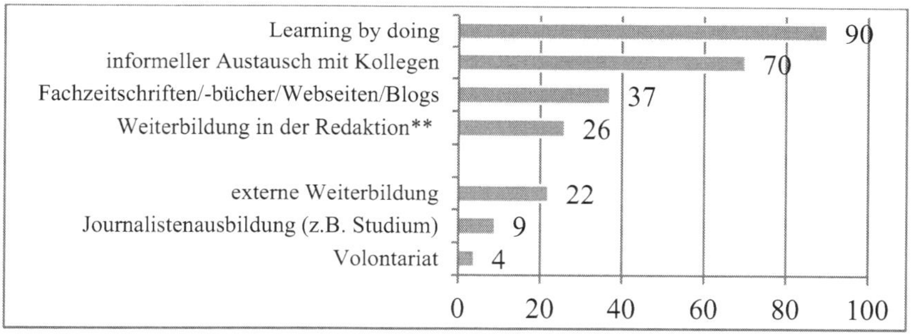

n = 114, Werte in Prozent, **Chi^2 = 10,22, df = 2, C-V = .303, p<.01, Frage: Wie haben Sie Ihre Kenntnisse zum Thema Mobile Publishing erworben?

Annahmebedingung 3	✓

Neben den Quellen für den Wissenserwerb ist von Interesse, ob Redaktionen auf Beratungsmöglichkeiten zurückgreifen und welche Relevanz akademische Forschungsergebnisse im Vergleich zur Medienpraxis einnehmen. Tendenziell greifen die Befragten eher auf Beratungsmöglichkeiten aus der Praxis zurück – vor allem Erfahrungen anderer Medienunternehmen sind wichtig ($m_{Mobiler}$ = 4,4, sd = 1,2; m_{Planer} = 4,3, sd = 1,6). Es folgen Ergebnisse aus der Marktforschung ($m_{Mobiler}$ = 3,5, sd = 1,6; m_{Planer} = 3,9, sd = 1,5) sowie externe Beratung durch Agenturen ($m_{Mobiler}$ = 3,2, sd = 1,6; m_{Planer} = 3,5, sd = 1,3). Zusammengefasst wird das Know-how aus der Medienpraxis (m = 3,7, sd = 1,1) relevanter eingestuft als wissenschaftliche Erkenntnisse (m = 3,1, sd = 1,3; p<.001). Cronbach's Alpha für die Items zur Medienpraxis liegt unter dem der Items zu wissenschaftlichen Beratungsmöglichkeiten (α_{Praxis} = .61, $\alpha_{Wissenschaft}$ = .77). Die

Zusammenfassung der Items deckt keine Dimension ab und dient nur zur vereinfachten Darstellung der Daten. Das Ergebnise verdeutlicht weiterhin Mängel im Theorie-Praxis-Transfer der Kommunikationswissenschaft beziehungsweise Journalismusforschung, ist aber auch der Tatsache geschuldet, dass für Mobilen Journalismus in der Forschung großer Nachholbedarf besteht (vgl. Kap. 4). Das Ergebnis unterstreicht noch einmal die Relevanz dieser Arbeit. Signifikante Unterschiede zwischen Mobilern und Planern sind nicht feststellbar.

Annahmebedingung 4	✓
Indikator 1	✓

Indikator 2: Strategien und Motive für Mobilen Journalismus

Weitere Hinweise für die mangelnde Institutionalisierung des Mobilen Journalismus ergeben sich aus den Gründen, für die Produktion der Angebote. Basierend auf den theoretischen Überlegungen zu systeminternen redaktionellen Strategien (z.B. Mehrfachverwertung, Komplementarität und Autonomie), sowie Motiven, die aus den gewandelten Umweltbedingungen resultieren (neue technische Möglichkeiten, publizistischer und ökonomischer Druck) wurden Mobilern und Planern 24 unterschiedliche Gründe vorgelegt. Dabei wurde in Bezug auf redaktionelle Strategien von einer höheren Bewertung von Items der Komplementarität und Mehrfachverwertung ($m \geq 3{,}5$) und einer niedrigen Bewertung der Items zur Autonomie ($m < 3{,}5$) ausgegangen. Am wichtigsten sind auf der Basis aller Befragten Elemente komplementäre Strategien, um Nutzer überall zu erreichen ($m = 5{,}6$, $sd = 0{,}7$) und diese an die Marke zu binden ($m = 5{,}1$, $sd = 1{,}1$), aber auch ein inhaltlich ergänzendes Angebot ($m = 4{,}6$, $sd = 1{,}3$) sowie die Mehrfachverwertung ($m = 4{,}5$, $sd = 1{,}5$).

Am wenigsten motivieren Aktualität und Additivität des Mediums: Die Items „weil wir mobil den Erscheinungsrhythmus erhöhen“ ($m = 3{,}0$, $sd = 1{,}7$) und „weil wir mobil auch ältere Beiträge/Ausgaben in einem Archiv weiter anbieten können“ ($m = 3{,}0$, $sd = 1{,}7$) erhalten die gerinste Zustimmung. Bis auf eines sind alle Items, die auf komplementäre Nutzung hinweisen, hoch bewertet, zwei von drei Items zur Mehrfachverwertung weisen ebenfalls hohe Mittelwerte auf (vgl. Tab. 90). Die Zustimmung zu Items der Autonomie variiert. Annahmebedingung 1 nicht erfüllt, Annahmebedingung 2 trifft zu.

Tab. 90: Redaktionelle Strategien – Gruppenvergleich

Wir publizieren mobil, weil wir…	Mobiler		Planer		gesamt	
	m	md	m	md	m	md
...Nutzer über alle existierenden Kanäle erreichen möchten. (K)	5,7	6,0**	5,2	5,0**	5,6	6,0
...Nutzer an die Marke binden möchten. (K)	5,3	6,0***	4,5	4,0***	5,1	5,0
...den Nutzern unseres Mediums eine inhaltliche Ergänzung bieten wollen. (K)	4,7	5,0	4,4	5,0	4,6	5,0
…unsere Inhalte so mehrfach verwerten können. (M)	4,5	5,0	4,2	5,0	4,5	5,0
..den Markt besetzen wollen. (K)	4,4	5,0**	3,6	4,0**	4,3	4,0
...über Mobile Publishing unser Verbreitungsgebiet vergrößern wollen. (M)	4,5	5,0	3,9	4,0	4,3	5,0
...mit einem bekannten Markennamen einen Startvorteil besitzen. (A)	4,4	5,0***	3,2	3,0***	4,2	5,0
...wissen, dass direkte Konkurrenten auch auf dem Markt aktiv sind. (K)	4,3	5,0	4,0	4,0	4,2	5,0
…ein inhaltlich selbständiges Angebot auf dem mobilen Markt offerieren wollen. (A)	3,6	4,0	3,0	3,0	3,5	3,0
…mobil den Erscheinungsrhythmus erhöhen. (K)	3,0	3,0	3,1	3,0	3,0	3,0
…mobil auch ältere Beiträge/Ausgaben in einem Archiv weiter anbieten können. (M)	2,9	3,0	3,4	3,0	3,0	3,0

Mann-Whitney-U-Tests, α_{Adjust} = .02, ***p<.001 **p<.01

Frage: Wie wichtig waren/sind die folgenden Gründe für Ihre Entscheidung, mobil zu publizieren? (M) = Mehrfachverwertung, (K) = Komplementarität, (A) = Autonomie

Annahmebedingung 1	X
Annahmebedingung 2	✓

Mobiler unterscheiden sich in den Motiven nicht signifikant ($\alpha_{Adjust} = .01$) von den anderen Gruppen, die auf die gewandelten Rahmenbedingungen zurückzuführen sind. Sowohl technische, als auch ökonomische Motive erfahren insgesamt hohe Zustimmung (vgl.Tab. 91).

Tab. 91: Motive durch veränderte Umweltbedingungen

Wir publizieren mobil, weil wir…	gesamt		
	m	sd	md
...neue Nutzer gewinnen wollen.	5,2	0,9	5,0
...uns einen Imagegewinn versprechen.	4,9	0,9	5,0
...junge Zielgruppen neu erschließen wollen.	4,8	1,2	5,0
...die Nachfrage der Nutzer befriedigen wollen.	4,8	1,3	5,0
...Erfahrungen in einem zukunftsträchtigen Medium sammeln wollen.	4,8	1,2	5,0
...junge Leute für unser Muttermedium gewinnen wollen.	4,7	1,2	5,0
...neue technische Möglichkeiten ausprobieren wollen.	4,5	1,3	5,0
...digitale Geschäftsmodelle testen wollen.	4,1	1,6	4,0
...Nutzer individueller ansprechen wollen.	4,0	1,4	4,0
...wissen, dass Anzeigenkunden heute eine crossmediale Werbeplattform erwarten.	4,0	1,5	4,0
…uns von Wettbewerbern abheben wollen.	3,9	1,5	4,0
...neue Einnahmen abseits der Werbung erzielen wollen.	3,7	1,6	4,0
...mit Hilfe eines attraktiven redaktionellen Umfelds Einnahmen durch Werbung und E-Commerce erzielen wollen.	3,7	1,7	4,0

Frage: Wie wichtig waren/sind die folgenden Gründe für Ihre Entscheidung, mobil zu publizieren?

Am stärksten wiegen Motive, strukturelle Probleme auf dem Rezipientenmarkt zu lösen. Mobiler Journalismus wird als Chance gesehen, Verluste auf traditionellen Märkten auszugleichen und neue Rezipienten zu gewinnen: Neue Nutzer ($m = 5{,}2$, $sd = 0{,}9$), neue Zielgruppen ($m = 4{,}9$, $sd = 1{,}2$) und die Gewinnung junger Rezipienten ($m = 4{,}7$, $sd = 1{,}2$) sind wichtige Motive. Außerdem ist die Befriedigung der vorhandenen Nachfrage wichtig ($m = 4{,}8$, $sd = 1{,}3$). Gleichzeitig motivieren auch der erhoffte Imagegewinn ($m = 4{,}9$, $sd = 0{,}9$) sowie die Aussicht, Erfahrungen mit einem zukunftsträchtigen Medium zu sammeln ($m = 4{,}8$, $sd = 1{,}2$) stark.

Validität und Reliabilität

Die Items zu Motiven, die auf technische (α = .70), publizistische (α = .70) und ökonomische (α = .84) Umweltbedingungen zurückzuführen sind, sind reliabel. Damit ist Annahmebedingung 3 erfüllt.

Annahmebedingung 3	✓
Indikator 2	✓

Die Bewertung der einzelnen Strategie-Items (Mehrfachverwertung, Komplementarität und Autonomie) zeigt innerhalb der zu Grunde gelegten Dimensionen starke Unterschiede in den Mittelwerten (vgl. Tab. 90). Die publizistischen Strategien der Mehrfachverwertung (= .48), Komplementarität (α = .53) und Autonomie (α = .42) sind mit den deduktiv hergeleiteten Items als Dimensionen empirisch nicht reliabel.

Daher wurde eine Faktorenanalyse durchgeführt (vgl. Tab. 92), die vier unterschiedliche Komponenten ergeben hat. Die vier journalistischen Strategien in lassen basierend auf den Items, die am stärksten auf einen Faktor laden, wie folgt interpretieren: Erstens, eine Fokussierung auf die Markenfamilie und die Möglichkeit, die eigene Marke auf ein neues Medium auszuweiten. Zweitens, eine Fokussierung auf das publizistische Angebot und die Möglichkeit, dieses im Sinne der crossmedialen Strategie der Autonomie zu erweitern. Drittens die Strategie, der Besetzung neuer Kanäle, um inter- und intramedialer Konkurrenz zu begegnen sowie viertens, die Strategie der Mehrfachverwertung von Inhalten. Reliabel sind jedoch nur die Items der Faktoren „Crossmedia Marke“ und „Crossmedia Inhalte“.

Tab. 92: Redaktionelle Strategien – Faktoren und Reliabilität der Items

Wir publizieren mobil, weil wir…	Cross-media Marke	Cross-media Inhalte	Konkurrenz	Mehrfachverwertung
...ein inhaltlich selbständiges Angebot auf dem mobilen Markt offerieren wollen.		.62		
...mit einem bekannten Markennamen einen Startvorteil besitzen.	.83			
...Nutzer an die Marke binden möchten.	.65			
...mobil auch ältere Beiträge/Ausgaben in einem Archiv weiter anbieten können.				.72
...unsere Inhalte so mehrfach verwerten können.				.79
...über Mobile Publishing unser Verbreitungsgebiet vergrößern wollen.		.69		
...wissen, dass direkte Konkurrenten auch auf dem Markt aktiv sind.			.75	
...mobil den Erscheinungsrhythmus erhöhen.		.76		
...den Nutzern unseres Mediums eine inhaltliche Ergänzung bieten wollen.		.61		
... Nutzer über alle existierenden Kanäle erreichen möchten.			.64	
...den Markt besetzen wollen.	.82			
Cronbach's Alpha	.74	.66	.33	.43
erklärte Varianz (gesamt 64,2%)	18,3%	17,9%	15,8%	12,1%

Hauptkomponentenanalyse: Varimax-Rotation mit Kaiser-Normierung, KMO = .67

Indikator 3: Einschätzung konvergenter Entwicklungen

Ein dritter Indikator für mangelnde Strategien liegt in der Bewertung zukünftiger Entwicklungen des Journalismus hinsichtlich Konvergenz und Mobilspezifika. Die Zustimmung zu beiden Mobilspezifika-Items liegt signifikant über den Werten aller Konvergenz-Items (Basis: Median; vgl.

Tab. 93). Zunehmende Individualisierung (m = 4,8, sd = 1,2) und Kontextsensitivität (m = 4,7, sd = 1,2) von journalistischen Inhalten werden von den Befragten im Durchschnitt für wahrscheinlicher gehalten als die Konvergenz der journalistischen Subsysteme (Print, Radio, Fernsehen) auf einem Endgerät (m = 4,0, sd = 1,7), in der Produktion (m = 3,9, sd = 1,4) und in den Angeboten (m = 2,9, sd = 1,4;).

Als eher unwahrscheinlich gilt somit, dass die journalistischen Subsysteme in Zukunft für Rezipienten nicht mehr unterscheidbar sein werden. Die drei Gruppen (Mobiler, Planer, Non-Mobiler) unterscheiden sich in ihrer Bewertung nicht signifikant ($\alpha_{Adjust} = .01$). Darüber hinaus liegt die Zustimmung zur Konvergenz der journalistischen Subsysteme in der Produktion und ihrer Ausspielung auf einheitlichen Endgeräten signifikant über der Bewertung der schwindenden Unterscheidbarkeit der Subsysteme für den Rezipienten. Dies zeugt von mangelnder Absicht, das eigene Angebot an die Spezifika des neuen Mediums anzupassen. Wäre dies der Fall, würden die Angebote unausweichlich ähnlicher werden. Beide Annahmebedingungen für Indikator 3 sind damit erfüllt.

Tab. 93: Zukunft des Journalismus – Konvergenz und Mobilspezifika

	gesamt	
	m	md
Bestimmte journalistische Inhalte werden in Zukunft noch stärker individualisiert als heute.	4,8	5,0 [abc]
Bestimmte journalistische Inhalte beziehen in Zukunft den Aufenthaltsort des Nutzers viel stärker ein als heute.	4,7	5,0 [def]
Die Mediengattungen Zeitung, Zeitschrift, TV und Radio werden in Zukunft in der Produktion miteinander verschmelzen.	3,9	4,0 [adg]
In Zukunft werden alle Mediengattungen (Zeitung, Zeitschrift, TV, Radio) auf denselben Endgeräten ausgespielt.	4,0	4,0 [beh]
Für den Nutzer sind die Mediengattungen Zeitung, Zeitschrift, TV und Radio in Zukunft nicht mehr unterscheidbar.	2,9	3,0 [cfgh]

Wilcoxon-Tests, p<.001, gleiche Buchstaben zeigen signifikante Unterschiede nach Bonferroni an, $\alpha_{Adjust} = .005$; [a]Z = -4,96, [b]Z = -4,17, [c]Z = -7,57, [d]Z = -4,14, [e]Z = -3,76, [f]Z = -7,21, [g]Z = -6,15, [h]Z = -5,75, Frage: Wie sehr stimmen Sie den folgenden Aussagen zu? Skala 1 = trifft überhaupt nicht zu, 6 = trifft voll und ganz zu

Annahmebedingung 1	✓
Annahmebedingung 2	✓
Indikator 3	✓

Indikator 4: Ressourcen für Mobilen Journalismus

Der vierte Indikator für ein Fehlen der Strategien liegt in der nachrangigen Stellung, die Mobilem Journalismus hinsichtlich redaktioneller Ressourcen zukommt. Dies äußert sich deutlich in der geringen Arbeitszeit, die für Mobilen Journalismus anteilig an der gesamten Arbeitszeit der Organisation aufgewendet wird. Im Durchschnitt verwenden die Redaktionen 62 Prozent der Arbeitszeit auf das Offlinemedium, weitere 24 Prozent für die stationäre Webseite. Auf dem dritten Rang folgen soziale Netzwerke mit rund acht Prozent. Für keines der mobilen Angebote wird im Durchschnitt mehr als rund zwei Prozent der Zeit aufgewendet. Abb. 12 zeigt die Verteilung der gruppierten Arbeitszeit (keine, wenig, mittel und viel). Deutlich ist der Schwerpunkt bei Offlinemedien und dem stationären Internet zu erkennen. Jeweils mehr als die Hälfte wendet überhaupt keine Zeit für die mobilen Angebote auf. Annahmebedingung 1 ist damit erfüllt.

Abb. 12: Arbeitszeit für Offline-, Online- und mobile Medien

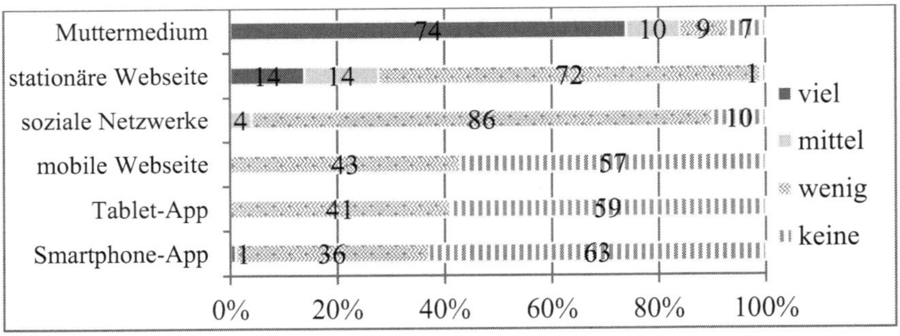

n = 81, Werte in Prozent, Frage: Wie verteilt sich die Arbeitszeit auf die von Ihnen bespielten Kanäle?

Annahmebedingung 1	✓

Neben der Arbeitszeit ist die Personenzahl für Erstellung und Betreuung der mobilen Angebote relevant. Sowohl die Gesamtzahl der Akteure, die technisch, gestalterisch und journalistisch an Mobilem Journalismus beteiligt ist, als auch die Zahl der journalistischen Akteure ist gering: Durchschnittlich arbeiten insgesamt vier Personen an der App/mobilen Webseite, davon sind zwei journalistisch tätig. Basis ist aufgrund von Extremwerten der Median.

Annahmebedingung 2	✓

Diejenigen, die Mitarbeiter für Mobilen Journalismus einsetzen, schaffen jedoch selten eindeutige Zuständigkeiten: Nur rund zwei Prozent geben an, dass sich Redakteure der Mobile Media-/App-Redaktion um die Angebote kümmern. In der Regel bedeutet Mobiler Journalismus mehr Arbeit für bestehende Akteure. Die Betreuung der Angebote erfolgt mehrheitlich durch Redakteure des Muttermediums (30%) und der Onlineredaktion (23%) sowie einer Mischung aus diesen Redaktionen (27%). Jede zehnte Redaktion hat bereits eigene Mobileredakteure, die jedoch von der Offline- oder Onlineredaktion unterstützt werden. Aufgrund der maßgeblichen Betreuung durch Offline- und/oder Onlineredaktionen sowie der geringen Zahl an Mobile Media-/App-Redakteuren, sind Annahmebedingung 3 und 4 erfüllt.

Annahmebedingung 3	✓
Annahmebedingung 4	✓

Die geringe investierte Zeit und die wenigen Akteure geben bereits einen Hinweis auf die untergeordnete Stellung des Mobilen Journalismus. Während die Qualifikation der Redakteure (in Einklang mit dem eigenen Wissensstand) als ausreichend empfunden wird (m = 4,1, sd = 1,1), sind die Personenzahl (m = 3,3, sd = 1,6) und die zeitlichen Ressourcen (m = 3,2, sd = 1,3) eher nicht ausreichend. Annahmebedingung fünf trifft zu.

Annahmebedingung 5	✓

Abschließend erfolgt die Betrachtung der Stellung des neuen Mediums im Kontext crossmedialer Ausspielkanäle: Eine Mobile first-Strategie ist derzeit unter den Mobilern nicht erkennbar (m = 2,1, sd = 1,3). Die mobilen Angebote werden zudem im Durchschnitt als Nebenprodukt angesehen (m = 4,6, sd = 1,7). Dies trifft im Vergleich dazu auf die stationäre Webseite nicht mehr zu (m = 2,8, sd = 1,6). Das stationäre Internet hat sich inzwischen etabliert. Der Fokus liegt damit nicht nur zeitlich und personell, sondern auch strategisch deutlich auf dem Offlinemedium, gefolgt von der stationären Internetseite. Durch das Zutreffen der sechsten Annahmebedingung ist Indikator 4 bestätigt.

Annahmebedingung 6	✓
Indikator 4	✓

Indikator 5: Etablierung crossmedialer Strategien

Im Folgenden stehen Merkmale im Fokus, die Auskunft über die Etablierung crossmedialer Strategien geben. Die Ergebnisse werden zur Prüfung der Annahmebedingungen für das gesamte Sample ausgewiesen. Zugleich werden Unterschiede zwischen den drei Gruppen herausgearbeitet, um zu untersuchen, ob sich Mobiler von den anderen Redaktionen in Bezug auf die Ausbildung crossmedialer Ordnungsprogramme unterscheiden.

Tab. 94: Crossmediale Abläufe und Zuständigkeiten – Gruppenvergleich

	Mobiler		Planer		Non-Mobiler		gesamt	
	m	md	m	md	m	md	m	md
Es gibt einen Verantwortlichen für Crossmedia.	3,2	3,0	3,0	2,0	2,2	1,0	3,1	3,0
Für das Publizieren auf unterschiedlichen Kanälen gibt es bei uns eine festgelegte Reihenfolge.	3,1	3,0	3,3	3,5	2,3	2,0	3,1	3,0
Wir verfolgen eine ausgearbeitete Crossmedia-Strategie.	3,5	3,5[a]	2,8	3,0	2,3	2,0[a]	3,2	3,0
Es finden regelmäßig Konferenzen statt, um die Kanäle zu koordinieren.	3,2	3,0[b]	3,0	2,0	1,5	2,0[b]	3,0	2,5

Kruskal-Wallis-Tests, gleiche Buchstaben zeigen signifikante Gruppenunterschiede nach Bonferroni an, $\alpha_{Adjust} = .01$, [a] $p<.01$, $Chi^2 = 7{,}03$, df = 1; [b] $p<.01$, $Chi^2 = 11{,}78$, df = 1, Frage: Inwiefern treffen die folgenden Produktionsabläufe in Ihrer Redaktion zu? Skala 1 = trifft überhaupt nicht zu, 6 = trifft voll und ganz zu

Für die Priorität der Offlinemedien gibt es keine Unterschiede. Sie haben im Mittel unter allen Befragten die höchste Priorität ($m_{Gesamt} = 4{,}9$, sd = 1,5). Die Webseite ist im Durchschnitt zwar noch ein Nebenprodukt ($m_{Gesamt} = 3{,}1$, sd = 1,8). Die Relevanz nimmt von Non-Mobilern (m = 4,0, sd = 1,7) über Planer (m = 3,6, sd = 2,1) zu Mobilern (m = 2,8, sd = 1,6) deutlich zu. Um crossmediale Strategien beurteilen zu können, reicht die Priorität der Kanäle alleine nicht. Hinweise auf die Ausbildung von Ordnungsprogrammen geben Zuständigkeiten und Abläufe sowie inhaltliche Richtlinien. Für crossmediale redaktionelle Routinen bleiben alle Mittelwerte unter dem theoretischen Wert von 3,5 – Programme sind eher schwach ausgeprägt. Zwischen den Gruppen liegen signifikante Unterschiede vor: Non-Mobiler haben Verantwortlichkeiten (m = 2,2, sd = 1,9) und Kanalreihenfolgen (m = 2,3, sd = 1,7) selten geklärt, sie verfolgen eher keine ausgearbeiteten Crossmedia-Strategien (m = 2,3, sd = 1,3) und koordinieren die einzelnen Medien nicht durch Konferenzen (m = 1,5, sd = 0,9). Planer weichen lediglich in den letzten beiden Punkten signifikant von Mobilern ab (vgl Tab. 94). Annahmebedingung 1 trifft zu.

Annahmebedingung 1	✓

Ein ähnliches Bild zeigt sich für die crossmediales Storytelling und die multimediale Aufbereitung von Beiträgen (vgl. Tab. 95). Insgesamt erhält die multimediale Aufbereitung von Onlinebeiträgen die höchste Zustimmung (m = 4,2, sd = 1,6), die multimediale Aufbereitung von Themen nimmt jedoch insgesamt nur eine untergeordnete Relevanz ein (m = 2,9, sd = 1,5). Überlegungen zu crossmedialem Storytelling finden bereits statt, jedoch auf unterschiedlichem Niveau. Es existieren ebenfalls signifikante Unterschiede zwischen Mobilern, Planern und Non-Mobilern. Während Planer (m = 4,2, sd = 1,5) und Mobiler (m = 3,8, sd = 1,7) im Durchschnitt versuchen, stets optimierte Inhalte für die einzelnen Medien anzubieten, trifft dies für Non-Mobiler kaum zu (m = 2,3, sd = 1,7). Auf die Auswahl des richtigen Mediums für ein Thema (m = 3,9, sd = 1,5) und das crossmediale Storytelling über unterschiedliche Medien hinweg (m = 3,7, sd = 1,7) achten nur Mobiler. Für Planer und Non-Mobiler trifft dies eher nicht zu (vgl. Tab. 95).

Tab. 95: Multi- und Crossmedia Storytelling – Gruppenvergleich

	Mobiler		Planer		Non-Mobiler		gesamt	
	m	md	m	md	m	md	m	md
Wir versuchen stets, optimierte Inhalte für alle Kanäle bereitzustellen.	3,8	4,0[a]	4,2	5,0[b]	2,3	1,5[ab]	3,7	4,0
Onlinebeiträge bestehen immer aus unterschiedlichen Bausteinen (z.B. Text, Foto und Video).	4,1	4,0	4,7	5,0	3,7	4,0	4,2	5,0
Wenn wir über ein Thema berichten, überlegen wir immer, mit welchen Medienformaten (Text, Video, Foto, Audio) die Geschichte am besten erzählt werden kann.	3,6	4,0	3,4	3,0	2,3	2,0	3,4	3,0
Ein Thema wird häufig in einem Kanal anerzählt (z.B. Print/TV) und dann in einem weiteren Kanal weitererzählt (z.B. Online).	3,7	4,0[c]	3,1	3,0	2,0	2,0[c]	3,4	3,5
Wenn wir über ein Thema berichten, überlegen wir immer zuerst, welcher Kanal (Print, TV, Online) der Richtige ist.	3,9	4,0[de]	2,7	2,5[d]	1,8	2,0[e]	3,4	3,0
Wir legen viel Wert auf die multimediale Aufbereitung von Themen.	2,8	2,0	3,5	3,5	2,2	2,0	2,9	2,5

Kruskal-Wallis-Tests, gleiche Buchstaben zeigen signifikante Gruppenunterschiede nach Bonferroni an, $\alpha_{Adjust} = .01$, [a] $p<.01$, $Chi^2 = 7{,}83$, $df = 1$; [b] $p<.01$, $Chi^2 = 8{,}58$, $df = 1$; [c] $p<.01$, $Chi^2 = 8{,}99$, $df = 1$; [d] $p<.01$, $Chi^2 = 8{,}59$, $df = 1$; [e] $p<.001$, $Chi^2 = 18{,}92$, $df = 1$; Frage: Inwiefern treffen die folgenden Produktionsabläufe in Ihrer Redaktion zu? Skala 1 = trifft überhaupt nicht zu, 6 = trifft voll und ganz zu

Annahmebedingung 2	✓

Da es sich um eine Trendbefragung handelt, ist aus den Daten nicht abzuleiten, ob die crossmedialen Strategien durch Mobilen Journalismus stärker ausgebildet werden oder diese bereits vorhanden waren und damit den Einstieg in Mobilen Journalismus begünstigen. Da auch Planer tendenziell höhere Mittelwerte aufweisen als Non-Mobiler, sprechen die Ergebnisse eher für letztere Variante. Es ist davon auszugehen, dass crossmediale Strategien sowie klare Vorstellungen von multi- und crossmedialem Storytelling Mobilen Journalismus begünstigen.

Allerdings kann auch für Mobiler noch nicht von institutionalisierten Ordnungsprogrammen für Organisation und Produktion gesprochen werden. Dies verdeutlicht die gruppierte Darstellung der Items (trifft zu/trifft nicht zu). Ein Offlineprodukt hat eindeutig Priorität (86%), auch Online first wird nicht verfolgt (83%). Die Mehrzahl überlegt nicht, welche Bausteine (65%) sowie Medienformate (52%) sich eignen und häufig auch nicht, welcher Kanal (42%) oder welche Reihenfolge für die Ausspielung von Inhalten angemessen ist (53%). Auch auf die multimediale Aufbereitung wird mehrheitlich kein Wert gelegt (67%). Die crossmediale Organisation ist ebenfalls nicht die Regel: 57 Prozent haben keinen Crossmedia-Verantwortlichen, 54 Prozent keine koordinierenden Konferenzen und die Hälfte keine Crossmedia-Strategie. Ein Verständnis für den Unterschied zwischen Crossmedia Storytelling und Multimedia-Storytelling ist unter den Befragten nicht vorhanden, die Akteure stimmen beiden Auswahloptionen gleich stark zu ($m = 4{,}2$, $sd_{Multimedia} = 1{,}5$, $sd_{Crossmedia} = 1{,}6$). Es liegen keine signifikanten Unterschiede vor. Annahmebedingungen 3 und 4 sowie Indikator 5 sind damit bestätigt.

Annahmebedingung 3	✓
Annahmebedingung 4	✓
Indikator 5	✓

Reliabilität

Die Operationalisierung crossmedialer Produktionsabläufe war vorher nicht empirisch geprüft. Beide Dimensionen für crossmediale Strategien werden durch die Items reliabel gemessen, die Cronbach's-Alpha-Werte für Organisation ($\alpha = .65$) und Storytelling ($\alpha = .76$) sind zufriedenstellend. Für Mobiler sind die Items zur Kanalpriorität ($\alpha = .70$) sowie der Erstveröffentlichung in neuen Medien ($\alpha = .79$) reliabel.

7.5 Zusammenfassung der Ergebnisse

Nachdem die Ergebnisse zu Forschungskomplex I vorgestellt wurden, werden nachfolgend die Erkenntnisse zusammengefasst. Hypothese 1.1 und 1.2 berühren zunächst nur die Einstellung der Organisationen zur Etablierung des technischen Mediums und der Relevanz von mobilspezifischen Potenzialen für den Erfolg. Hypothese 1.3 und 1.4 umfassen bereits strukturelle Voraussetzungen durch neue Ordnungsprogramme.

Hypothese 1.1: Apps sind als technisches Medium in den Redaktionen etabliert und werden als fester Bestandteil des Journalismus angesehen.

Die Etablierung von Apps als technisches Medium wurde durch drei Indikatoren überprüft, von denen mindestens zwei zutreffen müssen, um Hypothese 1.1 zu stützen. Die Befragung hat die Etablierung von Mobilem Publizieren erstens durch den hohen Anteil der Mobiler und Planer im Sample verdeutlicht, zweitens spricht der Marktbeitritt seit 2008, beziehungsweise verstärkt seit 2011, für Apps als treibende Kraft hinter Mobilem Journalismus. Dies wird drittens durch die Fokussierung der Mobiler auf journalistische Apps bestätigt, auch in Zukunft sollen Apps von nahezu der Hälfte der Planer angeboten werden. Der iTunes App Store dominiert aktuell als Distributionsplattform und nimmt auch bei Planern eine zentrale Stellung ein. Dies wird ergänzend durch die hohe Zahl der Medienunternehmen der Grundgesamtheit deutlich, die bereits mindestens eine App dort anbietet. Der erste Teil der Hypothese ist damit bestätigt.

Apps haben sich nicht nur als technisches Medium etabliert, fast alle Befragten sehen Mobilen Journalismus jetzt oder in naher Zukunft als festen Bestandteil im Journalismus an. Mehrheitlich gehen die Redaktionen nicht davon aus, dass es sich nur um einen kurzfristigen Trend handelt, sondern um ein neues Medium, das Teil einer Multikanalstrategie sein sollte – um publizistisch und ökonomisch erfolgreich zu sein. Allerdings werden auch die Herausforderungen von Mobilem Journalismus erkannt – die hohe Aktualität verstärkt den Zeitdruck und die Angebote ziehen mehr Arbeit für die Redaktionen nach sich. Letztlich erkennen sogar Non-Mobiler die Relevanz von Mobilem Journalismus. Sie verzichten auf Angebote nicht, weil sie das Medium als unwichtig erachten. Die hohen Kosten für einen Marktzutritt sowie fehlendes Know-how und mangelnde technische Möglichkeiten stehen Mobilem Journalismus im Weg. Da alle drei Indikatoren zutreffen, ist Hypothese 1.1 gestützt.

Hypothese 1.2: Journalistische Organisationen erkennen die Notwendigkeit der Nutzung von mobilspezifischen Potenzialen.

Das Erkennen der Notwendigkeit zur Nutzung von Mobilspezifika wurde anhand von zwei Indikatoren überprüft. Diese müssen für die Annahme von Hypothese 1.2 beide zutreffen. Die Befragten erkennen fehlende geeignete Inhalte mehrheitlich als Hindernis für Rezipienten an, sie glauben jedoch überwiegend nicht an den fehlenden Nutzen der Angebote. Sie gehen davon aus, dass die mangelnde Diffusion der Angebote eine Rolle spielt. Sowohl der hohe Anteil an Nutzern von Informationsangeboten innerhalb der Gruppe mobiler Internetnutzer (vgl. Kap. 4.3.3) als auch die Auswertung der Nutzerkommentare (vgl. Kap. 5.1) haben gezeigt, dass dies nicht zutrifft. Die Erwartungs-Erwartung der Redaktionen ist damit nicht gänzlich zutreffend. Dies könnte sich durch eine Zurückhaltung negativ auf den weiteren Institutionalisierungsprozess auswirken.

Technische Probleme werden zweitens wie angenommen nicht durchweg niedriger eingeschätzt als 2007. Ladezeiten und Bandbreiten werden noch immer als Hindernis für die massenhafte Nutzung der Angebote angesehen. Die von Nutzern kritisierte fehlende Ubiquität ist damit auch den Produzenten bewusst. Indikator 2 ist bestätigt. Drittens wurde nach Erfolgsfaktoren für Mobilen Journalismus gefragt. Die Nutzung von Mobilspezifika ist nicht nur als Faktor empirisch sichtbar. Den zugehörigen Items wird auch höhere Relevanz zugeschrieben als marktspezifischen Faktoren. Inhalt, Bedienung und angemessene Bezahlmodelle werden von den Redaktionen als zentrale Erfolgsfaktoren erkannt. Da zwei der drei Indikatoren zutreffen, ist Hypothese 1.2 vorläufig bestätigt.

Hypothese 1.3: Ordnungsprogramme in Form neuer redaktioneller Organisationsformen sind mehrheitlich entstanden: Die Verbreitung von Newsdesk- und Newsroom-Modellen in deutschen Medienorganisationen ist seit 2007 gestiegen.

Für die Umstellung der Redaktionsmodelle war in Hypothese 1.3 aufgrund des Forschungsstands von einer mehrheitlichen Etablierung neuer Modelle auszugehen, die den Organisationen die Ausbildung crossmedialer Ordnungsprogramme erleichtern. Die Ergebnisse der Befragung zeigen für die Stichprobe jedoch keine Veränderungen in der Verbreitung von Newsdesk- und Newsroom-Modellen. Die Mehrzahl der Redaktionen ist – unabhängig von einem Engagement auf dem mobilen Markt – klassisch nach Ressorts gegliedert. Innerhalb der Stichprobe herrschen Newsdesk-Modelle vor allem für Zeitungen mehrheitlich vor, nicht jedoch für alle anderen Subsysteme. Aufgrund der mangelnden Repräsentativität nach Subsamples können die Ergebnisse nicht auf den gesamten Journalismus übertragen werden. Sie geben jedoch Hinweise darauf, Untersuchungen im Bereich der Redaktionsorganisation künftig verstärkt auf Vergleiche zwischen den Subsystemen auszurichten, da crossmedialer Journalismus offenbar vorwiegend in Zeitungen zu einer Umstellung der Organisationsformen führt, nicht aber in Radio-, Fernseh- und Zeitschriftenredaktionen.

Zudem werden vorwiegend Umstrukturierungen vorgenommen, die auch in klassischen Redaktionsmodellen ohne größeren Aufwand realisiert werden können. Dies sind technisch die Implementierung neuer Redaktionssysteme und veränderte Produktionsabläufe. Personell betrifft dies vor allem die Qualifikation bestehender Redakteure. Crossmediale Koordination durch angepasste Konferenzzeitpunkte oder neue Hierarchien findet kaum statt, mangels realisierter Modelle erfolgt mehrheitlich auch keine Integration in Newsdesk- und Newsroom-Konzepte.

Hypothese 1.4: Ordnungsprogramme für crossmediale und mobilspezifische redaktionelle Strategien sind mehrheitlich nicht entwickelt.

In der vierten Teilhypothese steht die Annahme mangelnder crossmedialer und mobilspezifischer Strategien im Fokus. Einen ersten Indikator für fehlende Ordnungsprogramme stellen signifikante Unterschiede im Wissensstand von verantwortlichen Redakteuren und dem Rest der Redaktion dar. Zudem haben sich diese Innovatoren innerhalb der Organisation ihr Wissen vorwiegend selbständig durch Ausprobieren, Literaturrecherche oder Gespräche mit Kollegen – und damit außerhalb der redaktionellen Strukturen – angeeignet. Beratung für Mobilen Journalismus erfolgt primär durch andere Medienunternehmen, insgesamt zudem häufiger nur durch Angebote der Medienpraxis als durch einen Austausch mit der Wissenschaft. Hier ist die Kommunikationswissenschaft und explizit die Journalismusforschung gefordert Erkenntnisse für die Praxis bereitzustellen.

Die Entscheidung für Mobilen Journalismus ist maßgeblich durch die veränderten Umweltbedingungen motiviert, Komplementarität und Mehrfachverwertung überwiegen unter den Motiven. Es geht vor allem um die crossmediale Ausweitung der Marke und der Angebote. Jedoch ohne eine klar erkennbare inhaltliche Strategie für ein multi- oder crossmediales Storytelling festzulegen. Crossmediale Konzepte sind weder organisatorisch noch inhaltlich vorhanden. Das Denken in Einzelmedien ist in den Redaktionen noch stark verbreitet. Die Konvergenz der Produktion und auch der Angebote wird im Mittel in Zukunft am wenigsten angenommen, am stärksten glauben die Organisationen an Individualisierung und Kontextsensitivität, aber auch an die Ausspielung aller institutionalisierten Medienangebote auf einheitlichen Endgeräten.

Der Stellenwert von Mobilem Journalismus ist sowohl hinsichtlich der dafür aufgewendeten Arbeitszeit als auch mit Blick auf die personellen Ressourcen als niedrig einzustufen. Derzeit werden die Angebote in etablierten redaktionellen Strukturen nebenbei erledigt – vorwiegend sind Akteure des Muttermediums und der Onlineredaktion (exklusiv oder gemeinsam) betraut. Mobile first-Strategien existieren kaum. Die Situation hat sich in den letzten fünf Jahren nicht maßgeblich verändert. Für den Onlinejournalismus hingegen deuten die Ergebnisse auf eine weitgehende Etablierung hin – sowohl hinsichtlich der investierten Arbeitszeit als auch hinsichtlich der Priorität im Rahmen crossmedialer Strategien.

7.7 Zwischenfazit: Zentrale empirische Befunde III und Methodenkritik

In diesem Kapitel wurden die Ergebnisse zur Prüfung der Hypothesen des „Forschungskomplex I – redaktionelle Ordnungsprogramme" vorgestellt und zudem die verwendeten Messinstrumente auf ihre Validität und Reliabilität geprüft. Drei der vier Hypothesen haben sich als zutreffen erwiesen. Die Relevanz von Mobilem Journalismus für Organisationen ist deutlich geworden, weiter ist auch ein Bewusstsein für die Nutzung von Mobilspezifika für die Etablierung des Mobilen Journalismus vorhanden. Entgegen der Annahme herrscht derzeit jedoch nicht nur ein Mangel an ausgearbeiteten journalistischen Crossmedia- und Mobile-Strategien, sondern auch ein Mangel an strukturellen Voraussetzungen durch die Implementierung neuer Modelle der Redaktionsorganisation, um die Produktion für die einzelnen Subsysteme zu koordinieren. Dies liegt auch in der mangelnden Erkenntnis, dass crossmedialer Journalismus langfristig zu einer Lösung vom Denken in getrennten Subsystemen führen muss.

Die im Rahmen der Validitäts- und Reliabilitätsprüfung gewonnenen Erkenntnisse zu Faktoren und Items bieten die Möglichkeit, in zukünftigen Untersuchungen zu crossmedialen Strategien im Journalismus Anwendung zu finden und damit die Forschungsmethoden in diesem Teilgebiet der Journalismusforschung weiter zu optimieren. Durch die Anwendbarkeit auf alle klassischen Journalismussysteme ermöglichen sie zudem vergleichbare Forschungsergebnisse.

Gleichwohl das Erhebungsinstrument sehr gut funktioniert hat, ist nachfolgend eine kritische Auseinandersetzung mit dem vorliegenden Untersuchungsdesign notwendig, um Grenzen und Einschränkungen der Studie bewusst zu machen. Die bereits angesprochen Verzerrung nach Subsytemen durch systematische Ausfälle im Rücklauf muss bei der Interpretation der vorgetellten Ergebnisse beachtet werden. In der realisierten Stichprobe der Befragung ist eine Verzerrung innerhalb der Subsamples vorhanden, so dass diese nicht als repräsentativ für jedes journalistische Subsystem angesehen werden kann. Redaktionen, die mit dem Thema bislang nicht in Berührung kamen oder keine Relevanz für das eigene Produkt erkannten, schlossen eine Teilnahme eventuell bereits im Vorfeld aus. Sowohl Telefongespräche als auch E-Mail-Kontakte vor der Befragung deuteten darauf hin. Deutlich wurde dabei auch, dass es wider Erwarten innerhalb der Gruppe der Zeitschriften sehr große Differenzen gibt. Insbesondere der Teilbereich der Frauenzeitschriften hat eine Teilnahme abgelehnt, da die Zielgruppe des Mediums mobil nicht zu erreichen sei. Hier ist zu überlegen, ob das Feld der Publikumszeitschriften aufgrund seiner Heterogenität in weiteren Untersuchungen nicht nur durch die Merkmale der Reichweite und Erscheinungsweise eingeschränkt wird, sondern weiter nach Themengebieten und Genres zu differenzieren ist. Einer weiteren Untersuchung bedürfen die Ausfälle im Subsample der Fernsehsender. Ob diese an mangelndem Interesse durch fehlende Angebote liegen, wird durch die Inhaltsanalyse weiter geklärt werden können. Neben dieser Gruppe von Verweigerern gab es eine zweite, die eine Teilnahme ablehnte, da das Thema in der Organisation gerade strategisch besprochen werde und daher keine Informationen herausgegeben werden sollten. Eine erhöhte Antwortrate von Organisationen, die an Mobilem Journalismus interessiert sind, ist daher zu vermuten. Dies beeinträchtigte die Beantwortung der Hypothesen allerdings nicht, da das Erkenntnisinteresse der Untersuchung sich primär auf bereits am Markt aktive oder derzeit über einen Markteintritt nachdenkende Organisationen konzentriert. Die Verteilung von Mobilern und Non-Mobilern im Sample wird zudem nicht allein für die Beurteilung der Relevanz von Mobilem Journalismus herangezogen.

Als Problem der Befragung hat sich die Teilnehmermotivation erwiesen, der Rücklauf liegt deutlich unter den Werten der ersten Erhebungswelle. Die fehlende Beteiligung liegt nicht an hohen Abbruchraten während der Befragung. Die Rücklaufstatistik auf SoSci Survey zeigt einen Aufruf des Fragebogens von 163 Personen, Abbrüche sind vor allem am Anfang der Befragung verzeichnet. In diesen Fällen ist davon auszugehen, dass die Befragten sich den Fragenbogen erst einmal angesehen haben. Ein erhöhter Ausstieg ist zudem für die Frage zu verzeichen, ob bereits eine App am Markt ist. In der Mitte des Fragebogens könnten der Schwierigkeitsgrads der Frage nach der Verteilung der Arbeitszeit sowie die Frage nach den crossmedialen Strategien für Abbrüche verantwortlich sein, die durch sehr viele Items operationalisiert worden ist. Insgesamt ist der Prozentsatz an abgeschlossenen Fragebögen zufriedenstellend. Den Befragten wurde ein Feld zur freien Kritik bereitgestellt, hier wurden keine Angaben gemacht, die auf Fehler des Erhebungsinstruments schließen lassen. Der mangelnde Rücklauf liegt also an der fehlenden Bereitschaft, den Fragebogen überhaupt aufzurufen. Dies ist einerseits auf die methodische Umstellung zur Vollerhebung in allen Subsamples zurückzuführen. Ausfälle vor der Befragung konnten dort durch nachgezogene Einheiten in den Zufallsstichproben besser ausgeglichen werden.

Der niedrigere Rücklauf könnte aber auch an der Veränderung der Erhebungsmethode liegen. In der ersten Welle erhielten die Befragten den Fragebogen postalisch und/oder als editierbares PDF per E-Mail. Für die Onlinebefragung erhalten die Befragten per E-Mail lediglich einen Link, so dass die Dauer des Fragebogens schlecht einsehbar ist und zudem die Datei selbstständig aufgerufen werden muss. Es ist daher für eine Nachfolgestudie zu überlegen, erneut auf ein editierbares PDF zurückzugreifen.

Darüber hinaus ist in den letzten Jahren eine Überforschung der Akteure im Journalismus zu beobachten. Diese Problematik wurde bereits im Rahmen der Jahrestagung der Fachgruppe Journalistik/Journalismusforschung der DGPuK 2013 in München diskutiert. Im Zuge der Veränderungen durch die Digitalisierung ist eine erhöhte Forschungsaktivität zu verzeichnen. Aufgrund ähnlicher Erkenntnisinteressen laufen die Anfragen häufig an denselben Stellen der Redaktionen zusammen, so dass die Bereitschaft zur Teilnahme sinkt.

Schließlich ist bei der Interpretation auch die eingeschränkte Reichweite der quantitativen Befragung zu beachten. Nur die Methode der Beobachtung könnte die Lücke zwischen den Selbstauskünften und den tatsächlich angewendeten Handlungsprogrammen schließen, indem der Prozess der Aussagenproduktion begleitet wird. Dies war bei der Menge der untersuchten Einheiten jedoch nicht möglich und könnte im Rahmen einer nachfolgenden Studie ergänzend durchgeführt werden.

Ob neben der fehlenden Ausbildung von Ordnungsprogrammen auch ein Mangel an angepassten Darstellungsprogrammen existiert, wird im nachfolgenden Kapitel 8 in der Auswertung der quantitativen Inhaltsanalyse sichtbar.

8. Redaktionelle Darstellungsprogramme im Mobilen Journalismus – Ergebnisse

Journalismus auf dem Tablet
wird künftig sehr viel mehr sein müssen
als die Reproduktion eines bestehenden Produkts.
Jakubetz 2011b

In Analogie zu Kapitel 7 erfolgt auch die Präsentation der wesentlichen Erkenntnisse zu „Forschungskomplex II – Redaktionelle Darstellungsprogramme“ gegliedert nach den drei Teilhypothesen. Für Hypothese 2.1 werden sowohl Indikatoren einbezogen, die sich auf die Redaktionsbefragung beziehen als auch auf die Inhaltsanalyse der Apps. Hypothese 2.2 und 2.3 werden ausschließlich über Indikatoren geprüft, die aus der Inhaltsanalyse gewonnen werden. Grundlage für die Auswertung der Ergebnisse sind die in Kapitel 6 festgelegten Annahmebedingungen. Die abschließende Prüfung der drei Teilhypothesen erfolgt im Rahmen der Zusammenfassung der Ergebnisse in Kapitel 8.4. Da sich die Untersuchung sowohl auf Indikatoren bezieht, die auf App- ($n = 517$) als auch auf Beitragsebene ($n = 3310$) gemessen wurden, wird in den Ausführungen deutlich gemacht, auf welche Analyseeinheit sich die Ergebnisse beziehen. Auch für die Variablen der Inhaltsanalyse sind die Daten nicht normalverteilt. Daher wurde ebenfalls auf non-parametrische Testverfahren zurückgegriffen. Um das Problem der Alpha-Fehler-Inflation zu vermeiden, wurden die α_{Adjust}-Werte zur Prüfung von Signifikanzen verwendet.

Die Verteilung der Grundgesamtheit nach Muttermedien sowie die Anteile an Smartphone- und Tablet-PC-Apps wurden bereits in Kapitel 6.3.2 vorgestellt. Im Durchschnitt sind die journalistischen Apps mit 3,1 von fünf möglichen Sternen bewertet ($sd = 1{,}0$). Die Anzahl der abgegebenen Bewertungen schwankt stark, von null bis über 27.000. Im Mittel (Median) haben nur 49 Rezipienten eine Bewertung für eine journalistische App abgegeben. Lediglich zehn Apps weisen über 10.000 Bewertungen auf, 85 Apps haben unter zehn Bewertungen erhalten. Alle Angebote mit den höchsten Bewertungszahlen werden von Medienunternehmen herausgegeben, die offline bundesweit verfügbare Medientitel anbieten. Die Top-5-Apps mit den meisten Bewertungen sind Bild (Smartphone), Sport 1

(Smartphone und Tablet-PC), n-tv iPhone edition (Smartphone) sowie RTL (Smartphone). Aufgrund fehlender öffentlich verfügbarer Nutzungszahlen, sind Aussagen zum Zusammenhang der Bewertung einer App und der Anzahl der Downloads nicht möglich.

Einen Eindruck der Intention der Herausgeber vermittelt der Titel der App: 53 Prozent verwenden den Namen des Muttermediums ohne weiteren Zusatz. Damit ist im Rahmen crossmedialer Strategien eine klare Zuordnung zur Dachmarke möglich. Rund 14 Prozent der Apps führen den Zusatz „ePaper, iPaper, eZeitung, eMagazine oder eReader". Dieser deutet bereits an, dass es sich um die digitale Version einer gedruckten Printpublikation handelt. Noch stärker am Offlinemedium orientiert sind Titel, die explizit „Zeitung/Journal/Magazin", „Rundfunk" oder „Radio" im Namen tragen (6%). Ebenfalls rund sechs Prozent rekurrieren durch Zusätze wie „Online", „Web" oder „.de/.net/.com" auf das stationäre Internet. Verweise im Titel, die auf mobilspezifische Apps schließen lassen, sind selten. In rund drei Prozent der Apps wird der Zusatz „Mobil" verwendet, jeweils zwei Prozent ergänzen den Markennamen mit „2.0/3.0" sowie „App". Insgesamt variieren die Bezeichnungen stark.

8.1 Mangel eigenständiger Darstellungsprogramme

Hypothese 2.1 geht von der fehlenden Eigenständigkeit mobiler Darstellungsprogramme aus. Einerseits wurden hierzu die Organisationen zur Zusammenarbeit zwischen Designern/Entwicklern der Apps und journalistischen Akteuren im Zuge der Einführung der Angebote befragt. Darüber hinaus wurden Quellen, Bearbeitungen und Eigenständigkeit der Inhalte im Mobilen Journalismus erhoben. Neben den Auskünften der verantwortlichen Akteure gibt die Inhaltsanalyse Hinweise zur Anpassung der journalistischen Produkte an Mobilspezifika. Dazu wurden die Nutzung von Multimedialität, Playfulness und intuitiver Bedienbarkeit untersucht.

Indikator 1: Zusammenarbeit mit Designern und Entwicklern

Rund 80 Prozent der Mobiler und 62 Prozent der Planer geben an, das Angebot gemeinsam mit Designern und Entwicklern konzipiert zu haben. Dies deutet darauf hin, dass die Notwendigkeit zur Zusammenarbeit wider Erwarten bereits erkannt und umgesetzt worden ist. Damit ist Annahmebedingung 1 nicht erfüllt. Diese Zusammenarbeit ist jedoch nur auf die

Einführung der Angebote bezogen, nicht auf eine kontinuierliche Absprache im Produktionsalltag. Für die konsequente mobilspezifische Aufbereitung der Themen ist dies notwendig, um zum Beispiel textbasierte Informationen nicht als Fließtext, sondern selektiv und spielerisch mit neuen Layout- und Hardwareelementen zu verbinden. Dazu kann über die Antworten aus der Befragung keine Aussage getroffen werden.

Annahmebedingung 1	X
Indikator 1	**X**

Indikator 2: Zweitverwertung von Inhalten

Für Inhalte im Mobilen Journalismus wird angenommen, dass diese mehrheitlich zweitverwertet werden. Dabei ist relevant, ob es sich um eine eins-zu-eins-Übertragung des gesamten Angebots handelt, oder ob einzelne Beiträge zweitverwertet werden. Einen ersten Hinweis darauf geben die drei wichtigsten Quellen, aus denen das mobile Angebot gespeist wird. Hauptquelle für Mobiler ist vorrangig das unveränderte Angebot des Muttermediums (m = 1,6, sd = 0,8), gefolgt von der kompletten Übernahme der Inhalte der stationären Webseite (m = 1,7, sd = 0,6) sowie drittens die Ausspielung von einzelnen unveränderten Beiträgen des Onlineangebots (m = 1,9, sd = 0,9). Da neu produzierte Beiträge nicht zu den drei Hauptquellen zählen (m = 2,5, sd = 0,8), ist Annahmebedingung 1 bestätigt.

Annahmebedingung 1	✓

Die geringe Relevanz neu produzierter Inhalte für Mobilen Journalismus wird zusätzlich durch einen eher geringen Stellenwert von Bearbeitungen gestützt (m = 3,0, sd = 1,6). Rund 43 Prozent der verantwortlichen Akteure schätzen die vorgenommenen Änderungen an bestehenden Inhalten in ihrer Redaktion sogar als gering oder sehr gering ein. Auch Annahmebedingung 2 trifft daher zu.

Annahmebedingung 2	✓

Darüber hinaus ist von Interesse, wie viele Redaktionen journalistische Inhalte ausschließlich für Mobilen Journalismus produzieren: Ihr Anteil liegt mit nur zwölf Prozent deutlich niedriger als vor fünf Jahren (22%). Die zehn Redaktionen, die eigene Inhalte produzieren, fertigen sowohl

Texte, Fotos als auch Videos an. Zudem wurden Specials und Inhalte für bestimmte Ressorts (Sport und Ratgeber) genannt.

Der sehr geringe Prozentsatz von „Mobile Only"-Inhalten könnte in der erleichterten automatisierten Ausspielung begründet sein. Vor fünf Jahren waren die frühen Angebote sowohl aufgrund der Beschaffenheit der Endgeräte als auch der Dienste noch selten dafür geeignet. Für mobile Webseiten und Apps ist nun eine Mehrfachverwertung viel einfacher möglich. Smartphones und Tablet-PCs lassen sowohl die rein technische Anpassung der stationären Webseite zu, als auch Apps, die nur einen Player für den Livestream beinhalten oder ein statisches PDF. Damit ist die dritte Annahmebedingung erfüllt. Die Erkenntnisse der Befragung deuten damit insgesamt auf eine äußerst geringe Anpassung der Inhalte an die Spezifika des Mobilen Journalismus hin. Indikator 2 trifft zu.

Annahmebedingung 3	✓
Indikator 2	✓

Als Gründe für die weitgehende Übernahme von existierenden Inhalten sehen verantwortliche Akteure mangelnde personelle (m = 4,9, sd = 1,5), zeitliche (m = 4,7, sd = 1,5) und finanzielle (m = 4,4, sd = 1,5) Ressourcen. In Einklang mit den in Kapitel 7 beschriebenen Ergebnissen liegt der Mangel an eigenständigen Inhalten damit primär an systeminternen Gründen und nicht an der Einschätzung, eine Anpassung der Angebote sei nicht notwendig (m = 2,9, sd = 1,9). Auch steht ihr ein Mangel an Kompetenz (m = 2,4, sd = 1,4) eher nicht entgegen.

Indikator 3: Anteil eigentständiger Darstellungsprogramme

Die Aussagen der Befragten zur fehlenden Eigenständigkeit der Inhalte werden durch die Ergebnisse der quantitativen Inhaltsanalyse ergänzt. Es wird angenommen, dass journalistische Apps durch eine weitgehende Übernahme bereits existierender Offline- und Onlinebeiträge eine geringe Multimedialität, Playfulness und durch mangelnde neue Aufbereitung zudem geringe intuitive Bedienbarkeit aufweisen. Die Analyse der Angebote (n = 517) erfolgte zunächst auf Ebene der App, nur wenn diese nicht ausschließlich eine eins-zu-eins-Ausspielung darstellten, wurden weitere Indikatoren auf Beitragsebene analysiert.

Als erstes gibt die Anzahl der Übernahmen bestehender Offlinemedien einen Eindruck, die lediglich ein rein statisches PDF oder einen linearen

Audio- oder Videostream anbieten. Jede dritte deutschsprachige journalistische App stellt eine vollständige Imitation eines Offlinemediums dar (31%). Mehr als ein Drittel geht eine Kompromisslösung ein (36%), indem zusätzlich zu selektiv rezipierbaren Inhalten ein statisches PDF oder ein linearer Livestream angeboten werden. Damit sind klassische Offlineschemata insgesamt in mehr als zwei Dritteln der Apps präsent. Lediglich 33 Prozent weisen kein Offlineschema mehr auf. Aufgrund des hohen Anteils an eins-zu-eins-Übernahmen ist Annahmebedingung 1 erfüllt.

Annahmebedingung 1	✓

Für Apps, die keine vollständige Kopie der Offlineinhalte publizieren sowie diejenigen, die dies nur additiv anbieten, wurde jeweils eine Stichprobe von zehn Beiträgen analysiert. Für diese 358 Apps konnte in 13 Fällen mangels einer ausreichenden Anzahl von Beiträgen (mind. zehn waren für die Stichprobenziehung Voraussetzung) keine Analyse durchgeführt werden. Darüber hinaus war für weitere 14 Apps aufgrund technischer Fehler kein Zugang zu den einzelnen Beiträgen möglich. Die Zuverlässigkeit der Programme in der einmaligen Testsituation war somit hoch, 96 Prozent der Beiträge konnten analysiert werden. Letztlich standen 3310 Einzelbeiträge für die Untersuchung zur Verfügung.

In rund 93 Prozent der Fälle werden in diesen Beiträgen maximal zwei unterschiedliche multimediale Elemente miteinander kombiniert. Der Schwerpunkt liegt auf der Kombination von zwei Elementen (61%). In 56 Prozent der Fälle ist dies eine Kombination aus Text und Foto. Multimediastories nehmen mit rund sieben Prozent eine untergeordnete Stellung ein. Diese erfordern innerhalb eines Beitrags die Zusammenstellung von mindestens drei unterschiedlichen Medienformaten, zum Beispiel von Text, Foto und Video (vgl. Abb. 13).

Abb. 13: Multimediastories in den Beiträgen

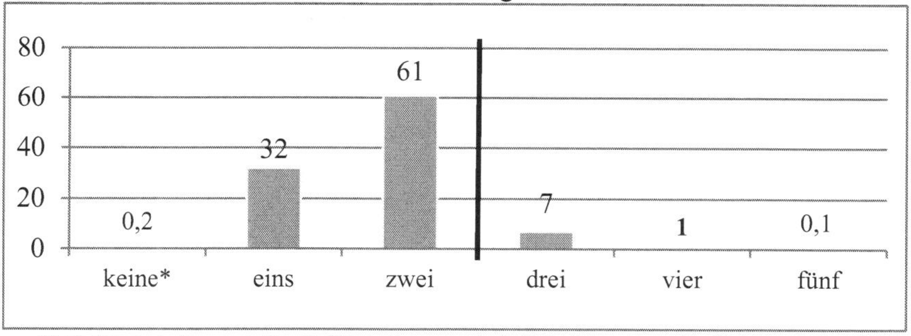

n = 3310, Werte in Prozent, *in fünf Beiträgen war lediglich eine externe Verlinkung vorhanden.

Die verwendeten Medienformate sind mit geringem Aufwand für die Redaktion verbunden. Für Printmedien liegen Texte und Fotos bereits durch die Offlineprodukte vor, Rundfunkmedien können darauf in der Regel durch ihre stationären Internetseiten zurückgreifen. Aufgrund der geringen Anzahl an Multimediastories ist Annahmebedingung 2 erfüllt.

Annahmebedingung 2	✓

Insgesamt bestehen die untersuchten Beiträge journalistischer Apps am häufigsten aus Texten (88%) und Fotos (56%), es folgen Videos (19%). Grafiken und Zeichnungen (8%) sowie Audios (6%) spielen eine untergeordnete Rolle.

Ein erster Indikator für den Umfang der Fließtexte ist die Anzahl der Absätze.[22] Im Durchschnitt umfasst ein Textbeitrag rund fünf Absätze inklusive Teaser/Vorspann (sd = 7,3). Über 50 Prozent der Textbeiträge sind mit maximal zwei Absätzen kurz. Allerdings sind in vier Beiträgen auch über 100 Absätze in einem Text zu finden. Diese stammen alle aus der Smartphone- und Tablet-PC-App des Spiegels. Hier werden Texte der gedruckten Ausgabe in Originallänge in die App übernommen. Die Zahl der Fotos liegt im Mittel bei zwei (sd = 3,0). Ist eine Fotoslideshow integriert, ist im Durchschnitt nur eine Galerie vorhanden. Diese umfasst zwischen zwei und 244 Fotos (Brigitte.de App), durchschnittlich sind es rund 22 Fo-

22 Für eine genaue Messung der Textlänge wäre ein Zählen der verwendeten Wörter oder besser Zeichen notwendig. Dies war aufgrund der großen Datenmenge nicht realisierbar.

tos (sd = 28,4, md = 12,0). Sind Audiobeiträge und klassische Videos in der App vorhanden, ist durchschnittlich nur ein Beitrag eingebunden (sd_{Audio} = 0,6, sd_{Video} = 1,3). Bezogen auf alle Einzelelemente, die in den untersuchten Beiträgen vorkommen (n = 6104), nehmen neue Darstellungsformen einen verschwindend geringen Anteil ein. Bis auf selektive Textbausteine (5%) liegt die Häufigkeit aller weiteren innovativen multimedialen Formen unter einem Prozent. Sie kommen in absoluten Werten maximal sechs Mal vor. Es dominiert klassischer Fließtext (87%), gefolgt von statischen Fotos (48%) und klassischen Videobeiträgen in einem Playerfenster (19%). Die dritte Annahmebedingung trifft somit ebenfalls zu.

Annahmebedingung 3 ✓

Neben Multimediaeinsatz und neuen Darstellungsformen ist die Integration von Playfulness in das Storytelling journalistischer Beiträge ein Indikator für die Anpassung von Inhalten an das neue Ausspielmedium. Aufgrund des größeren Produktionsaufwands wird von einer seltenen Anwendung der Indikatoren für Playfulness ausgegangen. Die Inhaltsanalyse bestätigt dies: Spielerische Elemente nehmen derzeit nahezu überhaupt keinen Raum ein. Lediglich in einem von 3310 Beiträgen wird der Lagesensor eingesetzt, um ein Objekt zu bewegen bzw. dieses zu verändern: Durch Schütteln des Smartphones entkleidet sich das Bild-Girl in der Smartphone-App der Bildzeitung. In weiteren zwei Fällen kommt die Möglichkeit des Image Reveals zum Einsatz. Der Nutzer kann durch Wischgesten mit dem Finger ein Objekt (meist unter einem Foto) enthüllen oder verändern. Beide Formen sind in Apps von Zeitschriften (View, Auto Bild) zu finden. Aufgrund der geringen Häufigkeiten von Playfulness ist Annahmebedingung 4 erfüllt.

Annahmebedingung 4 ✓

Als dritte Dimension gibt die intuitive Bedienbarkeit Auskunft über die Eigenständigkeit der Angebote. Diese äußert sich in Layout, Navigation und Orientierung für die Nutzer. Das Layout der Apps ist für die Einstiegsseite von Online- und Printmetaphern dominiert: Der häufigste Startseitentyp ist die visuell-semantische Ansicht mit Gewichtung (18%). Dieses Prinzip der Kombination von Teasertexten und Fotos, die je nach Relevanz in der Größe variieren, ist bereits von stationären Webseiten bekannt. An zweiter Stelle folgen Artikelansichten (18%), die auf einer Seite unterschiedliche Einzelbeiträge in einem Layout anzeigen und an Zeitungsseiten angelehnt sind. Am dritthäufigsten ist eine Startseite, die nur Markennamen oder Logos der App anzeigt (17%). Dieser neue Startseitentyp bietet inhaltlich allerdings keinerlei Orientierung für den Rezipienten. Das in den Best Practice-Beispielen häufig angewendete Living Cover ist nur in zwei Tablet-Apps vorhanden – jeweils einmal bei einer Zeitschrift (TV Digital HD) und einem Fernsehsender (Pro Sieben für iPad).

Insgesamt dominieren damit in journalistischen Apps Onlineschemata (34%), gefolgt von Printschemata (31%) und Mobilschemata II (26%). Letztere umfassen sowohl Startseiten, die wie oben beschrieben nur ein Markenlogo umfassen, als auch Startseiten, die an einen Cover-Flow angelehnt sind. Dies ist bereits durch MP3-Player oder Mediatheken bekannt. Das Mobilschema I, umfasst Living Cover, Kachelansicht sowie Splitscreens (mit und ohne Gewichtung) und kommt in nur fünf Prozent der Apps vor. Zusammengefasst machen neue Mobilschemata ebenfalls 31 Prozent aus. Apps sind damit weitgehend dreigeteilt in Online-, Print- und Mobilschemata für die Startseiten. Es dominiert die Anlehnung an bereits existierende Schemata. Für die beiden Endgerätetypen – Smartphone und Tablet-PC – zeigen sich signifikante Unterschiede. Smartphone-Apps nehmen eher auf Onlineschemata Bezug (46%), Printschemata werden häufiger für Tablet-Apps genutzt (54%; vgl. Tab. 96). Die Ergebnisse für alle journalistischen Apps bestätigen damit die Tendenz, die sich bereits in der Analyse der Best Practice-Beispiele gezeigt hat.

Tab. 96: Startseiten nach Endgerätetypen

	iPhone	iPad
	n = 298	**n = 208**
Onlineschema	46	17
Printschema	14	54
Radio-/Fernsehschema	6	2
Mobilschema I	2	9
Mobilschema II	32	18

Werte in Prozent, $Chi^2 = 118,1$, df = 4, C-V = .484, p<.001

Diese Unterschiede sind auch in Apps von Printmedien zu finden. Die Startseite der Smartphone-Apps von Zeitungen (70%) und Zeitschriften (63%) ist mehrheitlich nach dem Onlineschema gestaltet. Für Tablet-PC-Apps dominiert das Printschema (78% bzw. 81%; $Chi^2 = 304,06$, df = 12, C-V = .454, p<.001).

Das Layout innerhalb der Publikationen ist deutlicher von Onlineschemata dominiert als die Startseiten: In nahezu der Hälfte der Apps ist das Layout der Beiträge an Webseiten orientiert (49%), gefolgt von Zeitungs- (16%) und Zeitschriftenlayouts (12%). Weiter spielt auch die Übernahme von Playern für Liveprogramm (9%) oder Mediatheken (8%) eine Rolle. Je nach Endgerät verschiebt sich das Bild auch hier ($Chi^2 = 153{,}40$, $df = 8$, $C\text{-}V = .545$, $p<.001$): Das Layout der Beiträge in Smartphone-Apps ist zu zwei Dritteln an stationären Internetseiten orientiert. Für Tablet-Apps sind drei Schwerpunkte zu beobachten: Zeitungs- (28%), Zeitschriften- (25%) und Webseitenlayout (24%) bilden die häufigsten Gestaltungsprinzipien. Die Fokussierung auf Online- und Printschemata ist damit deutlich erkennbar, Smartphone-Apps sind eher an Onlineschemata angelehnt, Tablet-Apps dagegen an Printschemata. Annahmebedingung 5 ist erfüllt

.

Annahmebedingung 5	✓

Neben der Imitation bereits existierender Schemata für Startseiten und Beiträge, wurden die Apps auch daraufhin untersucht, ob einzelne neue Layoutelemente in die Angebote integriert werden. Diese wurden aus den Best Practice-Beispielen abgeleitet und umfassen bildlauffähige Ebenen und Bereiche, Hotspots sowie Auswahl-Hotspots und Flip-Card-Effekte. Alle Formen werden in den untersuchten Beiträgen sehr selten eingesetzt. Lediglich bildlauffähige Bereiche kommen in sieben Prozent der Beiträge vor, Hotspots in vier Prozent. Bildlauffähige Ebenen, Auswahl-Hotspots und Flip-Card-Effekte sind in weniger als ein Prozent der Apps vorhanden. Insgesamt werden neue Möglichkeiten zur Gestaltung des Layouts damit noch sehr selten genutzt.

Annahmebedingung 6	✓

In Bezug auf die intuitive Navigation innerhalb der App ist von Relevanz, ob sich bereits eine einheitliche Nutzung von Gesten für das Fortkommen in der Publikation und die Auswahl einzelner Elemente etabliert. Dadurch können sich Rezipienten leichter orientieren. Die Fokussierung auf Onlineschemata zeigt sich auch hier. Eine Mischung aus Buttons, Scroll- und Tapgesten dominiert (63%), gefolgt von der reinen Integration von Swipe-Gesten (14%, vgl. Tab. 97). Diese liegen näher am traditionellen Blättern in Printpublikationen, da sie nur eine horizontale Navigationsrichtung ermöglichen. Das Button-Scroll-Swipe-Modell dominiert in Smartphone-

Apps deutlich (76%, Tablet-Apps 43%), ein Viertel der Tablet-Apps wird durch Swipe-Gesten gesteuert ($Chi^2 = 107{,}04$, $df = 6$, C-V = .455, $p<.001$).

Tab. 97: Gestensteuerung der Apps

Gesten	
Button-, Scroll- und Tap-Gesten	63
Swipe-Gesten	14
Links und Buttons	8
Tap- und Swipe-Gesten	7
Swipe-, Scroll- und Tap-Gesten	6
Blättern	2
Sonstiges	1

N = 517, Werte in Prozent

Das in den Best Practice-Beispielen bereits vorherrschende Prinzip einer Kombination aus Swipe-, Scroll- und Tapgesten nimmt in der Breite der Angebote nur eine untergeordnete Stellung ein (6%). Lediglich in Tablet-Apps findet es häufiger Anwendung (14%). Annahmebedingung 7 ist damit erfüllt.

Annahmebedingung 7	✓

Auch in Bezug auf das Navigationsmodell zeigt sich eine deutliche Fokussierung auf das bereits im stationären Internet etablierte hierarchische Modell (73%). Dieses referenziert von einer Startseite ausgehend durch Links und/oder Buttons alle zentralen Ressorts und Beiträge. Die Startseite ist dabei die zentrale Anlaufstelle, es erfolgt eine selektive Navigation durch die Publikation, die meist immer wieder dorthin zurückkehrt. Etwas weniger als ein Viertel der Apps insgesamt ist nach der von gedruckten Publikationen bekannten Heftstruktur aufgebaut. Diese gibt eine lineare Navigation vor. Das neue Modell der Wäscheleine wird lediglich in vier Prozent der Apps angewendet. Es kommt ausschließlich in Tablet-Apps vor. Das Navigationsmodell unterscheidet sich nach Endgerät signifikant: Während Smartphone-Apps deutlich vom hierarchischen Modell dominiert werden (89%), sind Tablet-Apps zweigeteilt. 49 Prozent folgen ebenfalls dem hierarchischen Modell, weitere 42 Prozent der Heftstruktur. Annahmebedingung 8 trifft demnach zu.

Annahmebedingung 8	✓

Innerhalb der Beiträge ist die Seitenaufteilung an die kleineren Displays angepasst, mehrheitlich erscheint nur ein Beitrag (86%). Das Layout ist zudem in 88 Prozent der Fälle einspaltig angelegt und damit besser rezipierbar als mehrspaltige Layouts. Annahmebedingung 9 trifft nicht zu.

Annahmebedingung 9	X

Die Menüs der Apps sind vorwiegend permanent am oberen und/oder unteren Rand des Displays angebracht (85%). Vier zentrale Menüpunkte haben sich in den Apps herauskristallisiert (vgl. Abb. 14). Am häufigsten enthält das Menü einen Link zur Startseite (65%), ein Inhalts- oder Ressortverzeichnis (44%), einen Reiter für aktuelle Nachrichten (43%) sowie den direkten Einstieg in einzelne Ressorts/Rubriken (40%). Damit stehen eine inhaltliche Orientierung sowie aktuelle Informationen im Vordergrund. Rund zwei Drittel der Apps weisen nicht mehr als sechs Menüpunkte auf.

Um Nutzern die Bedienung der neuen Medienangebote zu erleichtert, hilft die Einbindung von Tutorials, die zentrale Funktionen und Symbole erläutern. In lediglich 20 Prozent der Apps wird diese Option genutzt. In diesen Fällen werden Text (95%) und/oder Grafiken (55%) zur Erklärung verwendet. 38 Prozent der Tutorials sind bimedial aufgebaut. Fotos (18%) und Videos (8%) kommen insgesamt seltener zum Einsatz. Annahmebedingung 10 ist bestätigt.

Abb. 14: Menüpunkte in journalistischen Apps

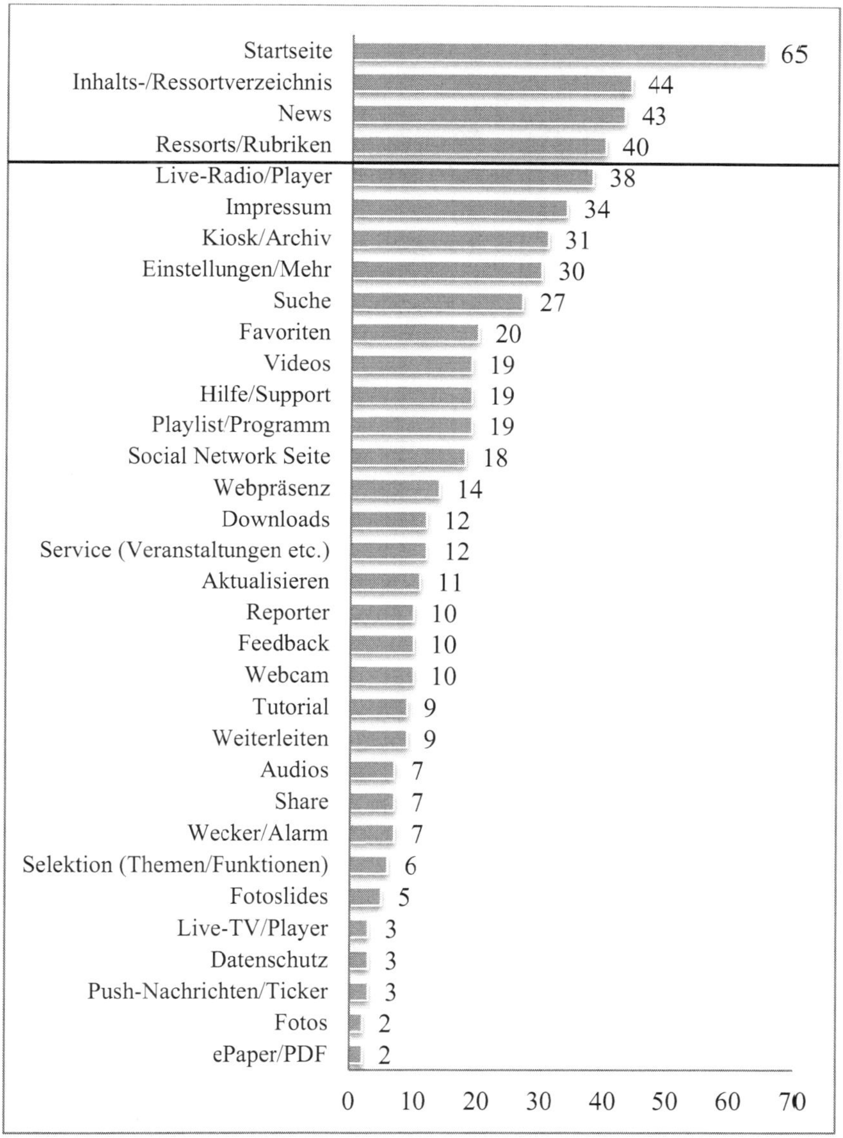

n = 3007, Werte in Prozent

Annahmebedingung 10	✓

Intuitive Orientierung geben neben Tutorials vor allem einheitlich verwendete Symbole. Diese zeigen dem Rezipient auf einen Blick, wie er mit Inhalten umgehen kann. Symbole für multimediale Elemente werden nicht einheitlich verwendet. Beispielhaft soll dies an zwei unterschiedlichen Formen dargestellt werden: Sowohl für die am häufigsten vorkommende neue Darstellungsform der selektiven Textbausteine, aber auch für das bereits etablierte Format der Fotoslides werden Symbole in den Apps nicht einheitlich verwendet. Auf selektive Textbausteine weist am häufigsten ein Text hin (17%), aber auch Icons einer Hand (12%), der Buchstabe „i" für Information (11%) oder ein Pluszeichen (6%). Für Fotoslides stehen Miniaturfotos (13%), Hinweise in Textform oder der Rubrikname (jeweils 12%), Punkte, die eine Anzahl der Fotos zeigen (12%), das Icon eines Fotoapparats (9%) oder doppelte Rechtecke (4%). Insgesamt sind in beiden Fällen mehr als 30 Varianten an Symbolen zu finden. Annahmebedingung 11 trifft damit zu.

Annahmebedingung 11	✓

Ein weiteres Mittel, um digitale Publikationen übersichtlich zu gestalten, sind Lokalisierungselemente. Diese sind mehrheitlich vorhanden: In rund 70 Prozent der Beiträge erhält der Rezipient Informationen, wo er sich gerade befindet. Mehrheitlich ist auch dies an Onlineschemata orientiert, es werden das Ressort oder die Rubrik angezeigt (87%), in acht Prozent wird diese Information zudem durch numerische Positionsangaben (z.B. 2/12 für den zweiten von zwölf Beiträgen) ergänzt. Das Ende eines Beitrags ist ebenfalls mehrheitlich gekennzeichnet (63%). Der Hinweis erfolgt vorrangig durch Balken am Textende (32%) oder die Nennung eines Autors bzw. einer Quelle (26%). Insgesamt sind allerdings auch hier die verwendeten Symbole sehr vielfältig und keinesfalls einheitlich.

Richtungselemente sind in 71 Prozent der Beiträge zu finden. Allerdings bestehen diese mehrheitlich nur aus angeschnittenen Elementen (86%). Farbige Punkte/Pfeile, die dem Nutzer zudem einen Hinweis auf den Umfang des Beitrags geben, werden nur in acht Prozent der Beiträge genutzt. Annahmebedingung 12 trifft damit nicht zu.

Annahmebedingung 12	X
Indikator 3	✓

8.2 Nutzung des technischen Potenzials nach Muttermedien

Hypothese 2.2 beinhaltet die Annahme signifikanter Unterschiede zwischen der Selektion einzelner technischer Potenziale je nach Muttermedium. Damit ist von einer Konvergenz der Medienangebote im Mobilen Journalismus nicht auszugehen. Im Folgenden werden die Ergebnisse zu den Potenzialdimensionen jeweils in Abhängigkeit vom Muttermedium dargestellt. Für Auswertungen auf App-Ebene werden die Gruppen „Nachrichtenagenturen" und „Rundfunksender" aufgrund der kleinen Grundgesamtheit nicht in Prozentwerten ausgewiesen und nicht in Chi-Quadrat-Tests einbezogen. Für Auswertungen auf Beitragsebene werden alle Werte angegeben, soweit eine ausreichende Stichprobengröße vorhanden ist.

Indikator 1: Multimediaeinsatz nach Muttermedium

Der erste Indikator prüft, ob Unterschiede im Einsatz multimedialer Elemente in den Apps vorliegen. Es ist von einer primären Nutzung von Inhalten auszugehen, die dem Medienformat des Muttermediums entsprechen. Die vier formulierten Annahmebedingungen werden nachfolgend zusammenhängend überprüft und zur besseren Übersichtlichkeit in einer Grafik veranschaulicht.

Als erstes ist davon auszugehen, dass Apps von Printmedien (Zeitungen und Zeitschriften) sowie Nachrichtenagenturen häufiger Text und statische Fotos in den Beiträgen verwenden als Anbieter der restlichen journalistischen Subsysteme. In Analogie dazu sollten Fernsehsender häufiger Videos einbinden und Radiosender mehrheitlich Audioinhalte anbieten. Tab. 98 zeigt den Einsatz der einzelnen multimedialen Elemente in den Beiträgen der Apps nach Muttermedien. Die Unterschiede sind für alle Elemente signifikant ($p<.001$), jedoch besteht nur für den Videoeinsatz ein starker Zusammenhang mit dem Muttermedium ($C\text{-}V_{Video} = .627$). Unterschiede sind hier besonders deutlich: Während 70 Prozent der Fernsehsender in ihren Apps Videobeiträge publizieren, erfolgt dies nur in zwei Prozent der Radio-Apps. Auch Zeitschriften bieten nur in jedem fünften Beitrag ein Video an, Zeitungen und Nachrichtenagenturen in rund jedem zehnten. Rundfunksender nutzen ihren Vorteil aus, auf Radio- und Fernsehangebote zurückgreifen zu können. Zeitungen, Zeitschriften und Nachrichtenagenturen legen den Fokus auf Text und Foto.

Tab. 98: Multimediale Elemente nach Muttermedium

	Text	Foto	Audio	Video	Grafik/ Zeichnung
Zeitung	91	77	0	9	3
Zeitschrift	93	88	2	20	13
Nachrichtenagentur	97	70	0	10	3
Radiosender	90	39	12	2	14
Fernsehsender	77	35	1	70	2
Rundfunksender	59	46	15	36	1
Gesamt	89	56	6	19	8

n = 3310, Werte in Prozent, $p < ,001$, $df = 5$, $Chi^2_{Text} = 149{,}29$,$C\text{-}V_{Text} = .212$; $Chi^2_{Foto} = 607{,}05$, $C\text{-}V_{Foto} = .428$; $Chi^2_{Audio} = 189{,}21$, $C\text{-}V_{Audio} = .239$ $Chi^2_{Video} = 1302{,}50$, $C\text{-}V_{Video} = .627$; $Chi^2_{Grafik/Zeichnung} = 143.36$, $C\text{-}V_{Grafik/Zeichnung} = .208$

Lediglich Grafiken und Zeichnungen werden sowohl in den Angeboten von Zeitschriften als auch von Radiosendern am häufigsten eingesetzt. Während Zeitschriften traditionell häufiger erklärende Beiträge beinhalten, liegt der hohe Grafikeinsatz bei Apps von Radiosendern vor allem an der Fokussierung auf Verkehrsnachrichten und Wettermeldungen.

Die Beschränkung auf die jeweils etablierten Medienformate könnte zum einen an der Erwartung der Nutzer (und damit der Erwartungs-Erwartung der Medien) liegen, bereits bekannte Inhalte auch mobil zu empfangen. Es erfordert aber auch deutlich geringeren redaktionellen Produktionsaufwand, bestehendes Material zu verwenden. Angesichts der Betreuung der Angebote durch Redakteure des Mutter- und Onlinemediums müssten für neu produzierte Inhalte zudem vermutlich auch neue technische Kompetenzen erlernt werden. Letztlich bleibt eine Fokussierung auf wenige Medienelemente aber hinter den Möglichkeiten der Medien zurück. Die Etablierung von multimedialem Arbeiten im Journalismus ist allerdings ein langwieriger Prozess. Bis heute existiert hier auch im Onlinejournalismus ein Defizit (vgl. Kap. 4.1.3).

Da der Einsatz multimedialer Elemente vom Muttermedium abhängig ist, deuten die Ergebnisse darauf hin, dass eine Konvergenz der Angebote derzeit nicht stattfindet. Die Annahmebedingungen 1-3 sind erfüllt.

Annahmebedingung 1	✓
Annahmebedingung 2	✓
Annahmebedingung 3	✓

Für neue Darstellungsformen wurde bereits festgestellt, dass diese insgesamt selten auftreten. Dennoch lohnt ein Blick auf den Einsatz nach Mediengattungen. Hier ist auf der Basis der Best Practice-Beispiele anzunehmen, dass Zeitschriften am häufigsten innovative Formen aufgreifen. Abb. 15 zeigt den Einsatz neuer Darstellungsformen nach Muttermedien. Zeitschriften liegen dabei in sieben der neun vorkommenden Kategorien in absoluten Zahlen auf dem ersten Rang, lediglich Audio-O-Töne kommen nicht vor. Diese sind alle in Zeitungen zu finden. Insgesamt zeigen Print-Ableger damit die höchste Innovationsdichte im Bereich der neuen Darstellungsformen – wenn auch insgesamt auf sehr niedrigem Niveau. Annahmebedingung 4 trifft daher zu.

Abb. 15: Neue Darstellungsformen nach Muttermedium

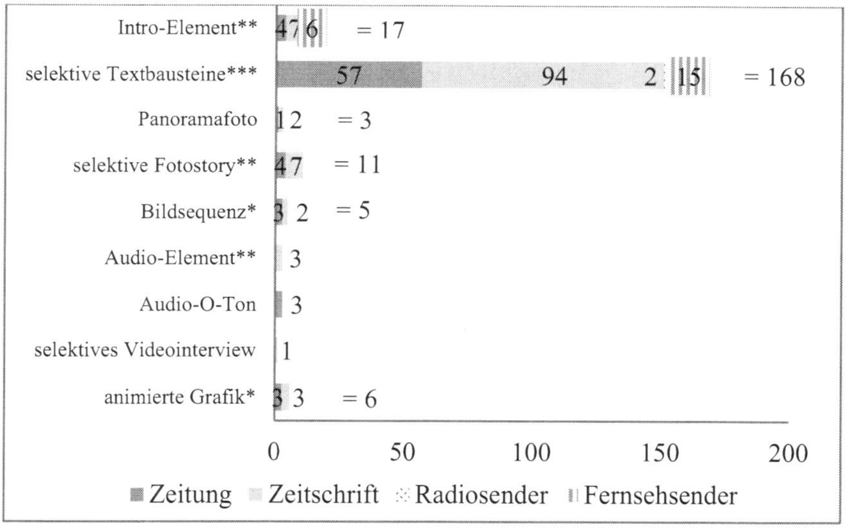

n = 3310, absolute Werte, $^{*}p<.05$, $^{**}p<.01$, $^{***}p<.001$, $df = 5$, $Chi^2_{Intro} = 22{,}05$, $C\text{-}V_{Intro} = .082$; $Chi^2_{selek.\ Text} = 339{,}83$, $C\text{-}V_{selek.\ Text} = .320$; $Chi^2_{selek.\ Foto} = 41{,}97$, $C\text{-}V_{selek.\ Foto} = .113$; $Chi^2_{Bildsequenz} = 14{,}16$, $C\text{-}V_{Bildsequenz} = .065$; $Chi^2_{Audio\text{-}Element} = 21{,}24$, $C\text{-}V_{Audio\text{-}Element} = .080$; $Chi^2_{animierte\ Grafik} = 11{,}15$, $C\text{-}V_{animierte\ Grafik} = .058$

Annahmebedingung 4	✓
Indikator 1	✓

Indikator 2: Aktualität der Apps nach Muttermedium

Die zweite Potenzialdimension von Mobilem Journalismus ist die Aktualität von Apps. Es ist davon auszugehen, dass insbesondere Zeitschriften aufgrund der Orientierung am Muttermedium seltener (monatlich, zweiwöchentlich oder wöchentlich) aktualisieren als Apps von anderen Muttermedien. Für diese wird eine Aktualisierung täglich oder mehrmals täglich unterstellt. Ein Vergleich der Medianwerte zwischen den Gruppen in Tab. 99 zeigt: Zeitschriften unterscheiden sich von allen anderen Medien (außer Nachrichtenagenturen durch geringe Fallzahlen) signifikant in ihrer Aktualisierungsfrequenz: Die Apps werden im Mittel nur wöchentlich aktualisiert. Die anderen Medien dagegen stellen wesentlich häufiger neue Inhalte zur Verfügung. Durchschnittlich aktualisieren Zeitungen täglich. Fernseh-, Radio- und Rundfunksender sowie Nachrichtenagenturen mehrmals täglich. Radiosender unterscheiden sich damit auch noch einmal signifikant von Zeitungen und Fernsehsendern durch die höchste Aktualisierungsfrequenz. Die Annahmebedingungen für Indikator 2 sind erfüllt.

Tab. 99: Aktualisierungsfrequenz nach Muttermedium

	n	m	sd	md
Zeitung	168	4,4	0,6	$4{,}0^{abc}$
Zeitschrift	79	2,8	1,8	$3{,}0^{adef}$
Radiosender	185	5,0	0	$5{,}0^{bdg}$
Fernsehsender	73	4,6	0,5	$5{,}0^{eg}$
Rundfunksender	9	5,0	0	$5{,}0^{cf}$
Nachrichtenagentur	3	5,0	0	5,0

Kurskal-Wallis-Tests, $^{abcdf}p<.001$, Medianwerte mit gleichen Buchstaben unterscheiden sich nach Bonferroni signifikant, $\alpha_{Adjust} = .003$, $^{a}Chi^2 = 36{,}49$, df = 1, p<.001; $^{b}Chi^2 = 129{,}87$, df = 1, p<.001, $^{c}Chi^2 = 9{,}20$, df = 1, p<.002; $^{d}Chi^2 = 145{,}98$, df = 1, p<.001; $^{e}Chi^2 = 30{,}02$, df = 1, p<.001; $^{f}Chi^2 = 11{,}62$, df = 1, p<.002; $^{g}Chi^2 = 95{,}52$, df = 1, p<.001; Skala Aktualisierung: 1 = monatlich, 2 = zweiwöchentlich, 3 = wöchentlich, 4 = täglich, 5 = mehrmals täglich

Annahmebedingung 1	✓
Annahmebedingung 2	✓
Indikator 2	✓

Indikator 3: Additivität der Apps nach Muttermedium

Das dritte Potenzial von Apps ist ihre Additivität. Die journalistischen Angebote wurden daher daraufhin untersucht, ob sie als abgeschlossene Ausgaben angeboten werden oder als additive Apps. Dabei ist von einer Anlehnung an das Muttermedium auszugehen. Das Sample ist abermals zweigeteilt: Apps von Printmedien bieten vorwiegend abgeschlossene

Einzelausgaben an, dies ist auch für zwei Drittel der Nachrichtenagenturen der Fall. Radio-, Fernseh- und Rundfunk-Apps hingegen werden immer als additive Ausgaben publiziert (vgl. Abb. 16). Die Medienunternehmen folgen damit auch in der Art der Publikation weiterhin etablierten Schemata der Produktion ihrer Angebote. Da signifikante Unterschiede nach Muttermedien vorliegen, sind Annahmebedingung 1 und 2 erfüllt.

Abb. 16: Additivität der Apps nach Muttermedium

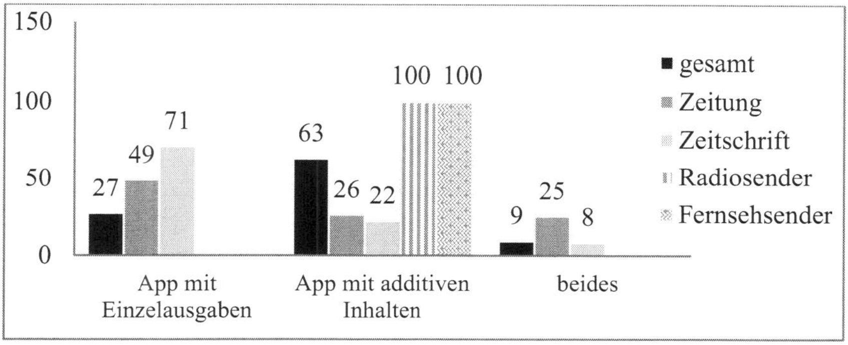

n = 515, p<.001, Chi^2 = 336,47, df = 6, C-V = .577

Annahmebedingung 1	✓
Annahmebedingung 2	✓

Zu den Möglichkeiten der Additivität gehört auch, ältere Inhalte bereitzuhalten, zum Beispiel durch ein Archiv. Dieses ist in 34 Prozent der Apps vorhanden, mehrheitlich in abgeschlossenen Ausgaben.

Abb. 17: Angebot eines Archivs nach Additivität der App

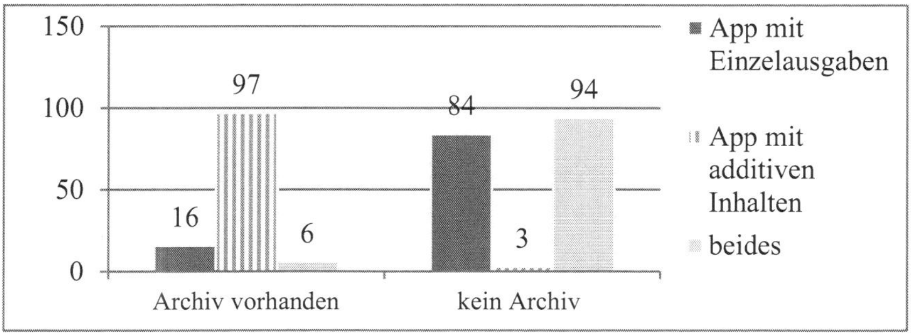

N = 517, Werte in Prozent, p<.001, Chi^2 = 374,04, df = 2, C-V = .851

69 Prozent der Zeitungen und 68 Prozent der Zeitschriften halten ältere Inhalte weiterhin bereit ($p<.001$, $Chi^2 = 336{,}47$, $df = 6$, $C\text{-}V = .577$). Noch deutlicher zeigt sich der Zusammenhang, wenn Apps nach ihrer Additivität verglichen werden (vgl. Abb. 17). Apps mit Einzelausgaben offerieren zu 97 Prozent ein Archiv, additive Apps nur zu 16 Prozent. Interessant ist die Verschiebung des Fokus, wenn beides in der App angeboten wird: Nur drei Prozent offerieren dann noch ältere Ausgaben oder Beiträge in einem Archiv – es ist demnach nur eine aktuelle Ausgabe als abgeschlossene Publikation innerhalb der additiven App erhältlich. Annahmebedingung 3 ist damit ebenfalls erfüllt.

Annahmebedingung 3	✓

Als drittes Merkmal von Additivität wurden die Apps auch auf Verweise untersucht. Darunter fallen sowohl interne Verlinkungen innerhalb der Publikation als auch externe Verlinkungen auf andere digitale Inhalte. Darüber hinaus umfasst dies crossmediale Verweise auf andere Angebote des Medienunternehmens, etwa die stationäre Internetseite, das Offlineprodukt oder soziale Netzwerke. Es ist davon auszugehen, dass Verlinkungen insgesamt häufiger in additiven Apps angewendet werden und damit mehrheitlich in Rundfunk-Apps auftreten.

Tab. 100: Verweise in journalistischen Apps nach Muttermedium

	intern	extern	crossmedial
Zeitung	18	7	6
Zeitschrift	32	11	8
Nachrichtenagentur	33	0	33
Radiosender	3	3	11
Fernsehsender	11	2	7
Rundfunksender	15	4	3
Gesamt	13	5	8

$n = 3310$, Werte in Prozent, $p<.001$. $df = 5$, $Chi^2_{intern} = 286{,}78$, $C\text{-}V_{intern} = .294$; $Chi^2_{extern} = 55{,}24$, $C\text{-}V_{extern} = .129$; $Chi^2_{crossmedial} = 45{,}39$, $C\text{-}V_{crossmedial} = .117$

Tab. 100 zeigt die Verteilung der Verlinkungen nach Muttermedien. Am häufigsten verlinken intern Nachrichtenagenturen (33%) und Zeitschriften (32%), gefolgt von Zeitungen (18%). Auch bei externen Verlinkungen sind Print-Apps führend, Nachrichtenagenturen tauchen hier jedoch nicht auf. Diese integrieren am meisten crossmediale Verweise (33%), gefolgt von Radiosendern (11%) sowie Print-Apps. Insgesamt sind alle Verweisarten derzeit mehrheitlich nur selten in die Angebote integriert. Rundfunk-

Apps verweisen insgesamt nicht häufiger als Print-Apps. Annahmebedingung 4 ist damit nicht erfüllt.

Annahmebedingung 4	X
Indikator 3	✓

Indikator 4: Interaktivität der Apps nach Muttermedium

Das vierte Potenzial von Mobilem Journalismus liegt in der Interaktivität, die keinen Medienwechsel erfordert. Aufgrund der Zweiteilung der Best Practice-Beispiele ist davon auszugehen, dass Apps von Radio- und Fernsehsendern eine höhere Interaktivität aufweisen als Ableger von Printmedien (vgl. Tab. 101).

Tab. 101: Interaktivität nach Muttermedium

	Umfrage/ Abstimmung*	**Bewertung**	**Kommentar**	**Contentproduktion**	**E-Mail-Weiterleitung**	**Share-Funktion**	**Feedback**
Zeitung	0	2	3	7	57	33	29
Zeitschrift	1	0	5	1	51	58	23
Nachrichtenagentur	0	33	0	0	100	0	33
Radiosender	0	0	1	31	8	4	58
Fernsehsender	0	44	26	7	71	67	30
Rundfunksender	0	0	67	0	67	0	22
Gesamt	0	7	7	15	41	31	39

*n = 3310, n = 517, Werte in Prozent, $p<.001$, df = 3, $Chi^2_{Bewertung}= 161,40$, $C\text{-}V_{Bewertung} = .565$; $Chi^2_{Kommentar} = 63,28$, $C\text{-}V_{Kommentar} = .354$; $Chi^2_{Content}= 62,25$, $C\text{-}V_{Content} = .351$; $Chi^2_{E\text{-}Mail}= 130,96$, $C\text{-}V_{E.Mail} = .509$; $Chi^2_{Share} = 135,99$, $C\text{-}V_{Share} = .519$; $Chi^2_{Feedback} = 45.64$, $C\text{-}V_{Feedback} = .301$

Eine Möglichkeit Nutzer einzubinden, sind Umfragen oder Abstimmungen in Beiträgen. Diese Option wird insgesamt nahezu gar nicht genutzt (0,2%). Auch die interaktiven Formate Bewertung (7%), Kommentar (7%) und die Aufforderung zur Produktion von User Generated-Content (15%) kommen selten vor. Am häufigsten ist insgesamt eine Weiterleitung von Beiträgen via E-Mail (41%), gefolgt von der Möglichkeit zu allgemeinem Feedback (39%) und der Share-Funktion in sozialen Netzwerken (31%).

Medienunternehmen integrieren vorrangig Funktionen, die lediglich eine Weiterverbreitung ihrer Inhalte ermöglichen. Interaktive Funktionen, die eine Wertung oder eigene Produktion von Inhalten durch die Nutzer erlauben, werden insgesamt seltener genutzt. Lediglich das Feedback zur Publikation ist verbreitet. Dieses bezieht sich aber nicht auf konkrete journalistische Beiträge, sondern stellt eine allgemeine Möglichkeit dar, mit der Redaktion Kontakt aufzunehmen. Die Partizipation der Nutzer an Mobilem Journalismus spielt also eine untergeordnete Rolle. Zudem gibt es gibt signifikante Unterschiede nach Muttermedien. Sie teilen sich in drei Gruppen: Radiosender fokussieren deutlich häufiger auf Contentproduktion durch Nutzer und Feedback der Rezipienten, Fernsehsender hingegen lassen am häufigsten Bewertungen und Kommentare durch Nutzer zu. Printmedien schließlich setzen vorrangig auf die Weiterverbreitung ihrer Inhalte durch Nutzer per E-Mail und in sozialen Netzwerken. Insgesamt sind Verweise häufiger in Fernseh- und Rundfunk-Apps zu finden, die Annahmebedingung 1 für Indikator 4 ist damit nicht erfüllt.

Annahmebedingung 1	X
Indikator 4	**X**

Indikator 5: Selektivität der Apps nach Muttermedium

Eine weiteres Potenzial von Apps liegt in der Selektivität der Angebote – sowohl bezogen auf einzelne Funktionen als auch auf die Darstellung der Inhalte. Die Einstellungs- und Auswahlmöglichkeiten für Rezipienten sind bis auf wenige Ausnahmen insgesamt gering ausgeprägt. Die Ansicht der Startseite kann in fünf Prozent der Fälle verändert werden, die Themenanordnung nur in drei Prozent. In sieben Prozent der Apps ist die individuelle Auswahl von Menüreitern möglich. Werden Push-Meldungen angeboten, können Rezipienten nur in 16 Prozent der Fälle bestimmte Themen für den Dienst aussuchen. Weniger als ein Prozent der Apps ermöglichen eine Auswahl von Hintergrund- und Schriftfarbe. Nahezu die Hälfte der Apps (46%) lässt dagegen eine Selektion des Schriftgrads zu, so dass die Darstellung der Inhalte an individuelle Bedürfnisse angepasst werden.

Wie angenommen, existieren zwischen den Angeboten nach Muttermedien signifikante Unterschiede für vier von sieben Indikatoren (vgl. Tab. 102): Am selektivsten sind Apps von Zeitungen, Themenselektion ist bei ihren Apps jeweils am häufigsten möglich. 33 Prozent erlauben eine Auswahl für Push-Meldungen und sieben Prozent für Themen der Startseite. Zeitungen (76%) und Zeitschriften (63%) lassen Rezipienten mehrheitlich den Schriftgrad selbst wählen und zehn Prozent der Zeitungen bieten dem

Nutzer ein alternatives Layout für die Startseite an. Die Annahmebedingung für Indikator 5 ist damit erfüllt.

Tab. 102: Selektion von Themen, Funktionen und Layout

	Themen-men-Push-Meldungen**	Themen Hub-seite**	Menü-reiter	Schrift-grad***	Schrift farbe	Hinter-ter-grund-farbe	An-sicht Hub-seite**
Zeitung	33	7	6	76	1	0	10
Zeitschrift	10	3	3	63	0	0	1
Radio-sender	3	0	10	25	1	0	3
Fernseh-sender	10	4	7	15	1	0	6
Gesamt	16	3	7	46	1	1	5

n = 505, Werte in Prozent, **$p<.01$, ***$p<.001$, df = 3, $Chi^2_{Themen\ Push}$= 16,36, $C\text{-}V_{Themen\ Push}$ = .328; $Chi^2_{Themen\ Hub}$= 12,62, $C\text{-}V_{Themen\ Hub}$ = .158; $Chi^2_{Schriftgrad}$ = 129,97, $C\text{-}V_{Schriftgrad}$ = .507; $Chi^2_{Ansicht\ Hub}$= 12,72, $C\text{-}V_{Ansicht\ Hub}$ = .159

Für die Rezeption von Beiträgen wurde zudem untersucht, ob multimediale Elemente skalierbar sind. Die Angebote unterscheiden sich, bis auf die Möglichkeit der Skalierung für Videos, alle nach Muttermedium signifikant. Nachrichtenagenturen bieten für alle Elemente eine Skalierung an, Rundfunksender nur für Fotos (29%) und Videobeträge (100%). Aufgrund teils sehr geringer Fallzahlen sind diese nicht in Tab. 103 verzeichnet.

Tab. 103: Skalierung multimedialer Elemente nach Muttermedium

	Foto**	Fotoslide**	Videobeitrag	Grafik/ Zeichnung***
Zeitung	40	61	95	25
Zeitschrift	25	55	100	41
Radiosender	11	86	100	6
Fernsehsender	35	7	98	11
Gesamt	29	56	98	15

Werte in Prozent, ***$p<.001$, df = 3, n_{Foto} = 1524, Chi^2_{Foto}= 110,72, $C\text{-}V_{Foto}$ = .270; $n_{Fotoslide}$ = 359, $Chi^2_{Fotoslide}$= 40,02, $C\text{-}V_{Fotoslide}$ = .334; $n_{Grafik/Zeichnung}$ = 262, $Chi^2_{Grafik/Zeichnung}$= 41,66, $C\text{-}V_{Grafik/Zeichnung}$ = .399

Die Darstellung der Skalierungsmöglichkeiten nach Muttermedien zeigt kein einheitliches Bild: Während Radiosender in ihren Apps überdurchschnittlich häufig die Option ermöglichen, Fotoslides zu skalieren, lassen sie dies für Fotos deutlich seltener zu als Apps aller anderen Muttermedien. Zeitungen und Zeitschriften offerieren insgesamt am häufigsten Skalieroptionen, Fernsehsender bieten dies nur für Videobeiträge und etwas mehr als ein Drittel der Fotos in ihren Apps an. Das Potenzial wird für Fotos sowie Grafiken und Zeichnungen noch nicht ausgeschöpft. Da sich die Selektion von Themen, Funktionen und Layout nach Muttermedien signifikant unterscheidet, ist die Annahmebedingung für Indikator 5 erfüllt.

Annahmebedingung 1	✓
Indikator 5	✓

Indikator 6: Ständige Konnektivität der Apps

Ein weiteres Potenzial für Apps bietet die ständige Konnektivität, so dass Inhalte permanent aktualisiert werden können. Es hat sich bereits gezeigt, dass es in der Aktualisierung Unterschiede zwischen den Muttermedien gibt. Die Nutzung der ständigen Konnektivität ermöglicht auch, Nutzer über Push-Mitteillungen aktuell zu informieren. Dies wird insgesamt in 35 Prozent der Apps genutzt. Entgegen der Annahme nutzen jedoch additive Apps die Möglichkeit seltener (28%) als Apps mit Einzelausgaben (43%) und Apps, die beides anbieten (52%; $p<.001$, $df = 2$, $Chi^2 = 16{,}81$, $C\text{-}V = .180$). Nach Medienunternehmen zeigen sich ebenfalls signifikante Unterschiede ($p<.001$, $df = 3$, $Chi^2 = 34.98$, $C\text{-}V = .263$): Während Zeitschriften- (52%) und Fernseh-Apps (52%) mehrheitlich Push-Meldungen anbieten, ist dies nur bei 35 Prozent der Zeitungen und 21 Prozent der Radiosender der Fall. Damit treffen weder Annahmebedingung 1 noch 2 zu.

Annahmebedingung 1	X
Annahmebedingung 2	X
Indikator 6	**X**

Indikator 7: Ubiquität der Apps

Die Ubiquität der Apps ist ein weiteres Mobilspezifikum, jedoch stehen hohe Datenmengen und ausschließlich referenziert angebotene Inhalte einer uneingeschränkt zeitlich und räumlich flexiblen Nutzung derzeit aufgrund schwankender Datenraten entgegen. Aus diesem Grund ist von Interesse, in welchem Bereich sich die Datenmengen journalistischer Apps bewegen und ob für additive Apps Downloadmöglichkeiten für die Inhalte angeboten werden. Dies wurde in den Nutzerkommentaren häufig gefordert, um die Inhalte bei Bedarf auch dann mobil nutzen zu können, wenn keine Netzverbindung verfügbar ist. Es wird davon ausgegangen, dass abgeschlossene Apps grundsätzlich höhere Datenmengen veranschlagen und additive Apps derzeit nicht mehrheitlich eine Downloadmöglichkeit anbieten. Innerhalb der untersuchten Apps schwankt die Datengröße der Anwendungen von 0,2 bis rund 46 Megabyte (MB). Im Mittel ist eine App rund drei MB groß. 75 Prozent der Apps weisen mit einem Wert von maximal sechs MB ein eher kleines Datenvolumen auf. Ein Vergleich der Medianwerte zeigt signifikante Unterschiede zwischen additiven Apps und den beiden anderen Varianten. Diese weisen höhere Datenraten auf (vgl. Tab. 104).

Tab. 104: Medianwerte Datengröße in MB nach Additivität der App

	App mit Einzelausgabe			**additive App**			**beides**			**gesamt**		
	m	sd	md	m	sd	md	m	sd	md	m	sd	md
Datengröße (MB)	6,8	7,0	5,2[a]	4,2	4,1	2,6[ab]	7,9	7,6	5,4[b]	5,3	5,7	3,3

N = 517, Kruskal-Wallis-Tests, p<.001, gleiche Buchstaben zeigen signifikante Gruppenunterschiede nach Bonferroni an, $\alpha_{Adjust} = .01$

Obwohl sich bereits in der Datengröße der App insgesamt Unterschiede zeigen, ist für die Beurteilung der Ubiquität von Apps mit Einzelausgaben die Datengrößte der einzeln verfügbaren abgeschlossenen Publikationen relevant. Diese Apps stellen ohne den Download einer Ausgabe noch keine Inhalte bereit. Für abgeschlossene Publikationen ist die Datenmenge deutlich größer: Sie schwankt zwischen rund sieben und 375 MB, im Mittel liegt der Wert bei 83 MB (sd = 77,1, md = 58,8). Diese Ausgaben sind für einen Download unterwegs über das Mobilfunknetz nicht geeignet. Damit ist Annahmebedingung 1 bestätigt.

Annahmebedingung 1	✓

Für additive Apps ist für eine ubiquitäre Nutzung entscheidend, ob die Inhalte bei Bedarf auch offline genutzt werden können. Bezogen auf alle

Apps ist ein Download der gesamten Inhalte bei etwas mehr als einem Drittel möglich (34%). Einzelne Beiträge können nur in neun Prozent der Fälle heruntergeladen werden. Von Interesse ist nun insbesondere die Verteilung für additive Apps: Wie angenommen, können nur für wenige Apps Inhalte für eine spätere Nutzung heruntergeladen werden (6%), für Apps mit Einzelausgaben (85%) oder beidem (71%) liegen die Werte signifikant höher ($p<.001$, df =2, Chi^2= 308,44, C-V .772). Einzelne Beiträge können auch nur in etwas mehr als jeder zehnten additiven App (11%) gespeichert werden. Für Apps mit additiven und abgeschlossenen Ausgaben liegt der Werte bei zehn Prozent, Apps mit Einzelausgaben bieten dies nur zu zwei Prozent an. Hier wird immer eine Komplettausgabe bezogen ($p<.01$, df = 2, Chi^2= 10,16, C-V = .140). Die Ubiquität additiver Apps ist bei fehlender Netzverbindung nicht gewährleistet. Annahmebedingung 2 ist erfüllt.

Annahmebedingung 2	✓
Indikator 7	✓

Indikator 8: Kontextsensitivität der Apps

Basierend auf den beiden Vorstudien wird angenommen, dass Kontextsensitivität derzeit in allen Apps nur sehr gering genutzt wird. Ein erster Indikator für die Kontextsensitivität ist die Aufbereitung der Inhalte für eine Nutzung im Quer- und Hochformat, das heißt die Einbindung des Lagesensors. Mehrheitlich wird dieser nicht genutzt: 53 Prozent der Apps können nur in einer Haltung des Endgeräts rezipiert werden.

Annahmebedingung 1	✓

Neben der Nutzung des Lagesensors ist die Einbindung von kontextsensitiven Inhalten von Interesse. Dies kann erstens eine Aktivierung von GPS voraussetzen, zweitens die Eingabe von Personendaten, um Inhalte nach individuellen Präferenzen zur Verfügung zu stellen. Hier wird eine Nutzung von unter 25 Prozent vermutet. Tab. 105 zeigt zum einen, dass sich kontextsensitive Dienste in den Apps auf unterschiedlichem Niveau bewegen. Während eine GPS-Aktivierung nur in einem Prozent der Apps zwingend erforderlich ist, um diese nutzen zu können, treten freiwillige Standortabfragen, die häufig auch nur auf bestimmte Inhalte bezogen sind, bereits häufiger auf (18%). Fast die Hälfte der Fernsehsender fragt nach dem aktuellen Standort des Nutzers. Dies hat allerdings vorwiegend rechtliche Gründe, da viele Lizenzen auf bestimmte Verbreitungsgebiete begrenzt sind. Die Abfrage der Region findet primär bei Zeitungen statt (8%), hier geht es aber lediglich um eine selektive Auswahl von unterschiedlichen Regionalausgaben. Personendaten werden kaum genutzt, um Angebote für Rezipienten individuell anzupassen.

Tab. 105: Kontextsensitivität der Apps nach Muttermedium

	GPS-Aktivierung	Abfrage Standort***	Abfrage Region***	Abfrage Personendaten*	regionaler Service***
Zeitung	0	11	8	1	56
Zeitschrift	0	1	0	0	5
Radiosender	2	21	0	5	20
Fernsehsender	1	48	0	1	18
Gesamt	1	18	3	2	28

N = 517, Werte in Prozent, *p<.05, ***p<.001, df = 3, $Chi^2_{Abfrage\ Standort}$ = 64,04, C-V = .356; $Chi^2_{Abfrage\ Region}$ = 26,77, C-V = .230; $Chi^2_{Abfrage\ Personendaten}$ = 8,19, C-V = .127; $Chi^2_{Regionaler\ Service}$ = 93,66, C-V = .431

Am häufigsten stehen regionale Serviceangebote zur Verfügung (28%). Diese spiegeln aber nur eine Pseudo-Kontextsensitivität wider. Sie geben vielmehr zum Beispiel bei Zeitungen, die diese mehrheitlich nutzen (56%) lediglich selektiv Regionen für eine Auswahl von Veranstaltungen, Wetter oder ähnlichem vor, die im ursprünglichen Verbreitungsgebiet des Muttermediums liegen. Da GPS und Personendaten insgesamt von weniger als einem Viertel genutzt werden, trifft auch Annahmebedingung 2 zu.

Annahmebedingung 2	✓
Indikator 8	✓

Indikator 9: Intuitive Bedienbarkeit nach Muttermedium

Weiter oben wurde bereits gezeigt, dass die Einbindung neuer Layoutelemente in Apps nur selten vorkommt. Im Gegensatz zu den innovativen Darstellungsformen ist der Einsatz allerdings nicht hauptsächlich auf Zeitschriften-Apps zurückzuführen. Diese dominieren jedoch in den Kategorien, die eine selektive Aufbereitung der Inhalte erfordern: Hotspots, Auswahl-Hotspots und Flip-Card-Effekte. Bildlauffähige Bereiche erfordern zunächst keine selektive Zerlegung von Inhalten, da sie ähnlich wie Scrollleisten auf stationären Webseiten funktionieren. Ist mehr Inhalt vorhanden als auf der Displayfläche dargestellt wird, kann der Nutzer diesen durch vertikales oder horizontales Wischen erschließen (vgl. Abb. 18). In absoluten Zahlen sind mehr neue Layoutelemente in Zeitschriften zu finden, daher ist Annahmebedingung 1 erfüllt.

Abb. 18: Neue Layoutelemente nach Muttermedium

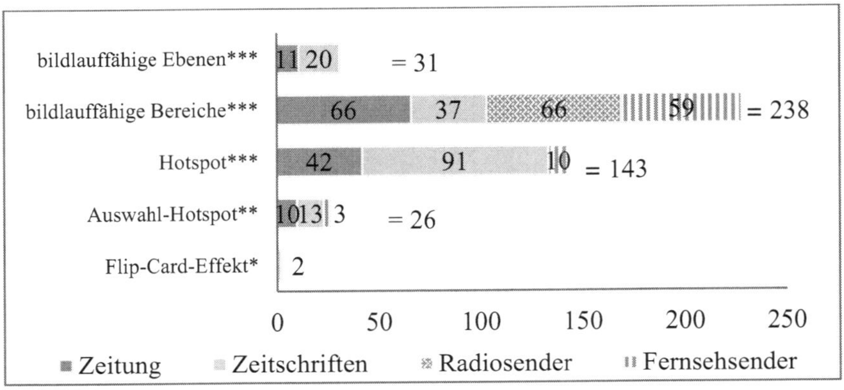

n = 3310, absoulte Werte, ***p<.001, **p<.01, *p<.05, df = 5, Chi^2_{Ebene} = 87,04, $C\text{-}V_{Ebene}$ = .162; $Chi^2_{Bereich}$ = 55,27, $C\text{-}V_{Bereich}$ = .129; $Chi^2_{Hotspot}$ = 386,59, $C\text{-}V_{Hotspot}$ = .342; $Chi^2_{Auswahl\text{-}Hotspot}$ = 41,71, $C\text{-}V_{Auswahl\text{-}Hotspot}$ = .112; $Chi^2_{Flip\text{-}Card}$ = 14.16, $C\text{-}V_{Flip\text{-}Card}$ = .065

Annahmebedingung 1 ✓

Das Navigationsmodell der Apps weist signifikante Unterschiede nach Muttermedium auf (p<.001, Chi^2 = 213,49, df = 6, C-V = .460): Während das Wäscheleinen-Modell wie beschrieben selten vorkommt (4%), bieten bereits 14 Prozent der Zeitschriften diese innovative Form der Navigation an. Dennoch dominiert auch für diese die Heftstruktur (51%), gefolgt vom hierarchischen Modell (35%). Annahmebedingung 2 ist bestätigt.

Annahmebedingung 2 ✓

Auch der Einsatz von Tutorials unterscheidet sich signifikant nach Muttermedien (p<.001, Chi^2 = 119,66, df = 6, C-V = .487). Fernseh-, Radio- und Rundfunk-Apps nutzen sie kaum, Zeitungs-, Zeitschriften- und Nachrichtenagenturen-Apps setzen Tutorials deutlich häufiger ein. Insgesamt kommen diese in etwas weniger als der Hälfte der Zeitschriften-Apps vor (46%), rund 37 Prozent der Zeitungs-Apps integrieren einführende Erklärungen zur Bedienung der App. Zwei von drei Apps der Nachrichtenagenturen bieten ebenfalls Tutorials an. Jedoch ist das Sample sehr klein. Annahmebedingung 3 ist damit erfüllt.

Annahmebedingung 3	✓
Indikator 9	✓

Indikator 10: Einsatz von Playfulness nach Muttermedium

Die Möglichkeiten der Playfulness kommen wie beschrieben unter 3310 Beiträgen nur drei Mal vor. In einem Beitrag der App einer Tageszeitung (Einsatz des Lagesensors) und in zwei Beiträgen von Zeitschriften-Apps (Einsatz von Image Reveals) wird das Spezifikum des Endgeräts in das Storytelling integriert. Annahmebedingung 1 ist daher bestätigt.

Annahmebedingung 1	✓
Indikator 10	✓

8.3 Unterscheidbarkeit der Erlösmodelle

Die dritte Hypothese des Forschungskomplexes II nimmt Bezug auf die ökonomischen Aspekte des Mobilen Journalismus. Dazu werden die den Apps zu Grunde liegenden Erlösmodelle untersucht. Es wird von geringer Innovationsbereitschaft ausgegangen und eine Anlehnung an bestehende Finanzierungsmodelle der Muttermedien angenommen.

Indikator 1: Anteil an Gratis-Apps

Medienanbieter folgen in weiten Teilen dem Muster des stationären Internets: Mehr als die Hälfte der Apps (61%) wird gratis angeboten. Alle Radio- und nahezu alle Fernseh-Apps (91%) werden den Nutzern kostenlos zur Verfügung gestellt, ebenso trifft dies für sieben der neun Rundfunk-Apps und zwei von drei Apps der Nachrichtenagenturen zu.

Annahmebedingung 1	✓
Indikator 1	✓

Indikator 2: Erlösmodelle nach Muttermedium

Neben der weiterhin selbstvorangetriebenen „Kostenloskultur“ wird davon ausgegangen, dass sich die Erlösmodelle, unterteilt in Werbung und Vertriebserlöse, nach Muttermedien unterscheiden. Demnach würden sich Printmedien auf Erlöse durch Einzelverkauf oder Abonnement der Apps konzentrieren, während Apps von Fernseh- und Radiosendern weiterhin kostenlos verfügbar sind, dafür aber häufiger Werbung enthielten. Tab. 106 zeigt neben der bereits beschriebenen Aufteilung von Gratis-Apps auch die unterschiedlichen Finanzierungsarten nach Muttermedien auf. Hierbei werden ebenfalls signifikante Unterschiede ersichtlich. Apps von Zeitungen und Zeitschriften folgen ihren traditionellen Finanzierungsformen, sie setzen auf den Verkauf von Einzelausgaben und Abonnements.

Tab. 106: Erlösmodelle der Apps nach Muttermedium

	Gratis* **	**Kaufpreis****	**Einzelausgabe*** **	**Premiumcontent*** **	**Abonnement*** **
Zeitung	19	7	53	19	46
Zeitschrift	29	3	67	0	52
Radiosender	100	0	0	0	0
Fernsehsender	92	0	0	1	4
Gesamt	61	3	28	7	24

N = 517, Werte in Prozent, ***p<.001, **p<.01, df = 3, Chi^2_{Gratis} = 307,76, $C\text{-}V_{Gratis}$ = .781; $Chi^2_{Kaufpreis}$ = 13,19, $C\text{-}V_{Kaufpreis}$ = .162; $Chi^2_{Einzelausgabe}$ = 211,64, $C\text{-}V_{Einzelausgabe}$ = .647; $Chi^2_{Premiumcontent}$ = 66,99, $C\text{-}V_{Premiumcontent}$ = .364; $Chi^2_{Abonnement}$ = 153,60, $C\text{-}V_{Abonnement}$ = .552

Wird ein Kaufpreis für die App verlangt, liegt er zwischen 0,89 und 3,59 Euro. Durchschnittlich müssen Rezipienten 1,85 Euro bezahlen (sd = 1,0). Für Abonnenten des Muttermediums wird kein Rabatt gewährt. Der Preis für Einzelausgaben zeigt eine große Spannweite: Er liegt zwischen 0,89 und 6,99 Euro. Im Durchschnitt müssen 1,79 Euro für eine Ausgabe bezahlt werden (sd = 1,4). Abonnenten des Offline- oder Onlinemediums erhalten in 14 Prozent der Fälle einen Rabatt. Dann müssen sie bis auf zwei Fälle nichts für die mobile Ausgabe bezahlen. Apps von Zeitungen sind dabei signifikant günstiger als Zeitschriften-Apps (p<.001, Z = -7,89). Die Preise unterscheiden sich nicht nach der Endgerätekompatibilität der App.

Selten sind Apps, die eine Basisvariante gratis anbieten und bestimmte Inhalte nur als kostenpflichtigen Premiumcontent zugänglich machen (7%). Die 37 Premiummodelle sind vorwiegend als Abonnement angelegt (32), in fünf Fällen ist der Kauf von Einzelausgaben möglich. Diese kosten entweder 1,79 oder 3,59 Euro und werden nur von Zeitungen angeboten. Ein Rabatt für Abonnenten der gedruckten Ausgabe ist in zwei Fällen vorhanden, dann ist das Premiumangebot kostenlos nutzbar.

Das Premiumabonnement wird am häufigsten für einen Monat (32) abgeschlossen, gefolgt von einem Jahr (17) und drei Monaten (11). Sechs Monate (2) spielen kaum eine Rolle. Sehr selten werden auch kürzere Wochen- (5) oder Tageslaufzeiten (6) angeboten. Die Kosten für ein Monatsabonnement schwanken deutlich (sd = 7,2), der Median liegt bei 8,49 Euro. Auch die Jahrespreise variieren stark: Angefangen bei 10,99 Euro werden bis zu 199,99 Euro (Der Tagesspiegel für Smartphone und Tablet-PC) erhoben (sd = 76,1, vgl. Tab. 107).

Tab. 107: Preise für Abonnements nach Laufzeit in Euro (Median)

	Premium-Abonnement	Rabatt für Abonnenten in Prozent der Fälle	reguläres Abonnement	Rabatt für Abonnenten in Prozent der Fälle
1 Monat	8,49	41%	16,90	45%
3 Monate	10,99	0%	21,49	21%
6 Monate	4,99	6%	17,99	12%
1 Jahr	39,99	13%	49,99	32%

$n_{\text{Premium Gesamt}} = 32$, $n_{\text{Regulär Gesamt}} = 122$

Rabatte für Abonnenten werden mehrheitlich nur für einmonatige und sechsmonatige Laufzeiten gewährt. Ist dies der Fall, können Nutzer das Angebot dann in der Regel kostenlos beziehen. Das reguläre Abonnement ist nur in sieben Fällen an ein Abonnement des Muttermediums gekoppelt (nur Zeitungen). Die Beschränkung des Zugangs zur App auf bestehende Nutzer steht dem Ziel, neue Zielgruppen zur erschließen, fundamental entgegen. Zwei dieser Apps kosten zudem einen Aufschlag von drei Euro zuzüglich zu den Abonnementgebühren des Offlinemediums.

Abonnements werden vorrangig von Zeitungen und Zeitschriften angeboten, gefolgt von einigen Fernsehsendern. Am häufigsten laufen Abonnements nur einen Monat (62%), die Preise reichen von 0,89 bis 49,99 Euro. Zeitungen (87%) bieten signifikant häufiger ein monatliches Abonnement an ($p<.001$, $Chi^2 = 124{,}07$, $df = 2$, C-V = .496). Es folgt der Abschluss eines Jahresabonnements (56%), diese lange Laufzeit wird deutlich von Zeitschriften dominiert (95%, $Chi^2 = 38{,}83$, $df = 2$, C-V = .564, $p<.001$). Die Kosten für ein Jahresabonnement liegen zwischen 8,99 und

319,99 Euro (Tablet-Ausgaben: Handelsblatt ePaper, Süddeutsche Zeitung Digital, Main-Echo). Es ist fraglich, ob Rezipienten bereit sind, für ein digitales Produkt so hohe Preise zu zahlen. Aufgrund fehlender Download- und Nutzungszahlen für die Apps, kann über den Zusammenhang von Preis und Absatz keine Aussage getroffen werden. Ebenfalls ist mangels extern erhobener Referenzwerte keine Aussage möglich, ob die Preise über oder unter denen des Muttermediums liegen. Viertel- (33%) und halbjährliche Abonnements (25%) kommen seltener vor. Am häufigsten treten diese längeren Laufzeiten bei Zeitschriften auf (37%; 56%, $Chi^2 = 31{,}59$, $df = 2$, $C\text{-}V = .509$, $p < .001$). Im Mittel sind sechsmonatige Laufzeiten für den Rezipienten günstiger, die Spannweite reicht aber auch hier von 4,49 bis 124,99 Euro. Rabatte für Abonnenten des Muttermediums werden wie schon für Premiummodelle nicht einheitlich gewährt. Am häufigsten ist dies für einmonatige Abonnements möglich (45%). Ist ein Rabatt vorhanden, kann die App auch hier meist kostenlos genutzt werden. Ob eine App kostenpflichtig angeboten wird, ist aktuell vor allem davon abhängig, ob sie von einem Medienunternehmen des Print- oder Rundfunksektors angeboten wird. Die Annahmebedingungen sind erfüllt.

Annahmebedingung 1	✓
Annahmebedingung 2	✓
Indikator 2	✓

Indikator 3: Nutzung des Testzugangs

Da Apps ein neues Medium sind, bietet es sich an, Rezipienten zunächst einen kostenlosen Testzugang zur Verfügung zu stellen, um das Angebot kennen zu lernen. Diese Möglichkeit wurde in den Nutzerkommentaren explizit eingefordert. Ein Testzugang wird jedoch nur für rund 29 Prozent der kostenpflichtigen Apps zur Verfügung gestellt. Damit ist die Annahmebedingung für Indikator 3 erfüllt.

Annahmebedingung 1	✓
Indikator 3	✓

Indikator 4: Nutzung der Multioptionalität der Erlösmodelle

Im Folgenden interessiert, ob kostenpflichtige Apps von der Multioptionalität der Finanzierungsmodelle Gebrauch machen. Die Analyse der Rezipientenkommentare hat deutlich gezeigt, dass sich Nutzer flexible Bezahlmodelle wünschen, die nicht nur auf eine regelmäßige Nutzung der Angebote abgestimmt sind. Die Optionen würden es eigentlich erlauben, sowohl für Gelegenheitsnutzer Tagesabonnements bereitzustellen oder Einzelbeiträge abzurechen und zudem regelmäßige Nutzer über Abonnements zu binden. Die Möglichkeiten werden jedoch nicht genutzt. 40 Prozent nutzen nur eine Variante. 61 Prozent der kostenpflichtigen Apps bieten maximal zwei unterschiedliche Bezahlmodelle an (vgl. Abb. 19). Die Annahmebedingung für Indikator 4 ist erfüllt.

Abb. 19: Häufigkeit multioptionaler Bezahlmodelle

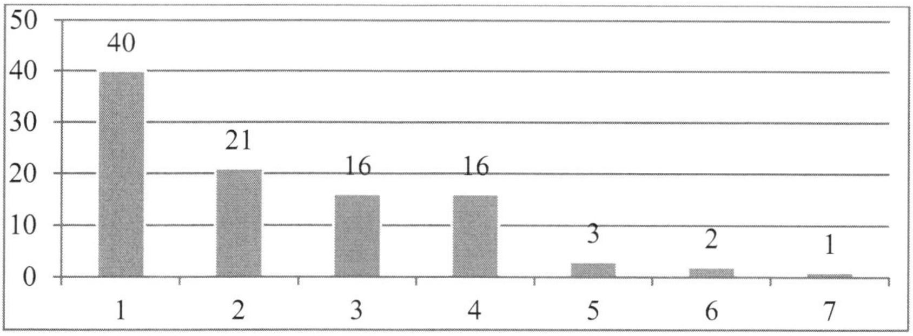

N = 208, Werte in Prozent

Annahmebedingung 1	✓
Indikator 4	✓

Indikator 5: Einsatz von Werbung

Neben den unterschiedlichen Erlösmodellen durch Verkauf und Abonnement ist schließlich auch der Einsatz von Werbung relevant. Ein zu häufiger Einsatz von Werbung wurde von Rezipienten in den Kommentaren als störend kritisiert, insbesondere in kostenpflichtigen Apps und innerhalb von Beiträgen. Es ist daher davon auszugehen, dass Werbung unabhängig vom Erlösmodell auf den Startseiten und in den Beiträgen eingesetzt wird.

Für die Bewertung dieser Verteilung ist zu berücksichtigen, dass eigenständige Werbebeiträge – etwa als ganzseitige klassische oder mobilspezifische Anzeigen in Heftpublikationen nicht in die Untersuchung eingegangen sind. Die Integration in den redaktionellen Inhalt ist auch in der Nutzerkommentaranalyse besonders kritisiert worden, da dadurch auf den kleineren Displays die Rezeption besonders gestört wird. Werbung kommt insgesamt in den Apps selten vor. Am häufigsten ist sie auf der Startseite platziert (17%), gefolgt von Werbung im Beitrag – jedoch in beiden Fällen nicht einmal in jeder fünften Analyseeinheit. Die von Nutzern kritisierte Werbung vor der Startseite kommt nur in zehn Apps vor (2%). Für die unterschiedlichen Werbeplatzierungen auf App-Ebene zeigen sich keine signifikanten Unterschiede zwischen kostenlosen und kostenpflichtigen Apps. In den Beiträgen kommt Werbung häufiger in Gratis-Apps vor (vgl Tab. 108). Annahmebedingung 1 trifft zu, Annahmebedingung 2 nicht, da mehr Werbung auf der Startseite zu finden ist, als in den Beiträgen.

Tab. 108: Einsatz von Werbung nach Erlösform der App

	gesamt	**gratis**	**kostenpflichtig**
Werbeeinblendung vor der Startseite	2	3	2
Werbung auf der Startseite	17	15	18
Werbung im Beitrag ***	10	12	7

N = 517, Werte in Prozent, ***$p<.001$, df = 1, $Chi^2 = 21{,}30$, Phi = .080

Annahmebedingung 1	✓
Annahmebedingung 2	X

Von zehn Werbeeinblendungen vor der Startseite ist die Hälfte mobilspezifisch, drei weitere sind klassisch, E-Commerce kommt zwei Mal vor. Auf der Startseite und in den Beiträgen dagegen nimmt E-Commerce nicht, wie angenommen, den geringsten Stellenwert ein. Vielmehr liegt die onlinespezifische Form der Erlösgenerierung sowohl auf der Startseite (41%) als auch in den Beiträgen (64%) an erster Stelle. Es folgt mobilspezifische Werbung (35% bzw. 26%). Klassische Werbung nimmt jeweils den letzten Rang ein (24% bzw. 10%). Damit sind die Werbeformen bereits an das neue Medium angepasst – sie enthalten Links und auch multimediale Elemente, zudem nutzen Redaktionen die Chance, neue Werbeformen einzubinden. Annahmebedingung 3 trifft daher nicht zu. Damit ist Indikator 5 nicht erfüllt.

Annahmebedingung 3	X
Indikator 5	**X**

8.4 Zusammenfassung der Ergebnisse

Basierend auf den Ausführungen zu Forschungskomplex II, erfolgt die Zusammenfassung der Ergebnisse und die abschließende Überprüfung von Hypothese 2.1 bis 2.3. Hypothese 2.1 bezieht sich zunächst auf Darstellungsprogramme im Mobilen Journalismus, Hypothese 2.2 berührt Unterschiede in der Selektion von Potenzialen nach Muttermedien. Die Nutzung ökonomischer Potenziale wird in Hypothese 2.3 überprüft.

Hypothese 2.1: Mehrheitlich liegen keine eigenständigen mobilen Darstellungsprogramme vor.

Die Etablierung eigenständiger mobiler Darstellungsprogramme wurde über drei Indikatoren geprüft, mindestens zwei davon müssen für eine Stützung von Hypothese 2.1 zutreffen. Die Befragung hat für die Entwicklung der journalistischen Angebote erstens gezeigt, dass Redaktionen bereits die Notwendigkeit erkennen, die Usability der Angebote stärker zu berücksichtigen. Sowohl existierende Angebote als auch jene, die derzeit geplant werden, entstehen unter Zusammenarbeit von Designern, Entwicklern und der Redaktion. Zweitens wurde deutlich, dass diese Kooperation offensichtlich nicht für den redaktionellen Alltag gilt: Für die mobilen Angebote werden primär Angebote des Muttermediums und der stationären Internetseite eins zu eins wiederverwertet. Dies geschieht in der großen Mehrheit der Redaktionen ohne die Inhalte zu bearbeiten. Nur etwas mehr als jede zehnte Redaktion produziert neue Inhalte spezifisch für Mobilen Journalismus. Demnach existiert das Trägheitsprinzip für einen Großteil des Mobilen Journalismus. Dafür sprechen drittens auch die Angebote selbst. Über zwei Drittel der existierenden journalistischen Apps enthalten teilweise oder vollständig eine Imitation existierender Medienschemata aus dem Print- oder Rundfunkbereich. Ein Drittel der Angebote ist damit überhaupt nicht an das neue Medium angepasst.

Aber auch jene Apps, die kein Offlinemedium kopieren, greifen mehrheitlich auf etablierte Formen der Berichterstattung zurück. Die zur Verfügung gestellten Inhalte bestehen hauptsächlich aus Text, Foto und Video – Kombinationen der Elemente zu Multimediastories finden in lediglich sieben Prozent der Beiträge statt. Alle neuen Darstellungsformen des Mobilen Journalismus werden in sehr geringem Maß eingesetzt. Die intuitive Bedienbarkeit von Apps wird ebenfalls nicht genutzt. Mobilspezifische Layoutelemente, Navigationsmöglichkeiten sowie Orientierungselemente für den Rezipienten werden nicht ausreichend eingesetzt oder nicht einheitlich verwendet. Die Apps offenbaren insgesamt nicht nur für die journalistischen Inhalte, sondern auch für Layout und Navigation eine Imitation bewährter Medienschemata. Tablet-Apps sind eher durch Printschemata und Smartphone-Apps primär durch Onlineschemata geprägt.

Sowohl die Aussagen der Redaktionen als auch die Angebote selbst bestätigen einen Mangel an neuen Darstellungsprogrammen im Mobilen Journalismus – Hypothese 2.1 wird durch die Befunde gestützt.

Hypothese 2.2: Die Selektion technischer Potenziale unterscheidet sich signifikant nach dem Muttermedien. Eine Konvergenz mobiler Medienangebote unterschiedlicher journalistischer Systeme findet nicht statt.

Apps bieten viele technische Potenziale für Mobilen Journalismus. Die Untersuchung sollte daher die soziale Aneignung dieser einzelnen technischen Optionen zeigen und sichtbar machen, inwiefern sich die Auswahl nach Muttermedien unterscheidet. Das Fehlen einer Konvergenz der Produkte beziehungsweise die unterschiedliche Selektion von Spezifika wird anhand von zehn Indikatoren geprüft, die den Potenzialdimensionen von Mobilem Journalismus entsprechen. Für eine Annahme von Hypothese 2.2 müssen sechs der zehn Indikatoren zutreffen.

Für alle zehn Potenzialdimensionen zeigen sich signifikante Unterschiede nach Muttermedien. Da die Inhalte vorrangig aus dem Muttermedium oder den stationären Internetseiten übertragen werden, entsprechen die verwendeten Medienformate vorwiegend dem Muttermedium. Der Aktualisierungsrhythmus entspricht nicht in jedem Fall der potenziell hohen Aktualität von Apps: Insbesondere Zeitschriften, aber auch Zeitungen nutzen die Möglichkeit, mehrmals pro Tag zu aktualisieren nicht. Apps von Fernseh- und Radiosendern dagegen bieten stetig aktualisierte Inhalte an. Im Zusammenhang damit steht auch die Teilung der Apps in additive Angebote und abgeschlossene Einzelausgaben. Letztere werden vorwiegend von Zeitschriften und Zeitungen angeboten, Rundfunksender wählen das Potenzial der Additivität für stetig aktualisierte Apps.

Dennoch nutzen sie damit nur einen Teil, denn Verlinkungen und Verweise sind selten integriert. Diese Option wiederum wird vorwiegend von Print-Apps eingesetzt. Die Interaktivität der Angebote variiert deutlich. Während Radio-Apps ihre Nutzer über Reporterfunktionen partizipieren lassen, wählen Fernsehsender eher die Option der Bewertung und lassen Kommentare der Nutzer zu. Print-Apps nutzen primär diejenigen Potenziale, die eine Weiterverbreitung der Inhalte durch die Rezipienten erlauben.

Die Nutzung der Selektivität von Apps für Themen, Funktionen und Layout ist bis auf die Einstellung des Schriftgrads und die Skalierung von Fotoslides und Videobeiträgen gering. Dennoch existieren signifikante Unterschiede: Am selektivsten sind Apps von Zeitungen, die am häufigsten eine Themenselektion für die Startseite und für Push-Meldungen ermöglichen oder ein alternatives Layout für die Startseite zur Verfügung stellen. Mobilspezifika werden insgesamt am geringsten genutzt. Print-Apps nutzen die ständige Konnektivität von Apps stärker, indem sie häufiger Push-Meldungen anbieten. Die Ubiquität der Apps ist durch teils hohe Datenmengen abgeschlossener Ausgaben und seltene Downloadmöglichkeiten für Inhalte in additiven Apps eingeschränkt. Auf geringem Niveau wird das Potenzial der Kontextsensitivität integriert.

Am innovativsten sind Apps von Zeitschriften: Sie integrieren in ihre Angebote am häufigsten neue Darstellungsformen, Layoutelemente und Navigationsmodelle. Sie nutzen – wenn auch insgesamt auf niedrigem Niveau – häufiger selektive Darstellungsformen, Hotspots oder bildlauffähige Ebenen als andere Medien. Auch Playfulness wird kaum in die Angebote integriert – in zwei von drei Fällen jedoch ebenfalls von Zeitschriften-Apps. Die mobilspezifische Wäscheleinenstruktur sowie die Steuerung durch Swipe-, Scroll- und Tapgesten sind primär in Zeitschriften-Apps zu finden. Gleichzeitig bieten sie Rezipienten häufiger Unterstützung für das Erlernen neuer Medienschemata, indem sie Tutorials integrieren. Aufgrund der heterogenen Nutzung des Potenzials ist Hypothese 2.2 gestützt.

Hypothese 2.3: Die Selektion des ökonomischen Potenzials unterscheidet sich signifikant nach dem Muttermedium. Die Multioptionalität wird nicht genutzt.

Die Selektion des ökonomischen Potenzials wurde anhand von fünf Indikatoren überprüft, von denen mindesten drei zutreffen müssen. Eine Unterscheidung der gewählten Erlösmodelle nach Muttermedium ist in den Apps deutlich zu sehen. Während Rundfunk-Apps mehrheitlich gratis angeboten werden, folgen Print-Apps dem Modell des Muttermediums und verkaufen ihre Inhalte als Einzelausgaben oder im Abonnement. Die Multioptionalität der Erlösmodelle wird nicht genutzt, auch Testzugänge für kostenpflichtige Apps sind nicht die Regel.

Werbung wird nicht, wie erwartet, sehr häufig eingesetzt und tritt nicht mehrheitlich in Gratis-Apps in Erscheinung. In allen untersuchten Elementen liegt der Anteil von Werbung unter 20 Prozent. Zudem werden neue Formen verstärkt genutzt: E-Commerce ist auf der Startseite und in den Beiträgen die am häufigsten eingesetzte Form, gefolgt von mobilspezifischer Werbung mit Links und multimedialen Elementen. Hypothese 2.3 wird durch die Ergebnisse der Inhaltsanalyse gestützt. Es unterscheiden sich die gewählten Erlösformen nach Muttermedium und die Vielzahl der Erlösformen wird in den Angeboten nicht genutzt, selbst Werbung nimmt auf Startseiten und in Beiträgen keine bedeutende Stellung ein.

8.5 Zwischenfazit: Zentrale empirische Befunde IV und Methodenkritik

Für „Forschungskomplex II – Redaktionelle Darstellungsprogramme im Mobilen Journalismus“ wurden alle drei Hypothesen gestützt. Abschließend ist es möglich, aus den Einzelergebnissen die Beschaffenheit einer durchschnittlichen journalistischen App auf der Basis der zehn Dimensionen zu beschreiben. Die typische journalistische App ist additiv und wird täglich aktualisiert, in den meisten Fällen sind auch die Inhalte des Muttermediums eins zu eins verfügbar. Die Inhalte sind textbasiert und werden primär mit statischen Fotos angereichert. Multimediastories, neue Darstellungsformen und Playfulness spielen kaum eine Rolle. Das Layout und die Navigation sind für die Startseite entweder an ein Online- oder ein Printschema angelehnt, die gesamte Publikation übernimmt weitgehend Onlineschemata: Die Seitenaufteilung ist monothematisch und Beiträge sind einspaltig. Der Rezipient erhält Orientierung durch die Anzeige des Ressorts, die Navigationsrichtung wird über angeschnittene Elemente angezeigt. Das Navigationsmodell ist hierarchisch aufgebaut, sodass die Startseite zentraler Anlaufpunkt ist. Diese Struktur spiegelt sich auch in den zentralen Menüpunkten wider. Die Steuerung der Publikation erfolgt durch Buttons sowie Scroll- und Tap-Gesten. Orientierungs- und Lernangebote (z.B. Tutorials und einheitliche Symbolik) sind mehrheitlich nicht vorhanden. Interaktivität im Mobilen Journalismus liegt primär in der Weiterverbreitung der professionell erstellten Angebote (E-Mail, Social Media), nicht in der Partizipation der Rezipienten durch Kommentare oder Contentproduktion. Die Selektivität besteht im Wesentlichen aus der Möglichkeit zur Einstellung des Schriftgrads und der Option zur Skalierung von Videobeiträgen und Fotos in Slideshows. Themen und ihre Anordnung auf der Startseite können selten individuell angepasst werden. Ebenso gering ist die Kontextsensitivität. Die ubiquitäre Nutzung wird entweder durch relativ hohe Datenmengen für Einzelausgaben oder fehlende Downloadmöglichkeiten in additiven Apps eingeschränkt.

Die typische journalistische App wird mehrheitlich kostenlos angeboten und enthält wenig Werbung. Diese ist am häufigsten auf der Startseite zu finden, mehrheitlich als E-Commerce. Wird ein Entgelt verlangt, existieren Rabatte für Abonnenten nicht immer. Durchschnittlich kosten eine App oder eine Einzelausgabe unter zwei Euro. Abonnementpreise belaufen sich für einen Monat im Mittel auf 16,90 Euro, für ein Jahr auf 49,90 Euro. Nur rund ein Drittel bietet einen Testzugang. Allerdings: Preise schwanken stark, viele Angebote liegen auf dem Preisniveau des Offlinemediums.

Eine Konvergenz zwischen den Angeboten der Muttermedien ist derzeit nicht feststellbar. Sie wählen jeweils andere Spezifika aus und setzen unterschiedliche Schwerpunkte in den Angeboten. Apps von Print- und Rundfunkmedien lassen sich häufig in zwei Gruppen unterteilen – jedoch nicht für alle untersuchten Merkmale. Am innovativsten – wenn auch auf niedrigem Niveau – sind derzeit wie weiter oben beschrieben die Angebote von Zeitschriften. Der geringere Aktualitätsdruck für die Produktion der Inhalte lässt diesen Redaktionen offenbar mehr Spielraum für das Experimentieren mit neuen Formen der Darstellung und Gestaltung für den Journalismus. Darüber hinaus sind auch unterschiedliche Funktionen der Endgeräte festzustellen: Smartphone-Apps werden von Redaktionen häufiger für aktuelle Nachrichtenberichterstattung genutzt, hierfür werden Onlineschemata verwendet. Tablet-Apps hingegen sind häufiger an Printschemata orientiert, sodass hier mehr Wert auf Editorial Design gelegt wird.

Da die Inhaltsanalyse einen kaum erschlossenen Untersuchungsgegenstand analysiert, der für Angebote unterschiedlicher Muttermedien offensteht, stand die Untersuchung vor der Herausforderung, Kategorien zu definieren, die auf alle Analyseeinheiten anwendbar sind. Dies führt automatisch zu einer Reduzierung der Details. Die Untersuchung kann nur eine erste Einordnung von Typen leisten, die in weiteren Studien mit detaillierteren Fragestellungen (zum Beispiel für Innovatoren) fortgesetzt werden muss. Für spätere Untersuchungen verspricht die Untersuchung der Selektionskriterien sowie der Vielfalt und Vollständigkeit der Beiträge einen Erkenntnisgewinn über die inhaltliche Gestaltung und Schwerpunktsetzung von Mobilen Journalismus. Insbesondere ist eine vergleichende Analyse mit dem Mutter- oder Onlinemedium sinnvoll (wie dies bereits in

Print-Online-Vergleichen für das stationäre Internet geschehen ist; vgl. Neuberger 2001a, S. 219ff.; Quandt 2008). Darauf aufbauend ist gleichzeitig eine Untersuchung der Selektionsmechanismen in den Redaktionen notwendig.

Darüber hinaus ist die Methode der Datendokumentation mit Screenshots nicht zufriedenstellend. Erstens verlängert dies den ohnehin schon sehr langen Codierprozess, zweitens funktioniert vor allem für den hier verwendeten iPod touch die Screenshot-Funktion nicht immer zuverlässig. Daher mussten oft mehrere Anläufe für die Dokumentation unternommen werden. Darüber hinaus werden die statischen Aufnahmen des Materials dem multimedialen, selektiven und interaktiven Charakter der Anwendungen nicht gerecht, so dass eine erneute Codierung des Materials anhand der Screenshots nicht möglich wäre. Dies schränkt die intersubjektive Nachvollziehbarkeit für eine Inhaltsanalyse von Apps derzeit deutlich ein. Zum Zeitpunkt der Analyse war jedoch keine Software bekannt, die das Material in der dynamischen Urform sichern kann.

Die Durchführung der Codierung von nur einer Person wurde bereits hinreichend begründet. Dennoch wäre es für weitere Untersuchungen wünschenswert, auf ein größeres Codiererteam zurückgreifen zu können – nicht zuletzt, um den Zeitraum der Feldphase weiter zu verkürzen. Für eine inhaltliche Untersuchung der Quantität und Qualität der Berichterstattung oder Vergleiche mit den Muttermedien ist dies eine Grundvoraussetzung, da in diesem Fall der Erhebungszeitpunkt/-raum eine Rolle für die Vergleichbarkeit der Ergebnisse spielt. Insgesamt hat die Untersuchung jedoch gezeigt, dass sich die Methode der quantitativen Inhaltsanalyse auch auf Apps anwenden lässt und die Hypothesen konnten durch die empirischen Indikatoren vollständig beantwortet werden.

9. Fazit

Mobile will very soon become a meaningless word (...)

when we are connected everywhere all the time.

Jarvis 2010

Die vorliegende Arbeit hat sich mit der Institutionalisierung neuer Medien im Journalismus beschäftigt. Die systemtheoretisch-konstruktivistische Perspektive auf Journalismus und die Veränderung von Ordnungs- und Darstellungsprogrammen hat sich als hilfreich erwiesen, den Prozess der sozialen Aneignung des technischen Potenzials von Mobilem Journalismus, seine Einbindung in redaktionelle Produktionsroutinen und die Etablierung als eigenständiges journalistisches Subsystem zu systematisieren und empirisch messbar zu machen. Nach dem hier zu Grunde gelegten Verständnis ist Journalismus grundsätzlich auf ein technisches Medium als Verbreitungsmittel zur Herstellung von Publizität angewiesen. Das genutzte Medium bringt ein spezifisches technisches Potenzial mit sich, in dessen Rahmen journalistische Angebote produziert und rezipiert werden können. Dadurch hat der Verbreitungskanal einen Einfluss auf die redaktionelle Produktion der Inhalte, die Gestaltung der Medienangebote sowie die zeitliche und räumliche Disponibilität der Rezeptionssituation.

Um die Möglichkeit der Veränderung von Journalismus durch das neue technische Medium App zu fassen, wurde erstens die Entstehung mobiler journalistischer Angebote im Zuge der Evolution der Mobiltelefonie über die Mobilkommunikation bis zur Ära des Ubiquitous Computing nachgezeichnet. Diese Ausführungen haben nicht nur eine Eingrenzung des phänomenologischen Untersuchungsgegenstands ermöglicht. Sie haben darüber hinaus gezeigt, dass sich (digitaler) Journalismus durch die hohe Innovationsdichte im Bereich technischer Medien nicht nur kontinuierlich, sondern sehr schnell verändern wird.

Zweitens wurde eine technische Potenzialanalyse der Nutzungsoptionen von Mobilem Journalismus durchgeführt. Auf diese Weise konnten zehn technische Dimensionen von Apps definiert werden. Als Anwendung des Ubiquitous Computing offerieren sie für Journalismus und seine Medienangebote die Onlinespezifika der Multimedialität, Aktualität, Additivität, Interaktivität und Selektivität. Darüber hinaus existieren Mobilspezifika in Form von ständiger Konnektivität, Ubiquität und Kontextsensitivität sowie die Endgerätespezifika der intuitiven Bedienbarkeit und Playfulness. Im Prozess der sozialen Aneignung und Institutionalisierung des neuen technischen Mediums bestimmen Produzenten wie Rezipienten durch Selektion, Betonung und Vernachlässigung einzelner Merkmale, wie das institutionalisierte Medium letztlich beschaffen ist. In der Frühphase eines Mediums treten auf Anbieterseite zunächst einzelne Innovatoren hervor, die sich durch einen experimentellen Umgang mit dem neuen Medium auszeichnen. Durch die Multioptionalität von Apps wird die Erwartung der Rezipienten an Mobilen Journalismus dabei auch von systemexternen Anbietern geprägt.

Die deduktiv erstellte Systematik wurde durch zwei qualitative Vorstudien ergänzt. Basierend auf der Nutzerkommentaranalyse zu journalistischen Apps sowie der Merkmalsanalyse internationaler Best Practice-Beispiele konnte eine weitere Differenzierung der Potenzialdimensionen von Mobilem Journalismus durch empirische Indikatoren und eine Erweiterung um ökonomische Potenziale vorgenommen werden. Darüber hinaus wurde deutlich, dass für eine erfolgreiche Etablierung von Mobilem Journalismus auch die Gebrauchstauglichkeit der Anwendungen, die Qualität der Berichterstattung, die Selektionsleistung der Journalisten sowie die Vollständigkeit der Angebote von Relevanz sind. Diese Eigenschaften konnten im Rahmen der hier durchgeführten quantitativen Inhaltsanalyse in Vollerhebung nicht berücksichtigt werden. Besonders die letzten drei inhaltlichen Aspekte sollten in der zukünftigen Beschäftigung mit Mobilem Journalismus und der ihm zu Grunde liegenden Ordnungs- und Darstellungsprogramme in der Journalismusforschung im Fokus stehen.

Nach dem hier angewandten Verständnis organisieren Ordnungsprogramme die redaktionelle Produktion. Darstellungsprogramme erleichtern parallel dazu in Bezugnahme auf die konstruktivistische Medienkulturtheorie die periodische Herstellung der Beiträge und die Interpretation der Angebote für den Rezipienten, indem spezifische Medienschemata ausgebildet werden. Die strukturellen Entscheidungsprogramme sind daher für den Journalismus unerlässlich. Systemintern haben redaktionelle crossmediale und medienspezifische Strategien, die Organisation der Redaktion, die Bereitstellung von Ressourcen und die Professionalisierung der Arbeitsprozesse für Mobilen Journalismus einen entscheidenden Einfluss auf die Ausgestaltung von Ordnungs- und Darstellungsprogrammen. Systemextern macht nicht nur das technische Potenzial des neuen Mediums App eine Veränderung des Journalismus notwendig. Auch ein Wandel weiterer Umweltbedingungen erfordert eine neue Ausrichtung der redaktionellen Entscheidungsprogramme: Der fundamentale Strukturwandel der Medienbranche im Zuge der Digitalisierung und die damit verbundenen publizistischen wie ökonomischen Probleme des institutionalisierten Journalismus wurden ausführlich erläutert. Forschungsleitend für diese Arbeit war deshalb die Frage, ob aktuell in Bezug auf die strukturellen Entscheidungsprogramme zur Produktion und Darstellung journalistischer Apps von einem institutionalisierten Mobilen Journalismus gesprochen werden kann. Das Erkenntnisinteresse lag sowohl auf den redaktionellen Produktionsbedingungen als auch auf den Formen der Darstellung und Gestaltung der Medienangebote im Mobilen Journalismus.

Die Arbeit konnte die Etablierung der Nutzung von Apps in Organisationen des institutionalisierten Journalismus durch die quantitative Redaktionsbefragung verantwortlicher Akteure ebenso zeigen, wie durch die quantitative Inhaltsanalyse journalistischer Apps. Redaktionelle Organisationen erkennen die Relevanz von Mobilem Journalismus, sie sehen ihn bereits als festen Bestandteil im Journalismus an. Das Aufkommen des neuen technischen Mediums App und seine Nutzung im Journalismus sind sowohl mit der Hoffnung verbunden, neue Rezipienten zu gewinnen, als auch ökonomisch rentable Erlösmodelle für digitalen Journalismus zu finden. Gleichzeitig ist seine Institutionalisierung in der aktuellen Phase noch nicht weit fortgeschritten. Es existiert ein Mangel an ausgearbeiteten redaktionellen Strategien. Mobiler Journalismus ist aktuell „learning by doing" ohne professionalisierte Weiterbildung innerhalb der Redaktion. Zudem fehlt es an ausreichenden personellen, finanziellen und zeitlichen Ressourcen, die eine angepasste Produktion erlauben. Die Organisationen sind nicht in der Lage, ihre etablierten Ordnungsprogramme an die veränderten Rahmenbedingungen systemintern wie -extern anzupassen.

Aufgrund der auf Konstanz angelegten Produktions- und Darstellungsschemata fällt es institutionalisiertem Journalismus insgesamt schwer, schnell und flexibel auf veränderte Umweltbedingungen zu reagieren. Während einzelne Innovatoren in Form von Best Practice-Beispielen bereits einen Eindruck von der innovativen Nutzung der Potenziale für den Journalismus geben konnten, sind journalistische Apps in der Summe häufig noch mehrheitlich entweder eine eins-zu-eins-Imitation bereits bestehender Print- und Online-Medienschemata oder zumindest in weiten Teilen eine Anlehnung an diese. Innovative inhaltliche und gestalterische Ideen sind äußerst selten.

Dieses Phänomen wurde in der Arbeit unter dem Begriff des Trägheitsprinzips des Journalismus gefasst. Es hat sich im Verlauf der Etablierung neuer Medien immer wieder manifestiert. Der beschleunigte Innovationszyklus macht dieses Trägheitsprinzip heute allerdings immer gefährlicher.

Durch die Digitalisierung sind neue Anbieter auf den Markt getreten. Journalismus ist insbesondere im Bereich der Information mit einer erhöhten Konkurrenz durch deren Angebote konfrontiert. Das stationäre Internet zeigt bereits deutlich, dass die erleichterten Marktzutrittsbedingungen neue Formen von Öffentlichkeit entstehen lassen, die auch Funktionen des Journalismus übernehmen. Die Offenheit von mobilen Plattformen birgt diese Gefahr ebenfalls. Mangels ausdifferenzierter Organisationsstrukturen sind neue Online- oder Mobilanbieter viel schneller in der Lage, auf Veränderungen zu reagieren. Darüber hinaus sind diese, da sie keine etablierten Offlinemedien produzieren, nicht mit den existierenden Erwartungen der Rezipienten an ihre Medienmarke konfrontiert. Sie können ein neues Produkt experimenteller gestalten.

Überdies zeigt auch das Zitat von Jeff Jarvis am Anfang dieses Kapitels, warum eine Beschäftigung mit dem Prozess der Institutionalisierung des Mobilen Journalismus für die Journalismusforschung und den Journalismus unerlässlich ist: Die Integration mobiler Endgeräte, des mobilen Internets und darauf aufbauender Anwendungen und Dienste in den Alltag vollzieht sich beispiellos schnell. Die Nutzung von Apps in allen Lebensbereichen deutet bereits an, dass mit *Mobilem* Journalismus nicht nur ein weiteres journalistisches Subsystem entstanden ist. Vielmehr ist davon auszugehen, dass dieser nur den ersten Evolutionsschritt in der umfassenden Digitalisierung und Vernetzung des Alltags durch die Ära des Ubiquitous Computing markiert. Am Ende dieser Entwicklung könnte ein *Ubiquitärer* Journalismus stehen, der viel stärker als heute kontextbezogen und individualisiert Informationen bereitstellt.

Das in der Einleitung dieser Arbeit vorgestellte Statement von Alan Rusbridger aus dem Jahr 2010 gilt daher auch drei Jahre später noch: „There is an urgent message there, that we ought to be developing journalistic ideas that fit to mobile." (The Hindu 2010) Journalismus muss sich seiner Funktion und Leistung in der digitalen Öffentlichkeit endlich bewusst werden. Diese existenzielle Frage wird innerhalb des Systems noch zu selten gestellt – und noch seltener wird aktiv nach einer Antwort gesucht. Im Rahmen dieser Arbeit wurde definiert, dass institutionalisierter Journalismus der Öffentlichkeit über technische Medien mit spezifischem Potenzial aktuelle, relevante und primär non-fiktionale Inhalte zur Verfügung stellt. Der Fokus muss im Zeitalter digitaler Öffentlichkeit(en) auf der Frage liegen: Welche Inhalte sind relevant und können der Gesellschaft durch Journalismus in Abgrenzung zu anderen Formen Öffentlicher Kommunikation exklusiv zur Verfügung gestellt werden?

Die aktuelle Praxis, bestehende Medienschemata zu imitieren und bereits existierende Inhalte und Erlösmodelle mehrfach zu verwerten, kann nicht die Antwort sein. Diese tradierten Konzepte sind publizistisch wie ökonomisch durch die Offenheit digitaler Plattformen mit Problemen behaftet. Schrumpfende Rezipientenmärkte und sinkende Vertriebs- wie Werbeerlöse verdeutlichen dies. Relevanz wird sich auch deshalb immer mehr durch Exklusivität der Information selbst sowie die Art und Weise ihrer Aufbereitung und Einordnung definieren. Die bloße Herstellung von Öffentlichkeit und das reine Publizieren von Informationen sind keine Privilegien des Journalismus mehr.

Aus dieser Arbeit lassen sich für Mobilen Journalismus aufgrund seines technischen Potenzials im Wesentlichen zwei neue Formen der Informationsvermittlung ableiten, die Online- und Mobilspezifika in unterschiedlicher Intensität und Kombination nutzen können. Mobiler Journalismus kann demnach entweder die Funktion erfüllen, exklusive und relevante Nachrichten hoher Aktualität zu publizieren und diese an den Nutzungskontext anpassen. Er kann aber auch Informationen bevorzugt orientiert an Geschichten vermitteln, dazu nutzt er zur Einordnung und Erklärung von Sachverhalten und Prozessen die multimedialen Darstellungsmöglichkeiten ebenso wie die Option auf andere Informationen zu verweisen und Themenkomplexe additiv zu erweitern. Es ging in der Arbeit nicht darum, eine Wertung der Potenzialdimensionen vorzunehmen. Nachrichtenorientierter Journalismus von hoher Aktualität und Kontextsensitivität ist nicht besser als geschichtenorientierten Journalismus, der Playfulness oder Selektivität nutzt, um Informationen zu vermitteln. Ferner ging es im Vergleich der Aneignung der Potenziale in den Angeboten der unterschiedlichen Subsysteme Zeitung, Zeitschrift, Radio, Fernsehen und Nachrichtenagenturen nicht darum, eine identische Aneignung der Dimensionen und damit eine notwendige Konvergenz aller Subsysteme nahezulegen.

Für ein erfolgreiches Fortbestehen von professionalisiertem, institutionalisiertem Journalismus als System im Zeitalter digitaler und ubiquitärer Verfügbarkeit von Information, sind allerdings ein klar definiertes Ziel und ein Konzept notwendig, wie Journalismus das technische Potenzial für eine qualitativ hochwertige Berichterstattung und eine dem Medium angemessene Darstellung und Vermittlung seiner Inhalte nutzen kann. Eine etablierte Organisation, die diese Voraussetzung eher und besser erfüllt, wird auf dem gemeinsamen digitalen Markt bessere Chancen haben.

Zuletzt erfordert ein weiteres Ergebnis der Arbeit ein Handeln der Journalismusforschung und der Medienpraxis gleichermaßen. Der mangelnde Theorie-Praxis-Transfer der Kommunikationswissenschaft allgemein, aber auch der Journalismusforschung im Speziellen ist ein immer wieder diskutiertes Thema (vgl. u.a. Fengler 2012). Auch im Zuge der Institutionalisierung von Mobilem Journalismus informieren sich Redaktionen stärker im systeminternen Austausch mit anderen Medienorganisationen über Mobilen Journalismus. Derzeit verantwortliche Redakteure haben ihr Wissen zudem nicht aus der akademischen Journalistenausbildung erhalten. Es muss deshalb das Ziel der Journalismusforschung sein, sich zeitnah mit aktuellen Problemen auseinanderzusetzen und diese sowohl in der Praxis zu kommunizieren als auch in die eigene akademische Journalistenausbildung besser einzubinden. Durch die Entwicklung von Handlungsempfehlungen und die frühzeitige Sensibilisierung des journalistischen Nachwuchses kann Journalismusforschung der Praxis Lösungswege bereitstellen, das Trägheitsprinzip schneller zu überwinden.

Die übergeordnete These dieser Arbeit ist durch die empirischen Ergebnisse gestützt: Es herrscht eine Diskrepanz zwischen den positiven Erwartungen sowie der Relevanz, die Mobilem Journalismus in Medienorganisationen beigemessen wird und der mangelnden Anpassung der strukturellen Ordnungs- und Darstellungsprogramme. Diese Arbeit soll damit nicht nur einen Beitrag zur aktuellen Journalismusforschung leisten, sondern auch für die journalistische Praxis einen Anstoß geben, die Funktionsbestimmung im Institutionalisierungsprozess von Mobilem Journalismus zu erleichtern. Abschließend sind fünf zentrale Thesen zusammengefasst, die als Handlungsempfehlungen für den institutionalisierten Journalismus und die akademische Journalismusforschung dienen sollen.

1) Apps haben sich als technisches Medium im Journalismus etabliert und Mobiler Journalismus wird als Subsystem anerkannt. Die akademische Forschung muss diesem Umstand Rechnung tragen: Journalistische Organisationen sehen Mobilen Journalismus bereits jetzt langfristig als immanenten Teil der Multikanalstrategien von Medienunternehmen. Sie nutzen Apps und mobile Webseiten neben stationären Internetseiten und sozialen Netzwerken als technisches Medium zur Verbreitung ihrer journalistischen Medienangebote. Mobiler Journalismus wird damit in naher Zukunft zu einem institutionalisierten Subsystem von Journalismus werden. Die Journalismusforschung muss auf diese Entwicklung reagieren und darf Mobilen Journalismus nicht mehr wie bisher lediglich als „mobile Variante" von Onlinejournalismus in den Fokus nehmen.

2) Institutionalisierter Journalismus leidet publizistisch wie ökonomisch an einem Mangel an Offenheit für den experimentellen Um-

gang mit Innovationen: Mobiler Journalismus wird von etablierten Medienorganisationen nicht nur als publizistische, sondern auch ökonomische Chance angesehen. Sie erkennen, dass für einen Erfolg die angepasste Bedienbarkeit und Aufbereitung der Inhalte sowie ein akzeptables Preis-Nutzen-Verhältnis unabdingbar sind. Dennoch wird in den Redaktionen publizistisch wie ökonomisch kaum mit den Möglichkeiten des Mediums experimentiert. Mobiler Journalismus ist primär mobiler Offline- oder Onlinejournalismus. Dies liegt vor allem an der fehlenden Bereitstellung personeller, zeitlicher und finanzieller Ressourcen. Journalisten erledigen Mobilen Journalismus nebenbei, einzelne Innovatoren müssen sich Kompetenzen durch „learning by doing" aneignen. Hier sind die Verlags- und Geschäftsleitungen gefordert, sich von der einseitigen Fokussierung auf das Muttermedium zu lösen und ihre digitalen Medienangebote aktiv weiterzuentwickeln, bis diese einer eigenständigen Idee von Journalismus im digitalen Zeitalter folgen. Darüber hinaus erfordert dieser Prozess auch die Weiterentwicklung der traditionellen Erlösmodelle aus Werbung und Vertrieb zu einer flexiblen und multioptionalen Kombination, die Bedürfnisse unterschiedlicher Zielgruppen befriedigen. Der institutionalisierte Journalismus läuft Gefahr, die Fehler aus der Frühphase des stationären Internets zu wiederholen.

3) Journalismus ignoriert die Notwendigkeit zur Funktionsbestimmung neuer Subsysteme in der digitalen Ära: In der aktuellen Phase des Mobilen Journalismus hat das Subsystem seine eigenständige Identität noch nicht gefunden. Dieses Defizit liegt an der mangelnden Auseinandersetzung der Medienorganisationen mit crossmedialen Produktionsabläufen. Weder sind Newsdesk- und Newsroom-Modelle mehrheitlich verbreitet, noch ist das Publizieren für mehrere Medien unter einer Marke durch ausgearbeitete Konzepte koordiniert. Crossmedia-Verantwortliche und Strategien fehlen ebenso wie Absprachen oder Konferenzen zur Koordination der einzelnen Medien. Dies verwundert umso mehr, weil Medienunternehmen primär komplementäre Strategien favorisieren. Sie wollen insbesondere neue Nutzer sowie junge Zielgruppen durch Mobilen Journalismus erschließen und erhoffen sich eine Erweiterung der Markenfamilie durch ergänzende oder eigenständige Angebote. Organisationen des institutionalisierten Journalismus müssen sich fragen, worin ihre Kernkompetenz liegt und wie Mobiler Journalismus diese bereichern und erweitern kann. Die Antwort kann nicht alleine in der mobilen Rezipierbarkeit bereits existierender Medieninhalte in identischer Form liegen.

4) Die Funktion des zukünftigen Journalismus liegt stärker als bisher in der Bereitstellung relevanter exklusiver Informationen. Diese können nachrichten- oder geschichtenorientiert aufbereitet sein: Die Herstellung von Öffentlichkeit alleine ist keine exklusive Funktion von Journalismus mehr. Die Aufgabe liegt daher mehr denn je in der periodischen Veröffentlichung qualitativ hochwertiger, relevanter und exklusiver Inhalte. Diese zeichnen sich durch fundierte Recherche, Einordnung und Bewertung von Informationen aus. Dazu nutzt Journalismus das technische Potenzial von Apps. Zwei unterschiedliche Konzepte sind denkbar: Eine Form nutzt vorrangig die Onlinespezifika des Mediums und verknüpft diese mit Mobilspezifika: Mobiler Journalismus vermittelt dann Informationen, die über die ständige Konnektivität der Endgeräte und die Möglichkeit der Kontextsensitivität nicht nur aktuell, sondern vor allem individualisierbar und orts-, sowie situationsbezogen sind. Aktuelle Information umfasst dabei nicht die eins-zu-eins-Veröffentlichung von Presse- oder Agenturmeldungen, die überall (kostenlos) verfügbar sind. Der Mehrwert liegt in der Herstellung von Bezügen zum Kontext des Rezipienten – inhaltlich wie technisch. Darüber hinaus lässt die Möglichkeit der Einbindung interaktiver Elemente Raum für die Teilhabe der Nutzer.

Eine zweite Form des Mobilen Journalismus nutzt die Onlinespezifika Additivität, Multimedialität, Selektivität sowie Interaktivität und verknüpft diese primär mit den Endgerätespezifika der intuitiven Bedienbarkeit und Playfulness. Geschichtenorientierter Journalismus zielt nicht auf möglichst aktuelle Informationsvermittlung, sondern auf eine Einordnung dieser Informationen. Die multimediale Darstellung erlaubt es, Informationen in dem für den jeweiligen Aspekt angemessenen Medienformat zu vermitteln. Die interne und externe Verlinkung sowie die Verwendung crossmedialer Verweise erhöht die Tiefe der Informationen. Durch die Nutzung der Selektivität sind die Rezeptionsrichtung und der -umfang frei wählbar. Werden das selektive und spielerische Erschließen der Inhalte im Sinne der Playfulness und die Möglichkeit zur interaktiven Teilhabe genutzt, kann zudem das Involvement und letztlich die Bindung an die Medienmarke erhöht werden.

5) Mobiler Journalismus ist die digitale Zukunft und der Einstieg in die Ära des Ubiquitous Computing: Das Internet eröffnet durch die Kombination mit den Potenzialen der Mobilfunktechnologie die Möglichkeit eines Journalismus, der Online- und Mobilspezifika miteinander verbindet und von der intuitiven Bedienbarkeit und Playfulness neuer Endgeräte und Interfaces profitieren kann. Die steigende Bedeutung von Kontextsensitivität und Individualisierung in der Zukunft wird auch im institutionalisierten Journalismus anerkannt. Unabhängig von der weiteren Entwicklung und dem Fortbestand etablierter Journalismussysteme, sichert die Investition in die Entwicklung geeigneter publizistischer und ökonomischer Konzepte für Mobilen Journalismus einen Fortbestand des professionalisierten Journalismus im Zeitalter des Ubiquitous Computing.

Um den weiteren Prozess der Institutionalisierung zu verfolgen, muss das in dieser Arbeit genutzte Untersuchungsdesign in eine Längsschnittanalyse überführt werden. Für die quantitative Befragung ist dies durch diese Arbeit bereits erfolgt. Sie stellt die zweite Erhebungswelle zum Mobilen Journalismus in Deutschland für die Beobachtung redaktioneller Ordnungsprogramme dar. In den letzten fünf Jahren haben sich die technischen Voraussetzungen und auch die Etablierung der Angebote auf dem Rezipientenmarkt deutlich verbessert. Die Ausbildung eigenständiger Ordnungsprogramme jedoch ist bislang auf ähnlich niedrigem Niveau wie im Jahr 2007. Eine weitere kontinuierliche Befragung ist deshalb geplant.

Davon abgesehen sollte das bestehende Defizit ausgearbeiteter crossmedialer Konzepte und redaktioneller Strategien für alle journalistischen Subsysteme besser erforscht werden. Systematische Redaktionsbeobachtungen können das Verständnis der Produktions- und Selektionsprozesse erhöhen. Die Lösung von der Fokussierung auf Tageszeitungen verspricht eine bessere Einschätzung der Vorgänge in allen Subsystemen. Wie die Arbeit gezeigt hat, führt die einseitige Beschäftigung mit redaktionellen Umstrukturierungen in Tageszeitungen zu einer Überbewertung von Newsdesk-Modellen für den Journalismus in seiner Gesamtheit.

Darüber hinaus müssen die Angebote ebenfalls genauer untersucht werden. Auch hier ist eine Begleitung des Prozesses durch eine Längsschnittanalyse geplant. Zukünftige Studien sollten zudem dort ansetzen, wo das methodische Vorgehen der quantitativen Inhaltsanalyse in der Vollerhebung Limitationen aufweist: Die Inhalte sollten detailliert mit der Berichterstattung in den Offline- und Onlinemedien der jeweiligen Organisationen verglichen werden, um die Entwicklung funktionaler Unterschiede in den Subsystemen festzustellen. Dafür rücken Umfang und Auswahl der Themen und ihre journalistische Aufbereitung in den Fokus.

Vor dem Hintergrund des fundamentalen Strukturwandels Öffentlicher Kommunikation ist für die Beantwortung der Frage nach der Zukunft des institutionalisierten Journalismus eine weitere Beschäftigung mit Mobilem Journalismus unerlässlich. Er ist der sichtbare Schatten, den die Ära des Ubiquitous Computing bereits jetzt vorauswirft. Die Unterscheidung zwischen Medium und Journalismus ist für den Blick auf diese Zukunft hilfreich: Journalismus, der sich der Mobilfunktechnologie bedient, ist unausweichlich anders als Journalismus, der über Druck- oder Rundfunkmedien oder das stationäre Internet verbreitet wird. Es wäre wünschenswert, dass sich die Journalismusforschung nicht nur mit den Auswirkungen des stationären Internets auf den Journalismus beschäftigt. Die Disziplin sollte sich auch damit auseinandersetzen, welche publizistischen Potenziale die Mobilfunktechnologie und die Loslösung der Mensch-Maschine-Interaktion von Interfaces bereithalten.

Wie diese Arbeit gezeigt hat, erweitern Apps die Möglichkeiten von Journalismus in der Raum-, Zeit- und der Kontextperspektive. In der Folge erfüllt Mobiler Journalismus neue Funktionen und präsentiert sich in anderen Formen. Evolution entsteht durch Veränderung, Innovation durch Ideen. Es ist unausweichlich, dass das System neue Wege zur Finanzierung gehen muss und gleichzeitig genötigt ist, neue Konzepte zur Auswahl und Aufbereitung seiner Inhalte zu entwickeln. Gerade diese Anpassungsfähigkeit des institutionalisierten Journalismus gewährleistet, dass das System fortbesteht, auch wenn eines seiner zur Verbreitung genutzten technischen Medien keinen Bestand mehr haben sollte. Eine Veränderung des Journalismus bedeutet nicht, dass er in seiner Existenz bedroht ist. Er hat dadurch die Chance, sich weiterzuentwickeln – und besser zu werden.

Literaturverzeichnis

Accenture (2009): Mobile Web Watch 2009. Das mobile Internet erreicht den Massenmarkt. Online verfügbar unter http://www.accenture.com /SiteCollectionDocuments/Local_Germany/PDF/Accenture_MobWeb Watch2009_Studie.pdf, zuletzt geprüft am 20.07.2013.

Accenture (2010): Mobile Web Watch 2010. Durchbruch auf Raten – mobiles Internet im deutschsprachigen Raum. Online verfügbar unter http://www. accenture.com/SiteCollectionDocuments/Local_Germany/PDF/Accenture_ Mobile_Web_Watch_2010.pdf, zuletzt geprüft am 20.07.2013.

Accenture (2011): Mobile Web Watch 2011. Deutschland, Österreich, Schweiz. Die Chancen der mobilen Evolution. Online verfügbar unter http://www.accenture.com/SiteCollectionDocuments/Local_Germany/PDF/ Accenture-Studie-Mobile-Web-Watch-2011.pdf, zuletzt geprüft am 20.07.2013.

Accenture (2012): Mobile Web Watch 2012. Special Edition: Germany, Austria, Switzerland. Mobile Internet – Spawning New Growth Opportunities in the Convergence Era. Online verfügbar unter http://www.accenture. com/SiteCollectionDocuments/PDF/Accenture-Study-Mobile-Web-Watch-Germany-Austria-Switzerland-EN.pdf, zuletzt geprüft am 19.03.2013.

Advertising Age (2011a): Media Vanguard Awards: Print to Digital. Online verfügbar unter http://adage.com/article/special-report-media-vanguard-awards/media-vanguard-awards-print-digital/230924/, zuletzt geprüft am 20.03.2012.

Advertising Age (2011b): Media Vanguard Awards: Broadcast to Digital. Online verfügbar unter http://adage.com/article/special-report-media-vanguard -awards/media-vanguard-awards-broadcast-digital/230921/, zuletzt geprüft am 16.02.2012.

AGF (2011): TV-Daten. Online verfügbar unter http://www.agf.de/daten/, zuletzt geprüft am 30.04.2012.

AGOF e.V. (2012): Studiensteckbrief. Online verfügbar unter http://www. agof.de/studiensteckbrief.1084.de.html, zuletzt geprüft am 22.04.2013.

AGOF e.V. (2013a): internet facts 2013-02. Online verfügbar unter http: //agof.de/studienarchiv-2013.1146.de.html, zuletzt geprüft am 20.07.2013.

AGOF e.V. (2013b): mobile facts 2012-II. Online verfügbar unter http: //agof.de/aktuelle-studie.1022.de.html, zuletzt geprüft am 20.07.2013.

Aguado, Juan Miguel; Martinez, Immaculada José (2008): The Fourth Screen and the Liquid Medium: Notes for a Characterization of the Media Cultures Implicit in Mobile Entertainment Contents. In: Maren Hartmann, Patrick

Rössler und Joachim R. Höflich (Hg.): After the Mobile Phone? Social Changes and the Development of Mobile Communication. Berlin: Frank & Timme, S. 69–84.

Ahlers, Douglas (2006): News Consumption and the New Electronic Media. In: *The Harvard International Journal of Press/Politics* 11 (1), S. 29–52, zuletzt geprüft am 12.03.2013.

Ahonen, Tomi T. (2008): Mobile as 7th of the Mass Media. Cellphone, Cameraphone, iPhone, Smartphone. London: Futuretext.

Ahonen, Tomi T.; O'Reilly, Jim (2007): Digital Korea. Convergence of Broadband Internet, 3G Cell Phones, Multiplayer Gaming, Digital TV, Virtual Reality, Electronic Cash, Telematics, Robotics, E-Government and the Intelligent Home. London: Futuretext.

Aitamurto, Tanja; Lewis, Seth C. (2013): Open Innovation in Digital Journalism: Examining the Impact of Open APIs at Four News Organizations. In: *New Media & Society* 15 (2), S. 314–331.

Albrecht, Georg (2011): App Store Ranking – Auswahl der öffentlich einsehbaren Kommentare. München, 21.12.2011. E-Mail an Cornelia Wolf.

Alby, Tom (2008): Das mobile Web. München: Hanser Verlag.

Altmeppen, Klaus-Dieter (2003): Medienökonomie im Internet-Zeitalter. Problemorientierung und Entwicklungspfade. In: Martin Löffelholz und Thorsten Quandt (Hg.): Die neue Kommunikationswissenschaft. Theorien, Themen und Berufsfelder im Internet-Zeitalter. Eine Einführung. 1. Aufl. Wiesbaden: Westdt. Verlag, S. 215–234.

Altmeppen, Klaus-Dieter; Quandt, Thorsten (2002): Wer informiert uns, wer unterhält uns? Die Organisation öffentlicher Kommunikation und die Folgen für Kommunikations- und Medienberufe. In: *Medien und Kommunikationswissenschaft* 50 (1), S. 45–62.

Anderson, Chris (2007): The Long Tail. Nischenprodukte statt Massenmarkt. Das Geschäft der Zukunft. München: Hanser.

Annual Multimedia Award (2012): Gewinner 2012. Online verfügbar unter http://www.annual-multimedia.de/gewinner_2012/, zuletzt geprüft am 20.03.2012.

Apple (o. J.): Was ist iCloud? Online verfügbar unter http://www .apple.com/de/icloud/what-is.html, zuletzt geprüft am 12.03.2012.

Apple (2010): App Store von Apple übertrifft 3 Milliarden Downloads. Online verfügbar unter http://www.apple.com/de/pr/library/2010/01/05Apples-App-Store-Downloads-Top-Three-Billion.html, zuletzt geprüft am 07.09.2010.

Apple (2012a): Retina Display. Das ist ganz klar. Online verfügbar unter http: //www.apple.com/de/iphone/features/retina-display.html, zuletzt geprüft am 12.03.2012.

Apple (2012b): Retina Display. So hast du die Dinge noch nie gesehen. Online verfügbar unter http://www.apple.com/de/ipad/features/, zuletzt geprüft am 26.03.2012.

Apple (2013): Apples App Store knackt historische Marke von 50 Milliarden Downloads. Online verfügbar unter http://www.apple.com/de/pr/library /2013/05/16Apples-App-Store-Marks-Historic-50-Billionth-Download.html, zuletzt geprüft am 20.06.2014.

Apps & Co (o. J.): Der Spiegel. Gut einen Tag früher aufs Tablett. Online verfügbar unter http://www.appsundco.de/ipad/apps/nachrichten/der-spiegel/, zuletzt geprüft am 28.04.2013.

ARD.de (2007): ARD beschließt Strategie für die digitale Medienwelt. Tagesschau aufs Handy. Online verfügbar unter http://www.ard.de/intern /presseservice/id=8058/nid=8058/did=620988/10e5ce/index.html, zuletzt geprüft am 19.03.2013.

Arnold, Klaus; Neuberger, Christoph (Hg.) (2005): Alte Medien – Neue Medien. Theorieperspektiven, Medienprofile, Einsatzfelder; Festschrift für Jan Tonnemacher. 1. Aufl. Wiesbaden: VS Verlag für Sozialwissenschaften.

Avilés, José A. García; Meier, Klaus; Kaltenbrunner, Andy; Carvajal, Miguel; Kraus, Daniela (2009): Newsroom Integration in Austria, Spain and Germany. Models of Media Convergence. In: *Journalism Practice* (3), S. 1–19.

Axel Springer AG (2011): Kostenpflichtige journalistische Angebote werden immer stärker genutzt. BILD und DIE WELT verkaufen täglich mehr als 125.000 digitale Ausgaben. Online verfügbar unter http://www .axelspringer.de/presse/Kostenpflichtige-journalistische-Angebote-werden-immer-staerker-genutzt-BILD-und-DIE-WELT-verkaufen-taeglich-mehr-als-125.000-digitale-Ausgaben_2006412.html, zuletzt geprüft am 19.03.2013.

Bächler, Jesse; Bonfadelli, Heinz (2012): Medienrepertoires als Fiebermesser der Fragmentierung. In: Werner A. Meier, Heinz Bonfadelli und Josef Trappel (Hg.): Gehen in den Leuchttürmen die Lichter aus? Was aus Schweizer Leitmedien wird. Wien, Berlin: Lit, S. 211–237.

Backhaus, Klaus; Erichson, Bernd; Plinke, Wulff; Weiber, Rolf; Backhaus-Erichson-Plinke-Weiber (2011): Multivariate Analysemethoden. Eine anwendungsorientierte Einführung. 13. Aufl. Berlin: Springer.

Barnhurst, Kevin G. (2012): The Form of Online News in the Mainstream US Press, 2001–2010. In: *Journalism Studies* 13 (5-6), S. 791–800.

Barnhurst, Kevin G. (2013): Newspapers Experiment Online: Story Content After a Decade on the Web. In: *Journalism* 14 (1), S. 3–21.

Bartlett, Frederic Charles (1932): Remembering. A Study in Experimental and Social Psychology. Cambridge: Cambridge Univ. Press.

Barton, Allen H.; Lazarsfeld, Paul F. (1979): Einige Funktionen von qualitativer Analyse in der Sozialforschung. In: Christel Hopf und Elmar Weingarten (Hg.): Qualitative Sozialforschung. Stuttgart: Klett-Cotta, S. 41–89.

Bausinger, Hermann (1976): Dialekte, Sprachbarrieren, Sondersprachen. 36. - 40. Tsd. Frankfurt a. M: Fischer.

BDZV (2012): Zeitungen 2012/13. Berlin.

BDZV (2013a): Zur wirtschaftlichen Lage der Zeitungen in Deutschland. Online verfügbar unter: http://www.bdzv.de/markttrends-und-daten/wirtschaft lichelage/artikel/detail/zur_wirtschaftlichen_lage_der _zeitungen_in_deutschland_2013/, zuletzt geprüft am 25.06.2014

BDZV (2013b): Zeitungen mit neuer Paid-Content-Offensive. Online verfügbar unter http://www.bdzv.de/zeitungen-online/information-multimed /artikel/detail/zeitungen_mit_neuer_paid_content_offensive/, zuletzt geprüft am 17.04.2013.

Beck, Klaus (2003): Neue Medien – neue Theorien? Klassische Kommunikations- und Medienkonzepte im Umbruch. In: Martin Löffelholz und Thorsten Quandt (Hg.): Die neue Kommunikationswissenschaft. Theorien, Themen und Berufsfelder im Internet-Zeitalter. Eine Einführung. 1. Aufl. Wiesbaden: Westdt. Verlag, S. 71–87.

Beck, Klaus (2006): Computervermittelte Kommunikation im Internet. München: Oldenbourg.

Beck, Klaus; Schweiger, Wolfgang; Wirth, Werner (Hg.) (2004): Gute Seiten – schlechte Seiten. Qualität in der Onlinekommunikation. München: R. Fischer.

Beecher, Fred (2009): Playfulness, Usability & Content. The Three Pillars of a Delightful User Experience. Online verfügbar unter userexperience.evantageconsulting.com/2009/09/playfulness-usabi, zuletzt geprüft am 13.03.2013.

Belrose, John s. (1995): Fessenden and Marconi: Their Differing Technologies and Transatlantic Experiments During the First Decade of this Century. International Conference on 100 Years of Radio. Online verfügbar unter http://ieee.ca/millennium/radio/radio_differences.html, zuletzt geprüft am 18.03.2013.

Best, Stefanie; Engel, Bernhard (2011): Alter und Generation als Einflussfaktoren der Mediennutzung. Kohortenanalysen auf Basis der ARD/ZDF-Langzeitstudie Massenkommunikation. In: *Media Perspektiven* (11), S. 525–541.

Biel, Philipp (2012): FOCUS Online App – Finanzticker, personalisierte Startseite und mehr! Online verfügbar unter http://www.appleunity .de/2012/04/23/focus-online-app-finanzticker-personalisierte-startseite-und-mehr/, zuletzt geprüft am 28.04.2013.

Biermann, Frank (2007): Moosig im Abgang. In: *Publizistik* 52 (2), S. 149–153.

Bild.de (2012): Sexy Girls zum App schütteln. BILD-Girl im iPhone. Online verfügbar unter http://www.bild.de/digital/mobil/bild-apps/durch-schuetteln-des-iphones-zieht-sich-das-girl-aus-10413776.bild.html, zuletzt geprüft am 29.04.2013.

Bitkom (2007): Rekord: Deutsche kaufen dieses Jahr fast 37 Millionen Handys. Berlin. Online verfügbar unter http://www.bitkom.org/de/presse/49919_48583.aspx, zuletzt geprüft am 23.06.2013.

Bitkom (2009): 29 Millionen Bundesbürger verschenken Hightech an Weihnachten. Berlin. Online verfügbar unter http://www.bitkom.org/de/presse/62013_61581.aspx, zuletzt geprüft am 15.05.2013.

Bitkom (2010): Smartphone-Absatz 2011 über der 10-Millionen-Marke. Berlin. Online verfügbar unter http://www.bitkom.org/de/presse/66442_65897.aspx, zuletzt geprüft am 19.03.2013.

Bitkom (2011): 29 Millionen Bundesbürger nutzen mindestens zwei Handys. Berlin. Online verfügbar unter http://www.bitkom.org/de/presse/70864_70750.aspx, zuletzt geprüft am 15.05.2013.

Bitkom (2012a): Hochwertige Smartphones werden Standard. Berlin. Online verfügbar unter http://www.bitkom.org/files/documents/BITKOM-Presseinfo_Smartphone-Absatz_21_08_2012.pdf, zuletzt geprüft am 19.03.2013.

Bitkom (2012c): Zeitenwende auf dem Handy-Markt. Berlin. Online verfügbar unter http://www.bitkom.org/de/presse/8477_71243.aspx, zuletzt geprüft am 15.05.2013.

Blinkenlichten (2011): Eine Evolution in Reduktion. Werbe-Video zur Einführung der Zeit App. You Tube. Online verfügbar unter http://www.youtube.com/watch?v=4kgPHKMQrUc&feature=youtu.be, zuletzt geprüft am 14.02.2012.

Blöbaum, Bernd (2000): Organisation, Programme, Rollen. Die Struktur des Journalismus. In: Martin Löffelholz (Hg.): Theorien des Journalismus. Ein diskursives Handbuch. 1. Aufl. Wiesbaden: Westdt. Verlag, S. 169–183.

Blumer, Herbert (1986): Symbolic Interactionism. Perspective and Method. 6. Aufl. London: Berkerly.

Boczkowski, Pablo J. (2004): The Mutual Shaping of Technology and Society in Videotext Newspapers: Beyond the Diffusion and Social Shaping Perspectives. In: *The Information Society* 20 (4), S. 255–267.

Boczkowski, Pablo J. (2005): Digitizing the News: Innovation in Online Newspapers. Cambridge: MIT Press.

Bodin, Michael (2002): Journalismus per SMS. In: *Journalist* (2), S. 50.

Bolin, Göran; Westlund, Oscar (2009): Mobile Generations. The Role of Mobile Technology in the Shaping. In: *International Journal of Communication* (3), S. 108–124.

Bösch, Marcus (2011a): Das Studio in der Hosentasche. Mobile Reporting. In: Christian Jakubetz, Ulrike Langer und Ralf Hohfeld (Hg.): Universalcode. Journalismus im digitalen Zeitalter. 1. Aufl. München: Euryclia-Verlag, S. 229–252.

Bösch, Marcus (2011b): Transmedia Storytelling – Die Kunst des digitalen Erzählens. Online verfügbar unter http://training.dw-world.de/ausbildung/blogs/lab/?p=2274, zuletzt geprüft am 23.03.2012.

Bösch, Marcus (2012): Mobile Reporting. iBook. Online verfügbar unter https://itunes.apple.com/de/book/mobile-reporting/id498538947?mt=11, zuletzt geprüft am 20.07.2013.

Bösch, Marcus (2013): Mobile-Journalism. Online verfügbar unter http://mobile-journalism.com/, zuletzt geprüft am 20.07.2013.

Brecht, Bertholt (1967): Der Rundfunk als Kommunikationsapparat. In: Bertholt Brecht (Hg.): Gesammelte Werke. 20 Bände. Frankfurt a. M.: Suhrkamp (18), S. 117–134.

Breitbandkompass.de (2010): Volle WiMAX-Abdeckung in Südkorea geplant. Online verfügbar unter http://www.breitbandkompass.de/news_volle-wimax-abdeckung-in-suedkorea-geplant-261.html, zuletzt geprüft am 19.03.2013.

Bremmer, Manfred (2011): Native Apps oder mobile Website? Online verfügbar unter http://www.computerwoche.de/_misc/article/articleprintpopup/index.c, zuletzt geprüft am 24.04.2012.

Breunig, Christian (2005): Paid Content im Internet – ein erfolgreiches Geschäftsmodell? Marktchancen kostenpflichtiger Onlineinhalte. In: *Media Perspektiven* (8), S. 407–418.

Breunig, Christian (2008): Handy-TV vor ungewisser Zukunft. DMB und DVB-H erhalten Konkurrenz durch DVB-T und mobiles Internet. In: *Media Perspektiven* (1), S. 598–611.

Brielmaier, Peter; Wolf, Eberhard (2000): Zeitungs- und Zeitschriftenlayout. 2. Aufl. Konstanz: UVK.

Brosius, Hans-Bernd (1991): Schema-Theorie – ein brauchbarer Ansatz in der Wirkungsforschung. In: *Publizistik* 36 (3), S. 285–297.

Brosius, Hans-Bernd; Koschel, Friederike; Haas, Alexander (2008): Methoden der empirischen Kommunikationsforschung. Eine Einführung. 4. Aufl. Wiesbaden: VS Verlag für Sozialwissenschaften.

Brüggemann, Michael (2002): The Missing Link. Crossmediale Vernetzung von Print und Online. Fallstudien führender Print-Medien in Deutschland und den USA. München: R. Fischer.

Brüggemann, Michael (2004): Jetzt erst recht. Crossmedia-Strategien können die journalistische Qualität verbessern. In: Klaus Beck, Wolfgang Schweiger und Werner Wirth (Hg.): Gute Seiten – schlechte Seiten. Qualität in der Onlinekommunikation. München: R. Fischer, S. 222–232.

Brüggemann, Michael; Esser, Frank; Humprecht, Edda (2012): The Strategic Repertoire of Publishers in the Media Crisis. In: *Journalism Studies* 13 (5-6), S. 742–752.

Bucher, Hans-Jürgen; Altmeppen, Klaus-Dieter (Hg.) (2003): Qualität im Journalismus. Grundlagen, Dimensionen, Praxismodelle. 1. Aufl. Wiesbaden: Westdt. Verlag.

Bucher, Hans-Jürgen; Barth, Christoph (1998): Rezeptionsmuster der Onlinekommunikation. Empirische Studie zur Nutzung der Internetangebote von Rundfunkanstalten und Zeitungen. In: *Media Perspektiven* (10), S. 517–523.

Budiu, Raluca; Nielsen, Jakob (2011): Usability of iPad Apps and Websites. 2nd Edition. Fremont, CA, zuletzt geprüft am 13.03.2013.

Bulletproof Media (2011): Ein i – zwei Welten: Strategien und Konzepte deutscher Print-Titel auf den Apple-Geräten iPhone und iPad. Hamburg.

Bunz, Mercedes (o. J.): Onlinejournalismus. Für eine neue Poesie der Neugier Das Web verändert den Journalismus – nicht nur online. Online verfügbar unter http://www.mercedes-bunz.de/texte/onlinejournalismus/, zuletzt geprüft am 12.03.2013.

Bunz, Mercedes (2010): How Journalists Can Use Augmented Reality. Online verfügbar unter http://www.guardian.co.uk/media/pda/2010/jan/06/journalism-augmented-reality, zuletzt geprüft am 14.03.2012.

Burkart, Günter (2007): Handymania. Wie das Mobiltelefon unser Leben verändert hat. Frankfurt, New York: Campus Verlag.

Burkart, Roland (2002): Kommunikationswissenschaft. Grundlagen und Problemfelder. 4. Aufl. Wien: UTB.

Burkart, Roland; Hömberg, Walter (2004): Elektronisch mediatisierte Gemeinschaftskommunikation. Eine Herausforderung für die kommunikationswissenschaftliche Modellbildung. In: Roland Burkart und Walter Hömberg (Hg.): Kommunikationstheorien. Ein Textbuch zur Einführung. 3. Aufl. Wien: Braumüller, S. 258–269.

Busemann, Katrin; Engel, Bernhard (2012): Wandel der Mediennutzungprofile im Zeitalter des Internets. Analyse auf Basis der ARD/ZDF-Langzeitstudie Massenkommunikation. In: *Media Perspektiven* (3), S. 133–146.

BVDW e.V. (2013a): BVDW prognostiziert 105 Millionen Euro für mobile Werbung in 2013. Düsseldorf. Online verfügbar unter http://www.bvdw.org/medien/bvdw-prognostiziert-105-millionen-euro-fuer-mobile-werbung-in-2013?media=4659, zuletzt geprüft am 18.04.2013.

BVDW e.V. (2013b): OVK Online-Report 2013/01. Zahlen und Trends im Überblick. Düsseldorf.

Callmagazin (2007): Quam muss UMTS-Lizenz zurückgeben. Online verfügbar unter http://www.call-magazin.de/handy-mobilfunk/handy-mobilfunknachrichten/quam-muss-umts-lizenz-zurueckgeben_21129.html, zuletzt geprüft am 11.01.2011.

Cameron, David (2008): Mobile Journalism: A Snapshop of Current Research and Practice. Technology, Education and Ethics Conference 2008. University of Bedfordshire. Bedfordshire, 17.10.2008. Online verfügbar unter http://theendofjournalism.wdfiles.com/localfiles/davidcameron/David%20 Cameron.pdf, zuletzt geprüft am 13.03.2013.

Carey, John (2006): Content and Services for Next Generation Wireless Networks. In: Jo Groebel, E. Noam und Valerie Feldmann (Hg.): Mobile Media. Content and Services for Wireless Communications. London: Lawrence Erlbaum, S. 115–130.

Chan, Hamilton (2011): Next Wave of Mobile Marketing. NFC, QR Codes and Location-Based Technology. Online verfügbar unter http: //www.mobilemarketer.com/cms/opinion/columns/10027.html, zuletzt geprüft am 29.04.2013.

Chan-Olmsted, Sylvia; Rim, Hyejoon; Zerba, Amy (2013): Mobile News Adoption among Young Adults. Examining the Roles of Perceptions, News Consumption, and Media Usage. In: *Journalism & Mass Communication Quarterly* 90 (1), S. 126–147.

Chip Online (2006): Motorolas Handy-Geschichte. Online verfügbar unter http://www.chip.de/artikel/Motorolas-Handy-Geschichte_21097945.html, zuletzt geprüft am 18.03.2013.

Clausen, Sven Oliver; Klusmann, Steffen; Weigel, Stefan (2012): In eigener Sache. Online verfügbar unter http://www.ftd.de/it-medien/medien-internet/:in-eigener-sache-liebe-leserin-lieber-leser/70121281.html, zuletzt geprüft am 11.04.2013.

CNNMoney (2012): Global 500. Online verfügbar unter http://money.cnn.com/magazines/fortune/global500/2012/full_list/, zuletzt geprüft am 19.03.2013.

Colman, Jacques; Gilli, Michael; Schäfers, Christian; Ziegler, Dennis (2006): Analyse des Marktes Handy-TV. Köln. Online verfügbar unter http:// www.memi-koeln.de/attachments/031_060731_memi_Studie_Handy TV.pdf, zuletzt ge-prüft am 18.03.2013.

Coursaris, Contantinos K.; Swierenga, Sarah J.; Pierce, Graham L. (2010): Effects of Aesthetics and Playfulness on Web Usability – An Empirical Investigation. In: AMCIS 2010 Proceedings, Paper 549. Online verfügbar unter http://aisel.aisnet.org/amcis2010/549, zuletzt geprüft am 20.07.2013.

Denison, Thomas S. (1901): A Telephone Newspaper. In: *World`s Work*, S. 640–643. Online verfügbar unter http://www.uiowa.edu/~obermann /endofbooks/telephone_newspaper.pdf, zuletzt geprüft am 23.01.2012.

Der Westen (2009): WAZ Mediengruppe. Konzept zur Restrukturierung der Redaktionen. Betriebsversammlung Westdeutsche Allgemeine Zeitung.

Online verfügbar unter http://files1.derwesten.de/pdf/Praesentation_WAZ _Betriebsversammlung_2009-03-04.pdf, zuletzt geprüft am 23.03.2013.

Deutsches Institut für Normung e.V. (1998): Ergonomische Anforderungen für Bürotätigkeiten mit Bildschirmgeräten – Teil 11: Anforderung an die Gebrauchstauglichkeit – Leitsätze, DIN EN ISO 9214-11. Berlin.

Die Medienanstalten (2012a): Landesmedienanstalten. Online verfügbar unter http://www.die-medienanstalten.de/ueber-uns/landesmedienanstalten.html, zuletzt geprüft am 20.05.2013.

Die Medienanstalten (2012b): TV Senderdatenbank. Online verfügbar unter http://www.die-medienanstalten.de/service/datenbanken/tvsenderdatenbank.html, zuletzt geprüft am 20.05.2013.

Diering, Frank; Mayer, Ansgar (2012): Die vernetzte Redaktion. Von Dramaturgen, Komponisten und Story-Geografen. In: *Fachjournalist* (2), S. 10–13.

Digital Magazine Award (2011a): DMA Winners 2011 Lifestyle. Online verfügbar unter http://digitalmagazineawards.com/winners2011/clear/, zuletzt geprüft am 20.03.2012.

Digital Magazine Award (2011b): DMA Winners 2011 Magazine of the Year. Online verfügbar unter http://digitalmagazineawards.com/winners2011/magazine-of-the-year/, zuletzt geprüft am 20.03.2012.

Dimmick, John; Feaster, John Christian; Hoplamazian, Gregory J. (2011): News in the Interstices. The Niches of Mobile Media in Space and Time. In: *New Media & Society* 13 (1), S. 23–39.

Dogruel, Leyla; Katzenbach, Christian (2010): Internet-Ökonomie – Grundlagen und Strategien aus kommunikationswissenschaftlicher Perspektive. In: Wolfgang Schweiger und Klaus Beck: Handbuch Online-Kommunikation. Wiesbaden: VS Verlag für Sozialwissenschaften, S. 105–129.

Donges, Patrick (2006): Medien als Institutionen und ihre Auswirkungen auf Organisationen. Perspektiven des soziologischen Neo-Institutionalismus für die Kommunikationswissenschaft. In: *Medien und Kommunikationswissenschaft* 54 (4), S. 563–578.

Döring, Nicola (2003): Sozialpsychologie des Internet. Die Bedeutung des Internet für Kommunikationsprozesse, Identitäten, soziale Beziehungen und Gruppen. 2. Aufl. Göttingen: Hogrefe.

Döring, Nicola (2008): Mobilkommunikation. Psychologische Nutzungs- und Wirkungsdimensionen. In: Bernad Batinic und Markus Appel (Hg.): Medienpsychologie. Berlin, Heidelberg: Springer Medizin Verlag Heidelberg (Springer-Lehrbuch), S. 219–239.

dpa (2011): Studie von BDZV und dpa-infocom: Hohe Zahlungsbereitschaft bei Zeitungs-Apps. Online verfügbar unter http://www.presseportal.de/pm/8218/2121440/studie-von-bdzv-und-dpa-infocom-hohe-zahlungsbereitschaft-bei-zeitungs-apps, zuletzt geprüft am 27.03.2012.

dpa infocom (o.J.a): dpa-MobileSMS. Online verfügbar unter http://www.dpa-info.com/produkte/produkte_mobile_mobileSMS.htm, zuletzt geprüft am 18.03.2013.

dpa infocom (o. J.b): MINDS-Plattform. Online verfügbar unter http://www.dpa-info.com/produkte/produkte_mobile_mobileSMS.htm, zuletzt geprüft am 22.03.2012.

Dutta-Bergman, Mohan J. (2004): Complementarity in Consumption of News Types Across Traditional and New Media. In: *Journal of Broadcasting & Electronic Media* 48 (1), S. 41–60.

Eberspächer, Jörg (Hg.) (2002): Die Zukunft der Printmedien. Berlin: Springer.

Eck, Sigrid (2010): Markenpflege mit Apps. In: *tendenz* (3), S. 16–17.

Edvardsen, Elisabeth (2011): Eight of the Best Indie iPad Magazines – Trvl, Letter to Jane, Hoodgrown, POST. Online verfügbar unter http://www.techdigest.tv/2011/05/eight_of_the_be.html, zuletzt geprüft am 29.04.2013.

Erdal, Ivar John (2007): Researching Media Convergence and Crossmedia News Production. Mapping the Field. In: *Nordicom Review* 28 (2), S. 51–61.

Fallend, Ksenija; Grandío, María del Mar; Gagliardi, Juliana (Hg.) (2010): Perspektiven mobiler Kommunikation. Neue Interaktionen zwischen Individuen und Marktakteuren. 1. Aufl. Wiesbaden: VS Verlag für Sozialwissenschaften.

Faßler, Manfred (1997): Was ist Kommunikation? 2. Aufl. München: UTB.

Faulstich, Werner (2004): Medientheorie. In: Werner Faulstich (Hg.): Grundwissen Medien. 5. Aufl. München: Fink (UTB Medienwissenschaft, Literaturwissenschaft, 8169), S. 13–20.

Feldmann, Valerie (2005): Leveraging Mobile Media. Cross-Media Strategy and Innovation Policy for Mobile Media Communication. Heidelberg, New York: Physica-Verlag, zuletzt geprüft am 12.03.2013.

Fengler, Susanne (Hg.) (2012): Theoretisch praktisch!? Anwendungsoptionen und gesellschaftliche Relevanz der Kommunikations- und Medienforschung. Deutsche Gesellschaft für Publizistik- und Kommunikationswissenschaft; Jahrestagung der Deutschen Gesellschaft für Publizistik- und Kommunikationswissenschaft (DGPuK). Konstanz: UVK (Schriftenreihe der Deutschen Gesellschaft für Publizistik- und Kommunikationswissenschaft, 39).

Fengler, Susanne; Kretzschmar, Sonja (Hg.) (2009): Innovationen für den Journalismus. 1. Aufl. Wiesbaden: VS Verlag für Sozialwissenschaften.

Fidler, Roger (2012): RJI-DPA Mobile Media News Consumption National Survey. Paper presented at the American Society of News Editors Convention. Washington, DC, 2012. Online verfügbar unter http://rjionline.

org/sites/default/files/attachments/2012_fidlerjenner_asne_slides.pdf, zuletzt geprüft am 16.04.2013.

Focus Online (2006): Handy-Geschichte. Mobilfunk im Wandel der Zeit. Online verfügbar unter http://www.focus.de/digital/handy/handygeschichte_did_12098.html, zuletzt geprüft am 18.03.2013.

Ford, Rob; Wiedemann, Julius (Hg.) (2011): Erfolg in der Hand – Apps und das mobile Web. Fallbeispiele und Zahlen hinter einigen der erfolgreichsten Apps und mobilen Webseiten. Köln: Taschen.

Friedrichsen, Mike; Brunner, Martin F. (Hg.) (2007): Perspektiven für die Publikumszeitschrift. Berlin, Heidelberg: Springer.

Frühbrodt, Lutz; Feles, Thorsten (2006): Teure Dienste. Die Anbieter im Mobilfunk erfinden immer neue Anwendungen. Bei den meisten zahlen sie drauf. In: *Die Welt*, 11.02.2006, S. 18.

Früh, Werner (2011): Inhaltsanalyse. Theorie und Praxis. 7. Aufl. Konstanz: UVK.

Fuchß, Thomas (2009): Mobile Computing. Grundlagen und Konzepte für mobile Anwendungen ; mit 29 Aufgaben. München: Hanser.

Fürsich, Elfriede (2010): Medienkonvergenz als Risiko und Chance. Eine Analyse des amerikanischen Journalismus im Crossmedia-Zeitalter. In: Ralf Hohlfeld, Philipp Müller, Annekathrin Richter und Franziska Zacher (Hg): Crossmedia – Wer bleibt auf der Strecke? Beiträge aus Wissenschaft und Praxis. Berlin, Münster: Lit (Passauer Schriften zur Kommunikationswissenschaft), S. 54–69.

Gadau, Wiebke (2011): Der Film über die Macherinnen und Macher der ZEIT-App. Besondere Einblicke in das Projekt „Zeit-App". Online verfügbar unter http://www.artundweise.de/Blog/der-film-uber-die-macherinnen-und-macher-der-zeit-app/, zuletzt geprüft am 23.04.2012.

Garz, Detlef; Kraimer, Klaus (Hg.) (1991): Qualitativ-empirische Sozialforschung. Konzepte, Methoden, Analysen. Opladen: Westdt. Verlag.

Gattringer, Katrin; Klingler, Walter (2012): Radionutzung steigt erneut an. Ergebnisse, Trends und Methodik der ma 2012 Radio II. In: *Media Perspektiven* (9), S. 410–423.

Gaub, Maximilian (2010): Magazine für das iPad. Online verfügbar unter http://www.macwelt.de/artikel/_Ratgeber/372174/magazine_fuer_das_ipad/3, zuletzt geprüft am 20.03.2012.

Gazzard, Alison (2011): Location, Location, Location: Collecting Space and Place in Mobile Media. In: *Convergence: The International Journal of Research into New Media Technologies* 17 (4), S. 405–417.

Geer, Ralf; Gross, Roland (2001): M-Commerce. Geschäftsmodelle für das mobile Internet. Landsberg/Lech: Verl. Moderne Industrie.

Geßner, Christina; Waldenmaier, Stefan (2004): UMTS-Erweiterung in Vorbereitung. In: *Funkschau* (15), S. 30–31.

GfK (2013): Consumer Electronics Market Index (CEMIX). Q1-Q2 2013. Online verfügbar unter http://www.gfk.com/de/branchen/technologie/unterhaltungselektronik/Documents/CEMIX-Q1-Q2-2013.pdf, zuletzt geprüft am 20. Juni 2014.

Godulla, Alexander (2011): So sollen wir die Welt sehen. In: *P.M.* (1), S. 58–63.

Goldmedia GmbH (2011): Markt der Nachrichtenagenturen. Berlin.

Golem.de (2008): T-Mobile schließt EDGE-Ausbau ab. EDGE-Nutzung flächendeckend in Deutschland möglich. Online verfügbar unter http://www.golem.de/0805/59574.html, zuletzt geprüft am 31.10.2011.

Golem.de (2010): Cisco verkündet Wimax-Ausstieg. Netzwerkausrüster bietet keine Basisstationen und Modems mehr an. Online verfügbar unter http://www.golem.de/1003/73701.html, zuletzt geprüft am 19.03.2013.

Goyette-Côté, Marc-Olivier; Carbasse, Renaud; George, Eric (2012): Converging Journalism. In: *Journalism Studies* 13 (5-6), S. 753–762.

Grossmann, Lev (2007): Invention Of the Year: The iPhone. Online verfügbar unter http://www.time.com/time/specials/2007/article/0,28804,1677329_1678542,00.html, zuletzt geprüft am 22.07.2013.

Groth, Otto (1960): Die unerkannte Kulturmacht. Grundlagen der Zeitungswissenschaft (Periodik). 7 Bände. Berlin: Walter de Gruyter.

Güll, Christina; Lennartz, Thomas (2012): Mitmachen bei Mobile Content – Verständlich erklärt. Berlin: Deutsche Fachpresse Servicegesellschaft mbH.

Gunkel, Christoph (2011): Bei Anruf ausgelacht. 150 Jahre Telefon. Online verfügbar unter http://einestages.spiegel.de/static/topicalbumbackground/23742/bei_anruf_ausgelacht.html, zuletzt geprüft am 22.07.2013.

Haasler, Michael (2002): Crossmediales Publizieren und Content Management. Online verfügbar unter http://www.contentmanager.de/magazin/artikel_240_crossmediales_publizieren_und_content.html, zuletzt geprüft am 13.03.2013.

Ham, Dong-Han; Heo, Jeingyun; Fossick, Peter; Wong, William; Park; Sanghyun et al. (2006): Conceptual Framework and Models for Identifying and Organizing Usability Impact Factors of Mobile Phones. In: Jesper Kjeldskov und Jeni Paay (Hg.): OZCHI 2006. Conference Proceedings. New York, NY: ACM Press, S. 261–268.

Handelsblatt.com (2006): Millionen-Gebote für Wimax-Frequenzen. Versteigerung der Bundesnetzagentur. Online verfügbar unter http://www.handelsblatt.com/technologie/it-tk/it-internet/millionen-gebote-fuer-wimax-frequenzen/2744422.html, zuletzt geprüft am 19.03.2013.

Hasebrink, Uwe; Domeyer, Hanna (2010): Zum Wandel von Informationsrepertoires in konvergierenden Medienumgebungen. In: Maren Hartmann und Andreas Hepp (Hg.): Die Mediatisierung der Alltagswelt. Medien,

Kultur, Kommunikation. Wiesbaden: VS Verlag für Sozialwissenschaften, S. 49–64.

Hasebrink, Uwe; Schmidt, Jan-Hinrik (2012): Informationsrepertoires der deutschen Bevölkerung. Konzept für eine regelmäßig durchzuführende bevölkerungsrepräsentative Befragung im Rahmen des Vorhabens „Erfassung und Darstellung der Medien- und Meinungsvielfalt in Deutschland". Hamburg: Hans-Bredow-Inst. für Medienforschung an der Univ. Hamburg Verlag (Arbeitspapiere des Hans-Bredow-Instituts, 24).

Hass, Berthold (2006): Content Management – Inhalte für Neue Medien strategisch nutzen. In: Christian Scholz (Hg.): Handbuch Medienmanagement. Berlin/Heidelberg: Springer-Verlag, S. 377–391.

Hassenzahl, Marc (2008): User Experience (UX): Towards an Experiential Perspective on Product Quality. In: IHM'08 (Hg.): Proceedings of the 20th International Conference of the Association Francophone d'Interaction Homme-Machine, S. 11–15.

Hassenzahl, Marc (2011): User Experience and Experience Design. In: Mads Soegaard und Rikke Friis Dam (Hg.): Encyclopedia of Human-Computer Interaction. Aarhus: The Interaction-Design Foundation.

Hassenzahl, Marc; Tractinsky, Noam (2006): User Experience – A Research Agenda. In: *Behaviour and Information Technology* (2), S. 91–97.

Hatscher, Michael (2001): Joy of Use – Determinanten der Freude bei der Software-Nutzung. In: Horst Oberquelle, Reinhard Oppermann und Jürgen Krause (Hg.): Mensch & Computer 2001: 1. Fachübergreifende Konferenz. Stuttgart, S. 445–446.

Heijnk, Stefan (2011): „Da kann man die Zeitung fast abschaffen!" – Junge Leser und Zeitungs-Apps. Hamburg/Hannover.

Heise Online (2006): Versteigerung von Wimax-Lizenzen bringt 56 Millionen Euro. Online verfügbar unter http://www.heise.de/netze/meldung/Versteigerung-von-Wimax-Lizenzen-bringt-56-Millionen-Euro-Update-127271.html, zuletzt geprüft am 19.03.2013.

Heise.de (2000): Hintergrund: Die Gewinner der sechs UMTS-Lizenzen. Online verfügbar unter http://www.heise.de/newsticker/meldung/print/11330, zuletzt geprüft am 11.01.2011.

Heise.de (2008): Mobile 3.0 gibt Sendelizenzen für DVB-H-Fernsehen zurück. Online verfügbar unter http://www.heise.de/mobil/meldung/Mobile-3-0-gibt-Sendelizenzen-fuer-DVB-H-Fernsehen-zurueck-214499.html, zuletzt geprüft am 22.03.2012.

Hengl, Hans-Thomas (2011): Android, iPhone, iPad: "Süddeutsche Zeitung" baut Digital-Angebot aus. Online verfügbar unter http://www.wuv.de/nachrichten/medien/android_iphone_ipad_sueddeutsche_zeitung_baut_digital_angebot_aus, zuletzt geprüft am 17.04.2013.

Hengl, Hans-Thomas (2012): Handy als Fernbedienung des Lebens. In: *tendenz* (1), S. 6–11.

Heuer, Steffan (2010): Die neue Tablet-Sucht. Online verfügbar unter http://www.heise.de/tr/artikel/Die-neue-Tablet-Sucht-970158.html?vi, zuletzt geprüft am 22.07.2013.

Himelboim, Itai; McCreery, Steve (2012): New Technology, Old Practices: Examining News Websites from a Professional Perspective. In: *Convergence: The International Journal of Research into New Media Technologies* 18 (4), S. 427–444.

Hoffman und Campe (2010): Hoffmann und Campe Corporate Publishing launcht iPad App Kiosk für das Evonik-Magazin. Online verfügbar unter http://www.hoffmann-und-campe-corporate-publishing.de/presse /presse/article/hoffmann-und-campe-corporate-publishing-launcht-ipad-app-kiosk-fuer-das-evonik-magazin.html, zuletzt geprüft am 20.03.2012.

Höflich, Joachim R. (1997): Ansätze zu einer Theorie der technisch vermittelten Kommunikation. In: *Zeitschrift für Semiotik* 19 (3), S. 203–228.

Hoggan, Eve; Brewster, Stephen E.; Johnston, Jody (2008): Investigating the Effectiveness of Tactile Feedback for Mobile Touchscreens. In: Margaret Burnett (Hg.): The 26th Annual CHI Conference on Human Factors in Computing Systems, CHI 2008, S. 1573–1582.

Hohlfeld, Ralf (2003): Journalismus und Medienforschung. Theorie, Empirie, Transfer. Konstanz: UVK.

Hohlfeld, Ralf (2005): Das Publikum als Pythia? Zur Rolle der Rezipienten in der Kommunikationsprognostik. In: Klaus Arnold und Christoph Neuberger (Hg.): Alte Medien – Neue Medien. Theorieperspektiven, Medienprofile, Einsatzfelder ; Festschrift für Jan Tonnemacher. 1. Aufl. Wiesbaden: VS Verlag für Sozialwissenschaften, S. 63–75.

Hohlfeld, Ralf; Müller, Philipp; Richter, Annekathrin; Zacher, Franziska (Hg) (2010a): Crossmedia – Wer bleibt auf der Strecke? Beiträge aus Wissenschaft und Praxis. Berlin, Münster: Lit (Passauer Schriften zur Kommunikationswissenschaft).

Hohlfeld, Ralf (2010b): Publizistische Qualität in neuen Öffentlichkeiten. Crossmedia als Herausforderung für die Verbindung einer Theorie publizistischer Qualität mit einer Theorie publizistischer Innovation. In: Ralf Hohlfeld, Philipp Müller, Annekathrin Richter und Franziska Zacher (Hg): Crossmedia – Wer bleibt auf der Strecke? Beiträge aus Wissenschaft und Praxis. Berlin, Münster: Lit (Passauer Schriften zur Kommunikationswissenschaft), S. 20–36.

Hohlfeld, Ralf; Strobel, Matthias (2011): Neue Medien – Neue Öffentlichkeit(en). Die Medien- und Kommunikationskonvergenz als zentrale Herausforderung der Kommunikationswissenschaft. In: Medien und Wandel. Berlin: Logos-Verlag (Passauer Schriften zu Medien und Wandel, 1).

Hohlfeld, Ralf; Wolf, Cornelia (2008): Media to go – erste Konturen eines mobilen Journalismus? Ergebnisse einer Redaktionsbefragung von Anbietern mobiler Multimediadienste. In: *Media Perspektiven* (4), S. 205–214.

Holzinger, Andreas (2003): Finger Instead of Mouse: Touch Screens as a Means of Enhancing Universal Access. In: Noëlle Carbonell und Constantine Stephanidis (Hg.): Universal Access Theoretical Perspectives, Practice, and Experience, Bd. 2615. Berlin, Heidelberg: Springer-Verlag, S. 387–397.

Horst, Heather A. (2013): The Infrastructures of Mobile Media: Towards a Future Reseach Agenda. In: *Mobile Media & Communication* 1 (1), S. 147–152.

Huber, Joachim (2011): Alt, älter, TV-Zuschauer. TV-Statistik. Online verfügbar unter http://www.tagesspiegel.de/medien/tv-statistik-alt-aelter-tv-zuschauer/4069092.html, zuletzt geprüft am 21.04.2013.

Hubschneider, Martin (2001): Location Based Services: Eine Killerapplikation für UMTS? In: Gerhard Rossbach (Hg.): Mobile Internet. 1. Aufl. Heidelberg: dpunkt-Verlag, S. 43–57.

Hutchison, David; Kanade, Takeo; Kittler, Josef; Kleinberg, Jon M.; Mattern, Friedemann; Mitchell, John C. et al. (Hg.) (2004): Mobile Human-Computer Interaction – MobileHCI 2004. Berlin, Heidelberg: Springer Berlin Heidelberg.

Inside-Handy.de (2007): Die größten Mobilfunk-Flops in Deutschland. Online verfügbar unter http://www.inside-handy.de/magazin/artikel128_die-groessten-mobilfunk-flops-in-deutschland_6.html, zuletzt geprüft am 22.03.2012.

Institut für Demoskopie Allensbach (2011): ACTA 2011. Allensbacher Computer- und Technikanalysen.

Institut für Demoskopie Allensbach (2012a): ACTA 2012. Allensbacher Computer- und Technikanalysen.

Institut für Demoskopie Allensbach (2012b): Methode ACTA 2012. Online verfügbar unter http://www.ifd-allensbach.de/acta/konzept/methode.html, zuletzt geprüft am 22.04.2013.

Institut für Demoskopie Allensbach (2013): ACTA 2013. Allensbacher Computer- und Technikanalysen.

International Corporate Media Award (2011): 2. ICMA Hauptpreisträger im Überblick. Online verfügbar unter http://issuu.com/newspaperdesign /docs/2._icma__berblick___statements_14.2.2012?mode=window&backgroundColor=%23222222, zuletzt geprüft am 20.02.2012.

International Telecommunication Union (2013): Key Global Telecom Indicators for the World Telecommunication Service Sector. Online verfügbar unter http://www.itu.int/en/ITU-D/Statistics/Pages/stat/default.aspx, zuletzt geprüft am 18.06.2014.

IVW (2012a): Prüfung und Ausweisung der Nutzungsdaten von Apps und Mobile Enabled Websites (MEWs). Online verfügbar unter http://www.ivw.de/index.php?menuid=0&reporeid=331, zuletzt geprüft am 18.04.2013.

IVW (2012b): Publikumszeitschriften mit nationaler Verbreitung. Online verfügbar unter http://daten.ivw.eu/index.php?menuid=2141&u=&p=&t= Publikumszeitschriften+mit+nationaler+Verbreitung, zuletzt geprüft am 25.05.2013.

IVW (2012c): Werbeträgerdaten - Quartalsauflagen. Online verfügbar unter http://www.ivw.de/index.php?menuid=37, zuletzt geprüft am 21.04.2013.

IVW (2013): Online-Nutzungsdaten. Online verfügbar unter http://ausweisung.ivw-online.de/, zuletzt geprüft am 21.04.2013.

Jaap, Matthias (2010): Wired: iPad-Version des US-Magazins im Test. Online verfügbar unter http://www.maclife.de/appstore/tests/nachrichten/wired, zuletzt geprüft am 20.02.2012.

Jakubetz, Christian (2010): Crossmedia – und die Tücken des Alltags. In: Ralf Hohlfeld, Philipp Müller, Annekathrin Richter und Franziska Zacher (Hg): Crossmedia – Wer bleibt auf der Strecke? Beiträge aus Wissenschaft und Praxis. Berlin, Münster: Lit (Passauer Schriften zur Kommunikationswissenschaft), S. 233–238.

Jakubetz, Christian (2011a): Crossmediales Arbeiten als Quintessenz des modernen Journalismus - die Grundlagen. In: Christian Jakubetz, Ulrike Langer und Ralf Hohfeld (Hg.): Universalcode. Journalismus im digitalen Zeitalter. 1. Aufl. München: Euryclia-Verl, S. 19–38.

Jakubetz, Christian (2011b): Das Tablet schreit nach neuem Journalismus. Online verfügbar unter http://universal-code.de/2011/12/06/das-tablet-schreit-nach-neuem-journalismus/, zuletzt geprüft am 23.03.2013.

Jakubetz, Christian (2011c): Die kleine App-Kritik (12): Zeitungsmacher denken 0.5. Online verfügbar unter http://www.blog-cj.de/blog/2011/12/04/eine-kleine-app-kritik-12-zeitungsmacher-denken-0-5/, zuletzt geprüft am 23.03.2013.

Jakubetz, Christian (2011d): Hinter der Glasplatte. iPad-Strategien. In: *Journalist* (1). Online verfügbar unter http://www.journalist.de/aktuelles/meldungen/hinter-der-glasplatte-ipad-strategien.html, zuletzt geprüft am 01.05.2013.

Jakubetz, Christian; Langer, Ulrike; Hohlfeld, Ralf (2011): Vorwort der Herausgeber – Was dieses Buch leisten soll. In: Christian Jakubetz, Ulrike Langer und Ralf Hohfeld (Hg.): Universalcode. Journalismus im digitalen Zeitalter. 1. Aufl. München: Euryclia-Verl, S. 9–11.

Jaokar, Ajit; Fish, Tony (2006): Mobile Web 2.0. The innovator's guide to developing and marketing next generation wireless/mobile applications. London: Futuretext.

Jarvis, Jeff (2010): Internet, Schminternet. Online verfügbar unter http://buzzmachine.com/2010/08/10/internet-schminternet/, zuletzt geprüft am 17.07.2013.

Kaikkonen, Anne; Kekäläinen Aki; Cankar, Miahel; Titti Kallio; Kankainen Anu (2005): Usability Testing of Mobile Applications: A Comparison between Laboratory and Field Testing. In: *Journal of Usability Studies* (1), S. 4–16.

Kamal, Nicholas (2012): Die Geschichte der App Stores. Online verfügbar unter http://www.androidpit.de/de/android/blog/402261/Die-Geschichte-der-App-Stores, zuletzt geprüft am 16.03.2012.

Kammler, Michael (2011): AppStore Wars: Die Geschichte der Apple, Google & Co AppStrores. Online verfügbar unter http://www.apfel news. eu/2011/09/29/appstore-wars-die-geschichte-der-apple-google-co-appstores-infografik/, zuletzt geprüft am 16.03.2012.

Karnowski, Veronika (2011): Diffusionstheorien. 1. Aufl. Baden-Baden: Nomos.

Katz, Elihu; Gurevitch, Michael; Haas, Hadassah (1973): On the Use of the Mass Media for Important Things. In: *American Sociological Review* 38 (4), S. 164-181.

Katz, James Everett; Aakhus, Mark A. (2006): Perpetual Contact. Mobile Communication, Private Talk, Public Performance. 4. Aufl. Cambridge: Cambridge Univ. Press.

Keese, Christoph (2009): Newsrooms als Marktplätze für neue Ideen. Sichtweisen der Praxis. In: Susanne Fengler und Sonja Kretzschmar (Hg.): Innovationen für den Journalismus. 1. Aufl. Wiesbaden: VS Verlag für Sozialwissenschaften, S. 17-24.

KEK Online (2012): Mediendatenbank. Online verfügbar unter http://www.kek-online.de/db/index.php?mt=2&s=&f=0&pq=1, zuletzt geprüft am 20.05.2013.

KEK Online (2014): Zuschaueranteile 2014. Monatswerte. Online verfügbar unter http://www.kek-online.de/fileadmin/Download_KEK/ Zuschaueranteile/Zuschaueranteile_2014.pdf, zuletzt geprüft am 22.06.2014.

Kiefer, Marie Luise (2005): Ökonomisierung der Medienbranche – Herausforderungen für die Publizistikwissenschaft und die Medienpolitik. In: Edzard Schade (Hg.): Publizistikwissenschaft und öffentliche Kommunikation. Beiträge zur Reflexion der Fachgeschichte. Konstanz: UVK, S. 191–208.

Kiefer, Marie Luise (2010): Journalismus und Medien als Institutionen. Konstanz: UVK.

King, Rachel; Beiersmann, Stefan (2010): New York Times veröffentlicht kostenlose iPad-App. Online verfügbar unter http://www.zdnet.de

/news/41539390/new-york-times-veroeffentlicht-kostenlose-ipad-app.htm, zuletzt geprüft am 20.03.2012.

Kinnebrock, Susanne; Kretzschmar, Sonja (2012): Forschungsbericht Crossmedia 2012. Augsburg. Online verfügbar untehttp://www.drehscheibe.org/tl_files/drehscheibe/Themen/Forschung/Crossmedia_Abschlussbericht_04_06_2012.pdf, zuletzt geprüft am 12.03.2013.

KircherBurkhardt (2011): Christophorus – Das Porsche Magazin jetzt auch als App! Online verfügbar unter http://www.kircher-burkhardt.com/aktuell/2011/10/christophorus-das-porsche-magazin-jetzt-auch-als-app/, zuletzt geprüft am 12.03.2012.

Knieper, Thomas; Tonndorf, Katrin; Wolf, Cornelia (2011): Der Prosument. Öffentlichkeit im Zeitalter Computervermittelter Kommunikation. In: Medien und Wandel. Berlin: Logos-Verlag (Passauer Schriften zu Medien und Wandel, 1), S. 41–62.

Knieper, Thomas; Tonndorf, Katrin; Wolf, Cornelia (2013): Access Denied. Der Mythos vom unkontrollierbaren Internet. In: Maurizio Bach (Hg.): Der entmachtete Leviathan. Löst sich der souveräne Staat auf? 1. Aufl. Baden-Baden: Nomos (Zeitschrift für Politik Sonderband, 5), S. 217–245.

Knight, Julia; Weedon, Alexis (2012): (Near)ubiquitous Connectivity is Seductive. In: *Convergence: The International Journal of Research into New Media Technologies* 18 (4), S. 357–359.

Konjovic, Georg (2012): Alles eine Frage der Nutzung. In: *tendenz* (1), S. 16–17.

Kornfeld, Henning (2006): Eine Dreifaltigkeit. In: *Kress Report* (18), S. 11.

Koskinen, Emilia; Kaaresoja, Topi; Laitinen, Pauli (2008): Feel-Good Touch: Finding the Most Pleasant Tactile Feedback for a Mobile Touch Screen Button. In: ICMI'08 (Hg.). Proceedings of the Tenth International Conference on Multimodal Interfaces. New York, NY: ACM Press, S. 297–304.

Kovach, Steve (2011): 10 iPad Magazines That Are Killing Print. Online verfügbar unter http://www.businessinsider.com/best-ipad-magazines-2011-5, zuletzt geprüft am 16.02.2012.

Kramp, Leif; Weichert, Stephan (2012): Innovationsreport Journalismus. Ökonomische, medienpolitische und handwerkliche Faktoren im Wandel. Bonn: Friedrich-Ebert-Stiftung. Online verfügbar unter http://library.fes.de/pdf-files/akademie/08984.pdf, zuletzt geprüft am 16.05.2013.

Kremer, Simon; Röhling, Marc (2011): Erzählen mit allen Mitteln: Multimediale Reportagen. In: Christian Jakubetz, Ulrike Langer und Ralf Hohfeld (Hg.): Universalcode. Journalismus im digitalen Zeitalter. 1. Aufl. München: Euryclia-Verl, S. 207–228.

Kress Award (2011): Dokumentation der Finalisten. Online verfügbar unter http://2012.kressawards.de/fileadmin/domains/kressawards/2011/bilder-

und-dokumente/downloads/Dokumentation_der_Finalisten_kress _Awards_2011.pdf, zuletzt geprüft am 20.07.2013.

Kretzschmar, Sonja (2008): Spezialisierung im Journalismus. Vortrag auf der DGPuK-Fachgruppe Journalistik und Journalismus. Hochschule Bremen, 2008.

Kretzschmar, Sonja (2009): Journalismus to go. Flexibilisierung von Raum- und Zeitbezügen durch Internet und Mobilkommunikation. In: Christoph Neuberger, Christian Nuernbergk und Melanie Rischke (Hg.): Journalismus im Internet. Profession – Partizipation – Technisierung. 1. Aufl. Wiesbaden: VS Verlag für Sozialwissenschaften, S. 335–352.

Kretzschmar, Sonja (2010): Crossmediale Ausbildung. Verlierer und Gewinner. In: Ralf Hohlfeld, Philipp Müller, Annekathrin Richter und Franziska Zacher (Hg): Crossmedia – Wer bleibt auf der Strecke? Beiträge aus Wissenschaft und Praxis. Berlin, Münster: Lit (Passauer Schriften zur Kommunikationswissenschaft), S. 37–53.

Krieg, Martin (2012): Appsolut praktisch?! Wie mobil optimierte Websites und Apps die Rezeption von Nachrichten auf mobilen Endgeräten determinieren. In: Susanne Fengler (Hg.): Theoretisch praktisch!? Anwendungsoptionen und gesellschaftliche Relevanz der Kommunikations- und Medienforschung. Konstanz: UVK (Schriftenreihe der Deutschen Gesellschaft für Publizistik- und Kommunikationswissenschaft, 39), S. 163–183.

Kromrey, Helmut (2002): Empirische Sozialforschung. Modelle und Methoden der standardisierten Datenerhebung und Datenauswertung. 10. Aufl. Opladen: UTB.

Krone, Jan (2010): Mobiltelefonie: Von der primären Kommunikation zum konvergenten Kommunikationsangebot? Eine soziologische Marktanalyse. In: Ksenija Fallend, María del Mar Grandío und Juliana Gagliardi (Hg.): Perspektiven mobiler Kommunikation. Neue Interaktionen zwischen Individuen und Marktakteuren. 1. Aufl. Wiesbaden: VS Verlag für Sozialwissenschaften, S. 25–63.

Krumsvik, Arne H. (2012): Why Old Media will be Founding Journalism in the Future. In: *Journalism Studies* 13 (5-6), S. 729–741.

Kubicek, Herbert; Schmid, Ulrich; Wagner, Heiderose (1997): Bürgerinformation durch "neue" Medien? Analysen und Fallstudien zur Etablierung elektronischer Informationssysteme im Alltag. Opladen: Westdt. Verlag.

Laker (2012): Card Flip Effekt. Online verfügbar unter http://www.laker compendium.com/how-to-use/modules/card-flip-effect/, zuletzt geprüft am 23.03.2012.

Lamnek, Siegfried (1993): Methodologie. 2 Bände (Qualitative Sozialforschung, 1).

Larsson, Anders Olof (2012): Understanding Nonuse of Interactivity in Online Newspapers: Insights From Structuration Theory. In: *The Information Society* 28 (4), S. 253–263.

Lehmann, Henning (2011): WiMAX in Deutschland: So verlief die Entwicklung und das sind die Schwierigkeiten. Online verfügbar unter http://www.vernetzt.de/mobil/wimax/deutschland_1.html, zuletzt geprüft am 16.09.2011.

Lehr, Michaela (2011a): 5 Highlights der Wired. Online verfügbar unter http://tabletpublishing.mobi/2011/12/5-highlights-der-wired-us-adobe-dps/, zuletzt geprüft am 16.02.2012.

Lehr, Michaela (2011b): 5 Möglichkeiten das Inhaltsverzeichnis digitaler Magazine aufzubereiten. Online verfügbar unter http://tabletpublishing.mobi/2011/10/experiment-inhaltsverzeichnis-verschiedene-ansatze-den-inhalt-digitaler-magazine-aufzubereiten/, zuletzt geprüft am 29.04.2013.

Lehr, Michaela; Brammer, Richard (2012): Digitales Publizieren für Tablets. Magazin-Apps mit InDesign für iPad, Android & Co. 1. Aufl. Heidelberg: dpunkt-Verlag.

Leidel, Steffen (2011): Workshop Multimedia. Online verfügbar unter http://training.dw-world.de/ausbildung/blogs/lab/?p=2309, zuletzt geprüft am 17.04.2012.

Lenk, Carsten (1997): Die Erscheinung des Rundfunks. Einführung und Nutzung eines neuen Mediums 1923-1932. Opladen: Westdt. Verlag.

Lievrouw, Leah A. (2002): Determination and Contingency in New Media Development: Diffusion of Innovations and Social Shaping of Technology Perspectives. In: Leah A. Lievrouw und Sonia Livingstone (Hg.): Handbook of New Media. Social Shaping and Consequences of ICTs. Reprint. London: SAGE, S. 183–199.

Limbrock, Hans-Albert (2011): Der Erfinder der SMS kommt aus Sichtigvor. Online verfügbar unter http://www.derwesten.de/staedte/warstein/der-erfinder-der-sms-kommt-aus-sichtigvor-id4217679.html, zuletzt geprüft am 19.03.2012.

Ling, Rich; Sundsoyy, Pat Roe (2010): The iPhone and Mobile Access to the Internet. In: Joachim R. Höflich, Georg F. Kircher, Christine Linke und Isabel Schlote (Hg.): Mobile Media and the Change of Everyday Life. Frankfurt a. M.: Lang, S. 213–230.

Lischka, Konrad (2009): Warum die SMS 160 Zeichen kurz ist. Kurznachrichten per Telefon. Online verfügbar unter http://www.spiegel.de/netzwelt/tech/0,1518,622831,00.html, zuletzt geprüft am 19.03.2012.

Löffelholz, Martin (Hg.) (2000): Theorien des Journalismus. Ein diskursives Handbuch. 1. Aufl. Wiesbaden: Westdt. Verlag.

Loosen, Wiebke; Scholl, Armin (2011): Validierung oder Ergänzung? Zur Praxis von Methodenkombinationen in der Journalismusforschung. In: Olaf

Jandura, Thorsten Quandt und Jens Vogelgesang (Hg.): Methoden der Journalismusforschung. Wiesbaden: VS Verlag für Sozialwissenschaften, S. 109–121.

Lowrey, Wilson (2011): Institutionalism, News Organization and Innovation. In: *Journalism Studies* 12 (1), S. 64–79.

Luhmann, Niklas (2012): Soziale Systeme. Grundriß einer allgemeinen Theorie. 15. Aufl. Frankfurt a. M.: Suhrkamp.

Lüke, Falk (2012): Der User bauchpinselt nicht gern. Zwei Jahre „Flattr"-Zahlungen. Online verfügbar unter http://www.taz.de/!94960/, zuletzt geprüft am 15.04.2013.

Lungmus, Monika (2007): Andere Tischsitten. In: *Journalist* (9), S. 30–34.

Mabweazara, Hayes Mawindi (2011): Between the Newsroom and the Pub: The Mobile Phone in the Dynamics of Everyday Mainstream Journalism Practice in Zimbabwe. In: *Journalism* 12 (6), S. 692–707.

MacDorman, Karl F.; Whalen, Timothy J.; Ho, Chin-Chang; Patel, Himalaya (2011): An Improved Usability Measure Based on Novice and Expert Performance. In: *International Journal of Human-Computer Interaction* 27 (3), S. 280–302.

Mache, Wolfgang (1989): Reis-Telefon (18617/64) und Bell-Telefon (1875/77). Ein Vergleich. In: Jörg Becker (Hg.): Telefonieren. Marburg: Jonas Verlag (24), S. 45–62.

Mahmoud, Abd El-Basit; Auter, Philip J. (2009): The Interactive Nature of Computer-Mediated Communication. In: *American Communication Journal* 11 (4).

Maier, Michaela; Stengel, Karin; Ruhrmann, Georg; Marschall, Joachim; Zillich, Arne Freya; Göbbel, Roland (2011): Synchronisierung von Erhebungsinstrumenten zur Erfassung des dynamischen Nachrichtenprozesses am Beispiel der Krisenkommunikation. In: Olaf Jandura, Thorsten Quandt und Jens Vogelgesang (Hg.): Methoden der Journalismusforschung. Wiesbaden: VS Verlag für Sozialwissenschaften, S. 237–255.

Mandler, Daniel (2006): Fernsehen für die Hosentasche. Online verfügbar unter http://www.welt.de/wirtschaft/webwelt/article94840/Fernsehen_fuer_die_Hosentasche.html, zuletzt geprüft am 22.03.2012.

Manhartsberger, Martina; Zellhofer, Norbert (2005): Eye Tracking in Usability Research: What Users really see. In: Andreas Holzinger und Karl-Heinz Weidmann (Hg.): Empowering Software Quality: How Can Usability Engineering Reach These Goals. Usability Symposium 2005. Wien, 8. November. HCI & UE Workgroup, S. 141–152.

Markus, Hazel R. (1977): Self-Schemata and Processing Information About the Self. In: *Journal of Personality and Social Psychology* 35 (2), S. 63–78.

Maslow, Abraham Harold; Frager, Robert (2003): Motivation and Personality. 3. Aufl. New York: Longman.

Matthes, Jörg (2004): Die Schema-Theorie in der Medienwirkungsforschung. Ein unscharfer Blick in die "BlackBox"? In: *Medien und Kommunikationswissenschaft* 52 (4), S. 545–568.

Mauder, Markus (2006): Context-Aware Applications, Computing in Context. Online verfügbar unter http://www.medien.ifi.lmu.de/lehre/ws0607/mmi1/essays/Markus-Mauder.xhtml, zuletzt geprüft am 18.03.2011.

Mayring, Philipp (2010): Qualitative Inhaltsanalyse. Grundlagen und Techniken. 11. Aufl. Weinheim: Beltz.

McChesney, Robert W. (2012): Farewell to Journalism? In: *Journalism Studies* 13 (5-6), S. 682–694.

McLuhan, Marshall (2010): Understanding Media. The Extensions of Man. London: Routledge.

McQuail, Denis (1999): The Future of Communication Theory. In: Michael Latzer (Hg.): Die Zukunft der Kommunikation. Phänomene und Trends in der Informationsgesellschaft. Innsbruck: Studien-Verlag (Beiträge zur Medien- und Kommunikationsgesellschaft, 4), S. 11–24.

Meckel, Miriam (2006): Always-On Demand – The Digital Future of Communication. In: Jo Groebel, E. Noam und Valerie Feldmann (Hg.): Mobile Media. Content and Services for Wireless Communications. London: Lawrence Erlbaum, S. 21–32.

Media Daten Verlag (2012): Media Daten Online. Online verfügbar unter http://www.mediadaten-online.com, zuletzt geprüft am 20.05.2013.

Meier, Christian (2011): Porsche: Wenn Marken zu Medien werden. Online verfügbar unter http://meedia.de/background/meedia-blogs/christian-meier/christian-meier-post/article/porsche--wenn-marken-zu-medien-werden_100036991.html, zuletzt geprüft am 20.02.2012.

Meier, Klaus (1998): Vorwort. In: Klaus Meier (Hg.): Internet-Journalismus. Ein Leitfaden für ein neues Medium. Konstanz: UVK, S. 15–19.

Meier, Klaus (2002a): Neue journalistische Formen. In: Klaus Meier (Hg.): Internet-Journalismus. 3. Aufl. Konstanz: UVK, S. 21–172.

Meier, Klaus (2002b): Ressort, Sparte, Team. Wahrnehmungsstrukturen und Redaktionsorganisation im Zeitungsjournalismus. Konstanz, Eichstätt: UVK.

Meier, Klaus (2003): Qualität im Online-Journalismus. In: Hans-Jürgen Bucher und Klaus-Dieter Altmeppen (Hg.): Qualität im Journalismus. Grundlagen, Dimensionen, Praxismodelle. 1. Aufl. Wiesbaden: Westdt. Verlag, S. 247–266.

Meier, Klaus (2006): Newsroom, Newsdesk, crossmediales Arbeiten. Neue Modelle der Redaktionsorganisation und ihre Auswirkungen auf die journalistische Qualität. In: Siegfried Weischenberg, Wiebke Loosen und Michael Beuthner (Hg.): Medien-Qualitäten. Öffentliche Kommunikation zwischen ökonomischem Kalkül und Sozialverantwortung. Konstanz: UVK, S. 203–222.

Meier, Klaus (2007a): Das Internet als Drehscheibe. Crossmediales Arbeiten in der Newsdesk-Redaktion. In: *Journalistik Journal* 10 (1), S. 20–21.

Meier, Klaus (2007b): Innovations in Central European Newsrooms: Overview and Case Study. In: *Journalism Practice* 1 (1), S. 4–19.

Meier, Klaus (2008): Wachstumsmotor. Multimediale Newsrooms in Europa. In: *epd medien* (31), S. 5–12.

Meier, Klaus (2009): Journalismus in Zeiten der Wirtschaftskrise. Neun Thesen zum Strukturwandel der Medien. In: *Journalistik Journal* 12 (1), S. 72–75.

Meier, Klaus (2010): Crossmedialer Journalismus. Eine Analyse redaktioneller Konvergenz. In: Ralf Hohlfeld, Philipp Müller, Annekathrin Richter und Franziska Zacher (Hg.): Crossmedia – Wer bleibt auf der Strecke? Beiträge aus Wissenschaft und Praxis. Berlin, Münster: Lit (Passauer Schriften zur Kommunikationswissenschaft), S. 94–110.

Meier, Klaus (2012): Die letzte gedruckte Zeitung. Online verfügbar unter http://carta.info/41992/die-letzte-gedruckte-tageszeitung/, zuletzt geprüft am 23.03.2012.

Mende, Annette; Oehmichen, Ekkehardt; Schröter, Christian (2012): Medienübergreifende Informationsnutzung und Informationsrepertoires. In: *Media Perspektiven* (1), S. 2–17.

Mercer, David (2006): The Telephone. The Life Story of a Technology. Westport, CT: Greenwood Pub Group Inc.

Meyen, Michael; Löblich, Maria; Pfaff-Rüdiger, Senta; Riesmeyer, Claudia (2011): Qualitative Forschung in der Kommunikationswissenschaft. Eine praxisorientierte Einführung. Wiesbaden: VS Verlag für Sozialwissenschaften.

Meyer, Michael (2011): Breitband-Mobilfunk. LTE setzt neue Maßstäbe. Online verfügbar unter http://heise-online.mobi/mobil/artikel/LTE-setzt-neue-Massstaebe-1165055.html, zuletzt geprüft am 03.08.2012.

Mock, Thomas (2006): Was ist ein Medium? In: *Publizistik* 51 (2), S. 183–200.

Mögerle, Ursina (2009): Substitution oder Komplementarität? Konstanz, Zürich: UVK.

Möhring, Wiebke; Schlütz, Daniela (2010): Die Befragung in der Medien- und Kommunikationswissenschaft. Eine praxisorientierte Einführung. 2. Aufl. Wiesbaden: VS Verlag für Sozialwissenschaften.

Mohs, C. Hurtienne J. Kindsmüller M. C. Israel J. H. Meyer H. A. (2006): UUI? Intuitive Use of User Interfaces: Auf dem Weg zu einer wissenschaftlichen Basis für das Schlagwort „Intuitivität“. In: *MMI – Mensch Maschine Interaktion Interaktiv* 11 (6), S. 75–84.

Morris, Merill; Organ, Christine (1996): The Internet as Mass Medium. In: *Journal of Communication* 46 (1), S. 39–50.

MPA The Association of Magazine Media (2011): Personal Mobile Devices: Tablets, E-Readers and Smartphones. Implications for Publishers and Adverstisers. New York.

Mrazek, Thomas (2013): Bitte zahlen Sie jetzt! Immer mehr Medienhäuser setzen im Internet auf Paid Content. Auch für freie Journalisten ergeben sich neue Finanzierungsmodelle. In: *BJV Report* (1), S. 10–13.

Müller-Kalthoff, Björn (Hg.) (2002): Cross-Media Management. Content-Strategien erfolgreich umsetzen. Berlin, Heidelberg: Springer.

Münch, Richard; Schmidt, Jan (2005): Medien und sozialer Wandel. In: Michael Jäckel (Hg.): Mediensoziologie. Grundfragen und Forschungsfelder. 1. Aufl. Wiesbaden: VS Verlag für Sozialwissenschaften, S. 201–218.

Museum für Kommunikation (2002): Telegrafie. Ausstellungsdokumentation für Schülerinnen, Schüler und Lehrpersonen. Bern.

Muthukumaraswamy, Karthika (2012): Augmenting Reality Through Journalism. Online verfügbar unter http://onlinejournalismblog.com/2010/02/03/augmenting-reality-through-journalism/, zuletzt geprüft am 14.03.2012.

Nel, François (2010): Where Else is the Money? A Study of Innovation in Online Business Models at Newspapers in Britain's 66 Cities. In: *Journalism Practice* 4 (3), S. 360–372.

Nel, François; Westlund, Oscar (2012): The 4C'S of Mobile News. Channels, Conversation, Content and Commerce. In: *Journalism Practice* 6 (5-6), S. 744–753.

Neuberger, Christoph (1996): Journalismus als Problembearbeitung. Objektivität und Relevanz in der öffentlichen Kommunikation. 1. Aufl. Konstanz: UVK.

Neuberger, Christoph (1999): Vom Papier auf den Bildschirm. In: Christoph Neuberger (Hg.): Online – die Zukunft der Zeitung? Das Engagement deutscher Tageszeitungen im Internet. Opladen: Westdt. Verlag, S. 16–56.

Neuberger, Christoph (2000): Journalismus als systembezogene Akteurskonstellation. Vorschläge für die Verbindung von Akteur-, Institutionen- und Systemtheorie. In: Martin Löffelholz (Hg.): Theorien des Journalismus. Ein diskursives Handbuch. 1. Aufl. Wiesbaden: Westdt. Verlag, S. 275–291.

Neuberger, Christoph (2001a): Journalismus im Internet. Theoriekontext und empirische Exploration. unveröffentlichte Habilitationsschrift. Universität Eichstätt-Ingolstadt, Eichstätt.

Neuberger, Christoph (2001b): Strategien der Tageszeitungen im Internet. Ergebnisse einer Redaktionsbefragung. In: Ursula Maier-Rabler und Ulrich Latzer (Hg.): Kommunikationskulturen zwischen Kontinuität und Wandel.

Universelle Netzwerke für die Zivilgesellschaft. Konstanz: UVK, S. 237–254.

Neuberger, Christoph (2005): Formate der aktuellen Internetöffentlichkeit. Über das Verhältnis von Weblogs, Peer-to-Peer-Angeboten und Portalen zum Journalismus – Ergebnisse einer explorativen Anbieterbefragung. In: *Medien und Kommunikationswissenschaft* 53 (1), S. 73–92.

Neuberger, Christoph (2007): Interaktivität, Interaktion, Internet. In: *Publizistik* 52 (1), S. 33–50.

Neuberger, Christoph (2009): Internet, Journalismus und Öffentlichkeit. Analyse des Medienumbruchs. In: Christoph Neuberger, Christian Nuernbergk und Melanie Rischke (Hg.): Journalismus im Internet. Profession - Partizipation - Technisierung. 1. Aufl. Wiesbaden: VS Verlag für Sozialwissenschaften, S. 19–105.

Neuberger, Christoph (2012): Journalismus im Internet aus Nutzersicht. Ergebnisse einer Onlinebefragung. In: *Media Perspektiven* (1), S. 40–55.

Neuberger, Christoph; Nuernbergk, Christian; Rischke, Melanie (2007): Weblogs und Journalismus: Konkurrenz, Ergänzung oder Integration? Eine Forschungssynopse zum Wandel der Öffentlichkeit im Internet. In: *Media Perspektiven* (2), S. 96–112.

Neuberger, Christoph; Nuernbergk, Christian; Rischke, Melanie (2009a): Crossmedialität oder Ablösung? Anbieterbefragung I: Journalismus im Übergang von den traditionellen Massenmedien ins Internet. In: Christoph Neuberger, Christian Nuernbergk und Melanie Rischke (Hg.): Journalismus im Internet. Profession – Partizipation – Technisierung. 1. Aufl. Wiesbaden: VS Verlag für Sozialwissenschaften, S. 231–268.

Neuberger, Christoph; Nuernbergk, Christian; Rischke, Melanie (Hg.) (2009b): Journalismus im Internet. Profession – Partizipation – Technisierung. 1. Aufl. Wiesbaden: VS Verlag für Sozialwissenschaften.

Neuberger, Christoph; Nuernbergk, Christian; Rischke, Melanie (2009c): Journalismus im Internet: Zwischen Profession, Partizipation und Technik. In: *Media Perspektiven* (4), S. 174–188.

Neuberger, Christoph; Tonnemacher, Jan (Hg.) (2003): Online – Die Zukunft der Zeitung? Das Engagement deutscher Tageszeitungen im Internet. Wiesbaden: Opladen.

Neuberger, Christoph; Vom Hofe, Hanna Jo; Nuernbergk, Christian (2010): Twitter und Journalismus. Der Einfluss des "Social Web" auf die Nachrichten. 2. Aufl. Düsseldorf: LfM.

Neverla, Irene (2001): Das Netz – eine Herausforderung für die Kommunikationswissenschaft. In: Ursula Maier-Rabler und Ulrich Latzer (Hg.): Kommunikationskulturen zwischen Kontinuität und Wandel. Universelle Netzwerke für die Zivilgesellschaft. Konstanz: UVK, S. 29–46.

Nguyen, An; Western, Mark (2006): The Complementary Relationship Between The Internet and Traditional Mass Media: The Case of Online News and Information. In: *Information Research* 11 (3), S. 17–38.

Niedermeier, Hubertus (2008): Können interaktive Medien Öffentlichkeit herstellen? Zum Potenzial öffentlicher Kooperation im Internet. In: Christian Stegbauer und Michael Jäckel (Hg.): Social Software. 1. Aufl. Wiesbaden: VS Verlag für Sozialwissenschaften, S. 49–69.

Nielsen (2010): The State of Mobile Apps. Online verfügbar unter http://blog.nielsen.com/nielsenwire/online_mobile/the-state-of-mobile-apps/, zuletzt geprüft am 19.08.2010.

Nielsen, Jakob (1993): Usability Engineering. 1. Aufl. Boston, Mass: AP Professional.

Nielsen, Jakob; Pernice, Kara (Hg.) (2010): Eyetracking Web Usability. Berkeley, Calif: New Riders.

Nobelprize.org (2013): The Nobel Prize in Physics 1909. Online verfügbar unter http://www.nobelprize.org/nobel_prizes/physics/laureates/1909/, zuletzt geprüft am 19.03.2013.

Noelle-Neumann, Elisabeth; Petersen, Thomas (1998): Alle, nicht jeder. Einführung in die Methoden der Demoskopie. 2. Aufl. München: Dt. Taschenbuch-Verl.

Nösekabel, Holger; Lehner, Franz (2002): Integration von web- und mobilbasierten Dienste. In: Ralf Reichwald (Hg.): Mobile Kommunikation. Wertschöpfung, Technologien, neue Dienste. 1. Aufl. Wiesbaden: Gabler, S. 129–143.

n-tv.de (2012): Die vierte Mobilfunk-Generation. Was bringt LTE? Online verfügbar unter http://www.n-tv.de/ratgeber/Sendungen/Was-bringt-LTE-article7797431.html, zuletzt geprüft am 19.03.2013.

Nyre, Lars; Bjornestad, Solveig; Tessem, Bjornar; Oie, Kjetil Vaage (2012): Locative Journalism: Designing a Location-Dependent News Medium for Smartphones. In: *Convergence: The International Journal of Research into New Media Technologies* 18 (3), S. 297–314.

Oberhauser, Alexandra (2011): Die Geschichte der Apps und der Konkurrenzkampf zwischen Apple und Google. Online verfügbar unter http://digitaljournal.zib21.com/die-geschichte-der-apps-und-der-konkurrenzkampf-zwischen-apple-und-google/499101/, zuletzt geprüft am 16.03.2012.

Oehmichen, Ekkehardt (2007): Die neue MedienNutzer-Typologie MNT 2.0. Veränderungen und Charakteristika der Nutzertypen. In: *Media Perspektiven* (7), S. 226–234.

Oetting, Martin (2010): Kommunikationswandel: Die vier Subsysteme des Medienapparats. Online verfügbar unter http://carta.info/18043

/kommunikationswandel-die-vier-subsysteme-des-medienapparats/, zuletzt geprüft am 30.03.2012.

Opitz, Rudolf (2009): Evolution der Netze. Online verfügbar unter http://heise-online.mobi/mobil/artikel/Die-Zukunft-des-mobilen-Surfens-222569.html, zuletzt geprüft am 03.03.2011.

Oyen, Jörg (2010a): Digitales Publishing: Seitengestaltung mit interaktiven Inhalten. Printcontent mit multimedialen Elementen anreichern – Mehrwert erzielen. In: *Publishing Praxis* (9-10), S. 24–26.

Oyen, Jörg (2010b): iPad-Publishing: Von Print zur digitalen Seitengestaltung. Wenn Printcontent mehrschichtig wird und seine Grenzen verschwimmen. In: *Publishing Praxis* (11-12), S. 25–27.

Pape, Thilo von; Karnowski, Veronika; Wirth, Werner (2008): Die Mobile Phone Appropriation-Skala (MPA-Skala): Konstruktion und Evaluation. In: Jörg Matthes, Werner Wirth und Gregor Daschmann (Hg.): Die Brücke zwischen Theorie und Empirie: Operationalisierung, Messung und Validierung in der Kommunikationswissenschaft. Köln: Halem, S. 96–127.

Parry, Roger (2011): The Ascent of Media. From Gilgamesh to Google via Gutenberg. London, Boston: Nicholas Brealey Pub.

Patalong, Frank (2004): Ich bestehe auf wöchentlichen Updates. Mindestens! Zehn Jahre Spiegel Online. Online verfügbar unter http: //www.spiegel.de/netzwelt/web/zehn-jahre-spiegel-online-ich-bestehe-auf-woechentlichen-updates-mindestens-a-307260.html, zuletzt geprüft am 28.04.2013.

Paulussen, Steve (2004): Online News Production in Flanders: How Flemish Online Journalists Perceive and Explore the Internet's Potential. In: *Journal of Computer-Mediated Communication* 9 (4), S. 0.

Pavlik, John V. (2009): Vom traditionellen Redaktionsbüro zur digitalen Nachrichtenredaktion. In: Susanne Fengler und Sonja Kretzschmar (Hg.): Innovationen für den Journalismus. 1. Aufl. Wiesbaden: VS Verlag für Sozialwissenschaften, S. 25–35.

Pavlik, John V.; Bridges, Frank (2013): The Emergence of Augmented Reality (AR) as a Storytelling Medium in Journalism. In: *Journalism & Communication Monographs* 15 (1), S. 4–59.

PCWelt (2009): E-Plus: EDGE ist als Übertragungsstandard völlig ausreichend. Online verfügbar unter http://www.pcwelt.de/news/E-Plus-EDGE-ist-als-Uebertragungsstandard-voellig-ausreichend-181819.html, zuletzt geprüft am 13.11.2011.

Peil, Corinna (2006): Mobile Unterhaltung. Zur Aneignung einer multimedialen Kommunikationstechnologie. In: Werner Faulstich und Karin Knop (Hg.): Unterhaltungskultur. München: Fink, S. 191–209.

Pew Research Center's Project for Excellence in Journalism (2012): The State of News Media 2012. An Annual Report on American Journalism. Washington, DC. Online verfügbar unter http://stateofthemedia.org/files/2012/08/2012_sotm_annual_report.pdf, zuletzt geprüft am 15.03.2013.

Piaget, Jean (2010): Das Weltbild des Kindes. 9. Aufl. München: Dt. Taschenbuch-Verl.

Popular Mechanics (2010): Popular Mechanics iPad App Goes Live. Online verfügbar unter http://www.popularmechanics.com/technology/gadgets/news/popular-mechanics-ipad-app-goes-live, zuletzt geprüft am 20.03.2012.

Porter, Hannah (2012): Tailoring News for the Mobile Crowd. NowThis News is Targeting a Young Audience that is Tethered to Smartphones and Tablets. Online verfügbar unter http://www.ajr.org/article_printable.asp?id=5420, zuletzt geprüft am 20.07.2013.

Posner, Roland (1985): Nonverbale Zeichen in öffentlicher Kommunikation. Zu Geschichte und Gebrauch der Begriffe "verbal" und "nonverbal", "Interaktion" und "Kommunikation", "Publikum" und Öffentlichkeit", "Medium", "Massenkommunikation" und "multimedial". In: *Zeitschrift für Semiotik* 7 (3), S. 235–271.

Pregel, Bettina (2012): Content Anytime and Anywhere. In: *tendenz* (1), S. 24–26.

Pross, Harry (1972): Medienforschung. Film, Funk, Presse, Fernsehen. Darmstadt: Habel.

Quandt, Thorsten (2000): Das Ende des Journalismus? Online-Kommunikation als Herausforderung für die Journalismusforschung. In: Martin Löffelholz (Hg.): Theorien des Journalismus. Ein diskursives Handbuch. 1. Aufl. Wiesbaden: Westdt. Verlag, S. 483–559.

Quandt, Thorsten (2005): Journalisten im Netz. Eine Untersuchung journalistischen Handelns in Online-Redaktionen. 1. Aufl. Wiesbaden: VS Verlag für Sozialwissenschaften.

Quandt, Thorsten (2008): Neues Medium, alter Journalismus? Eine vergleichende Inhaltsanalyse tagesaktueller Print- und Online-Nachrichtenangebote. In: Thorsten Quandt und Wolfgang Schweiger (Hg.): Journalismus online – Partizipation oder Profession? Wiesbaden: VS Verlag für Sozialwissenschaften, S. 131–155.

Quinn, Stephen (2012): Mojo – Mobile Journalism in the Asian Region. Singapur: Konrad Adenauer Stiftung. Online verfügbar unter http://www.kas.de/wf/doc/kas_29755-1522-2-30.pdf?130201092225, zuletzt geprüft am 21.03.2013.

Quiring, Oliver; Schweiger, Wolfgang (2006): Interaktivität – Ten Years After. Bestandsaufnahmen und Analyserahmen. In: *Medien und Kommunikationswissenschaft* 54 (1), S. 5–24.

Rademacher, Patrick; Siegert, Gabriele (2007): Neue Erlösformen für Publikumszeitschriften – Kaufpreis und Medienmarke als Erfolgsfaktoren für

Paid Content. In: Mike Friedrichsen und Martin F. Brunner (Hg.): Perspektiven für die Publikumszeitschrift. Berlin, Heidelberg: Springer, S. 483–502.

Rammert, Werner (1993): Technik aus soziologischer Perspektive. Forschungsstand, Theorieansätze, Fallbeispiele. Ein Überblick. Opladen: Westdt. Verlag.

Range, Steffen; Schweins, Roland; Martin, Beate (2007): Klicks, Quoten, Reizwörter. Nachrichten-Sites im Internet: Wie das Web den Journalismus verändert. Gutachten im Auftrag der Friedrich-Ebert-Stiftung. Berlin.

Reed, Brad (2009): Sprint to Deploy WiMAX in 10 U.S. Cities in 2009. Online verfügbar unter http://www.networkworld.com/cgi-bin/mailto/x.cgi?pagetosend=/news/2009/032509-sprint-wimax.html&pagename=/news/2009/032509-sprint-wimax.html&pageurl=, zuletzt geprüft am 13.03.2013.

Riemer, Rudolf (2009): LTE-Grundlagen. LTE Tutorial Teil 1 LTE als WCDMA-NAchfolger. Online verfügbar unter http://www.umtslink.at/content/lte-278.html, zuletzt geprüft am 19.03.2013.

Rio Mobile (2010): Business-Motor mobiles Internet. Hamburg. Online verfügbar unter http://www.riomobile.de/presse/download/100331_rio-mobile-Studie_Businessmotor-Internet.pdf, zuletzt geprüft am 20.07.2013.

Ritz, Thomas (o. J.): Interaktionskonzepte. Online verfügbar unter http://www.m2c-lab.fh-aachen.de/smartphoneusability/content/interaktionskonzepte.php, zuletzt geprüft am 28.04.2013.

Rogers, Richard A. (1990): Visions Dancing in Engineers' Heads. AT&T's Quest to Fulfill the Leitbild of a Universal Telephone Service. Discussion Paper FS II, S. 90–102. Berlin.

Romando, Richard (2007): What is Mobile Computing? Online verfügbar unter http://ezinearticles.com/?What-is-Mobile-Computing, zuletzt geprüft am 21.03.2012.

Röper, Horst (2012): Zeitungsmarkt 2012. Konzentration erreicht Höchstwert. Daten zur Konzentration der Tagespresse in der Bundesrepublik Deutschland im I. Quartal 2012. In: *Media Perspektiven* (5), S. 268–285.

Rössler, Patrick (2004): Qualität aus transaktionaler Perspektive. Zur gemeinsamen Modellierung von ›User Quality‹ und ›Sender Quality‹: Kriterien für Online-Zeitungen. In: Klaus Beck, Wolfgang Schweiger und Werner Wirth (Hg.): Gute Seiten – schlechte Seiten. Qualität in der Onlinekommunikation. München, S. 127–145.

Rössler, Patrick (2010): Inhaltsanalyse. 2. Aufl. Stuttgart: UTB.

Rothfuss, Gunther (2001): Was ist ein CMS und welche Hürden müssen auf dem Weg zu seinem erfolgreichen Einsatz überwunden werden? In: Gerhard Rossbach (Hg.): Mobile Internet. 1. Aufl. Heidelberg: dpunkt-Verlag, S. 199–209.

Roth, Jörg (2005a): Mobile Computing. Grundlagen, Technik, Konzepte. 2. Aufl. Heidelberg: dpunkt-Verl.

Roth, Judith (2005b): Internetstrategien von Lokal- und Regionalzeitungen. 1. Aufl. Wiesbaden, Bamberg: VS Verlag für Sozialwissenschaften.

RTL interactive GmbH (2010): Die RTL Now App für iPhone, iPod Touch und iPad ist da! Online verfügbar unter http://www.nowblog.de/archives /51-Die-RTL-NOW-App-fuer-iPhone,-iPod-Touch-und-iPad-ist-da!html, zuletzt geprüft am 08.03.2012.

Rühl, Manfred (1969): Die Zeitungsredaktion als organisiertes soziales System. Bielefeld: Bertelsmann.

Rühl, Manfred (1980): Journalismus und Gesellschaft. Bestandsaufnahme und Theorieentwurf. Habil.-Schr. Erlangen-Nürnberg. Mainz: v. Hase & Koehler.

Sadeh, Norman (2002): M-Commerce. Technologies, Services, and Business Models. New York: John Wiley & Sons.

Saffer, Dan (2008): Designing Gestural Interfaces: Touchscreens and Interactive Devices. 1. Aufl. Sebastopol Calif. u.a: O'Reilly.

Sawhney, Harmeet (2009): Innovations at the Edge. The Impact of Mobile Technologies on the Character of the Internet. In: Gerard Goggin und Larissa Hjorth (Hg.): Mobile Technologies. From Telecommunications to Media. New York: Routledge, S. 105–117.

Saxer, Ulrich (1975): Das Buch in der Medienkonkurrenz. In: Herbert G. Göpfert, Meyer Ruth, Ludwig Muth und Walter Rüegg (Hg.): Lesen und Leben. Frankfurt a. M.: Buchhändler-Vereinigung, S. 206–225.

Saxer, Ulrich (1998): Mediengesellschaft: Verständnisse und Mißverständnisse. In: Ulrich Sarcinelli (Hg.): Politikvermittlung und Demokratie in der Mediengesellschaft. Beiträge zur politischen Kommunikationskultur. Wiesbaden: VS Verlag für Sozialwissenschaften (Schriftenreihe der Bundeszentrale für politische Bildung, Bonn, 352), S. 52–73.

Schantin, Dietmar; Juul, Torben; Meier, Klaus (Hg.) (2007): Crossmediale Redaktionen in Deutschland. Ifra Special Report. Darmstadt: Ifra.

Scharmer, Wolfgang (2003): Jubiläum – Das Handy wird 20. Online verfügbar unter http://www.handy-seiten.de/10-Geschichte/10-Motorolageschichte/10-motorolageschichte.html, zuletzt geprüft am 04.01.2011.

Schenk, Michael (2007): Medienwirkungsforschung. Tübingen: Mohr Siebeck.

Schiller, Jochen (2001): Internet und Mobilität: Zwischen Hype und Realität. In: Gerhard Rossbach (Hg.): Mobile Internet. 1. Aufl. Heidelberg: dpunkt-Verlag, S. 61–75.

Schiller, Jochen (2003): Mobilkommunikation. 2. Aufl. München: Pearson-Studium.

Schmidt, Siegfried J. (1987): Towards a Constructivistic Theory of Media Genre. In: *Poetics* 16, S. 371–395.

Schmidt, Siegfried J. (1994): Kognitive Autonomie und soziale Orientierung. Konstruktivistische Bemerkungen zum Zusammenhang von Kognition, Kommunikation, Medien und Kultur. 3. Aufl. Frankfurt a. M.: Lit (27).

Schmidt, Siegfried J.; Weischenberg, Siegfried (1994): Mediengattungen, Berichterstattungsmuster, Darstellungsformen. In: Klaus Merten (Hg.): Die Wirklichkeit der Medien. Eine Einführung in die Kommunikationswissenschaft. Opladen: Westdt. Verlag, S. 212–236.

Schmidt, Siegfried J.; Zurstiege, Guido (2007): Kommunikationswissenschaft. Systematik und Ziele. Reinbek bei Hamburg: Rowohlt Taschenbuch Verlag.

Schnauber, Anna; Wolf, Cornelia (2014, im Druck): Die Rolle des mobilen Internets im Informationsrepertoire – Erkenntnisse aus technischer und institutioneller Perspektive. In: Katharina Kleinen von-Königslöw und Kati Förster (Hg.): Medienwandel und Medienkomplementarität aus Rezeptions- und Wirkungsperspektive.

Scholl, Armin; Weischenberg, Siegfried (1998): Journalismus in der Gesellschaft. Theorie, Methodologie und Empirie. Opladen: Westdt. Verlag.

Schreiber, Gerhard Andreas (2000): Schlüsseltechnologie Mobilkommunikation. MCommerce – das Handy öffnet neue Märkte. Köln: Dt. Wirtschaftsdienst.

Schulz, Winfried (1974): Bedeutungsvermittlung durch Massenkommunikation. Grundgedanken zu einer analytischen Theorie der Medien. In: *Publizistik* 19 (2), S. 148–164.

Schütz, Volker (2010): The Iconist: Axel Springer präsentiert hochwertiges iPad-Magazin. Online verfügbar unter http://www.horizont.net /aktuell/digital/pages/protected/The-Iconist-Axel-Springer-praesentiert-hochwertiges-iPad-Magazin_91796.html, zuletzt geprüft am 20.03.2012.

Schütz, Walter J. (2009): Redaktionelle und verlegerische Struktur der deutschen Tagespresse. Übersicht über den Stand 2008. In: *Media Perspektiven* (9), S. 484–493.

Schwab, Christoph (2010): Navigation in News-Apps für iPad & Co. Auf der Suche nach nutzerfreundlichen Standards. Berlin.

Schweiger, Wolfgang (2001): Hypermedien im Internet. München: R. Fischer.

Schwenk, Matthias (2010): Vom Mobiltelefon zum mobile Internet. Online verfügbar unter http://de.slideshare.net/bwlzweinull/mobiles-internet-januar-2010-2880797, zuletzt geprüft am 19.03.2013.

Seale, Shelley (2012): Emerging Mobile Strategies for News Publishers: International Newsmedia Marketing Association (INMA).

Seidel, Norbert; Schwertzel, Uwe (2006): Finanzierung – Formen, Modelle und Perspektiven. In: Christian Scholz (Hg.): Handbuch Medienmanagement. Berlin/Heidelberg: Springer-Verlag, S. 859–877.

Shneiderman, Ben (2010): Designing the User Interface: Strategies for Effective Human-Computer Interaction. 5. Aufl. Boston: Addison-Wesley.

Siegert, Svenja (2012): Eine Branche steht Kopf. In: *Journalist* (1), S. 13–20.

Siemens, Olaf (2001): Schlüssel für effektives e-Business: Content Management. In: *Fachjournalist* (1), S. 14–15.

Sinn, Wolfgang (2002): Drahtlose Übertragungssysteme und Zugangsmedien. In: Ralf Reichwald (Hg.): Mobile Kommunikation. Wertschöpfung, Technologien, neue Dienste. 1. Aufl. Wiesbaden: Gabler, S. 113–125.

Sinus-Institut (2010): Die Sinus-Milieus in Deutschland 2010. Online verfügbar unter http://www.sinus-institut.de/uploads/tx_mppress/Modellwechsel_2010_neue_Charts.pdf, zuletzt geprüft am 07.03.2012.

Society for News Designs (2011): Five News Sites and Apps Named World's Best Designed. Online verfügbar unter http://www.snd.org/2011/10/worlds-best-designed/, zuletzt geprüft am 27.03.2012.

Society for News Designs (2012): Full Winners List: SND Best of Digital Design. Online verfügbar unter Verfügbar unter: http://www.snd.org/2012/03/full-winners-list-snd-best-of-digital-design, zuletzt geprüft am 27.03.2012.

Souza e Silva, Adriana de (2013): Location-Aware Mobile Technologies. Historical, Social and Spatial Approaches. In: *Mobile Media & Communication* 1 (1), S. 116–121.

Spiegel Online (2010): Mobilfunkwellen: Frequenzauktion bringt über vier Milliarden Euro. Hg. v. Spiegel Online. Online verfügbar unter http://www.spiegel.de/wirtschaft/unternehmen/0,1518,druck-696037,00.html, zuletzt geprüft am 25.10.2011.

Stadik, Michael (2010): Vom Mobilen Internet ins Outernet. In: *tendenz* (3), S. 4–9.

Stähler, Patrick (2002): Geschäftsmodelle in der digitalen Ökonomie. 2. Aufl. Lohmar/Köln: Josef Eul Verlag.

Stark, Birgit; Kraus, Daniela (2008): Crossmediale Strategien überregionaler Tageszeitungen. Empirische Studie am Beispiel des Pressemarkts in Österreich. In: *Media Perspektiven* (6), S. 307–317.

Stevens, Tim (2012): Apple Next-Generation iPad Liveblog! Online verfügbar unter http://www.engadget.com/2012/03/07/apple-ipad-3-liveblog/, zuletzt geprüft am 07.03.2012.

Stipp, Horst (2001): Der Konsument und die Zukunft des interaktiven Fernsehens. Neue Daten und Erfahrungen aus den USA. In: *Media Perspektiven* (7), S. 369–377.

Stöber, Rudolf (2003): Presse – Telekommunikation. 1. Aufl. Wiesbaden: Westdt. Verlag (Mediengeschichte. Die Evolution „Neuer" Medien von Gutenberg bis Gates. Eine Einführung, 1).

Stöcker, Christian (2010): Smartphones, Kindle & Co. Zwangsjacke für das Internet. Hg. v. Spiegel Online. Online verfügbar unter http://www.spiegel.de/netzwelt/netzpolitik/0,1518,druck-673182,00.html, zuletzt geprüft am 06.09.2011.

Stölzel, Thomas; Hohensee, Matthias; Kroker, Michael (2011): Smartphones. Die App-Industrie im Umbruch. Online verfügbar unter http://www.wiwo.de/technologie/gadgets/smartphones-die-app-industrie-im-umbruch/5155144.html, zuletzt geprüft am 20.03.2013.

Stone, Martha; Nel, François; Wilberg, Eric (2010): Wold Newspaper Future and Change Study 2010. Paris: World Association of Newspapers and News Publishers.

Stoss, Robert (2010): Das drahtlose Jahrhundert. In: Arthur Brehmer (Hg.): Die Welt in 100 Jahren. 6. Nachdruck der Ausgabe Berlin 1910. Hildesheim: Olms, S. 27–48.

Stuiber, Heinz-Werner (1998): Rundfunk. 1. Aufl. Konstanz: UVK-Medien (Medien in Deutschland, 2).

Süddeutsche Zeitung Magazin (2010) (33).

Süddeutsche.de (2013): Debatte um Netzneutralität. EU-Kommission wehrt sich gegen Drosselkom-Vorwürfe. Online verfügbar unter http://www.sueddeutsche.de/digital/debatte-um-netzneutralitaet-eu-kommission-wehrt-sich-gegen-drosselkom-vorwuerfe-1.1724554, zuletzt geprüft am 20.07.2013.

Taneja, Harsh; Webster, James G.; Malthouse, Edward C.; Ksiazek, T. B. (2012): Media Consumption Across Platforms: Identifying User-Defined Repertoires. In: *New Media & Society* 14 (6), S. 951–968.

Tan, Felix B.; Chou, Jacky P.C (2008): Computer Interaction, The Relationship Between Mobile Service Quality, Perceived Technology Compatibility, and Users' Perceived Playfulness in the Context of Mobile Information and Entertainment Services. In: *Journal of Human-Computer Interaction* 24 (7), S. 649–671.

Tarife.de (2011): 4G-Dschungel. Warum nicht jedes 4G-Handy auch ein LTE-Handy ist. Online verfügbar unter http://www.tarife.de/ratgeber/handy/warum-nicht-jedes-4g-handy-auch-ein-lte-handy-ist_44.html, zuletzt geprüft am 19.03.2013.

Teltarif.de (2011): Mobile Betriebssysteme für Smartphones. Online verfügbar unter http://www.teltarif.de/handy/betriebssysteme/, zuletzt geprüft am 20.10.2011.

Tewksbury, David; Rittenberg, Jason (2012): News on the Internet. Information and Citizenship in the 21st Century. Oxford: Oxford University Press USA (Oxford Studies in Digital Politics).

The Guardian Online (2011): Introducing the Guardian iPad Edition – Video. Online verfügbar unter http://www.guardian.co.uk/technology/video/2011/oct/10/guardian-ipad-edition-video, zuletzt geprüft am 20.02.2012.

The Hindu (2010): Full Text of the Interview with Alan Rusbridger, Editor, The Guardian. Online verfügbar unter http://www.thehindu.com/news/resources/full-text-of-the-interview-with-alan-rusbridger-editor-the-guardian/article699199.ece, zuletzt geprüft am 20.07.2012.

The Webby Award (2010): 14th Annual Webby Award Nominees and Winners. Online verfügbar unter http://www.webbyawards.com/webbys/current.php?media_id=127&season=14#mobile_news, zuletzt geprüft am 20.03.2012.

The Webby Award (2011): 15th Annual Webby Award Nominees and Winners. Online verfügbar unter http://www.webbyawards.com/webbys/current.php?media_id=127&season=15#mob_news_-_handheld_devices, zuletzt geprüft am 20.03.2012.

Tißler, Jan (2010): Peinlich, Peinlich: „Süddeutsche Zeitung“ kauf sich lobende Blogposts (Update). Online verfügbar unter http://upload-magazin.de/blog/4943-sueddeutsche-iphone-app-trigami/, zuletzt geprüft am 26.03.2012.

Tomorrow Focus Media (2013): Mobile Effects 2013-1. A Part of Our Lifes – Mobiles Internet begleitet den Alltag. München. Online verfügbar unter http://www.tomorrow-focus-media.de/uploads/tx_mjstudien/TFM_Mobile_Effects_2013-01.pdf, zuletzt geprüft am 20.07.2013.

Tonndorf, Katrin (2010): Entwurf TV-naher mobiler interaktiver Rundfunkdienste mit neuartigen Bedienkonzepten. Unveröffentlichte Magisterarbeit. Technische Universität Braunschweig, Braunschweig.

Trappel, Josef (2001): Ökonomisierung aus der Sicht der Online-Medien. In: *Medien und Kommunikationswissenschaft* 49 (1), S. 227–236.

Trappel, Josef (2008): „Worldmedia Inc.“: Vision oder bereits Geschichte? Reflexionen über die Internationalisierung von Medien. In: *Media Perspektiven* (3), S. 138–147.

Turowski, Klaus; Pousttchi, Key (2004): Mobile Commerce. Grundlagen und Techniken. Berlin: Springer.

Uherek, Remo (2010): Stellungnahme zur Süddeutsche Zeitung-Kampagne. Online verfügbar unter http://www.trigami.com/blog/2010/01/18/stellungnahme-zur-suddeutsche-zeitung-kampagne/, zuletzt geprüft am 26.03.2012.

Ulbrich, Matthew (2012): „Wir hätten gerne eine App…“. In: *tendenz* (1), S. 18–20.

Utz, Sonja; Kerkhorf, Peter; van den Bos, Joost (2012): Consumers Rule: How Consumer Reviews Influence Perceived Trustworthiness of Online Stores. In: *Electronic Commerce Research and Applications* 11 (1), S. 49–58.

Utz, Sonja; Matzat, Uwe; Snijders, Chris (2009): On-line Reputation Systems. The Effects of Feedback Comments and Reactions on Building and Rebuilding Trust in On-line Auctions. In: *International journal of electronic commerce: IJEC* 13 (3), S. 95–118.

van Eimeren, Birgit (2013): Always on – Smartphone, Tablet & Co. als neue Taktgeber im Netz. Ergebnisse der ARD/ZDF-Onlinestudie 2013. In: *Media Perspektiven* (7-8), S.386-390.

van Eimeren, Birgit; Frees, Beate (2010): Fast 50 Millionen Deutsche online – Multimedia für alle? Ergebnisse der ARD/ZDF-Onlinestudie 2010. In: *Media Perspektiven* (7-8), S. 334–349.

van Eimeren, Birgit; Frees, Beate (2012): 76 Prozent der Deutschen online – neue Nutzungssituationen durch mobile Endgeräte. Ergebnisse der ARD/ZDF-Onlinestudie 2012. In: *Media Perspektiven* (7-8), S. 362–379.

VDZ (2011a): An der Spitze des Fortschritts. Online verfügbar unter http://www.vdz.de/presse-singlenews/hash/4f74d53f1e4002f46ab4bea77 e3abc59 /news/xuid2193-an-der-spitze-des-fortschritts/, zuletzt geprüft am 17.04.2013.

VDZ (2011b): Verlage für Wahlfreiheit und Gleichberechtigung. Apples Bedingungen schränken Wahlfreiheit der Leser digitaler Zeitschriftenangebote ein. Online verfügbar unter http://www.vdz.de/digital-singlenews /hash/155d738add1f213c53c6c456d4c71a1d/news/xuid2002-verlage-fuer-wahlfreiheit-und-gleichberechtigung-apples-bedingungen-schraenken-wahlfreihe/, zuletzt geprüft am 18.04.2013.

VDZ (2011c): VDZ-White Paper. Der Zeitschriftenmarkt Deutschland in Zahlen. Berlin.

VDZ (2012): Chancen auf Ende der staatlich finanzierten Expansion von ARD und ZDF. Mit dem Verbot der Tagesschau-App bekommt Rundfunkstaatsvertrag erstmals Zähne. Online verfügbar unter http: //www.vdz.de/medienpolitik-singlenews/hash/66c917a732af595c9e4a4c dbd8e73f9a/news/xuid2657-chance-auf-ende-der-staatlich-finanzierten-expansion-von-ard-und-zdf/, zuletzt geprüft am 17.04.2013.

Vesper, Sebastian (1998): Das Internet als Medium. Auftrittsanalysen und neue Nutzungsoptionen. Bardowick: Wissenschaftler-Verlag.

Vinh, Khoi (2010): Thoughts on News and User Experience. Online verfügbar unter http://www.subtraction.com/2010/09/15/thoughts-on-news-and-user-experience, zuletzt geprüft am 10.04.2013.

Vogel, Andreas (2012): Publikumszeitschriften 2012. Kaum Anteilsverschiebungen im rückläufigen Markt. Daten zum Markt und zur Konzentration der Publikumspresse in Deutschland im I. Quartal 2012. In: *Media Perspektiven* (6), S. 317–338.

Vogelsberg, Daniel (2006): Crossmedia. In: Otto Altendorfer und Ludwig Hilmer (Hg.): Medienbetriebswirtschaftslehre – Marketing. 1. Aufl. Opladen: Westdt. Verlag, S. 359–381.

Völker, Clara (2010): Mobile Medien. Zur Genealogie des Mobilfunks und zur Ideengeschichte von Virtualität. Bielefeld: Transcript-Verlag.

Vonderheid, Erica (2005): Early Radio Transmission Recognized as Milestone. Online verfügbar unter http://www.ieee.org/portal/site/tionline /menuitem.130a3558587d56e8fb2275875bac26c8/index.jsp?&pName=institute_level1_article&TheCat=1008&article=tionline/legacy/inst2005 /may05/5w.fhistory.xml&, zuletzt geprüft am 02.09.2011.

W&V (2011): Mehr Lesespaß durch Tablet-Apps. (39), S. 12–13.

W&V.de (2010): Aus für DVB-H: Kein Interesse der Mobilfunker. Online verfügbar unter http://www.wuv.de/nachrichten/digital/aus_fuer_dvb_h_ kein _interesse_der_mobilfunker, zuletzt geprüft am 22.03.2012.

Waal, Ester de; Schönbach, Klaus (2010): News Sites' Position in the Mediascape: Uses, Evaluations and Media Displacement Effects Over Time. In: *New Media & Society* 12 (3), S. 477–496.

Waele, Rudy de (2006): Understanding Mobile 2.0. Online verfügbar unter http://www.readwriteweb.com/archives/understanding_mobile_2.php, zuletzt geprüft am 22.07.2013.

Weber, Heike (2008): Das Versprechen mobiler Freiheit. Zur Kultur- und Technikgeschichte von Kofferradio, Walkman und Handy. Bielefeld: Transcript.

Weichert, Stephan; Kramp, Leif; Matschke, Alexander (2009): Das Verschwinden der Zeitung. Internationale Trends und medienpolitische Problemfelder. Berlin: Friedrich-Ebert-Stiftung. Online verfügbar unter http://library.fes.de/pdf-files/stabsabteilung/06156.pdf, zuletzt geprüft am 20.07.2013.

Wei, Ran (2013): Mobile Media. Coming of Age with a Big Splash. In: *Mobile Media & Communication* 1 (1), S. 50–56.

Weischenberg, Siegfried; Malik, Maja; Scholl, Armin (2006): Journalismus in Deutschland 2005. Zentrale Befunde der aktuellen Repräsentativbefragung deutscher Journalisten. In: *Media Perspektiven* (7), S. 346–361.

Weiser, Mark (1991): The Computer for the 21st Century. Online verfügbar unter http://www.ubiq.com/hypertext/weiser/SciAmDraft3.html, zuletzt geprüft am 20.03.2012.

Weiser, Mark (1996): Ubiquitous Computing. Online verfügbar unter http://www.ubiq.com/hypertext/weiser/UbiHome.html, zuletzt geprüft am 20.03.3012.

Weiss, Harald (2013): Mobilfunk der Zukunft: LTE-Advanced und 5G. Dank Mobile Video wird es wieder eng. Online verfügbar unter http: //business.chip.de/artikel/c_druckansicht_business_59986191.html, zuletzt geprüft am 19.03.2013.

Werner, Martin (2009): Nachrichtentechnik. Eine Einführung für alle Studiengänge. 7. Aufl. Wiesbaden: Vieweg+Teubner Verlag / Springer Fachmedien Wiesbaden GmbH Wiesbaden.

Westlund, Oscar (2008): From Mobile Phone to Mobile Device: News Consumption on the Go. In: *Canadian Journal of Communication* 33 (3), S. 443–463.

Westlund, Oscar (2010): New(s) Functions for the Mobile: A Cross-Cultural Study. In: *New Media & Society* 12 (1), S. 91–108.

Westlund, Oscar (2011): Cross-media News Work. Gothenburg: JMG.

Westlund, Oscar (2013): Mobile News. In: *Digital Journalism* 1 (1), S. 6–26.

Westlund, Oscar; Färdigh, Mathias A. (2011): Displacing and Complementing Effects of News Sites on Newspapers 1998–2009. In: *International Journal on Media Management* 13 (3), S. 177–194.

Wilke, Jürgen (2008): Grundzüge der Medien- und Kommunikationsgeschichte. 2. Aufl. Köln: UTB.

Wilke, Jürgen (2009): Pressegeschichte. In: Elisabeth Noelle-Neumann, Winfried Schulz und Jürgen Wilke (Hg.): Fischer-Lexikon Publizistik, Massenkommunikation. Frankfurt a. M.: Fischer, S. 501–535.

Wirth, Werner; Lauf, Edmund (Hg.) (2001): Inhaltsanalyse. Perspektiven, Probleme, Potentiale. Köln: Halem.

Wirth, Werner; Pape, Thilo von; Karnowski, Veronika (2008): An Integrative Model of Mobile Phone Appropriation. In: *Journal of Computer-Mediated Communication* 13 (3), S. 593–617.

Wissen.de (2011): Die Geschichte der Mobiltelefone. Online verfügbar unter http://www.wissen.de/die-geschichte-der-mobiltelefone, zuletzt geprüft am 19.03.2013.

Wolf, Cornelia (2008): Mobile Endgeräte als Allroundmedien. Eine Untersuchung zur Verbreitung mobiler Multimediadienste und ihren Auswirkungen auf den Journalismus. Saarbrücken: Müller.

Wolf, Cornelia (2010): Drehscheibe (mobiles) Internet. Integration mobiler Dienste in online basierte Crossmedia-Umwelten. In: Ralf Hohlfeld, Philipp Müller, Annekathrin Richter und Franziska Zacher (Hg): Crossmedia – Wer bleibt auf der Strecke? Beiträge aus Wissenschaft und Praxis. Berlin, Münster: Lit (Passauer Schriften zur Kommunikationswissenschaft), S. 111–122.

Wolf, Cornelia; Hohlfeld, Ralf (2010): Mobiler Journalismus oder redaktionelle Angebote im Crossmediamix? In: Ralf Hohlfeld, Philipp Müller, Annekathrin Richter und Franziska Zacher (Hg): Crossmedia – Wer bleibt auf der Strecke? Beiträge aus Wissenschaft und Praxis. Berlin, Münster: Lit (Passauer Schriften zur Kommunikationswissenschaft), S. 194–209.

Wolf, Cornelia; Hohlfeld, Ralf (2012): Revolution in Journalism? Mobile Devices as a New Means of Publishing. In: Corinne Martin und Thilo Pape (Hg.): Images in Mobile Communication. New Content, New Uses, New Perspectives. Wiesbaden: VS Verlag für Sozialwissenschaften, S. 81–100.

Wolf, Cornelia; Schnauber, Anna (2013): Markentransfer im Medienrepertoire mobiler Internetnutzer. Die Relevanz von Ablegern klassischer Massenmedien zur Online-Information. Vortag auf der Tagung der DGPuK-Fachgruppe Rezeptions- und Wirkungsforschung. Wien, 25.01.2013.

Woods, Patrick (2010): So funktioniert Multitasking auf dem iPhone. Online verfügbar unter http://www.macwelt.de/artikel/_News/372056/so_ funktioniert_multitasking_auf_dem_iphone/1, zuletzt geprüft am 12.03.2012.

Wright, Charles R. (1960): Functional Analysis and Mass Communication. In: *Public Opinition Quaterly* 24 (4), S. 605–620.

Yuan, Elaine J. (2011): News Consumption Across Multiple Media Platforms. In: *Information, Communication & Society* 14 (7), S. 998–1016.

Zacher, Franziska (2010): Die normative Bewertung von Cross-Promotion. Eine akzeptable Marketing-Strategie für crossmedial aufgestellte Medienkonzerne? In: In: Ralf Hohlfeld, Philipp Müller, Annekathrin Richter und Franziska Zacher (Hg): Crossmedia – Wer bleibt auf der Strecke? Beiträge aus Wissenschaft und Praxis. Berlin, Münster: Lit (Passauer Schriften zur Kommunikationswissenschaft), S. 210–227.

Zappaterra, Yolanda (2008): Editorial Design. München: Stiebner.

ZAW (2012): Werbung in Deutschland 2012. Berlin: Verlag edition zaw.

ZDFheute (2009): Eine kleine Geschichte des Handys. Online verfügbar unter http://www.zdf.de/ZDFmediathek/beitrag/video/754024/Eine+kleine+Geschichte+des+Handys#/beitrag/video/754024/Eine-kleine-Geschichte-des-Handys, zuletzt geprüft am 18.03.2013.

Zeit Online (2013): Smartphones. Die Mensch-Maschine. Online verfügbar unter http://mobil.zeit.de/digital/mobil/2013-05/google-datenbrille-smartphone, zuletzt geprüft am 05.06.2013.

Zerdick, Axel; Picot, Arnold; Schrape, Klaus; Artopé, Aléxander; Goldhammer, Klaus; Heger, Dominik K. et al. (2001): Die Internet-Ökonomie. Strategien für die digitale Wirtschaft. 3. Aufl. Berlin: Springer.

Zerfaß, Ansgar; Verhoeven, Piet; Tench, Ralph; Moreno, Angeles; Verčič, Dejan (2011): European Communication Monitor 2011. Empirical Insights into Strategic Communication in Europe. Results of an Empirical Survey in 43 Countries (Chart Version). Brüssel: EACD/EUPRERA, zuletzt geprüft am 21.03.2013.

Zerfaß, Ansgar; Verčič, Dejan; Verhoeven, Piet; Moreno, Angeles; Tench, Ralph (2012): European Communication Monitor 2012. Challenges and

Competencies for Strategic Communication. Results of an Empirical Survey in 42 Countries. Brüssel: EACD/EUPRERA. Online verfügbar unter http://www.zerfass.de/ecm/ECM2012-Results-ChartVersion.pdf, zuletzt geprüft am 21.03.2013.

Zhang, Shixin Ivy (2012): The Newsroom of the Future. In: *Journalism Practice* 6 (5-6), S. 776–787.

Zinio (2012): VIVmag. Online verfügbar unter www.zinio.com/checkout/publisher/index.jsp?productId=148154834&offer=500363497&pss=1&RF=VIVMAG24&utm_source=site&utm_medium=ADV&utm_content=AD&utm_campaign=Get%2BVIVmag%2BEverywhere!, zuletzt geprüft am 11.05.2012.

ZMG (o. J.): Zeitungen in Deutschland. Online verfügbar unter http://www.die-zeitungen.de/die-zeitungen/zeitungen-in-deutschland.html, zuletzt geprüft am 17.05.2013.

Zubayr, Camille; Gerhard, Heinz (2013): Tendenzen im Zuschauerverhalten. Fernsehgewohnheiten und Fernsehreichweiten im Jahr 2012. In: *Media Perspektiven* (3), S. 130–142.